Carybé   Alzira Vargas do Amaral Peixoto
s   Bibi Ferreira   Austregésilo de Athayde
Hermanny   Carlos Lacerda   Carlos Scliar
Ribeiro   Maysa   Mário Cravo   Ney Braga
lla   Elke Maravilha   Emerson Fittipaldi
o Sabino   Glória Magadan   Ferreira Gullar
abtchevsky   Isabel Valença   Ivo Pitanguy
e Amado   Elis Regina   Clóvis Bornay
elles   Leopoldo Nachbin   João Saldanha
Martins   Mário Andreazza   Mário Soares
erg   Marlene Paiva   Marly de Oliveira
Fernandes   Negrão de Lima   Nélida Piñon
o Neruda   Padre Quevedo   Jece Valadão
Roberto Burle Marx   Jardel Filho   Pongetti
ek   Tarcísio Meira   Thereza Souza Campos
e Moraes   Yolanda Costa e Si

Clarice Lispector
entrevista

Clarice Lispector
entrevista

Grandes personalidades
entrevistadas por
Clarice Lispector

Organização,
introdução e notas:
Claire Williams

Tradução da introdução:
Clóvis Marques

Copyright © 2019 by Paulo Gurgel Valente

Foto de capa: Arquivo / Agência O Globo

Direitos desta edição reservados à
EDITORA ROCCO LTDA.
Rua Evaristo da Veiga, 65 – 11º andar
Passeio Corporate – Torre 1
20031-040 – Rio de Janeiro – RJ
Tel: (21) 3525-2000 – Fax: (21) 3525-2001
rocco@rocco.com.br|www.rocco.com.br

Printed in Brazil/Impresso no Brasil

Preparação de originais
PEDRO KARP VASQUEZ

CIP-BRASIL. CATALOGAÇÃO NA PUBLICAÇÃO
SINDICATO NACIONAL DOS EDITORES DE LIVROS, RJ

L753c

Lispector, Clarice, 1920-1977
    Clarice Lispector entrevista : grandes personalidades entrevistadas por Clarice Lispector / Clarice Lispector ; organização, introdução e notas de Claire Williams ; tradução da introdução Clóvis Marques. - 1. ed. - Rio de Janeiro : Rocco, 2024.

ISBN 978-65-5532-484-6
ISBN 978-65-5595-306-0 (recurso eletrônico)

1. Lispector, Clarice, 1920-1977 - Entrevistas. 2. Celebridades - Brasil - Entrevistas. I. Williams, Claire. II. Marques, Clóvis. III. Título.

24-93951

CDD: 928.69
CDU: 929:821.134.3(81)

Meri Gleice Rodrigues de Souza - Bibliotecária - CRB-7/6439

ÍNDICE

Retratos e reflexos nas entrevistas de Clarice Lispector 11

ENTREVISTAS
Nelson Rodrigues 31
Isaac Karabtchevsky 35
Djanira 39
Mário Schenberg 44
Carlos Scliar (I) 48
Leopoldo Nachbin 52
Oscar Niemeyer 57
Zagallo 63
Chico Buarque ou Xico Buark 68
Tom Jobim 73
Pongetti 79
José Carlos de Oliveira 84

Vinicius de Moraes (I) 89

D. Sarah (Kubitschek) 94

Roberto Burle Marx 98

Millôr Fernandes.. 103

Marques Rebelo 107

Bruno Giorgi 112

Augusto Rodrigues 116

Thereza Souza Campos... 122

Maria Martins... 127

Érico Verissimo 131

Tônia Carrero 136

Iberê Camargo (I).. 141

Bibi Ferreira 147

Alceu Amoroso Lima.. 151

Austregésilo de Athayde 158

Clóvis Bornay.. 162

Luiz Viana Filho.. 166

Isabel Valença... 171

Marlene Paiva 176

Negrão de Lima... 180

Yolanda Costa e Silva.. 187

Entrevista relâmpago com Pablo Neruda............................. 191

Maria Alice Barroso	196
Ivo Pitanguy	200
Glória Magadan	204
Mário Andreazza	208
Pedro Bloch	215
Jacques Klein	220
João Saldanha	225
Jorge Amado	229
Mário Cravo	235
Carybé	241
Hélio Pellegrino	246
Paulo Autran	252
Cassiano Ricardo	257
Vianna Moog	261
Dinah Silveira de Queiroz	267
Mário Henrique Simonsen	272
Elis Regina	278
Maysa	282
Tarcísio Meira	287
Bruno Hermanny	292
Nélida Piñon (I)	297
[Carlos] Scliar em Cabo Frio (II)	300

Fayga Ostrower (I)	304
Fernando Sabino	307
Jardel Filho	312
Nélida Piñon (II)	316
Ney Braga	321
Reis Velloso	326
Elke Maravilha	335
Mário Soares	340
Alzira Vargas do Amaral Peixoto	344
Antonio Callado	350
Eduardo Portella	354
Darcy Ribeiro	358
Carlos Scliar (III)	363
Abraham Akerman	365
Iberê Camargo (II)	370
Jece Valadão	372
Padre Quevedo	375
Ferreira Gullar	380
Maria Bonomi	385
Rubem Braga	389
Antônio e Maurício Houaiss	392
Lygia Fagundes Telles	397

Vinicius de Moraes (II) 402

Fayga Ostrower (II) 405

Marly de Oliveira 408

Emerson Fittipaldi 412

O outro lado de Carlos Lacerda 415

RETRATOS E REFLEXOS NAS ENTREVISTAS DE CLARICE LISPECTOR

CLAIRE WILLIAMS
Chefe do Departamento de Literatura e Cultura Brasileira
do St Peter's College, Universidade de Oxford

"Gosto de pedir entrevista: sou curiosa.
Detesto dar entrevistas: me deformam."

Clarice Lispector

Conhecida por seus romances carregados de lirismo e por contos que impactam e intrigam o leitor, Clarice Lispector também foi jornalista brilhante e prolífica. Na verdade, foi uma das primeiras mulheres jornalistas do Brasil, tendo publicado entrevistas ao longo da carreira, desde os anos 1940 até o fim da década de 1970, nem sempre por preferência e sim por necessidade, como o que ela chamou, certa vez, uma "tentativa de sobrevivência financeira".[1] Como a literatura não podia ser a principal fonte de renda, ela precisava se desdobrar, escrevendo em diferentes gêneros ao mesmo tempo. Em maio de 1968, por exemplo, ao dar início ao seu primeiro período regular de entrevistas para o semanário ilustrado *Manchete*, Clarice também escrevia o romance *Uma aprendizagem ou o livro dos prazeres*, o livro infantil *A mulher que matou os peixes* e crônicas aos sábados para o *Jornal do Brasil*, além de traduzir Jorge Luis Borges e Alistair MacLean, para não falar da criação dos dois filhos e da gestão doméstica.[2] Confessou, na entrevista ao editor e romancista Henrique Pongetti (cronista também na *Manchete*), que tinha medo que o jornalismo ia "interferir" com a literatura, sobretudo o "desgaste" de ser cronista: "Logo que eu tenha mais dinheiro, abandonarei a crônica, acho eu. [...]

---

[1] Descreveu o trabalho de entrevistadora desta maneira durante uma entrevista com Carlinhos de Oliveira (p. 86). Em cartas ao filho, escritas entre 1969 e 1970, ela fala dos cortes que precisam ser feitos no orçamento doméstico (*Correspondências*, 266, 271).
[2] Para um estudo detalhado das traduções de Clarice para o português, ver a dissertação de Rony Ferreira (2016).

A entrevista me dá mais prazer do que a crônica porque não fico falando sozinha: ouço também." (p. 80)

No presente volume, estão reunidas 83 entrevistas que a autora produziu para as revistas Manchete (1968-69) e Fatos & Fotos: Gente (1976-77), e o livro De corpo inteiro (1975). Clarice aproveitou de uma ou outra em sua coluna do Jornal do Brasil (1967-73).[3] Embora talvez pareçam de menor valor literário que os romances e contos, essas entrevistas, desconhecidas pela maioria dos leitores, podem ser consideradas relevantes e reveladoras em relação ao resto de sua obra, especialmente quando analisadas sob uma perspectiva histórica, biográfica ou mesmo teórica, nos momentos em que a autora comenta com franqueza seus processos criativos e compartilha informações pessoais. Assim como ocorria em sua literatura, Clarice desenvolveu uma maneira muito própria e radical de conduzir entrevistas.

Clarice publicou as primeiras entrevistas em 1940 e 1941, quando ainda era estudante de Direito. Colaborou inicialmente com Vamos Ler!, uma revista de circulação nacional. Era uma das publicações aprovadas pelo Departamento de Imprensa e Propaganda (DIP), montado pelo presidente Getúlio Vargas para controlar a imprensa. Graças aos contatos que lá fez, ela se empregou como tradutora da Agência Nacional, subordinada ao DIP, obtendo sua primeira credencial de imprensa aos 22 anos. Em seguida, trabalhou para o jornal A Noite, com um salário mensal de seiscentos mil réis (Nunes, Clarice Lispector jornalista, 63). Nos jornais, porta-vozes da propaganda oficial, ela entrevistou uma variedade de pessoas: estudantes e professores, generais e ministros.[4] Boa parte do material era publicada sem assinatura ou simplesmente assinado por "A Reportagem". Era de formato convencional e era monitorado, portanto não houve oportunidades para a jovem repórter de realizar experiências com a linguagem ou a sintaxe, como faria na escrita literária. Clarice é inconfundível nas poucas fotos publicadas na imprensa nesta época, mesmo de costas. Grandes amizades foram feitas nesse período de colaboração em jornais diários; e mais tarde ela entrevistaria colegas jornalistas que entretanto se tornaram escritores famosos, entre eles Rubem Braga, Antonio Callado e Fernando Sabino.

Em 1968, então, a escritora começou a contribuir com entrevistas para a importante revista semanal Manchete. Foi o semanário brasileiro de maior pene-

---

[3] No presente volume, ao fim de cada entrevista vem a indicação do lugar e da data de publicação originais. Algumas entrevistas foram aproveitadas mais de uma vez para publicações diferentes e esta informação está apresentada em ordem cronológica.

[4] Nas primeiras entrevistas (pelo menos as entrevistas de que tenho conhecimento até a data), Clarice entrevistou: o escritor e editor Tasso da Silveira (Vamos Ler!, dez. 1940), vários estudantes de Direito (A Noite, mar. 1941), o ministro do Trabalho (Correio da Manhã, mai. 1941), o jornalista argentino Fernando Ortiz Echagüe (jun. 1941), e Alcindo Sodré, primeiro diretor do Museu Imperial (jul. 1941).

tração da época, fundado pela família Bloch em 1952, durante o regime Vargas, e manteve sempre uma atitude de neutralidade em política (Rossi, 109).[5] Durante alguns meses de 1966, a revista tinha uma seção chamada "Diálogos impossíveis" onde se confrontavam duas pessoas de origem e setores bem diferentes para ver qual conversa resultaria.[6] Quando Clarice aceitou a proposta de fazer entrevistas, mudaram o nome para "Diálogos possíveis", visto que ela entrevistaria pessoas da mesma área que ela: os meios artístico e literário. Algumas entrevistas foram menos "possíveis" que outras, mas o nome ficou.

Começando com o dramaturgo Nelson Rodrigues e concluindo com o campeão mundial de pesca submarina Bruno Hermanny, os "diálogos possíveis" com toda uma variedade de celebridades e figuras culturais importantes foram publicados entre maio de 1968 e outubro de 1969, 60 em total. Em carta de 1969 ao filho, ela brincava: "Acho que meu emprego na *Manchete* vai acabar porque simplesmente não tenho a quem entrevistar" (*Correspondências*, 263). Os leitores gostavam muito, escrevendo à seção "O Leitor em Manchete" para sugerir nomes de pessoas que queriam que Clarice entrevistasse. Um leitor assíduo, Luiz Antônio Barbosa Ximenes (Cruz do Alto, BA), foi mais longe, lançando o desafio: "Uma vez que comecei a conhecer Clarice através dos Diálogos Possíveis, que tal que ela completasse o quadro fazendo um monólogo?" (*Manchete*, nº 866, p. 4.)

Embora ela também pudesse sugerir quem seriam os entrevistados, Clarice não se mostrava tão entusiasmada com a perspectiva de conversar com os que claramente foram convidados pela redação. Ela queixou-se com o filho a respeito da entrevista com a primeira-dama Yolanda Costa e Silva (publicada em abril de 1969), dizendo: "Você tem razão: D. Yolanda não disse nada daquilo... E nem dá para ser uma primeira-dama", dando a entender que foi a própria Clarice que precisou construir boa parte da entrevista (*Correspondências*, 267). Segundo um de seus editores, Zevi Ghivelder (em depoimento a Aparecida Nunes), Clarice foi convidada a entrevistar Pelé para *Manchete* quando ele visitou o Rio, no auge da fama, para um jogo em campo adversário. Ela efetivamente sabotou a entrevista: insistiu em que ele fosse a sua casa às nove horas da manhã; o que era impossível para o jogador, pois nesse horário ele estaria treinando (Nunes, "Clarice Lispector jornalista", doc. 74). Ghivelder encarou a exigência de Clarice como sinal de falta de senso da realidade, mas ela também pode ser vista de outra maneira: uma ten-

---

[5] Em 1953, quando residia nos Estados Unidos, Clarice ofereceu seus serviços à *Manchete* por meio de seu amigo o escritor Fernando Sabino, propondo um "bilhete dos E.E.U.U." de periodicidade regular e insistindo no uso de pseudônimo. A proposta foi recusada pelo editor, pois "o que interessa é Clarice Lispector" (Sabino e Lispector, 99, 115). A possível colaboração foi noticiada na 'Conversa Literária' de Paulo Mendes Campos no número 79 da *Manchete* (24 out. 1953, p. 37), mas afinal Clarice só viria a escrever para a revista quinze anos depois.

[6] O primeiro diálogo impossível, em 19 de março de 1966, juntou Nelson Rodrigues e o estilista Guilherme Guimarães (*Manchete*, nº 726, pp. 96-99); o segundo colocou, "de um lado", o colunista Ibrahim Sued e do outro Waldemiro Pinto, campeão sul-americano de boxe (*Manchete*, nº 727, pp. 148-151).

tativa da autora de afirmar certo controle sobre a escolha dos entrevistados. Ou simplesmente não quis conhecer Pelé.

Álvaro Pacheco, o editor de Lispector na editora Artenova, teve a ideia de publicar uma seleção de entrevistas no volume *De corpo inteiro*. O livro reuniu entrevistas previamente publicadas na *Manchete* e no *Jornal do Brasil*, além de incluir novas: com Fernando Sabino, Jardel Filho, o crítico literário Benedito Nunes, e a jovem escritora Nélida Piñon, além de dois ministros que entrevistou durante uma viagem a Brasília em 1974. O título provém da entrevista com Carlinhos de Oliveira, interrompida e retomada dias depois. Ela explica o raciocínio: "Resolvi dar outra oportunidade a Carlinhos porque ele a merece: tinha mostrado apenas parte dele e não um retrato de corpo inteiro." (p. 86)[7] Na última entrevista do livro, com João Paulo dos Reis Velloso, ministro de Planejamento, Clarice explica que "Álvaro Pacheco, poeta e editor, esteve presente: serviu de elemento catalisador" (p. 327). Pacheco contribui com uma pergunta à conversa, que é bastante alegre e pontuada de risos.

Em dezembro de 1976, Clarice voltou a assumir o papel de entrevistadora, produzindo dessa vez 27 matérias para outra revista popular criada pela família Bloch, *Fatos & Fotos: Gente*. A última entrevista, com a pintora Flora de Morgan-Snell, foi publicada em outubro de 1977, dois meses antes da morte da autora.

O volume póstumo *A descoberta do mundo* (1978), compilado por seu filho, Paulo Gurgel Valente, juntou uma seleção de materiais publicados por Clarice no *Jornal do Brasil*. Entre as crônicas, contos, cartas, excertos de romances e outros fragmentos, saíram umas 12 entrevistas, algumas já publicadas em *Manchete* e outras espontâneas, como a com um casal de arquitetos que trabalharam na construção de Brasília: Paulo e Gisela Magalhães (*Jornal do Brasil*, 1972; *A descoberta do mundo*, 463-464), ou o psiquiatra Cincinato Magalhães de Freitas (*Jornal do Brasil*, 1972).

Em 2007, eu colaborei com Teresa Montero na publicação de uma nova coletânea de 42 das entrevistas, algumas delas inéditas (encontradas nos arquivos da Fundação Casa de Rui Barbosa), como as conversas com a poetisa Marly de Oliveira e o piloto de Fórmula 1 Emerson Fittipaldi. Provavelmente não chegaram a ser publicadas por causa da doença e morte de Lispector em dezembro de 1977. No ano seguinte foi lançado um filme inspirado em algumas delas, dirigido por Nicole Algranti, sobrinha-neta de Clarice. Na primeira parte, estão encenadas várias entrevistas (com Carybé, Rubem Braga, Fernando Sabino, Carlinhos de Oliveira e outros) e, na segunda parte, pessoas entrevistadas por Clarice falam da experiência, décadas depois (por exemplo: Ferreira Gullar, Elke Maravilha, Oscar Niemeyer, Tônia Carrero). A encenação das entrevistas mostra como o diálogo

---

[7] Clarice também utiliza a frase na sua entrevista "relâmpago" com Pablo Neruda para indicar que a descrição na capa do livro de poesia que lhe ofereceu encapsula o poeta: "Eis um retrato de corpo inteiro de Pablo Neruda nestas últimas frases" (p. 194).

flui numa conversa "bem-sucedida", em que cada pessoa se abre, se entrega, compartilha ideias e se mostra interessada nas opiniões da outra.

Durante as entrevistas, tomando em conta pequenos comentários, dá para entender que Clarice não usava gravador.[8] Ela preferia fazer anotações a mão, que então transformava no texto final, embora às vezes tivesse dificuldade em decifrar a própria caligrafia.[9] Eventualmente, quando se sentia com liberdade ou intimidade para tal, entregava ou enviava ao entrevistado uma lista de perguntas, pedindo que respondesse por escrito.[10] A longa e entusiástica carta que Maria Bonomi escreveu à amiga, respondendo às perguntas, consta de *Correspondências* (312-16). A folha de papel com as perguntas datilografadas de Clarice e as respostas manuscritas do primeiro-ministro de Portugal, Mário Soares, está no arquivo da Fundação Casa de Rui Barbosa. No mesmo arquivo há uma lista de perguntas para o jornalista e político Carlos Lacerda para uma entrevista que não se concretizou, possivelmente em virtude da morte súbita do ex-governador da Guanabara em maio de 1977.

No apartamento de Clarice é que são feitas as entrevistas mais descontraídas, com uma xícara de café (Elke Maravilha) ou um copo de uísque (Tom Jobim). Outras têm lugar na casa ou no escritório ou na casa do entrevistado (que ela descreve, com atenção à decoração), no restaurante Antonio's, no bairro do Leblon (o jornalista José Carlos de Oliveira), pelo telefone ou ainda, aproveitando uma oportunidade, num avião (o piloto Emerson Fittipaldi). As fotos que ilustram o texto são reveladoras: Elke Maravilha aparece sentada com os pés para o alto, no sofá, totalmente à vontade, o que corresponde ao clima relaxado que transparece do diálogo. Em sentido inverso, nas fotos de ilustração das entrevistas com Yolanda Costa e Silva e Mário Soares, em ambientes mais formais, Clarice tem uma expressão fechada.[11] Quando algum entrevistado a deixa esperando, ela registra exatamente por quanto tempo e, nos casos em que precisa se entender com uma secretária ou esposa, não deixa de anotar o nome, o grau de eficiência demonstrado e não raro o que estavam vestindo.

As entrevistas de Clarice quase sempre se enquadram no formato tradicional, envolvendo uma série de perguntas que evoluem para uma conversa dinâmica, destinada a entreter e informar o leitor, apresentando-o a uma pessoa interessante ou revelando um novo aspecto de uma personalidade conhecida. Formal e de fria polidez em certos casos, em outros informal e afável, a escritora muitas vezes parece aproveitar a situação para socializar com amigos, como Scliar (que

---

[8] Por exemplo, quando entrevistou Zagallo, "fazia vento, as folhas das árvores do inverno caíam sobre nós, minhas folhas de papel para anotações voavam, Zagallo ria e ajudava-me a apanhá-las" (p. 63).
[9] Clarice teve a mão direita gravemente queimada num incêndio em sua residência em 1966. Ela escreveu ao filho que as anotações feitas durante uma entrevista com Roberto Marinho ficaram ilegíveis e o trabalho teve de ser descartado.
[10] Pongetti "preferia que eu fizesse perguntas e ele me daria as respostas por escrito".
[11] Em só três ocasiões Clarice aparece fotografada ao lado do entrevistado.

ela entrevistou três vezes), Alzira Vargas, e Lygia Fagundes Telles, mas também como oportunidade de fazer amizade com pessoas que admira, como Chico Buarque ou a pintora Djanira.

A atitude de Clarice pode ser de seriedade ou jovialidade, mas também indiferença; às vezes mostra-se dominante, outras, reservada. Parece muito consciente do seu encargo em relação à imagem do entrevistado a ser transmitida, e talvez esteja ainda mais atenta à imagem de si mesma que será apresentada aos leitores. Ela caracterizava a própria técnica de entrevistas em termos de uma revelação recíproca:

> Eu me expus nessas entrevistas e consegui assim captar a confiança dos meus entrevistados a ponto de eles próprios se exporem. As entrevistas são interessantes porque revelam o inesperado das personalidades entrevistadas. Há muita conversa e não as clássicas perguntas e respostas. (Cambará, 88)

Clarice levou a sério o papel de entrevistadora, mantendo um formato-padrão: sob o nome da coluna, vinha o título, sempre uma citação extraída do corpo da entrevista. Na primeira, com Nelson Rodrigues, o título chamativo, de tão autodepreciativo, era: "Eu me considero um fracasso" (p. 31). Em *Fatos & Fotos*, a citação muitas vezes era substituída por um subtítulo como "Literatura", "Arte", "Personalidade", "Cuca Legal" e até "Ecologia", seguido de um parágrafo referindo-se a Lispector na terceira pessoa: por exemplo, "Você sabe o que uma famosa escritora disse para a outra? Se não sabe, leia o que Clarice Lispector perguntou e Lygia Fagundes Telles respondeu".

O texto propriamente dito começa com um parágrafo introdutório apresentando o entrevistado e enunciando as intenções do entrevistador. Personalidades pouco conhecidas precisavam de mais contexto e introdução, como no caso de Dolores Prado:

> Dolores Prado, química industrial, cearense de nascimento, mas baiana de coração, me recebe no seu ambiente singelo e hesita em me dar uma entrevista porque, diz ela, sua ciência está aplicada à tecnologia da indústria. Ela é geoquímica e faz um trabalho 'sui generis' no seu setor. (*Manchete*, nº 844, 88).

Apresentando os seus amigos, Lispector se valia da posição privilegiada e de sua criatividade para evocar a personalidade do entrevistado ou aspectos seus que não fossem do conhecimento do público em geral: "Estive três vezes com o [psicanalista] Dr. Azulay, entrevistando-o aos poucos, porque o seu tempo é escasso. Fisicamente, ele lembra um bisonte, como aqueles desenhados nas cavernas pré-

-históricas. Mas é um bisonte *gentleman* e sóbrio." (*De corpo inteiro*, 191) Em contraste, ela se diz incapaz de apresentar outro amigo: "Não vou apresentar Millôr: quem o conhece sabe que eu teria que escrever várias páginas para apresentar uma figura tão variada em atividades e talentos. Somos amigos de longa data. Nossa entrevista correu fácil, sem incidentes de incompreensão. Havia confiança mútua." (p. 103) Estas breves descrições trazem semelhança com a sua construção de personagens fictícias, destacando uma feição ou característica, e compondo um retrato nada tradicional, mas que acaba por ser revelador. Aliás, Pongetti aconselha aproveitar da experiência de entrevistar para enriquecer a ficção:

> Acho que do ponto de vista mesmo profissional de romancista o diálogo da entrevista é ainda uma pesquisa da personalidade humana, útil ao seu gênero literário. É bem possível que você descubra nos entrevistados personagens úteis aos seus romances. De perto falando todos os homens viram personagens. (p. 80)

Já na terceira entrevista para *Manchete*, Djanira é apresentada primeiro pelo prisma da expectativa de conhecê-la e depois pelas primeiras impressões: "Como não amar Djanira, mesmo sem conhecê-la pessoalmente? [...] Ela tem qualquer coisa nos olhos que dá a ideia de que o mistério é simples [...] tem a bondade no sorriso e no resto mas não uma bondade morna. Nem é uma bondade agressiva." (p. 39) O leitor compartilha do entusiasmo da escritora ao conhecer alguém que admira profundamente. O relato na primeira pessoa e sua presença marcante, num diálogo supostamente destinado a voltar os holofotes para o entrevistado, deixam claro que Lispector era sujeito *e* objeto, sempre uma protagonista, desempenhando o papel de entrevistadora e ao mesmo tempo entrevistando a si mesma.[12] Os editores da *Manchete* queriam precisamente isto: as pessoas famosas desde a perspectiva da Clarice e retratados nas palavras dela, e pequenas revelações sobre ela própria, que tinha a reputação de ser uma figura enigmática.

Nelson Rodrigues era uma figura tão conhecida no panorama cultural brasileiro em 1968 que não precisava de apresentação. Na verdade, a nova série de "Diálogos Possíveis" é que estava sendo inaugurada, e Clarice várias vezes se refere, de maneira autorreferencial, ao processo da entrevista e do seu encaminhamento. Começa: "Avisei a Nelson Rodrigues que desejava uma entrevista diferente. É um homem tão cheio de facetas que lhe pedi apenas uma: a da verdade. Ele aceitou e cumpriu." (p. 31) Perto do final, ela pede feedback: "Nelson, você tem dado muitas entrevistas. Todas elas parecem com esta?", e ele responde, rabugento: "Não, es-

---

[12] Vera Rossi observa que Clarice utiliza a primeira pessoa verbal e se afirma no emprego frequente do pronome pessoal "eu", em flagrante contraste com outros entrevistadores mais despretensiosos que colaboravam com *Manchete*, como o romancista Carlos Heitor Cony (Rossi, 113-14).

tou fazendo um esforço, um abnegado esforço, para não trapacear nem com você nem com o leitor." (p. 33) No fim, ele chega a admitir: "Gostei profundamente [de dar esta entrevista]. O que conta na vida são os momentos confessionais." (p. 33) De modo semelhante, Clarice pergunta a Tarcísio Meira: "O que é que você está achando deste nosso diálogo?" O ator responde cortesmente: "Um diálogo agradável, que confirmou a impressão que eu tinha de sua pessoa [...]. Tenho a certeza de que foram perfeitamente entendidas as coisas que tentei dizer e sou grato por essa oportunidade de conversar com o público por seu intermédio." (p. 290)

A entrevistadora garante fidelidade em reproduzir as palavras trocadas (afirma isso na entrevista com Pongetti), e não está interessada em fofocas: sabe ser discreta. Na conversa com a autora de telenovelas Glória Magadan, Clarice quer saber por que ela não é casada: "Ela então explicou-me. E o assunto daria para uma novela. Mas pediu-me que não publicasse. Não, não imaginem nada de escandaloso." (p. 206) Clarice é uma pessoa de confiança.

A maior parte das entrevistas, assim, assumia a forma tradicional de perguntas e respostas, para dar ao leitor a sensação de estar conhecendo pessoalmente o entrevistado. Clarice tinha plena consciência do seu papel de porta-voz do público; na entrevista com Pongetti, declara: "Minha pergunta inicial, eu tinha certeza, seria a pergunta de seus milhares de leitores" (p. 79), e diz falar em nome das "donas de casa" quando desafia o economista (e ministro) Mário Henrique Simonsen a explicar por que as previsões da Fundação Getúlio Vargas sobre o custo de vida não soam verdadeiras (p. 274). Certos entrevistados requeriam mais preparação, e ela se muniu de fatos relevantes e estatísticas (com a ajuda do filho Paulo Gurgel Valente, então estudante de Economia e conhecedor de futebol) para desafiar Simonsen, outros ministros do governo e os técnicos de futebol João Saldanha e Zagallo. Fazia referências a eventos e de repercussão global, mas também aborda questões sobre o lugar do Brasil no mundo, o progresso na cidade do Rio de Janeiro (nas favelas, a construção de pontes e estradas, e do metrô). Por outro lado, é patente o alívio dela quando a conversa muda de rumo e ela dirige a atenção para as artes ou para questões mais abstratas e metafísicas.

Três perguntas se tornaram uma espécie de marca registrada, experimentadas inicialmente com Nelson Rodrigues e depois usadas para desafiar outros entrevistados: "O que é a coisa mais importante do mundo?", "O que é a coisa mais importante para você como indivíduo?" e "O que é o amor?". Em *Fatos & Fotos*, ela faria habitualmente outras perguntas não menos diabólicas: "Tem algo a declarar?", "Você se sente realizado?" e "Gosta de viver perigosamente, como eu?". Não é de admirar que certos entrevistados ficavam perplexos. Alzira Vargas brinca que está preparada para o pior: "Sei que estás aqui em missão de inquisidor. Eu serei a inquirida." (p. 344) Clarice qualifica a conversa com Carlinhos de Oliveira de possível "desafio de viola" (p. 84) e a entrevista com Jardel Filho como um "diálogo do gênero ginasial" (p. 312). Antes de começar a entrevista com Jardel, ela comenta, com impiedosa ironia: "Fiquei previamente com pena de lhe fazer perguntas que eu mesma não saberia responder." (p. 312) Clarice desafiou Tom Jobim, Vinicius de Moraes e Hélio Pellegrino a escrever, de improviso, um poema para ela (os três atendem). Vários outros entrevistados louvam sua obra e se declaram honrados de ter um "diálogo possível" com ela. Embora não busque elogios ostensivamente e mude de assunto depois de um comentário lisonjeiro, Clarice não elimina os enaltecimentos do texto final. Um bom exemplo é o diálogo com Jardel Filho:

— *De que maneira seria embaraçosa para você uma pergunta minha?*
— Clarice, a admiração que tenho por você é imensa. Respeito você como criatura humana e o nosso relacionamento me traz uma enorme felicidade e ao mesmo tempo me embaraça. (p. 314)

Em vez de simplesmente aceitar o elogio, ela pede que seja mais explícito: "*Por que sou embaraçosa?*" (p. 314)

Depois de ter estabelecido um formato tradicional na conversa transcrita, a entrevistadora quebra o padrão de pergunta e resposta, "estilo pingue-pongue",[13] com apartes escritos posteriormente, dirigidos ao leitor e ignorados pelo entrevistado antes de vê-los publicados na página da revista. Esses comentários, parecidos ao "estilo indireto livre" comum na escrita literária, são outra maneira de asseverar o controle autoral sobre o texto final. Por exemplo, no fim da entrevista com Nelson Rodrigues, Clarice esclarece: "É preciso dizer que, durante a entrevista toda, [Nelson] não sorriu nenhuma vez. Com a verdade grave não se sorri." (p. 33) Ela conduz as entrevistas em determinadas direções, perfeitamente consciente de estar corroborando ou solapando a autoimagem que o entrevistado quer passar. Poderíamos dizer que até aproveita da situação para compor um drama com dois personagens e uma narrativa. Ela é ao mesmo tempo personagem e narradora onisciente.

Júlia Braga Neves recorre às entrevistas com Djanira e Jece Valadão para ilustrar essa prática (34-38). Lispector se mostra compreensiva quando Djanira dá respostas curtas e a conversa morre: "Ficamos em grande silêncio. Provavelmente mergulhadas ambas nas nossas vidas mútuas." (pp. 40-41) Mas praticamente sabota a imagem de durão e malandro de Jece Valadão, apresentando-o como um cavalheiro: "Confesso que tive vago receio de entrevistá-lo. Receio infantil, de ser ele capaz de ser mesmo bandido, como nos filmes em que trabalha. Em vez disso, encontrei um homem tranquilo. [...] Tratou-me com uma delicadeza simples e sabe ter um leve sorriso, quando é preciso." (p. 372) A exposição de nova faceta de

---

[13] A expressão aparentemente foi cunhada por Zuenir Ventura, um dos jornalistas de *O Pasquim*, semanário satírico famoso pela irreverência e as entrevistas em grupo (Rossi, 97). A própria Clarice foi entrevistada em *O Pasquim* em junho de 1974.

uma personalidade conhecida, assim como a confirmação ou negação de boatos, eram maneiras de apelar para a curiosidade dos leitores. Na entrevista com Valadão, Clarice deixa claro que não concorda com ele a respeito de um crime recente, o assassinato documentado no filme que o ator está fazendo no momento. Ela se apresenta como agressora verbal, fazendo perguntas "delicada[s], perigosa[s]", "uma pergunta à qual todos se negam a responder", ao passo que ele responde "evasivamente" (p. 373). Chega a questionar o rasgo de modéstia do entrevistado, que afirma não ter feito nada digno de nota antes de atuar no cinema: "É o que ele pensa — refleti eu — mas na verdade deve ter acumulado grande experiência de vida, que lhe serviu de base para a sua profissão." (p. 373) Clarice sempre tem a última palavra.

Foi nas conversas com gente de sociedade, políticos e empresários, pessoas com as quais tem muito pouco em comum, que Clarice precisou se esforçar mais. O que transparece até visualmente na página: uma pergunta de uma linha (em negrito ou sublinhada, para distinguir perguntas e respostas) pode ocasionar apenas resposta de uma linha, ou, ainda pior, uma palavra. Ou então uma pergunta complexa, em forma de um parágrafo inteiro, pode suscitar mais longas reflexões do entrevistado. No pior dos casos, a entrevista parece ser composta de dois monólogos paralelos, em vez de um diálogo produtivo e bem-equilibrado. Clarice se identifica mais com o mergulhador Bruno Hermanny do que com as senhoras da sociedade que é obrigada a entrevistar, pois, como diz ao atleta, "embora em campos diferentes, ambos somos mergulhadores" (p. 293).

Mesmo assim, se mostra aberta a surpresas. Na expectativa de não gostar da *socialite* Thereza Souza Campos, Clarice detalha constrangedoramente a hesitação da entrevistada em responder à pergunta "o quê que você é?" (p. 122). Alega querer tratá-la como uma "pessoa humana" e não apenas "uma elegante", mas mal consegue disfarçar a ironia: "Thereza é inteligente: nenhuma pergunta a deixa enrascada. Quando não tem resposta — e é muitas vezes realmente difícil dar uma resposta precisa, sobretudo para uma pessoa franca como Thereza que não me pareceu mentir — quando não tem resposta precisa, 'maneira'." (p. 123) A entrevista termina em tom condescendente: "Enfim, contra a minha vontade (estou sorrindo), tornei-me de grande simpatia por Thereza. O seu modo de vida não é culpa dela: ela faz parte de uma engrenagem não evoluída. Tenho certeza de que Thereza Souza Campos, em situação diferente, poderia ter grande valor." (p. 125)[14]

Clarice era incumbida de entrevistar políticos, aos quais oferecia a oportunidade de se humanizarem um pouco, perguntando sobre suas atividades de lazer, a

---

[14] Na entrevista com outra *socialite*, Edith Pinheiro Guimarães, Lispector a designa várias vezes como "grã-fina", embora a entrevistada não goste da expressão. O que leva à interpelação "Você quer brigar comigo, Clarice?", rapidamente apaziguada com um "Estou brincando" (*Manchete*, nº 873, 65). Mas Clarice insistiu: quando a revista chegou às bancas, o título da entrevista era "Não gosto da palavra grã-fina".

vida em família e os hábitos de leitura. No preâmbulo da entrevista com o ministro do Planejamento, Reis Velloso, ela explica que em geral ela teme e evita "autoridades: Sei lá o que podem fazer comigo. É 'fogo' entrevistar pessoas que têm o Poder" (p. 327). Começando num certo clima de tensão, a conversa logo vem a ser pontuada por "risos", e o ministro fica ruborizado quando Lispector se mostra "ligeiramente agressiva" (p. 327). Em sentido inverso, ela não consegue se conectar de maneira construtiva com *Dona* Maria do Carmo de Abreu Sodré, mulher do governador de São Paulo, nem com a *primeira-dama* Yolanda da Costa e Silva; o emprego desses apelativos imediatamente cria uma barreira.

Sempre sensível às questões de gênero, Lispector admirava mulheres que trabalhavam em ambientes masculinos, como a bioquímica Dolores Prado e a diplomata Alzira Vargas. Louva especialistas e grandes profissionais como Lygia Fagundes Telles, Bibi Ferreira e Elke Maravilha. Trata com empatia as cantoras Elis Regina e Maysa, sensíveis e frágeis em sua exposição aos holofotes. Não surpreende, assim, a frustração ao ser convidada a escrever sobre mulheres famosas pela aparência, como Thereza Souza Campos, ou em posição de influência por causa do marido, mas ainda assim carentes de "bondade", energia, criatividade, vocação e empatia com os concidadãos. As mulheres de políticos que vem a encontrar são tão desinteressantes e sem graça que Clarice lhes faz quase as mesmas perguntas: como equilibrar os cuidados com a casa e as obrigações oficiais, os pratos favoritos dos maridos (não os delas!), preferências de leitura e hobbies. Mas não resiste à tentação de fazer uma pergunta provocadora à primeira-dama: "Qual é seu conceito de revolução?" (p. 188)[15]

A antipatia recíproca é imediata quando ela encontra a pintora e *socialite* Flora de Morgan-Snell, considerada na época "a pintora brasileira mais conhecida na Europa", e se percebe a tensão negativa na escolha de palavras, na caricatura, nos superlativos, carregados de ironia:

> O fotógrafo [...] e eu fomos recebidos no *ultrassuntuoso* apartamento (Vieira Souto) por um mordomo *devidamente* fardado. Não reparei se usava luvas ou não. Ele, muito moço, parece *imbuído* de suas altas funções, mas tem um olhar inocente. [...] Durante *praticamente toda* a entrevista [Flora] não parou de sorrir. Estava vestida de gaze *demasiadamente* lilás, os lábios lilases, as faces lilases, e a sua cabeleira *louríssima é muito, muito* alta. (Fatos & Fotos, 843, 46; itálicos meus)

---

[15] Nem é preciso frisar que as respostas não são propriamente estimulantes. A mensagem de otimismo de Dona Yolanda é um chamamento nada revolucionário: "A nós, mulheres, compete uma tarefa importantíssima fora e dentro dos lares, cooperando pelo trabalho e enchendo cada morada brasileira de suavidade, de carinho e de amor." (p. 189)

Depois de uma desalentadora série de respostas monossilábicas e de mal-entendidos aparentemente propositais, Lispector lamenta, cáustica, que "as respostas eram tão sucintas (talvez por modéstia) que não me davam a chance de estabelecer o que se chama de diálogo caloroso". (Fatos & Fotos, 843, 47). Foi a última entrevista publicada em Fatos & Fotos, em 17 de outubro de 1977. Se o primeiro diálogo na Manchete a defrontara com um dramaturgo sisudo e sardônico que se recusou a sorrir, o último mais parece um duelo de gélida polidez entre a entrevistadora sarcástica e uma boneca lilás demasiado sensível, que não para de mostrar os dentes.

Como nem Manchete nem Fatos & Fotos eram revistas políticas, havia limites para a contundência e a especificidade das críticas dos colaboradores ao regime. Mas se ela não podia exigir que as autoridades prestassem contas, havia espaço para demonstrar alguma oposição de outras maneiras, com perguntas difíceis. Clarice não se eximia de pedir que ministros, empresários e intelectuais falassem do lugar do Brasil no cenário internacional nem de abordar diretamente temas em que o país deixava a desejar. Essencialmente, contudo, ela manifesta sua consciência política provocando reações nos entrevistados ou se alinhando com seus comentários (ou ficando calada), ou mudando de assunto.

Durante a entrevista com Chico Buarque, ambos afirmam ter visto o outro na histórica manifestação de protesto de 26 de junho de 1968, a Passeata dos Cem Mil, indicando que partilhavam uma postura política parecida. O escritor Guilherme Figueiredo, por sua vez, critica abertamente as brutais injustiças cometidas durante o Estado Novo pela polícia e o poder judiciário, que perseguiam seu pai (Fatos & Fotos, 833, 22-23). O mais explícito comentário político de Clarice nesses textos terá sido uma resposta à pergunta sobre os protestos estudantis feita pelo jogador e técnico de futebol Zagallo em entrevista publicada só duas semanas depois da Passeata dos Cem Mil: "O que é que você acha dessa agitação dos estudantes no mundo inteiro?" (p. 65). A veemente resposta da escritora pode ter a ver com o fato de seu filho Paulo ser então estudante:

> Os estudantes, que estão nascendo para a vida, não querem mais o mundo apodrecido em que vivemos. Suponho que eles querem uma humanidade mais igualada por um socialismo adequado a cada país — eu não disse comunismo, que é outra forma de ditadura —, querem um mundo em que viver seja mais do que pedir pão emprestado, do que trabalhar e mal ganhar para viver, um mundo do amor mais livre entre os jovens. Os estudantes querem, em combinação com os homens e mulheres mais experimentados e inteligentes, liderar o mundo de amanhã, que já é deles. (pp. 65-66)

Dependendo do entrevistado, como vimos, Clarice se mostrava profissional, sedutora, engajada ou completamente desinteressada e até passivo-agressiva. Nos melhores casos, o que lemos são entrevistas recíprocas: os entrevistados aproveitam uma oportunidade para lhe dirigir uma pergunta, o que muitas vezes leva a uma longa e reveladora discussão. Isso ocorre em geral quando ela entrevista um escritor, um artista plástico ou músico que entenda sua curiosidade sobre o processo criador. Na verdade, os temas recorrentes nesse tipo de conversa, trazidos à baila pela própria Clarice, são questões comuns em entrevistas "literárias", como a rotina diária de um artista, suas influências, como começou a carreira, conselhos para os jovens. As perguntas a Nélida Piñon fazem eco às que Clarice costumava ouvir: "Quais foram suas dificuldades como escritora? Você é compreendida?", "Você divide poeta de poetisa, literatura feminina de literatura masculina?", "Você é feminista?", "Você se considera uma escritora difícil?" (p. 319).[16] Havendo real empatia com o entrevistado, ela envereda por dúvidas mais existenciais e questões como felicidade e realização pessoal, pedindo-lhe que responda a perguntas que ela alega não ser capaz de responder. Em tom autodepreciativo, Clarice se declara confusa, insegura, ingênua e incapaz de compreender. Pede conselhos, queixa-se de estar bloqueada na escrita, confessa que gostaria de ter um escritório próprio para trabalhar, uma secretária – se se dispusesse dos recursos financeiros para tal.

Encontramos traços da experiência com as entrevistas nos textos literários de Clarice, marcados por perguntas sem resposta, a busca de uma identidade e da essência de um personagem. Seus personagens muitas vezes anseiam por um interlocutor que os entenda e valorize; alguém com quem possam estabelecer um diálogo construtivo e enriquecedor. Estou a pensar em G.H. e Lóri, e também nos diálogos "impossíveis" entre Macabéa e Rodrigo S.M., Ângela e o Autor. Com muita frequência, contudo, falam sem se entender, em sintonias diferentes, e a comunicação se rompe. Joana, a heroína do romance de estreia, *Perto do coração selvagem* (1943), tenta sem sucesso estabelecer uma conversa com o marido:

> Otávio — dizia-lhe ela de repente —, você já pensou que um ponto, um único ponto sem dimensões, é o máximo de solidão? [...] Como se ela tivesse jogado uma brasa ao marido, a frase pulava-lhe de um lado para outro, escapulia-lhe das mãos até que ele se livrasse dela com outra frase, fria como cinza, cinza para cobrir o intervalo: está chovendo, estou com fome, o dia está belo. (pp. 42-43)

---

[16] Evelyn Rocha editou uma coletânea de entrevistas com Clarice na imprensa: *Encontros com Clarice Lispector* (2011).

Nas entrevistas observamos o mesmo fenômeno: quando Clarice joga um carvão em brasa no colo dos entrevistados, alguns só conseguem responder com cinzas, como Otávio, mas outros se mostram à altura do desafio e devolvem fogo, respondendo com outra pergunta ou um comentário que desperta o interesse dela.

Quando por sua vez era entrevistada, Clarice tinha fama de ser difícil, de se esquivar com não-respostas ou se mostrando lacônica. Por exemplo, numa reportagem para *Manchete*, "Gerações: Cada uma na sua", que juntou Clarice e Luís Carlos Franco Marinho, o mau humor e impaciência da autora são óbvios e ela não permite que a fotografem de cara (Carvalho, 92-93). Na conhecida entrevista com Júlio Lerner para TV Cultura em 1977, ela está também reticente. Clarice explica-se na entrevista com Reis Velloso: temia que suas palavras fossem distorcidas ou reproduzidas fora de contexto:

> Gosto de pedir entrevista — sou curiosa. E detesto dar entrevistas, elas me deformam. Há pouco tempo, sei lá por que, saí da minha linha e dei uma entrevista. Saiu boa. Mas não é que disseram que eu, enquanto escrevia, caía em transe? [...] Lamento muito, mas sou um pouco mais saudável do que inventam. Meu mistério é não ter mistério. Tudo isso apenas para dizer que espero nestas entrevistas não deformar as palavras de meus entrevistados, palavras estas que são a *persona* de cada um. (p. 326)

Em conclusão, considero que as entrevistas de Clarice Lispector, longe de serem textos produzidos exclusivamente por motivos financeiros, são interessantes por uma série de razões. Em primeiro lugar, do ponto de vista biográfico, por serem momentos em que ela se abre e manifesta opiniões pessoais, além de contar fatos de sua vida pessoal (sabendo-se, claro, que os preparou para publicação, e podia editar). Em segundo lugar, em várias ocasiões ela reflete cândida e honestamente sobre o próprio processo criativo ao falar do assunto com outro autor (ou pintor, ou ator, ou escultor, ou músico), o que enriquece no leitor a compreensão dos seus textos. Essa técnica também lhe permitia cultivar a própria imagem de escritora e figura pública, mesmo mantendo certo mistério, e, em certos casos, assumir posição em questões políticas. Ela pede, por exemplo, que o escritor e crítico Alceu Amoroso Lima, fervoroso católico, se manifeste sobre a pílula anticoncepcional e o casamento de padres (p. 153), e cobra do ministro da Educação e Cultura, Ney Braga, uma efetiva proteção dos direitos autorais, tema do seu interesse particular (p. 322).

Em terceiro lugar, em termos jornalísticos, Clarice brinca com o formato da entrevista, deixando cada encontro evoluir espontaneamente, como se lê nas palavras elogiosas de Alberto Dines (que trabalhou com ela durante muitos anos no

Jornal do Brasil), na orelha da edição original de *De corpo inteiro*: "Ela simplesmente deixou que a sua sensibilidade comandasse sua curiosidade e esta, combinada à sua abertura como artista produziram o presente painel de figuras." Ele recomenda o livro aos estudantes de jornalismo porque "Clarice, com o seu jeito despretensioso e profundo, mostra que a arte de entrevistar é a arte de ouvir". Nas mãos dela, opina o amigo e colega, "a entrevista converte-se num retrato".

Por fim, a escolha dos entrevistados, mesmo fortemente influenciada pelos contatos e interesses da própria Clarice, redunda num quem-é-quem das celebridades do fim dos anos 1960 e 1970, algumas há muito esquecidas. As revistas para as quais escrevia não eram apenas de entretenimento, comportando artigos sobre a atualidade internacional, como as revoltas estudantis em Paris e na Europa Oriental, a chegada do homem à Lua, o primeiro transplante de coração e a guerra no Vietnã. No Brasil, todavia, a ditadura militar entrava em seu período mais tenebroso, e pouco se abordava nessas publicações a repressão governamental aos "subversivos", a censura ou a tortura. As entrevistas não representam o cúmulo nem da obra, nem da carreira de Clarice, mas se entrelaçam com sua literatura e podem ser consideradas como uma janela para o Brasil em que ela vivia, os brasileiros que conhecia e encontrava, e as suas próprias táticas de engajamento com o público. E não há dúvida que, em muitas delas, Clarice está se divertindo.[17]

Nota sobre a transcrição e edição:
As entrevistas aparecem em ordem cronológica de publicação, e depois de cada entrevista indico os pormenores das ocasiões e das publicações sucessivas. No caso em que uma entrevista foi publicada duas (ou mais) vezes com apenas pequenas mudanças, esta informação vem indicada numa nota de rodapé e o texto modificado está sublinhado. A ortografia, sobretudo a dos nomes próprios, foi atualizada. No corpo do texto, dentro de parênteses quadrados, acrescentei alguns dados (datas, profissões) e completei nomes próprios para facilitar a leitura em relação a pessoas famosas na época mas que sejam, possivelmente, desconhecidas hoje em dia.

---

[17] Uma primeira versão deste ensaio foi publicada num número especial do *Journal of Lusophone Studies*, 4.2 (2019), editado por Mariela Méndez, sobre o jornalismo de Clarice Lispector. Gostaria de agradecer a preciosa ajuda de Teresa Montero na preparação do primeiro livro de *Entrevistas* e reconhecer sua generosidade e sabedoria.

CLAIRE WILLIAMS é professora titular na Universidade de Oxford (Reino Unido), onde leciona literatura e cultura brasileiras. Pesquisa a obra de Clarice Lispector há 30 anos, tendo publicado o livro *The Encounter Between Opposites in the Works of Clarice Lispector* (2006) e coeditado *Closer to the Wild Heart: Essays on Clarice Lispector* (2002) e *After Clarice: Lispector's Legacy in the Twenty-First Century* (2022).

OBRAS CITADAS

Cambará, Isa. "Escritora mágica". *Veja*, nº 360, 30 jul. 1975, p. 88.
Carvalho, Tânia, "Gerações: Cada Uma na Sua. Clarice Lispector / Luís Carlos Franco Marinho." *Manchete*, nº 1.166, 24 ago. 1974, pp. 92-94.
"Diálogo: Nelson e Guilherme", *Manchete*, nº 726, 19 mar. 1966, pp. 96-99.
"Diálogo: O colunista e o pugilista." *Manchete*, nº 727, 26 mar. 1966, pp. 148-151.
Ferreira, Rony Márcio Cardoso. *Clarice Lispector: uma tradutora em fios de seda (teoria, crítica e tradução literária)*. 2016, Universidade de Brasília, Dissertação de PhD.
Garcia, Leandro. "Clarice Lispector no Museu Imperial." *Anuário do Museu Imperial*, 2021, pp. 293-311.
Lispector, Clarice. *A descoberta do mundo* (1978). 4ª ed., Francisco Alves, 1994.
—. *Correspondências*. Organizado por Teresa Cristina Montero Ferreira, Rocco, 2002.
—. *De corpo inteiro*. 2ª ed., Rocco, 1999.
—. *Entrevistas*. Organizado por Claire Williams, Rocco, 2007.
—. "Museu Imperial de Petrópolis." *O Cruzeiro*, 13. 36, 5 jul. 1941, p. 8.
—. "Para o Estudo da História Jurídica Nacional." *A Noite*, 10 mar. 1941.
—. *Perto do coração selvagem*. 16ª ed., Francisco Alves, 1994.
—. "Um tostão pelo bem do Brasil." *A Noite*, 8 jul. 1942.
—. "Vai começar a funcionar a justiça do trabalho: O Ministro Waldemar Falcão concede uma entrevista aos jornalistas." *Correio da Manhã*, 1º mai. 1941.
Neves, Júlia Braga. *Clarice Lispector: a escritora na entrevista*. 2008, Universidade Federal de Santa Catarina, Tese de bacharelado.
Nunes, Aparecida Maria. *Clarice Lispector jornalista*. 1991, Universidade de São Paulo, Tese de mestrado.
—. *Clarice Lispector jornalista: páginas femininas e outras páginas*. Senac, 2006.
Rocha, Evelyn, editora. *Encontros com Clarice Lispector*. Azougue, 2011.

Rossi, Vera Helena Saad, *As tramas de um diálogo: relações intersubjetivas nas entrevistas de Clarice Lispector*. 2011, Pontifícia Universidade Católica de São Paulo, Dissertação de PhD.

Sabino, Fernando, e Clarice Lispector. *Cartas perto do coração*. Record, 2002.

Williams, Claire. "Prefácio: Clarice Entre Vistas". In Clarice Lispector, *Entrevistas*. Rocco, 2007, pp. 7-12.

—. "Possible and Impossible Dialogues: Interpreting Clarice Lispector's Interviews for *Manchete* and *Fatos & Fotos*". *Journal of Lusophone Studies* 4.2 (2019), pp. 198-218.

SAIBA MAIS

Katsnelson, Anna. "Clarice Lispector's Interviews with Brazilian Jewish Cultural Figures". *Journal of Lusophone Studies* 4.2 (2019), pp. 159-178.

Nóbrega, Livia Pádua, e Goiamérico Felício Carneiro dos Santos. "Clarice Lispector no papel de entrevistadora: a subjetividade em cena." *Revista Nexi*, nº 2, 2012. <http://revistas.pucsp.br/nexi/article/view/2982/8220>

Nunes, Aparecida Maria. "O jornalismo feminino de Clarice Lispector: em busca do inesperado e da desordem". *Journal of Lusophone Studies* 4.2 (2019), pp. 15-36.

Rodden, John. Performing the Literary Interview: How Writers Craft Their Public Selves. University of Nebraska Press, 2001.

—. "The Literary Interview as Public Performance." *Culture and Society* 50 (2013), pp. 402-406.]

Zilberman, Regina. "Confissões de uma entrevistadora". *Journal of Lusophone Studies* 4.2 (2019), pp. 179-197.

MAIS ENTREVISTAS DE CLARICE POR ORDEM CRONOLÓGICA

—. "Uma hora com Tasso da Silveira." *Vamos Ler!*, 5. 229, 19 dez. 1940, pp. 18-19; *Clarice na cabeceira: Jornalismo*. Organizado por Aparecida Nunes. Rocco, 2012.

—. "Chegou a etapa mais importante, a amizade entre o Brasil e a Argentina." Entrevista com Fernando Ortiz Echague, *Diário Carioca*, 19 jun. 1941, p. 9.

—. "Química industrial, cearense de nascimento, baiana de coração." Entrevista com Dolores Prado. *Manchete*, nº 844, 22 mai. 1968, pp. 88-89.

—. "Uma tarde feliz como embandeirada." Entrevista com Grauben. *Jornal do Brasil*, 7 set.1968; *De corpo inteiro*, pp. 66-67.

—. "Os excessos de soberania ameaçam a espécie humana." Entrevista com Luiz Alberto Bahia. *Manchete* nº 871, 28 dez. 1968, pp. 54-55; *De corpo inteiro*, pp. 165-169.

—. "Não gosto da palavra grã-fina." Entrevista com Edith Pinheiro Guimarães, *Manchete*, nº 873, 11 jan. 1969, pp. 64-65.

—. "Minha mensagem é de confiança." Entrevista com Maria do Carmo de Abreu Sodré. *Manchete* nº 891, 17 mai. 1969, pp. 120-121.

—. "Para vir a inspiração, é preciso que eu esteja alegre." Entrevista com Genaro de Carvalho. *Manchete* nº 898, 5 jul. 1969, pp. 40-41.

—. "Minha experiência mais importante foi o LSD." Entrevista com Darel [Valença Lins]. *Manchete* nº 899, 12 jul. 1969, pp. 50-51.

—. "O Brasil já é a maior civilização do Hemisfério Sul." Entrevista com Nestor Jost. *Manchete* nº 907, 6 set.1969, pp. 122-23.

—. "O crítico é um homem que sabe ler e ensina os outros a ler." Entrevista com Ivan Lins. *Manchete* nº 909, 20 set. 1969, pp. 66-67.

—. "Psicanálise e Psicoterapia." Entrevista com Cincinato Magalhães de Freitas. *Jornal do Brasil*, 16 set. 1972.

—. "Brasília de ontem e de hoje: Paulo e Gisela Magalhães." *Jornal do Brasil*, 7 out. 1972.

—. "O que está ocorrendo com a literatura brasileira hoje." Entrevista com Benedito Nunes. *De corpo inteiro*, pp. 170-178.

—. "Se Hitler tivesse sido psicanalisado...". Entrevista com Jacob David Azulay. *De corpo inteiro*; *Fatos & Fotos: Gente*, nº 805, 23 jan. 1977, pp. 36-37; *De corpo inteiro*, pp. 191-198.

—. "A arte de viver." Entrevista com Oscar Ornstein. *Fatos & Fotos: Gente*, nº 802, 2 jan. 1977, pp. 38-39.

—. "O vitorioso: José Halfin." *Fatos & Fotos: Gente*, nº 803, 9 jan. 1977, pp. 16-18.

—. "Literatura: Léo Gílson Ribeiro." *Fatos & Fotos: Gente*, nº 822, 23 mai. 1977, pp. 38-39.

—. "Relações públicas: Helena de Brito e Cunha." *Fatos & Fotos: Gente*, nº 825, 13 jun. 1977, pp. 46-47.

—. "Ecologia: Haroldo Mattos de Lemos." *Fatos & Fotos: Gente*, nº 829, 11 jul. 1977, pp. 46-47.

—. "Literatura: Guilherme Figueiredo." *Fatos & Fotos*, nº 833, 8 ago. 1977, pp. 22-23.

—. "Gilda Grillo vai estudar a agonia do matriarcado nova-iorquino." *Fatos & Fotos: Gente*, nº 844, 24 out. 1977, p. 21.

—. "Arte: Flora Morgan Snell." Entrevista com Flora de Morgan-Snell. *Fatos & Fotos*, nº 843, 17 out. 1977, pp. 46-47; *Clarice na cabeceira: Jornalismo*. Organizado por Aparecida Nunes. Rocco, 2012.

AS ENTREVISTAS

NELSON RODRIGUES

"Eu me considero um fracasso."

Avisei a Nelson Rodrigues que desejava uma entrevista diferente. É um homem tão cheio de facetas que lhe pedi apenas uma: a da verdade. Ele aceitou e cumpriu.

– *Você é da esquerda ou direita?*

– Eu me recuso absolutamente a ser de esquerda ou de direita. Eu sou um sujeito que defende ferozmente a sua solidão. Cheguei a essa atitude diante de duas coisas lendo dois volumes sobre a guerra civil na História. Verifiquei então o óbvio ululante: de parte a parte todos eram canalhas. Rigorosamente todos. Eu não quero ser nem canalha da esquerda nem canalha da direita.

– *Nelson, você se referiu à solidão. Você se sente um homem só?*

– Do ponto de vista amoroso, eu encontrei Lúcia. E é preciso especificar: a grande, a perfeita solidão exige uma companhia ideal.

– *Ah, Nelson, isto é tão verdadeiro.*

– Mas, diante do resto do mundo, eu sou um homem maravilhosamente só. Uma vez fiquei gravemente doente, doente para morrer. Recebi em três meses de agonia três visitas, uma por mês. Note-se que minha doença foi promovida em primeiras páginas. Aí, eu sofri na carne e na alma esta verdade intolerável: o amigo não existe.

– *Nelson, como consequência de meu incêndio, passei quase três meses no hospital. E recebia visitas até de estranhos. Eu não sou simpática. Mas o que é que eu dei aos outros para que viessem me fazer companhia? Não acredito que não se tenha amigos. É que são raros.*

– Ou eu dou muito pouco ou os outros não aceitam o que eu tenho para dar.

– *Mas você tem sucesso real – e sucesso vem quando se dá alguma coisa aos outros. Você dá.*

– Eu tenho o que eu chamaria de amigos desconhecidos. São sujeitos que eu nunca vi, que cruzam comigo numa esquina, numa retreta, num velório. Certa vez fui a uma capelinha ver um colega morto. Eram duas horas da manhã. Uma mocinha saiu do velório ao lado com um caderninho na mão. Fez uma mesura para mim e disse: "Quero ter a honra de apertar a mão do autor de *A vida como ela é.*" E me pediu o autógrafo. Eu senti que estava vivendo um momento da pobre ternura humana. Eis o que eu queria dizer: o amigo possível e certo é o desconhecido com quem cruzamos por um instante e nunca mais. A esse podemos amar e por esse podemos ser amados. O trágico na amizade é o dilacerado abismo da convivência.

– *Mas Hélio Pellegrino é seu amigo, e Otto Lara Resende é seu amigo.*

– Não. Eu é que sou amigo de ambos. É possível que um de nós ame alguém. O difícil (não quero dizer impossível) é que esse alguém nos ame de volta. Hoje, antes de vir à sua casa, almocei com Hélio Pellegrino, como faço todos os sábados. Por causa de uma opinião minha, ele, com a sua cálida e bela voz de barítono de igreja, dizia para mim: "É mentira, é mentira!" Nunca me ocorrera nesta encarnação ou em vidas passadas chamá-lo de mentiroso. Naquele momento ele pôs entre nós a mais desesperada e radical solidão da Terra. Tal agressividade não devia existir na história da amizade. Cabe então a pergunta: e por quê? Resposta: é impraticável a discussão política nobre. Sempre que pensa politicamente, o sujeito se desumaniza e desumaniza os problemas. E o Otto nunca me deu um telefonema. Estou dizendo isso com a maior, a mais honrada, a mais inconsolável amargura.

– *Você fala em encarnação e em vidas passadas. Você é esotérico? Acredita em reencarnação?*

– Eu sou apenas cristão, se é que eu o sou. A única coisa que me mantém de pé é a certeza da alma imortal. Eu me recuso a reduzir o ser humano à melancolia do cachorro atropelado. Que pulhas seríamos se morrêssemos com a morte.

– *Mas aonde vai a nossa alma depois de mortos?*

– Aí está o mistério e o mistério não impede evidentemente que a alma seja imortal.

– *Nelson, em quantos empregos você trabalha escrevendo?*

– Eu tenho três colunas diárias, obrigatórias (escrevo muito mais para atender a pedidos insuportáveis). Tenho duas crônicas no *Globo*, as "Confissões" e "Chuteiras imortais". No *Jornal dos Sports* faço também uma crônica de futebol. Quando vou escrever um romance ou uma peça de teatro, estou em plena estafa e tenho que fazer um superesforço. Acho que minhas condições de trabalho são desumanas.

– *Você está preparando algum romance ou peça de teatro?*

– Eu tenho mil projetos romanescos e teatrais. Mas não tenho tempo físico para realizá-los.

– *Você se considera artisticamente um homem realizado?*

– Não. Eu me considero inversamente um fracassado. Não me realizei e nem acho que alguém se realize. O único sujeito realizado é o Napoleão de hospício que não tem Waterloo nem Santa Helena.

– *Nelson, qual é a coisa mais importante do mundo?*

– É o amor.

– *Qual é a coisa mais importante para uma pessoa como indivíduo?*

– É a solidão.

– *O que é o amor, Nelson?*

– Eu sou um romântico num sentido quase caricatural. Acho que todo amor é eterno e, se acaba, não era amor. Para mim, o amor continua além da vida e além da morte. Digo isso e sinto que se insinua nas minhas palavras um ridículo irresistível, mas vivo a confessar que o ridículo é uma das minhas dimensões mais válidas.

– *Nelson, você tem dado muitas entrevistas. Todas elas se parecem com esta?*

– Não, eu estou fazendo um esforço, um abnegado esforço, para não trapacear nem com você nem com o leitor.

É preciso dizer que, durante a entrevista toda, ele não sorriu nenhuma vez. Com a verdade grave não se sorri.

Mas Nelson não tinha ainda dito o que queria quanto à pergunta: o que é o amor. Voltamos, pois, a ele.

– Não estou me referindo ao sexo. O sexo sem amor é uma cristalina indignidade. Sempre que o homem ou a mulher deseja sem amor se torna abjeto. Uma mulher não tem o direito de se despir sem amor. Mesmo o biquíni, mesmo o decote, e repito, nenhuma forma de impudor é lícita se a criatura não ama. Se a criatura não ama, não pode usar biquíni, ousar certos decotes ou qualquer outra forma de impudor.

– *Você é um homem de sucesso. Até que ponto o sucesso interfere na sua vida pessoal?*

– Não interfere justamente porque eu e Lúcia fundamos a nossa solidão.

– *Você gostou de me dar esta entrevista?*

– Gostei profundamente. O que conta na vida são os momentos confessionais.

Manchete, nº 838, 11 de maio de 1968
Jornal do Brasil, 23 de janeiro de 1971, "O óbvio ululante"

NELSON [Falcão] RODRIGUES (1912-1980)

Considerado o maior dramaturgo do teatro nacional, o autor de *Vestido de noiva* escreveu ainda romances, contos, crônicas, que foram publicados em jornais cariocas como *O Jornal, Última Hora, Correio da Manhã* e *O Globo*. Sua coluna "A vida como ela é", publicada durante dez anos no jornal *Última Hora*, foi um sucesso de público com histórias sobre paixão e morte. Sob o pseudônimo de Suzana Flag, escreveu romances como *Meu destino é pecar* e *Asfalto selvagem*.

Torcedor fanático do Fluminense, Nelson (assim como seu irmão Mário Filho, que deu nome ao Maracanã) era muito entendido em futebol, escrevendo regularmente sobre o tema e chegando a ser comentarista esportivo na bancada do programa Grande Resenha Esportiva Facit, da TV Globo. Seu acervo pessoal está preservado no Centro de Documentação da Funarte (Fundação Nacional de Artes).

ISAAC KARABTCHEVSKY

"Prefiro o grito ao silêncio."

Isaac Karabtchevsky é regente assistente da Orquestra Sinfônica Brasileira. É um homem moço, bonito, ágil, calmo mas vibrante, inteligente – e vê-lo e ouvi-lo reger são um espetáculo de beleza.

– *Quando é que começou sua música?*

– Nunca fui um aluno brilhante. O estudo de música, no ginásio, aborrecia-me e entediava – nunca poderia supor que com notas e pautas iria eu cristalizar uma vocação, definir meu futuro de artista. Minha diversão era, durante longas horas, ouvir uma fuga de Bach e ir criando, simultaneamente, novas linhas e vozes –, daí vem, desde cedo, uma estranha atração pela polifonia, pelos contrapontos mais densos e complexos – daí também, talvez em estado embrionário, minha tendência em considerar a música como um todo, reflexo de várias vozes ou instrumentos, e minha ojeriza ao gênero solista. Mas até então música era apenas um estímulo para suportar as horas tristes de minha adolescência – poucos amigos, pouca diversão, e obrigado a ajudar minha família desde cedo. Aos 15 anos, trabalhava como balconista numa loja de artigos para crianças. Lembro-me de uma passagem gozada – estava vendendo qualquer coisa de cor branca e argumentava: "Não, não descora, não!" Como uma planta que cresce e não sente, assim foi-se desenvolvendo em mim uma paixão sem limites pela música – fundei um coro, no colégio onde estudava, e ensaiava de ouvido, sem conhecer uma nota sequer. Improvisava os tenores, baixos e sopranos, e cada ensaio era uma revelação. Regi meu primeiro concerto de cima de uma cadeira, pois não havia pódio.

– *E depois?*

– Com 17 anos, resolvi ser sincero com as minhas convicções e tornar-me um sionista – e, mais especificamente, um sionista no kibutz em Israel, forma de grandes cooperativas, onde não existe a propriedade individual, tudo é dividido irmãmente e onde eu tinha dois irmãos trabalhando e vivendo. Já então um militante, aprendi a amar a natureza, a viver em barracas; preparei-me para o meu futuro de camponês. Em nossa colônia experimental, cheguei até a plantar morangos. Deixei o colégio e escolhi uma profissão em que pudesse ser útil no futuro: a eletrotécnica. Foi no Mackenzie, em São Paulo – lembro-me de soldas e ferro fundido, voltímetros e amperímetros, um sem-fim de números e cálculos, e um sentimento de frustração que cada vez mais me dominava. Foi aí que fundaram, bem ali atrás do cemitério da Consolação, na rua Sergipe, a então Escola Livre de Música da Pró-Arte, espécie de "lugar maldito". O seu diretor, o alemão H. J. Koellreutter, pregava um sistema complicado baseado na técnica dos doze sons, o "dodecafonismo". Em torno desse sistema de composição, criou-se verdadeira polêmica em São Paulo: discussões acirradas e violentas, o desespero ilógico dos folcloristas – nesse ambiente de tensão, assistindo ocasionalmente a uma palestra de Koellreutter, decidi-me definitiva e irreversivelmente pela música.

– *Quando é que você tomou consciência profissional?*

– Com intensidade e firmeza dediquei-me aos estudos – de manhã à noite, sem descanso, e durante cinco anos assimilei o que normalmente seria feito em dez. Passei a considerar utópico meu futuro no kibutz como músico, necessitava de novos ambientes, sentir e viver as velhas tradições. Parti para a Europa em 1958, dois anos após haver fundado o conjunto que estabeleceria um verdadeiro marco no panorama musical brasileiro: o Madrigal Renascentista.

– *Você se sente plenamente realizado como maestro?*

– Minha vida tem sido um sem-fim de concertos aqui e no exterior – creio que tenho tido sorte, mas estou longe, aos 33 anos, de julgar-me realizado. Entre dúvidas e angústias, de uma coisa apenas estou certo: estou organicamente ligado à música, como uma ostra à sua casa. Não acredito que pudesse fazer outra coisa a não ser música, seria um medíocre a mais.

– *Que é que você sente enquanto rege?*

– Quando rejo, sinto-me transportado – perco minha individualidade e vivo com intensidade a partitura. Após o concerto sou um farrapo, consumido pelo suor e cansaço; mas quando tudo foi bem, sou o homem mais feliz do mundo.

Silêncio nosso.

– Tenho uma experiência a contar. Uma vez fui à *Manchete* falar com Adolpho Bloch sobre um plano destinado a levar a música sinfônica às diversas camadas da população ainda não atingidas pela música erudita. Ele me ouviu e disse-me: "Isaac, isto é uma bobagem! Por que pensar em três mil quando podemos atingir trinta mil? Deixe por minha conta!" Reuniu então o seu staff e programou um espetáculo, no Monumento dos Pracinhas, com a OSB, três bandas militares, canhões e sinos. A peça principal era a *Abertura 1812*, de Tchaikovsky. A princípio não acreditei que desse certo – sempre tive receio de aglomerações para ouvir música, multidões só para comícios e enterros importantes. Nos acordes finais da 1812, em que o Hino Russo se impõe, vi o povo correr em minha direção. Na frente de todos, de braços abertos, quase chorando, vinha Adolpho. Senti que havia ganhado nesta noite um grande amigo. E não só isso: em diferentes etapas de minha vida, foi Adolpho o conselheiro, pai e irmão.

– *O que é que o Brasil precisa, maestro Karabtchevsky, para atingir a sua maioridade musical?*

– Uma reestruturação completa e radical no ensino musical, não com a intenção de formar músicos profissionais, mas sim de forjar as futuras gerações que ouvirão música com prazer e sinceridade.

– *Que é que você sentiu regendo Chico Buarque?*

– Criticaram-me muito por ocasião do concerto com obras do Chico Buarque – houve reação dos puristas, daqueles que não compreendem que é necessário o grito, a loucura, qualquer coisa menos este silêncio mortal, este silêncio de gelo. Pretendi não a simbiose da música popular com a erudita (nem ousaria tanto), mas a motivação que poderia atrair uma juventude dispersa, sequiosa de novos valores. É ingenuidade pensar que se construa o que quer que seja sobre palavras – num país como o nosso onde grande parte é ainda analfabeta, o problema da música deve ser colocado em outras bases, mais amplas, mais dinâmicas. O concerto do Chico foi uma tentativa, a abertura dos caminhos.

– *Como é que um regente estuda?*

– O essencial é memorizar, integrar-se completamente na obra. O regente estuda com amor e teimosia.

– *Por que as mulheres não são regentes?*

– Creio que o problema é o físico. Uma orquestra exige de um regente capacidade de resistir a um concerto durante várias horas, em pé, além de ensaiar intensamente.

– *Qual é a coisa mais importante do mundo?*

– Amar plenamente.

– *Qual é a coisa mais importante para uma pessoa como indivíduo?*

– Respondo com a resposta anterior e acrescento: realizar, produzir.

– *Que é o amor?*

– O amor é imponderável. Só sei que existe e é difícil imaginar viver-se sem ele.

Manchete, nº 839, 18 de maio de 1968
Jornal do Brasil, 29 de setembro de 1973
De corpo inteiro, 1975

ISAAC KARABTCHEVSKY (Nascido em 1934)

Fundador do Madrigal Renascentista, de Belo Horizonte, em 1956. Dirigiu as orquestras sinfônicas de Tel Aviv e Praga. Foi diretor musical da Orquestra Sinfônica Brasileira durante vinte anos, com a qual fez turnês pela Europa e Estados Unidos. Entre os anos de 1988 e 1994, foi diretor artístico da Orquestra Tonkünstler de Viena, com a qual também excursionou por diversos países. Depois, foi diretor do Teatro La Fenice (Veneza), de 1995 a 2001.

Desde 2004 é o diretor artístico e regente principal da Orquestra Petrobras Sinfônica, além de coordenar a organização sociocultural Instituto Baccarelli, na comunidade paulista de Heliópolis. Em 2015, o maestro Karabtchevsky foi tema do enredo da escola de samba Unidos de Vila Isabel.

DJANIRA

"Sou uma autodidata em tudo."

Como não amar Djanira, mesmo sem conhecê-la pessoalmente? Eu já amava o seu trabalho, e quanto – e quanto. Mas quando se abriu a porta e eu a vi – parei e disse:

– *Espere um pouco, quero ver você.*

E vi – eu vi mesmo – que ela ia ser minha amiga. Ela tem qualquer coisa nos olhos que dá a ideia de que o mistério é simples. Não estranhou o fato de eu ficar olhando para ela, até eu dizer:

– *Pronto, agora já conheço você e posso entrar.*

Djanira tem a bondade no sorriso e no resto, mas não uma bondade morna. Nem é uma bondade agressiva. Djanira tem em si o que ela dá no seu trabalho. É pouco isso? Nunca, isso é tudo. Isso é a veracidade do ser humano dignificado pela simplicidade profunda que existe em trabalhar.

Sentamo-nos, eu sem tirar os olhos do rosto dela, ela me examinando com bondade, sem me estranhar nem um pouco.

Não se deve escrever Djanira e sim DJANIRA.

– *Djanira, você é uma criatura fechada. E eu também. Como vamos fazer? O jeito é falar a verdade. A verdade é mais simples que a mentira.*

Ela me olhou profundamente. E eu continuei com esse tipo de timidez que sempre foi a minha:

– *Eu quero saber tudo a seu respeito. E cabe a você selecionar o seu tudo, pois não quero invadir sua alma. Quero saber por que você pinta e quero saber por que as pessoas pintam. Quero saber que é que você faria em matéria de arte se não fosse pintura. Quero saber como é que você foi andando a ponto de se chamar Djanira. E quero a verdade, tanto quanto você possa dar sem ferir-se a si própria. Se você quiser me enganar, me engane, pois não quero que nenhuma pergunta minha faça você sofrer. Se você sabe cozinhar, diga, porque tudo o que vier de você eu quero.*

– *A gente pinta como quem ama, ninguém sabe por que ama, a gente não sabe por que pinta.*

– *Eu também não sei por que escrevo.*

– *A gente não sabe.*

– *Conte um pouco de sua infância.*

– *Foi muito sofrida, não vale a pena falar, não vale a pena relembrar.*

— Mas você sabe que só relembrando de uma vez, com toda a violência, é que a gente termina o que a infância sofrida nos deu?

— De certa maneira acho que é verdade.

— Por que você não começa já?

— Eu fui uma menina criada no Sul do Brasil, entre Paraná e Santa Catarina. A maior parte do tempo vivi numa cidadezinha, em Porto União, União da Vitória: são duas cidades juntas. Metade é Paraná e outra metade é Santa Catarina. Aí meu pai teve consultório de dentista. Muito criança ainda meus pais se separaram. Passei mais de vinte anos sem ver meu pai. E um dia publiquei um anúncio, no jornal A Noite procurando meu pai. Na primeira edição do anúncio, apareceu um dentista que conhecia muito meu pai e esta foi a primeira notícia que tive dele. Ele era muito conhecido porque era dentista itinerante: nunca teve pouso, ia tratando de dentes de cidade em cidade. Quando foi embora, disse: "Vou viajar e depois venho buscar Djanira." E não veio. Eu não podia ser internada num colégio por ser pequena demais. Então uma família tomou conta de mim. Mas nessa casa fiquei enjeitada, trabalhando.

— Quando é que você começou a pintar?

— Com 24 anos. Em pequena eu não tinha oportunidade porque vivia trabalhando.

— Qual foi a sua maior alegria na vida?

— Foi quando me encontrei com a pintura.

— E como é que você se encontrou com a pintura?

— Nasceu de uma brincadeira quando eu estava internada no sanatório de tuberculose. Eu disse que sabia fazer um quadro melhor do que o que estava pendurado na secretaria. O que fiz então foi um desenho. Desenhei Cristo. Então o interesse acordou em mim. Quando voltei para o Rio, matriculei-me no Liceu de Artes e Ofícios. Então, cada vez eu desenhava tudo, tudo. Até que conheci Marcier, que me descobriu e tornou-se meu professor.[18] E então eu me vi num mundo que era novo para mim.

— Djanira, nunca perguntei a ninguém: você é feliz? Mas a você, que sofreu tanto, pergunto.

— Sou. Porque ninguém pode ser inteiramente feliz nem inteiramente infeliz.

— Se você não tivesse se encontrado com a pintura, que forma de arte você crê que seria sua?

— Possivelmente a música. Mas dependeria de um encontro como com a pintura. Sei que, quando eu tivesse me alcançado humana e intelectualmente, a pintura ia de qualquer forma cruzar o meu caminho.

Ficamos em grande silêncio. Provavelmente mergulhadas ambas nas nossas vidas mútuas. Como não posso transmitir aos leitores a profundidade

---

[18] Nota da Editora: Emeric Marcier (1916-1990).

de nosso silêncio, preencho-o reproduzindo um poema de Djanira. Chama-se Viagem. E é assim:

Eu vi nas cores de marfim

um elefante selvagem

que viera das Índias oferecendo-me caminhos onde poderia

perigosamente

fechar meus olhos

e partir, partir...

Mas era pecado

e viajei no pecado.

Ao infinito viajei

e perdi-me no tempo

que era pecado.

Djanira então falou:

– Quando uma pessoa se faz por ela própria é porque tem algo dentro de si que não se acomoda a uma vida comum, não é?

– *Sei disso na minha própria carne.*

– Então essa coisa vem por si só, descobrindo-se. Apesar de ser um caminho árduo, não deixa de ser também um caminho cheio de encantos e de um sabor de luta. Mesmo a gente não sendo compreendida, existe uma força interior que nos alimenta em todos os reveses. É muito curioso: por que será que a gente luta tanto para poder produzir uma obra de arte?

– *Acho, Djanira, que é para sobreviver.*

– Mas para sobreviver naquilo que a gente quer. Uma criatura como eu, que sou autodidata em tudo, que tenho as minhas dificuldades e que toda a minha vida tem sido procurar superar a vida comum na sociedade em que vivemos, procurar um meio para alcançar aquilo que é uma profissão e uma vocação. Porque tudo o que se faz, o que eu faço, não basta.

– *O que é que você queria alcançar, Djanira? Eu também procuro alcançar alguma coisa que não sei o que é. Você sabe o que é?*

– É uma coisa ainda mais imponderável que está dentro da gente. Se um dia a gente chegasse a ficar satisfeita com o que a gente produziu, seria o fim.

– *Também acho. Mas será que somos capazes de descobrir finalmente o que procurávamos?*

– A evolução da arte é muito lenta, todas as coisas do espírito são lentas.

– *Você quer dizer com isso que a procura dura o tempo de uma vida?*

– É. A época em que nós vivemos é dinâmica, já se pensa em ir à Lua. O mistério que existia na vida já não é mais mistério.

– *Discordo, Djanira. O ser humano nunca descobrirá o mistério, mesmo que chegue a morar na Lua.*

– O que você vê hoje em dia com todas essas descobertas científicas é um mundo que vive em grande insatisfação. Só se ouve falar em guerras. Politicamente os homens não se entendem.

Sim, acho que o homem descobre todas essas coisas, mas o mistério ele não descobre.

— Como é o seu processo de elaboração de trabalho?

— Minha pintura é muito cheia de Brasil, pelo menos é esse o meu propósito. E por isso, então, viajo muito pela nossa terra.

— *Djanira, eu queria que você dissesse alguma coisa aos pintores principiantes do Brasil.*

— Há uma turma de jovens que está fazendo coisas muito boas, e gosto muito. Digo a eles para continuar a trabalhar, e muito, olhando para dentro de nossa terra.

— *Qual é a coisa mais importante do mundo?*

— A paz.

— *Qual é a coisa mais importante para uma pessoa como indivíduo?*

— O trabalho.

— *O que é amor?*

— Aquilo que se pode dar a todas as coisas que a gente faz.

P.S.: Esqueci de dizer que, quando Djanira quebrou a clavícula direita, ficou desesperada porque não podia pintar. E de repente deu um grito que fez seu marido ir correndo para ela. É que, no desespero de querer pintar, experimentou usar a mão esquerda e, para sua surpresa e enorme alegria, descobriu que era uma perfeita ambidestra.

Mota foi me levar em casa. Ele e Djanira se despedem dando-se dois a três beijos na boca. Achei tão bonito!

Manchete, nº 840, 25 de maio de 1968
Jornal do Brasil, 25 de agosto de 1973, "Djanira"
De corpo inteiro, 1975

DJANIRA [da Motta e Silva] (1914-1979)

Pintora, desenhista, gravurista, ilustradora e cenógrafa. Seu trabalho mostra a gente simples que se vê nas ruas da cidade, no campo ou no mar, interessa-lhe também a mística do sincretismo religioso entre catolicismo e cultos afro-brasileiros. No último ano de vida, internou-se na Ordem Terceira do Carmo, renunciou à vida e ao nome que conquistara, passando a chamar-se apenas Teresa do Amor Divino.

Seu talento foi reconhecido ainda em vida: em 1967 foi entrevistada pelo Museu da Imagem e do Som do Rio de Janeiro, na série dos depoimentos para a posteridade; em 1977, Djanira mereceu uma retrospectiva do Museu Nacional de Belas Artes. Ao passo que, em 2019, o MASP (Museu de Arte de São Paulo Assis Chateaubriand) a homenagearia postumamente com outra grande retrospectiva.

MÁRIO SCHENBERG

"O sentimento do dever é uma das formas mais altas de amor."

Quem diria na minha infância que eu iria entrevistar um dos meus ídolos? E logo um de quem Einstein disse: só você é capaz de seguir os meus passos.

Eu tinha uns 7 para 8 anos no Recife, e Mário Schenberg já era rapaz feito. Não sei quando ele abriu suas grandes asas e foi para o mundo – no caso, São Paulo. Ele é o maior físico do Brasil.

O professor Mário Schenberg conversa comigo. Enquanto presto a máxima atenção no assunto, tenho, no entanto, tempo para examiná-lo: ele tem uma bela cabeça de homem que lembra muito a cabeça de um imperador romano. Quando fala, Mário fecha os olhos por longo tempo.

– Sou físico, principalmente teórico, mas também tenho participado de equipes experimentais. No momento estou redigindo um trabalho sobre eletromagnetismo e gravitação. Estou também participando da colaboração Brasil-Japão sobre raios cósmicos. Sou professor de mecânica racional, celeste e superior do Departamento de Física da Faculdade de Filosofia, Ciências e Letras da Universidade de São Paulo. O ano passado dei um curso de pós-graduação no Centro Brasileiro de Pesquisas Físicas do Rio de Janeiro.

Eu: A maioria de nós não alcança esses assuntos e fica na escuridão. O que eu alcancei e tento transmitir aos leitores foi a ideia de alguma coisa de uma extraordinária beleza. Algo assim como a música de câmara.

Quando estudei no ginásio matemática e física, percebi que nesses dois ramos do conhecimento humano a intuição tinha um papel preponderante, embora a maioria das pessoas achasse que se trata apenas de uma capacidade aguda de raciocínio. É claro, o raciocínio tem enorme importância, mas também é claro que a intuição tem seu papel na física e matemática. E, para mim, tudo aquilo em que entra intuição é uma forma de arte. Física e matemática são de um poético tão alto que já é banhado de luz.

– *Mário, o Brasil já realiza pesquisas atômicas?*

– Pesquisas sobre física atômica, física nuclear e física das partículas elementares, tudo isso já vem sendo realizado no Brasil desde 1934, quando foi criada a Faculdade de Filosofia,

Ciências e Letras da Universidade de São Paulo. Nessa ocasião, o professor Gleb Wataghin fundou o Departamento de Física da faculdade. Depois da última guerra, os estudos sobre aproveitamento de energia nuclear começaram a ser feitos em São Paulo, na Guanabara, e mais tarde em Belo Horizonte, Recife e outros pontos do país. O principal centro de pesquisas sobre as aplicações de energia nuclear é o Instituto de Energia Atômica, de São Paulo, que pertence à Comissão Nacional de Energia Nuclear, fundado pelo professor Marcelo Damy de Sousa Dantas.

– *Você acha que já existe um volume suficiente de pesquisas atômicas no Brasil?*

– Não. O número de pesquisadores e as instalações de que dispomos são ainda inteiramente inadequados para o trabalho a ser realizado.

– *Haverá para o mundo o perigo da reação em cadeia?*

– Houve receios de que uma reação nuclear em cadeia pudesse se propagar escapando inteiramente ao controle do homem. Esse receio é infundado. A humanidade pode ser destruída numa guerra atômica, mas não por esse processo.

– *Qual é a principal aplicação da energia atômica em relação à paz, professor?*

– A energia atômica será, sem dúvida, num futuro não muito remoto, a principal fonte de energia à disposição da humanidade. Os recursos hidroelétricos são bastante limitados e formam apenas uma pequena parte da energia consumida. Por enquanto, o grosso do consumo é assegurado pelos combustíveis fósseis, sobretudo petróleo e carvão, cujas reservas estarão provavelmente esgotadas dentro de algumas décadas. Restarão a energia atômica e a energia solar como principais formas de energia utilizadas, sobretudo a energia atômica.

– *E no caso de um país subdesenvolvido?*

– Nesse caso, terá importância extraordinária a aplicação de explosivos atômicos em grandes obras de engenharia, de mineração, na produção de petróleo ou de gás etc.

– *Qual é a importância dos isótopos radioativos artificiais?*

– São substâncias radioativas produzidas artificialmente em reatores ou em aparelhos nucleares e que possuem numerosas aplicações de extraordinária importância na indústria, na agricultura, na medicina e na pesquisa tecnológica em geral. Quero citar apenas uma aplicação de excepcional importância para o Brasil, grande produtor de alimentos. A esterilização dos alimentos por radiações permite a sua conservação por períodos imensos.

– *Você tem filhos, Mário?*

– Tenho uma filha, Ana Clara, que se formou em biologia pela Universidade de São Paulo e foi para Paris a fim de se aperfeiçoar.

– *Até que ponto você influiu no destino profissional de Ana Clara?*

— É difícil avaliar esse problema. Ana Clara cresceu num ambiente em que havia muito interesse por ciência e artes. Além de ser cientista, também tem uma atividade artística: ela faz fotografia de arte.

Mário Schenberg também é ótimo crítico de artes plásticas.

— *Mário, você se sente um homem realizado?*

— Sim e não. Naturalmente acho que fiz alguma coisa, mas não o bastante. Não sou de maneira alguma uma pessoa frustrada. A realização da gente só termina com a morte. Eu sou uma pessoa muito inquieta e estou sempre me interessando por outras coisas.

— *Se você não fosse físico, o que é que você faria?*

— Em primeiro lugar, não fui sempre físico. Primeiro estudei engenharia. E tinha desde criança um amor pela História. Desde os 18 anos de idade tinha essa paixão. Senti a História no passado e a História se construindo no presente, e isso marcou minha ética, que sempre foi uma ética de integração no processo histórico. O meu grande interesse pela física surgiu no último ano de ginásio. Porque eu tinha mais interesse por coisas tecnológicas. No último ano do ginásio, para mim foi uma verdadeira revelação ver como a natureza obedece a leis matemáticas rigorosas. Isso me deixou eletrizado. Nesse ano é que estudei geometria e pela primeira vez gostei de matemática. Foram duas experiências paralelas, mas com um conteúdo comum: na geometria constatei que o espaço, do qual eu só tinha uma experiência vivencial, possuía também uma estrutura lógica rigorosa. O mesmo acontecia com a física em relação aos fenômenos da matéria.

— *Mário, qual é a coisa mais importante do mundo?*

— A vida.

— *Qual é a coisa mais importante para uma pessoa como indivíduo?*

— É a realização plena da personalidade no seu contexto histórico.

— *Que é o amor, Mário?*

— É uma dessas coisas que não se pode explicar em palavras. O amor não é puramente emocional. É mais profundo do que isso. Acho que o sentimento do dever é uma das formas mais altas de amor porque é uma das coisas que mais nos ligam uns aos outros.

Ele fechara os olhos enquanto falava e continuou por uns instantes de olhos fechados. A impressão que dá é de que, a cada pergunta, ele se consulta antes. Observei-o com respeito enquanto seus olhos estavam cerrados. Observei-o com emoção: eu estava diante de um grande homem.

Manchete, nº 841, 1 de junho de 1968
Jornal do Brasil, 10 de junho de 1972, "Energia atômica e o Brasil"
De corpo inteiro, 1975

MÁRIO SCHENBERG (1914-1990)

Seu nome original era Mayer Schönberg, e ele foi considerado o maior físico teórico brasileiro de todos os tempos. Schenberg trabalhou com José Leite Lopes e César Lattes aqui no Brasil, com Enrico Fermi, Wolfgang Pauli e Frédéric Joliot-Curie na Europa, e George Gamow e Subrahmanyan Chandrasekhar nos Estados Unidos.

Foi também crítico de arte, político e professor, diretor do Departamento de Física da Universidade de São Paulo e presidente da Sociedade Brasileira de Física. Foi deputado estadual em duas oportunidades, por São Paulo, e integrou o grupo de intelectuais que participou da criação do Partido dos Trabalhadores em 1980.

CARLOS SCLIAR (I)

"Gostaria que meus quadros incutissem esperança e força a todos."

Há muito tempo eu não via Scliar – acho que desde o tempo áureo da revista *Senhor* – de modo que os primeiros momentos de nosso encontro foram gastos em efusões mútuas de amizade. Eu simplesmente gosto de Scliar. Isso é tão simples. E independente da grande admiração que tenho por ele. Bem, mas havia uma entrevista para fazer, ficamos mais sérios e comecei.

– Scliar, você pinta desde quando?

– Há o que eu lembro e há o que me contam. Com 10 anos de idade, colaborava na imprensa do Rio Grande do Sul, na página infantil, escrevendo contos e poemas, inventando lendas e, pouco depois, ilustrando esses mesmos trabalhos. Eu nem me dei conta da passagem da ilustração para uma preocupação com os problemas da pintura. Aliás, preocupação de tal ordem, que repeti dois anos de ginásio por não lhe dar a devida importância. Já nessa época, em 1935, eu participava de uma primeira exposição coletiva em Porto Alegre e depois organizava com amigos pintores a Associação de Artes Plásticas Francisco Lisboa (Aleijadinho). Não demos o nome de Aleijadinho com medo que nos chamassem de *os aleijadinhos*... Contam de que comecei a pintar e a desenhar aos 4 ou 5 anos de idade, quando, desejando aprender a tocar piano, e a família achando que eu primeiro devia aprender a ler e a escrever, vinguei-me riscando todas as paredes internas e externas de nossa casa. Nunca mais parei de fazer isso...

– *Quer dizer que você poderia ter sido um grande escritor ou um grande concertista, pois grande você seria de qualquer modo. Se você não se encontrasse com a pintura, que faria?*

– Cinema.

– Que tipo?

-Aliás, cinema eu já fiz. Desde que me conheço, fui um fascinado por cinema e devo em parte a meu pai, um homem sequioso de conhecimento e arte que, muito garoto, me levava para assistir a filmes do cinema expressionista alemão da década de vinte a trinta, filmes que produziram tremendo impacto na minha sensibilidade. Anos mais tarde, em

São Paulo, com meu contato com Paulo Emílio Sales Gomes e pouco depois em Paris também com ele, na Cinemateca Francesa, eu redescobri fantásticas emoções já vividas quando garoto revendo filmes que guardava perfeitos na memória. Em 1943, no Rio, em contato com Rui Santos, então jovem cinegrafista que trabalhava para "atualidades" e sonhava em realizar filmes de sua autoria, eu me vi convidado para fazer um filme. Realizei, com ajuda de Rui Santos na câmera, um documentário chamado *Escadas*, sobre o ambiente em que viviam os pintores, meus amigos, Maria Helena Vieira da Silva, e Árpád Szenes. Pretendi mostrar o ambiente em que eles trabalhavam e provar que mesmo as aparentes abstrações ou aparentes dificuldades de leitura em seus quadros nasciam de uma vivência, de um contato íntegro com o ambiente novo que eles refletiam em termos de pintura na sua obra. Como estás vendo, era um filme pretensioso. Resultou num filme bonito como fotografia, misterioso como linguagem, e o fato de ter sido vaiado em muitas sessões, segundo me contaram, me convenceu na ocasião de que...

– ... *tinha feito obra de arte?*

– Exato. As circunstâncias ajudam que mantenha este ponto de vista, uma vez que não existe mais uma cópia para provar o contrário...

(Nós dois rimos.)

– Em 1948, em minha estada em Paris, me convenci de que a pretensão de repetir Leonardo da Vinci era exorbitante e, estando convencido de que talento e pretensão não eram suficientes, decidi me concentrar na pintura, que já o trabalho não seria pouco nesta vida.

Neste momento fomos interrompidos pela chegada da fotógrafa. E depois ele trouxe os quadros para a sala. E, se fosse questão de jurar, eu juraria que Scliar está numa fase nova maravilhosa. Scliar está subindo cada vez mais e experimentando sempre. Mas continua a fazer retratos. Inclusive acha que fazer retratos é uma grande disciplina.

Scliar me diz que gostaria de falar sobre a sua responsabilidade.

– Acho que, quando uma pessoa estrutura sua profissão, assume uma responsabilidade para consigo mesma e para com os outros. Creio que você já deve ter percebido que sou um otimista porque creio nos destinos da humanidade. Isso pode te parecer vago, mas me considero um homem rico de tudo o que os outros construíram para mim. Minha responsabilidade começa no instante em que me dou conta disso e desejo retribuir. Por pouco que eu faça, se conseguir estimular ideias e sentimentos e outras coisas que não sei, alguma coisa estarei construindo.

Ficamos algum tempo em silêncio.

– Clarice, acho que alguma coisa eu aprendi na Europa, depois de uma primeira viagem como soldado da FEB, quando descobri que a vida é uma coisa fantástica que deve ser vivida todos os instantes: houve então uma primeira modificação substancial em mim e em minha pintura. Até então eu mostrara em meus quadros a minha comoção diante da miséria, o meu protesto contra uma sociedade que criava isso. Na volta da Itália, me vi redescobrindo a beleza de um objeto, a beleza de uma flor, a beleza de um movimento, me vi em idílio com o mundo, com uma saúde que, por mais conspurcada pela sociedade, explodia apesar de tudo com uma força de sol.

(Está bem, Scliar, isso me explica em parte como, apesar de nossa forma social, conseguimos dormir de noite.)

– Eu não creio – continuou ele – que essa posição faça de minha pintura uma arte alegre. Mas não é uma arte negativa também.

Falamos de Djanira. E Scliar disse:

– Ela é uma força da natureza. Por isso não há doença que possa abatê-la.

(Amém.)

Contei que entrevistara Fayga Ostrower, Djanira e ele. Scliar comentou:

– São três artistas de formação diversa. Silêncio.

– Para mim, que fui um pintor teimoso, mas que não vivia profissionalmente do meu trabalho, vivo, nestes últimos anos, em que encontrei um público interessado, que acompanha tudo o que faço, vivo, pois, surpreendido até hoje e, muitas vezes, acordando sem compreender exatamente o que está acontecendo. Acho que a comunicação é fundamental e sou um homem que gosta de gente, que tem confiança nos homens que trabalham e produzem tudo aquilo que nos rodeia. O que eu desejaria era conseguir que meus quadros fossem uma espécie de esperanto e incutissem esperança e força a todos. (Silêncio) Todas as coisas que lhe disse não impedem que eu seja um homem isolado. Mas acho que isso é próprio da condição de quem produz uma obra de arte. Penso também que essa mesma obra se multiplica, se amplia e se transforma em algo que eu não podia prever nos olhos dos que me veem.

– *Scliar, qual é a coisa mais importante do mundo?*

– O homem.

– *Qual é a coisa mais importante para uma pessoa como indivíduo?*

– O ser respeitado como homem e o saber respeitar os outros.

– *O que é o amor?*

– É estar integrado nas coisas que me estimulam por todos os poros.

Manchete, nº 842, 8 de junho de 1968
Jornal do Brasil, 17 de outubro de 1970, "Scliar: trinta anos de pintura"[19]
De corpo inteiro, 1975

---

[19] A crônica, sobre uma exposição retrospectiva do Scliar, inclui um excerto da entrevista para *Manchete*, e Clarice explica que fizeram a entrevista em 1966.

CARLOS SCLIAR (1920-2001)

Pintor, desenhista, gravurista, ilustrador, cenógrafo e muralista, foi também designer gráfico, tendo participado, a convite de Nahum Sirotsky, da elaboração do projeto gráfico da revista *Senhor*, em 1959, ocasião em que conheceu Clarice Lispector pessoalmente. Isso porque já entrara em contato com sua obra quando seguiu para a Itália, em 1944, com o 2º Escalão da FEB, levando em sua mochila um exemplar de *Perto do coração selvagem*. Sua experiência no campo de batalha foi sintetizada, em 1969, no livro *Caderno de Guerra*, com texto de Rubem Braga, que atuou no conflito como correspondente de guerra do *Diário Carioca*.

Ativista social, Scliar foi um dos criadores, juntamente com Vasco Prado, entre outros, do Clube de Gravura de Porto Alegre (1950-1956), com o propósito de tornar a arte acessível a todos os lares, de modo a infundir confiança na vida e nas lutas dos gaúchos.

LEOPOLDO NACHBIN

"Amo a matemática desde os 10 anos de idade."

Depois de entrevistar um dos maiores físicos do mundo, o brasileiro Mário Schenberg, entrevistei o matemático brasileiro Leopoldo Nachbin sabendo que ele era o maior matemático do Brasil. Mas depois fui corrigida por quem de direito: Leopoldo é um dos quatro maiores matemáticos do mundo.

Tendo conversado com Schenberg e Nachbin, eu insegura como sempre, mas audaciosa como sempre, disse a Leopoldo que para mim a matemática e a física não são resultado apenas de um alto raciocínio: são uma arte tão arte que a comparo a Bach. Para minha alegria, Leopoldo respondeu que o matemático Jean Dieudonné pensava e dissera a mesma coisa.

Fui colega de Leopoldo no jardim de infância do Grupo Escolar João Barbalho, em Recife, enquanto defronte do colégio João Cabral de Melo Neto estudava com os maristas. Depois encontrei de novo Leopoldo no primeiro ano ginasial. Quando Leopoldo e sua linda mulher, Graça, vieram em casa, foi como se eu o tivesse visto ontem: nossa amizade não se interrompera. Para a minha alegria, ele parecia se sentir em casa. Amizade de infância tem laços fortes. Depois de rememorarmos como levávamos nós dois os piores carões da professora por causa de nosso péssimo comportamento, eu lhe perguntei como descobriu já no ginásio sua inclinação para a matemática.

— No curso primário fui sempre um dos melhores alunos da turma. Alguns de meus cadernos figuravam em exposições anuais do Grupo Escolar João Barbalho. No Ginásio Pernambucano descobri espontaneamente minha vocação. A paixão pela matemática está ligada à satisfação intelectual de, graças ao meu próprio esforço, ter compreendido alguns aspectos do mecanismo do raciocínio matemático. Gostava bastante também da física. Descobri sozinho certos fatos matemáticos e depois tive a tristeza e a alegria ao constatar que já eram resultados conhecidos, tais como a teoria da aceleração normal e o desenvolvimento de Laplace de um determinante. Por minha conta, li com detalhe ou por alto alguns artigos de Abel, Cauchy e Lagrange, bem como livros franceses de matemática mais moderna, que aceleraram meus conhecimentos de ginasiano. Por causa de minha vocação para a matemática, transferimo-nos para o Rio, minha mãe, minha irmã e eu, para que eu encontrasse melhores condições de estudo. A educação de seus dois filhos foi o objetivo por excelência de minha mãe após perder o marido. Foi uma mãe extraordinária.

Leopoldo, aos 17 anos, foi estudar engenharia, segundo a tradição hoje felizmente superada por já existirem institutos de matemática.

"Sou engenheiro por engano", disse. Aos 19 anos, publicou seu primeiro artigo de pesquisa, nos Anais da Academia Brasileira de Ciências. No ano seguinte, publicou artigos na Itália e na Argentina e foi ampliando suas relações internacionais.

– De 1945 a 1947 beneficiei-me muitíssimo do contato pessoal com André Weil, famoso matemático francês, um dos maiores dos nossos tempos, que passou três anos radicado no Brasil. Também muito lucrei do contato pessoal com Jean Dieudonné, outro matemático francês notável que viveu dois anos no Brasil. Dessa época data a influência marcante sobre minha pesquisa da obra de Bourbaki, pseudônimo de um grupo matemático francês ao qual Weil e Dieudonné pertencem. Em 1947 esteve no Brasil o famoso matemático norte-americano Marshall Stone durante três meses. Seu curso muito influenciou meu gosto como pesquisador.

Leopoldo Nachbin dedicou-se ao ramo da matemática chamado análise e interessou-se também pela álgebra e pela geometria. Sua inclinação de analista foi anterior à influência de Weil, Dieudonné e Stone. Poderia também ter sido algebrista ou geômetra com igual satisfação. Aos 20 anos, teve o justo orgulho de receber uma oferta de estudar com Gleb Wataghin, famoso físico italiano. Mas recusou. Porque acabou reconhecendo, com pleno acerto, que sua estrutura mental era mais a de um matemático que a de um físico, apesar de seu interesse pelas relações entre a física e matemática.

– Após meu doutoramento, saí pela primeira vez do Brasil. Sob a influência de Weil e Stone, fui para a Universidade de Chicago, onde ambos estavam. Os dois anos que vivi na atmosfera excepcional de Chicago me abriram novos horizontes. Convidado a permanecer definitivamente nos Estados Unidos, optei por retornar ao Brasil para me inscrever, em 1950, num concurso à cátedra da Universidade do Brasil. Já decorreram 18 anos e o concurso não foi realizado: permaneço como candidato. A minha tese de 1950 foi, 15 anos mais tarde, traduzida para o inglês e publicada nos Estados Unidos.

Leopoldo atribui seu desenvolvimento matemático à possibilidade de ter passado cerca de dez anos de sua vida em ótimos centros estrangeiros, sendo oito nos Estados Unidos e dois na França. Não foi, porém, uma ausência contínua do Brasil. Alternou estadas no Brasil e no estrangeiro por períodos prolongados ou curtos.

– Minha pesquisa é mais próxima da francesa do que da norte-americana, embora tenha passado quatro vezes mais tempo nos Estados Unidos do que na França. A matemática é universal, não tendo caráter nacional. A troca pessoal de informações entre pesquisadores matemáticos é importante. Fala-se hoje da "operação retorno" ao Brasil dos nossos cientistas radicados no estrangeiro. Mas torna-se indispensável assegurarmos aos pesquisadores brasileiros oportunidades frequentes de visitas curtas ou prolongadas aos grandes centros internacionais. Somente assim lograremos aos poucos a elevação de nosso nível científico.

– *Quais os fatos mais marcantes de sua carreira matemática?*

– Fui professor do Centro Brasileiro de Pesquisas Físicas (CBPF) quando foi fundado pelo famoso físico brasileiro César Lattes. Em 1952, participei da criação do Instituto de Matemática Pura e Aplicada (IMPA) que se tornou o maior centro matemático do Brasil. Em 1959-60, passei quatro meses na Universidade Brandeis, instituição famosa nos Estados Unidos. Foi quando desenvolvi meu trabalho sobre a teoria da aproximação ponderada. Em 1960, fui convidado para ser um dos conferencistas de um simpósio internacional na Universidade Hebraica de Jerusalém. De 1961 a 1963, passei como professor da Universidade de Paris (Sorbonne) e esses dois anos foram dos mais significativos para mim. Esse convite foi promovido pelo famoso matemático francês Laurent Schwartz, com cujo trabalho minhas pesquisas são relacionadas e que é membro do grupo Bourbaki.

Nesse período tiveram grande valor psicológico para Nachbin os convites que recebeu para realizar conferências em várias universidades da Alemanha, Bélgica, Escócia, França, Holanda, Inglaterra, Itália, Polônia, Suécia e Suíça, inclusive no Seminário Bourbaki.

– Em 1962, fui convidado para ser um dos conferencistas do Congresso Internacional de Matemática de Estocolmo e então me concederam, no Brasil, o Prêmio Moinho Santista e fui convidado para ser o primeiro coordenador do Instituto Central de Matemática da Universidade de Brasília, a universidade brasileira de melhor estrutura. Em 1963, tornei-me professor da Universidade de Rochester, em Nova York. Em 1965, dois de meus livros foram traduzidos para o inglês. Em 1966, a Universidade de Chicago honrou-me com um convite de professor permanente em condições muito favoráveis. Levei cerca de um ano pensando. Terminei declinando com enorme pesar. Não pude aceitar por motivos sentimentais que me ligam ao Brasil. Ainda em 1966, a Universidade de Pernambuco me concedeu o título de Doutor Honoris Causa, o que me deu muita satisfação.

– *Leopoldo, o que é que a matemática pode fazer pelas pessoas comuns e pelas de nível extraordinário?*

– O ensino da matemática, tal como vem sendo feito, é lamentável. A matemática é proveniente da natureza, sendo ligada à vida, ao espaço e ao tempo. Faz-se em todo o mundo um esforço para atualizar o ensino da matemática, tornando-o mais atraente e útil na formação das pessoas comuns. Todos têm que aprender um pouco de matemática, como parte de sua formação normal, em nível primário e secundário e como preparação para a vida prática ou intelectual. Do ponto de vista de suas aplicações, a matemática tornou-se importante, não apenas por causa dos computadores eletrônicos, mas também e sobretudo devido à chamada "atitude matemática" no exame de uma questão.

Quanto ao caso de pessoas de nível extraordinário, voltadas para as pesquisas, diversos setores adquiriram um grau tão elevado de desenvolvimento teórico e valor aplicativo que os métodos matemáticos passaram a ser indispensáveis em ramos até então pouco relacionados com a matemática. Leopoldo disse:

– Acredito que o estudo da matemática, além de desenvolver o raciocínio, tenha um grande valor moral: é o da busca da verdade irrefutável, por vezes alcançada em sua plenitude.

– *Leopoldo, qual é a coisa mais importante do mundo e qual é a coisa mais importante para o indivíduo?*

– Acredito que a coisa mais importante do mundo seja a vida interior harmoniosa, que dá sentido às demais coisas importantes. No meu caso pessoal, julgo que a minha família é o que mais importante possuo como indivíduo. Dela depende fundamentalmente meu equilíbrio emocional, que norteia meus anseios materiais.

– *E o que é o amor?*

– O amor que sinto por outra pessoa é um desejo intenso, continuado e sublime de fazê-la feliz, conduzindo à minha própria satisfação. Sendo genuíno, deve ser recíproco. Lembro-me do amor de minha mãe, que me levou ao estudo e ao trabalho, para dar-lhe alegrias. Perdendo minha mãe e casando-me depois, o amor de minha mulher, que acompanha minha vida intelectual nos detalhes, passou a ser fonte de elevado estímulo para mim. Sob outras formas, há também na minha vida o amor de minha irmã e de meus três filhos. O amor que sinto por ideias leva-me a cultivá-las veementemente e de modo irresistível na busca de minha felicidade. Amo a matemática desde os 10 anos de idade. A partir da adolescência, aprendi gradativamente a amar a música. Há uma enorme diferença entre amar e admirar. Sei que o amor tem múltiplos aspectos, dos quais somente conheci alguns e que me tornaram feliz.

– *Leopoldo, é verdade que há várias formas de amor. Uma delas é ter gostado de você no primeiro dia do jardim de infância e sermos os dois considerados impossíveis pela professora que gostava também de nós. E agora também gosto e muito de sua mulher, Graça, que é linda e faz você feliz. Sim, Leopoldo, vou um dia desses jantar com vocês, e muito contente.*

Manchete, nº 845, 29 de junho de 1968
Jornal do Brasil, 13 de fevereiro de 1971,
"Um brasileiro pouco conhecido: Leopoldo Nachbin"

LEOPOLDO NACHBIN (1922-1993)

Foi colega de escola e amigo inseparável de Clarice no Recife. Celebrizado pelo Teorema de Nachbin, ele foi membro fundador do Instituto de Matemática Pura e Aplicada e do Centro Brasileiro de Pesquisas Físicas. Leopoldo Nachbin foi o primeiro cientista a ser contemplado com o Prêmio Moinho Santista e o Prêmio Científico Bernardo Houssay, da Organização dos Estados Americanos.

Depois de formar-se em engenharia pela atual UFRJ, Nachbin foi estudar na Universidade de Chicago em 1948, tendo então contato com alguns dos maiores matemáticos da época, como André Weil (irmão de Simone Weil), Jean Dieudonné (do grupo de Bourbaki), Marshall Harvey Stone (Teorema Stone-Weierstrass) e Laurent Schwartz.

OSCAR NIEMEYER

"Nascemos para amar."

Ninguém precisa apresentar o gênio da arquitetura moderna, Oscar Niemeyer. Todos sabem que Lúcio Costa fez o traçado de Brasília, e Oscar a sua arquitetura: uma arquitetura que ultrapassa a nossa época e atinge plenamente o nosso futuro.

Entrevistei Niemeyer. É um homem com maneiras simples, sem vaidades, sem formalismos, com o olhar um pouco melancólico, um pouco desiludido e cansado. E não me pareceu nem por um instante que estava desiludido e cansado com Brasília: é com o nosso mundo, tal qual nele vivemos.

– *Por que arquivaram seu plano para a execução do aeroporto de Brasília?*

– A Aeronáutica não pretendia recusar meu projeto. Recusou-o o brigadeiro Castro Neves com a mesma arbitrariedade com que meses antes demitiu cerca de cinquenta professores do Centro Técnico da Aeronáutica de São José dos Campos, atitude que não se recomenda num país como o nosso, onde faltam técnicos e professores, e que, no caso do aeroporto de Brasília, muita coisa pode explicar: o desrespeito pela nova capital, pela prefeitura e pelo Congresso, a intransigência que impediu o diálogo, como se, diante de problemas nacionais, homens da direita e da esquerda não pudessem se aproximar e entender. Explica, também, as manobras ridículas que o pequeno grupo da Aeronáutica – que não a representa – adotou para impor o monstrengo em execução, declarando publicamente ao Congresso tratar-se de um aeroporto militar, para, depois, contradizendo-se, comunicar à Justiça Federal que a obra em realização será a maior estação de passageiros da América Latina. Tudo isso levou-nos à ação popular que acompanhamos tranquilos. Nosso objetivo é paralisar a obra e, principalmente, denunciar o brigadeiro Castro Neves por esse crime contra a nova capital, impondo-lhe uma estação de passageiros que nada tem a ver com a sua arquitetura. Quando combatemos o projeto apresentado pela Diretoria de Engenharia da Aeronáutica, não procuramos atingir nossos colegas daquela repartição, mas a interferência negativa do brigadeiro Castro Neves nesse projeto, comprometendo-o irremediavelmente.

– *Acha que Brasília, depois de pronta, em sua essência, atenderá ao ideal de-*

mocrático que sua arquitetura pretendeu quando a planejou?

– A arquitetura não impede nem sugere determinada política. No Palácio do Planalto, por exemplo, previ uma tribuna externa e dela, infelizmente, o povo brasileiro nunca ouviu as decisões que reclama. Mas somos otimistas. Um dia ela terá utilização justa. Afinal, o Palácio é do povo e as minorias dominantes não poderão subsistir.

– *Oscar, qual seria a solução arquitetônica que você daria às favelas cariocas?*

– Nenhum arquiteto consciente se propõe a resolver o problema das favelas. Sabe que a miséria decorre da injustiça social e que o êxodo do homem do campo em busca dos grandes centros tem sua origem na situação desesperada de exploração e miséria que há séculos o persegue. Trata-se, portanto, de um problema social que somente uma modificação de base poderá resolver. Por todas essas razões, para o arquiteto realmente empenhado no problema, a solução lógica é integrar-se nos movimentos progressistas que visam à reforma da sociedade. Quando um arquiteto insiste na importância da arquitetura social e nas formas simples e pré-fabricadas que sugere, esquece que essa arquitetura só é válida em país socialista. Nos outros, nos países capitalistas como o nosso, ela se limita a pequenas realizações demagógicas, fora da escala que o problema estabelece. É possível apenas mudar as favelas de lugar. Para extingui-las, teríamos que ir fundo no problema que se baseia na discriminação social e, desculpe o lugar-comum, na exploração do homem pelo homem.

– *Eu uma vez escrevi: "A construção de Brasília: a de um Estado totalitário." Que é que você acha dessa minha impressão, Oscar?*

– Quando Brasília foi inaugurada, comentei no meu pequeno livro *Minha experiência em Brasília* o seguinte: "Com a mudança da capital, Brasília mudou muito e vemos com pesar que o ambiente se transformou por completo, perdendo aquela solidariedade humana que antes o distinguia, que nos dava a impressão de viver num mundo diferente, num mundo novo e justo que sempre desejamos. Vivíamos naquela época como uma grande família, sem preconceitos e desigualdades. Morávamos em casas iguais, comíamos nos mesmos restaurantes, frequentávamos os mesmos locais de diversão. Até nossas roupas eram semelhantes. Unia-nos um clima de confraternização proveniente de idênticos desconfortos. Agora, tudo mudou, e sentimos que a vaidade e o egoísmo aqui estão presentes e que nós mesmos estamos voltando, pouco a pouco, aos hábitos e preconceitos da burguesia que tanto detestamos. Passamos a nos preocupar com a indumentária e a frequentar locais de luxo e de discriminação. Vemos os nossos companheiros – os mais humildes – apenas de passagem e sentimos que uma barreira de classe nos separa. Nossas casas perderam aquele aspecto proletário que antes os atraíam, como se fossem as suas próprias casas, ou um prolongamento do nosso escritório, e o conforto de que hoje desfrutamos – embora modesto – os assusta e os intimida, retendo-os à nossa porta, como aguardando um convite indispensável. A conversa perdeu aquele calor humano – simples e inocente – que nos refazia, conduzida agora pelos que chegam – com nossa repulsa – para assuntos de lucros e especulações. Apenas aqueles companheiros não mudaram, com as misérias e reivindicações de sempre. Brasília mudou muito e isso nos deprime, apesar de compreendermos as contingências decorrentes da cidade que cresce e que durante algum tempo, pelo menos, representará o regime capitalista com todos os seus vícios e injustiças. Somos, entretanto, otimistas. Breve, a ilusão que perdemos será realidade.

– Eu uma vez escrevi: "Lúcio Costa e Oscar Niemeyer, dois homens solitários." Também escrevi: "Se eu dissesse que Brasília é bonita, veriam imediatamente que gostei da cidade. Mas se digo que Brasília é a imagem de minha insônia, veem nisso uma acusação; mas minha insônia sou eu, é vivida, é o meu espanto. Os dois arquitetos não pensaram em construir beleza, seria fácil: eles ergueram o espanto deles e deixaram o espanto inexplicado. A criação não é uma compreensão, é um novo mistério." Que é que você acha disso, Oscar?

– Sua observação me deixa satisfeito. Meu intuito, ao projetar a arquitetura de Brasília foi, antes de tudo, fazê-la diferente e, se possível, plena de surpresa e invenção. Pretendia uma arquitetura que a caracterizasse e, nesse aspecto, sinto-me realizado, vendo que seus elementos arquitetônicos – as colunas do Alvorada, por exemplo – vão se repetindo, utilizados nas formas mais diversas (construções, objetos, símbolos etc.). Um dia, há dois anos, passava por uma rua em Paris quando vi, surpreso – estávamos no Natal –, as colunas do Alvorada construídas em tamanho natural, como a decoração do edifício da Kodak. E agradou-me mais ainda ouvir certa vez de André Malraux esse comentário: "As colunas do Alvorada são os elementos arquitetônicos mais importantes depois das colunas gregas."

– *Por que você acha que escrevi: "Quando morri, um dia abri os olhos e era Brasília. Eu estava sozinha no mundo. Havia um táxi parado. Sem chofer."*

– Porque Brasília lhe parece uma cidade sem vida. Volto a André Malraux. Quando Le Corbusier comentou que Brasília estava ameaçada de abandono pelo governo de Castelo Branco, ele respondeu: "Será uma pena! Mas que belas ruínas teremos."

– *Eu escrevi: "A alma aqui não faz sombra no chão. É urgente: se não for povoada, superpovoada, uma outra coisa vai habitá-la. E se acontecer, será demais: não haverá lugar para pessoas. Elas se sentirão tacitamente expulsas."*

– O vazio da nova capital, ainda em construção, volta a impressioná-la. Se os operários que a construíram nela estivessem vivendo, se a sociedade fosse mais justa e a vida boa para todos, talvez Brasília não lhe desse esse sentimento de angústia e solidão. Afinal, Brasília já conta com cerca de 300 mil habitantes, mas a grande maioria, infelizmente, não vive nem participa de sua vida.

– *Quais são os seus projetos agora, Oscar?*

– Meus projetos se adaptam às circunstâncias e às convocações que recebo. Agora, por exemplo, sigo para a Argélia, convidado pelo governo argelino para elaborar o plano urbanístico de Argel, o Monumento à Revolução, a Universidade de Constantino e um centro esportivo. Os temas me atraem e por outro lado trata-se de um país como o nosso, cheio de problemas e esperanças. Vou primeiro a Argel, depois a Paris assistir ao lançamento da pedra fundamental do edifício sede do PCF, daí seguindo para Portugal, Madeira e Líbano a fim de supervisionar meus projetos. Como você vê, encontro fora do Brasil uma receptividade que me comove. É a arquitetura que se impõe e se divulga por todo o mundo.

– *Quais as características da arquitetura brasileira?*

– A arquitetura brasileira assumiu desde os primeiros tempos uma posição definida e própria no movimento moderno, ingressando corajosamente nas formas livres e inovadoras que hoje a caracterizam. Ao contrário do "ângulo reto", eram a curva e suas relações com o concreto armado e nossa tradição barroca que nos atraíam. Hoje, passados muitos anos, recordamos com agrado esse período importante da nossa arquitetura; as críticas fáceis que a ignorância e a insensibilidade permitiam, críticas que os arquitetos do mundo, cansados de tanta repetição, hoje repudiam, atraídos como nós para a invenção arquitetural. Fomos os primeiros a recusar o funcionalismo absoluto e dizer francamente que a forma plástica em certos casos (quando o tema o permite) pode prevalecer, que a beleza é uma função, e das mais importantes, na arquitetura. Alguns arquitetos de outros países conduziram seus trabalhos dentro desses princípios, mas publicamente nunca o admitiram. Estas, as características da arquitetura brasileira, características que se mantêm inclusive nas obras pré-fabricadas destinadas à coletividade, sem prejuízo de suas razões fundamentais, de tempo e de economia.

– *E o caso Kennedy?*

– Sirhan Sirhan é um pobre diabo e os motivos que apresenta para explicar seu crime – ódio a Kennedy etc. – não mais convencem a ninguém. Os assassinatos dos irmãos Kennedy e de Luther King estão na mesma linha de violência e, a meu ver, os reacionários, os racistas, os grandes trustes e o império industrial militar são os que poderão explicá-los. É a reação que, alarmada diante do mundo melhor que desponta, recorre à violência, à guerra e à mistificação. Mas a própria guerra do Vietnã nos faz otimistas, mostrando aos povos subdesenvolvidos que o poderio se abala quando a razão, a coragem e a determinação estão presentes.

– *Que pensa da nossa juventude?*

– Quase sempre julgamos a juventude pensando na juventude de nossa geração. Esquecemos que hoje ela está mais adulta, mais esclarecida e interessada em todos os problemas da época. Daí sua revolta diante desse mundo de privilégios, guerras e preconceitos. Representa um movimento de esquerda porque para a esquerda segue a humanidade. Um movimento indefinido, mas cheio de espontaneidade e de idealismo. Somente os reacionários, os donos do dinheiro, dos privilégios e preconceitos a combatem. A juventude representa o futuro, o mundo melhor que até hoje não conseguimos construir. Você está me perguntando qual é a coisa mais importante do mundo, qual a coisa mais importante para a vida de uma pessoa como indivíduo, e o que é o amor. Respondo-lhe: saber situar-se neste mundo de alegrias e tristezas em que vivemos certos de que não estamos sozinhos, que milhões de criaturas nos cercam e que a vida é injusta e sem perspectivas. Sentir a fragilidade das coisas e a pouca importância de tudo que realizamos; ter prazer em ser útil e solidário com os que sofrem, usufruindo da vida os momentos de prazer e ilusão que ela nos propicia; dar ao amor o sentido universal que merece. Nascemos para amar. Para isso, sem consulta, fomos depositados neste planeta.

Manchete, nº 846, 6 de julho de 1968
De corpo inteiro, 1975

OSCAR NIEMEYER (1907-2012)

Seu nome todo era: Oscar Ribeiro de Almeida Niemeyer Soares Filho. Em seus 104 anos de vida, projetou mais de seiscentos prédios mundo afora, firmando-se como o expoente maior da Arquitetura Modernista no Brasil. Entre suas obras mais importantes, destacam-se os prédios governamentais de Brasília (Palácio da Alvorada, Palácio do Planalto), além da Catedral Metropolitana e do Congresso Nacional. Em Belo Horizonte, o conjunto da Pampulha; no estado do Rio de Janeiro, o Sambódromo e o Museu de Arte Contemporânea de Niterói; em São Paulo, o Edifício Copan, o Parque do Ibirapuera e o Memorial da América Latina; em Paris, a sede do Partido Comunista Francês.

Integrou também as equipes que projetaram a sede da Organização das Nações Unidas, em Nova York, e o Ministério da Educação e Saúde, hoje Palácio Gustavo Capanema, no Rio.

ZAGALLO
"O futebol é uma arte."

– Sendo você bicampeão mundial e bicampeão carioca, Zagallo, eu, se dependesse de mim, escolheria você para técnico da seleção brasileira.

– Olhe só aqui meu braço – mostrou-me ele, e de fato os pelos estavam eriçados, e ele riu como uma criança simples – olhe só meu braço e veja como fico arrepiado: se eu pudesse retornar a jogar queria que o final da Copa fosse já. Porque só assim poderia reviver a nossa chegada triunfal ao Brasil e sentir de novo uma emoção inteiramente diferente causada pela grande receptividade do povo brasileiro como senti então. O povo estava fora de si, todos pareciam ter tomado "bolinha"...

Zagallo é moço, fino de corpo, as pernas não são deformadas por uma musculatura violenta, como as de certos jogadores profissionais, é meio alourado. É o tipo do bom rapaz e do bom colega. Senti-o logo que me apresentei a ele e disse-lhe em que trabalhava. A partir desse momento, ele me chamou sempre de "você" e me tratou como se trata um colega de trabalho, trabalhos diferentes, mas trabalho. Estávamos sentados no banco do jardim do Botafogo conversando às pressas porque o treino já ia começar: fazia vento, as folhas das árvores do inverno caíam sobre nós, minhas folhas de papel para anotações voavam, Zagallo ria e ajudava-me a apanhá-las, enquanto minha simpatia se transformava em ternura pelo nosso povo, que Zagallo representava naquele momento.

– Zagallo, qual seria a melhor tática, o melhor sistema para o selecionado brasileiro na próxima Copa?

– Se nós formos vencidos pelos europeus de um modo geral, teremos que usar a mesma tática que eles porque o nosso material humano é o melhor do mundo, e isto dito sem ser por patriotismo. *Você tem viajado muito?*

– Eu era esposa de diplomata e por isso não só viajei muito como morei em inúmeros países do mundo. E como você, acho, sem ser isso dito apenas por patriotismo, que de um modo geral não ficamos atrás de ninguém porque temos de fato um grande material humano. O Brasil poderia ser uma beleza de país. Bem, mas voltando a você, Zagallo, a diferença entre quem escreve como eu e um desportista e atleta como você é que você é obrigado a parar mais cedo. Isso dá muita tristeza?

– Dá, sim, porque o nosso futuro é sempre imprevisível, sendo a nossa vida de esporte tão limitada como é. Não há garantias e isso nos tira a tranquilidade. O atleta tem que aproveitar o máximo num mínimo de tempo (nós também, Zagallo, a vida é breve para uma arte tão longa). E assim mesmo ele tem que ser bafejado pela sorte (nós também, colega). Esta conclusão podemos tirar porque o número de jogadores é imenso e poucos atingem uma situação econômica que lhes garanta o futuro. (Nós, com a clássica exceção de Jorge Amado e Érico Verissimo, não podemos nos sustentar escrevendo livros.)[20]

– *Você agora treina meu clube, que é o Botafogo, mas não me diga que isto compensa a possibilidade de fazer gols como você fazia.*

– A responsabilidade agora é bem maior porque não dependo mais do meu próprio esforço: dependo de minha capacidade de direção e do esforço dos jogadores dentro do campo. É o mesmo que sair de um lugar de simples funcionário para ocupar um lugar de chefia.

– *Pergunto-lhe: o futebol é a coisa mais importante de sua vida?*

– A coisa mais importante na minha vida é a minha família. Sou casado e tenho quatro filhos.

– *Você escolheu o futebol ou calhou ser um craque?*

– Não, foi o destino. Eu estudava – formei-me em contador – e praticava esporte porque gostava, e até isso era contra a vontade de meus pais. Depois eles aceitaram que eu jogasse. E foi bom porque assim criei minha independência financeira. Lamento muito apenas isso: não ter continuado a estudar e assim ter mais cultura. Mas o ritmo de vida impediu.

– *Você tem tempo de ler? E o que lê você?*

– O tempo é curto para leituras. Só leio jornais e revistas para estar a par da situação da vida. Mas para livro não tenho tempo.

– *Você é de origem espanhola?*

– Meus pais são brasileiros, mas minha árvore genealógica – é assim que se diz? – nos leva à Itália. Meus avós já eram brasileiros. Nasci em Maceió, em 9 de agosto de 1931, sendo que vim para o Rio com oito meses de idade.

– *Qual é a coisa que você mais deseja atualmente?*

– É continuar a ter saúde porque sem ela não se faz nada.

– *Como é que você encara o futebol, como arte, como expressão individual?*

– O futebol é um dom, como o seu de escrever, porque ninguém pode ensinar a jogar futebol, pode apenas aprimorar as suas vocações. É um dom divino como para um cantor, como para um escritor. E, ao mesmo tempo, aliado ao dom divino, não deixa de ser uma arte.

– *Qual é o santo de sua devoção?*

– Santo Antônio, e o seu?

---

[20] Na crônica "Zagallo", no *Jornal do Brasil* (28 de março de 1970), Clarice utiliza o exemplo de José Mauro de Vasconcelos em vez de Érico Verissimo.

— Nos momentos difíceis, Zagallo, eu me agarro a Santo Antônio, Santa Rita de Cássia e São Judas Tadeu.

— Você está satisfeita como escritora?

— Não, mas é o que melhor sei fazer. O que é que você acha de Pelé e Garrincha?

— São jogadores excepcionais.

— Você também é um jogador excepcional. Disseram-me que no campo você é uma beleza de se ver jogar.

— Agradeço a sua bondade. E respondo ainda àquela sua outra pergunta: se de fato fosse chamado para a seleção, não fugiria da responsabilidade porque eu venci no futebol debaixo de muita luta e sacrifício. E, como técnico de futebol é uma função espinhosa, principalmente técnico de seleção brasileira, se eu fosse chamado, estaria mais uma vez servindo a minha pátria. Que é que você acha, como escritora, do ambiente dos Estados Unidos, principalmente essa perseguição à família Kennedy?

— Acho, Zagallo, que não é simples coincidência ou azar: há políticos que pagaram os assassinos para matar. Porque nos Estados Unidos é enorme o número de antidemocratas. Em certo sentido, os Estados Unidos estão mais atrasados que nós: lembre-se do problema dos negros naquela terra que se supõe ser democrática. Zagallo, qual é a coisa mais importante para você?

— A paz. (Para mim também, mas depende de paz baseada em que termos. Por exemplo, não quero a paz da Espanha debaixo das botas de Franco.)

— Qual é a coisa mais importante para você como pessoa?

Zagallo ficou muito pensativo. Seu rosto demonstrava o esforço mais bonito do homem: o esforço de pensar e de se autoconhecer. Senti que estava sendo doloroso para ele escolher e que ele achava importante escolher. Finalmente disse:

— É não desejar mal ao próximo.

Mas tenho certeza de que ele quis dizer outra coisa. Junto à sua expressão fisionômica, de repente sublimizada, traduzo o que ele quis dizer: amar ao próximo como a si mesmo.

— O que é o amor, Zagallo?

É provável que ele, como a maioria das pessoas, nunca tenha parado o movimento de vida para reflexionar sobre a vida, e sobretudo para se fazer essa pergunta capital: o que é o amor? Ficamos em silêncio, apesar da pressa, pois Zagallo já tinha sido chamado várias vezes avisado que os jogadores estavam em campo esperando por ele. Mas o clima entre nós era de paciência. Afinal ele disse, e seu rosto ficou muito bonito quando disse:

— É um sentimento recíproco.

Depois pareceu aliviado de ter enfim definido o indefinível, animou-se mais e me perguntou:

— O que é que você acha dessa agitação dos estudantes no mundo inteiro?

— Os estudantes, que estão nascendo para a vida, não querem mais o mundo apodrecido em que vivemos. Suponho que eles querem uma humanidade mais *igualada por um socialismo adequado a cada país – eu não disse comunismo, que é outra forma de ditadura –, querem um mundo em que viver seja mais do que pedir pão emprestado, do que trabalhar e mal ganhar para viver, um mundo do amor mais livre entre os jovens. Os estudantes querem, em combinação com os homens e mulheres mais experimentados e inteligentes, liderar o mundo de amanhã, que já é deles.*

Manchete, nº 847, 13 de julho de 1968
Jornal do Brasil, 28 de março de 1970

[Mário Jorge Lobo] ZAGALLO (1931-2024)

Jogador e treinador. Um ícone da história do futebol brasileiro, detendo o recorde de títulos da Copa do Mundo da FIFA, dentro e fora do campo. Como jogador, integrou a seleção brasileira vitoriosa nas Copas de 1958 e 1962. Em 1970 foi tricampeão mundial no México como treinador. Como supervisor, foi tetracampeão mundial em 1994 nos Estados Unidos.

Como treinador, começou no Botafogo e passou pelo Flamengo e pelo Vasco, treinando também a seleção do Kuwait e a seleção da Arábia Saudita. Classificou os árabes para as Olimpíadas de Montreal. Ainda foi treinador nos Emirados Árabes e classificou esta seleção para o Mundial de 1990 na Itália. Dois anos depois, foi agraciado com a Ordem do Mérito da FIFA por suas múltiplas contribuições para o futebol. Em 2013, foi eleito, pela *Soccer Magazine*, o nono melhor técnico do mundo em todos os tempos.

CHICO BUARQUE OU XICO BUARK

Esta grafia, Xico Buark, foi inventada por Millôr Fernandes numa noite no Antonio's. Gostei como quando eu brincava com palavras em criança. Quanto ao Chico, apenas sorriu um sorriso duplo: um por achar engraçado, outro mecânico e tristonho de quem foi aniquilado pela fama. Se Xico Buark não combina com a figura pura e um pouco melancólica de Chico, combina com a qualidade que ele tem de deixar os outros o chamarem e ele vir, com a capacidade que tem de sorrir conservando muitas vezes os olhos verdes abertos e sem riso. Ele não é de modo algum um garoto; mas, se existisse no reino animal um bicho pensativo e belo e sempre jovem que se chamasse Garoto, Francisco Buarque de Holanda seria da raça montanhesa dos garotos.

Marcamos encontro às quatro horas porque às cinco Chico tinha uma lição de música com Vilma Graça. Há um ano está estudando teoria musical e agora começará com o piano. Estávamos os dois em minha casa e a conversa transcorreu sem desentendimentos, com uma paz de quem enfim volta da rua.

— Você viveu ainda tão pouco que talvez seja prematuro perguntar-lhe se você teve algum momento decisivo na vida e qual foi.

— Eu sou ruim para responder. Na verdade, tive muitos momentos decisivos, mas creio que ainda sou moço demais para saber se eram de fato decisivos esses momentos. No final das contas, não sei se eles contaram ou não.

— Tenho a impressão de que você nasceu com a estrela na testa: tudo lhe correu fácil e natural como um riacho de roça. Estou certa se pensei que para você não é muito laborioso criar?

— E não é. Porque às vezes estou procurando criar alguma coisa e durmo pensando nisso, acordo pensando nisso – e nada. Em geral eu canso e desisto.

No outro dia a coisa estoura e qualquer pessoa pensaria que era gratuita, nascida naquele momento. Mas essa explosão vem do trabalho anterior inconsciente e aparentemente negativo. E como é seu trabalho?

– *Vem às vezes em nebulosa sem que eu possa concretizá-lo de algum modo. Também como você, passo dias ou até anos, meu Deus, esperando. E, quando chega, já vem em forma de inspiração. Eu só trabalho em forma de inspiração.*

– Até aí eu entendo, Clarice. Mas a mim, quando a música ou a letra vem, parece muito mais fácil de concretizar porque é uma coisa pequena. Tenho a impressão de que, se me desse ideia de construir uma sinfonia ou um romance, a coisa ia se despedaçar antes de estar completa.

– *Mas, Chico, aí é que entra o sofrimento do artista: despedaça-se tudo e a gente pensa que a inspiração que passou nunca mais há de vir.*

– Se você tem uma ideia para um romance, você sempre pode reduzi-lo a um conto?

– *Não é bem assim, mas, se eu falar mais, a entrevistada fica sendo eu. Você, apesar de rapaz que veio de uma grande cidade e de uma família erudita, dá a impressão de que se deslumbrou deslumbrando os outros com sua fala particular. O que quero dizer é que você, ao ter crescido e adquirido maior maturidade, deslumbrou-se com as próprias capacidades, entrou numa roda-viva e ainda não pôs os pés no chão. Que é que você acha: já se habituou ao sucesso?*

– Tenho cara de bobo porque minhas reações são muito lentas, mas sou um vivo. Só que pôr os pés no chão no sentido prático me atrapalha um pouco. Tenho, por exemplo, uma pessoa que me explica o contrato e não consigo prestar atenção a certas coisas. O sucesso faz parte dessas coisas exteriores que não contribuem em nada para mim. A gente tem a vaidade da gente, a gente se alegra, mas isso não é importante. Importante é aquele sofrimento com que a gente procura buscar e achar. Hoje, por exemplo, acordei com um sentimento de vazio danado porque ontem terminei um trabalho.

– *Eu também me sinto perdida depois que acabo um trabalho mais sério.*

– Tenho uma inveja: o meu trabalho de música está exposto a um consumo rápido e eu praticamente não tenho o direito de ficar pensando numa ideia muito tempo.

– *Talvez você ainda mude. Como é que Villa-Lobos criava? Seria interessante para você saber.*

– Sei alguma coisa. Por exemplo, uma frase dele que Tom Jobim me contou: diz que Villa-Lobos estava um dia trabalhando na casa dele e havia uma balbúrdia danada em volta. Então o Tom perguntou: como é, maestro, isso não atrapalha? Ele respondeu: o ouvido de fora não tem nada a ver com o ouvido de dentro. É isso que eu invejo nele. Gostaria muito de não ter prazo para entrega das músicas, e não fazer sucesso: você gostaria, por exemplo, de sair para a rua e começar a dar autógrafos no meio da rua mesmo?

— Detestaria, Chico. Eu não tenho, nem de longe, o sucesso que você tem, mas mesmo o pequeno que tenho às vezes me perturba o ouvido interno.

— Então estamos quites.

— Todas as mães com filhas em idade de casar consentiriam que casassem com você. De onde vem esse ar de bom rapaz? Acho, pessoalmente, que vem da bondade misturada com bom-humor, melancolia e honestidade. Você também tem o ar de quem é facilmente enganado: é verdade que você é crédulo ou está de olhos abertos para os charlatões?

— Não é que eu seja crédulo, sou é muito preguiçoso.

— O que é que você sentiu quando o maestro Karabtchevsky dirigiu A banda no Theatro Municipal?

— Claro que gostei, mas o que me interessa mesmo é criar. A intenção de Karabtchevsky foi das melhores, inclusive corajosa. Eu quero ver ainda a coisa se repetir com outros compositores populares.

— Você foi precoce em outras manifestações da vida? Fale sem modéstia.

— Não, tudo o que eu fiz como garoto é de algum modo ligado com o que eu faço hoje, isto é, versinhos.

— Você quer fazer um versinho agora mesmo? Para você se sentir não vigiado, esperarei na copa até você me chamar.

Chico riu, eu saí, esperei uns minutos até ele me chamar e ambos lemos sorrindo:

Como Clarice pedisse

Um versinho que eu não disse

Me dei mal

Ficou lá dentro esperando

Mas deixou seu olho olhando

Com cara de Juízo Final.

— "A banda" lembra música de nossas avós cantarem: tem um ar saudoso e gostoso de se abrir um livro grosso e encontrar dentro uma flor seca que foi guardada exatamente para durar. De onde você tirou essa modinha tão brasileira? Qual a fonte de inspiração?

— Não sei não, é uma coisa difícil de conscientizar. Lembro da banda mesmo não tendo vivido no interior, mas atrás de minha casa tinha um terreno baldio onde às vezes havia circo, parque de diversões, essas coisas.

— Vi você na primeira passeata pela liberdade dos estudantes. Que é que você pensa dos estudantes do mundo e do Brasil em particular?

— No mundo é para mim difícil de falar, mas aqui no Brasil eu sinto em todos os setores um apodrecimento e a impossibilidade de substituição senão por mentalidades completamente jovens e ainda inatingidas por essa podridão. Aqui no Brasil só vejo esta liderança. Um rapaz do New York Times entrevistou-me e perguntou: está bem, vocês não querem censura nem repressão nem os métodos arcaicos de educação; mas se vocês ganharem, quem vai substituir as autoridades? Por incrível que pareça, o mundo político está envolvido por essa decadência e acomodação. E você? Eu também te vi na passeata.

– *Fui pelos mesmos motivos que você. Mudando de assunto, Chico, você já experimentou sentir-se em solidão? Ou sua vida tem sido sempre esse brilho tão justificado? Chico, um conselho para você: fique de vez em quando sozinho, senão você será submergido. Até o amor excessivo dos outros pode submergir uma pessoa.*

– Também acho e sempre que posso faço a minha retirada.

– *Na música chamada clássica, apesar de ela englobar compositores aos quais o classicismo não poderia ser aplicado, nessa música o que você prefere?*

– Aí não é questão de preferência, é costume para mim. Tenho sempre à mão um Beethoven.

– *Sua família preferia que você seguisse a vocação de outros talentos seus que em aparência, pelo menos, são mais asseguradores de um futuro estável?*

– No começo sim. Logo que entrei para a arquitetura, quando comecei a trocar a régua T pelo violão, a coisa parecia vagabundagem. Agora (sorri) acho que já se conformaram.

– *Você está compondo agora alguma coisa e com letra sua mesma? Sua letra é linda.*

– Estou na fase de procura. Ontem acabei um trabalho que era só de música, que exigia prazo. Para uma canção nova, eu estou sempre disponível.

– *No domínio da música popular, quem seria por sua vez o seu ídolo?*

– Muitos, e é por isso que é difícil citar.

– *Seu pai é um grande pai. Quem mais na sua família eu chamaria de grande, se conhecesse?*

– Minha mãe, apesar de ter um metro e cinquenta e poucos de altura. Eu li muito e papai sempre me estimulava nesse sentido.

– *Qual é a coisa mais importante do mundo?*

– Trabalho e amor.

– *Qual é a coisa mais importante para você como indivíduo?*

– A liberdade para trabalhar e amar.

– *O que é amor?*

– Não sei definir, e você?

– *Nem eu.*

Manchete, nº 856, 14 de setembro de 1968
Jornal do Brasil, 26 de junho de 1971
De corpo inteiro, 1975

CHICO BUARQUE (Nascido em 1944)

Francisco Buarque de Hollanda é compositor de clássicos da música popular brasileira como "A banda"; "Construção"; "Olhos nos olhos"; "Teresinha"; e "Cálice". Autor das peças de teatro *Roda viva*; *Calabar*; *Gota d'água*; *Ópera do malandro*; *O grande circo místico*. Filho do historiador Sérgio Buarque de Hollanda e da pianista e pintora Maria Amélia Cesário Alvim, ambos fundadores do PT (Partido dos Trabalhadores), Chico também sempre teve intensa atuação política, o que lhe valeu um período de exílio na Itália durante os anos de 1969 e 1970.

Chico Buarque obteve consagração também como escritor, amealhando três Prêmios Jabuti por seus romances e, sobretudo, o Prêmio Camões de Literatura, a mais importante premiação de língua portuguesa. Publicou, entre outros, os livros *Fazenda modelo*, *Estorvo*, *Benjamim*, *Budapeste*, *Leite derramado*, *Essa gente*, *O irmão alemão*.

TOM JOBIM

"Minhas sinfonias estão inéditas."

Tom Jobim e eu já nos conhecíamos: ele foi o meu padrinho no Primeiro Festival de Escritores, quando foi lançado meu livro *A maçã no escuro*. E ele fazia brincadeiras: segurava o livro na mão e perguntava: quem compra? Quem quer comprar? Para este diálogo, marcamos às seis da tarde: às seis e trinta e cinco tocavam a campainha da porta.
E era o mesmo Tom que eu conhecia: bonito, simpático, com um ar puro *malgré lui*, com os cabelos um pouco caídos na testa. Um uísque na mesa e começamos quase que imediatamente a entrevista.

— Como é que você encara o problema da maturidade?

— Tem um verso do Drummond que diz: "A madureza, esta horrível prenda..." Não sei, Clarice, a gente fica mais capaz, mas também mais exigente.

— Não faz mal, Tom, a gente exige bem.

— Com a maturidade, a gente passa a ter consciência de uma série de coisas que antes não tinha, mesmo os instintos os mais espontâneos passam pelo filtro. A polícia do espaço está presente, essa polícia que é a verdadeira polícia da gente. Tenho notado que a música vem mudando com os meios de divulgação, com a preguiça de se ir ao Theatro Municipal. Quero te fazer esta pergunta, Clarice, a respeito da leitura dos livros, pois hoje em dia estão ouvindo televisão e rádio de pilha, meios inadequados. Tudo o que escrevi de erudito e mais sério fica na gaveta. Que não haja mal-entendido: a música popular, considero-a seriíssima. Será que hoje em dia as pessoas estão lendo como eu lia quando garoto, tendo hábito de ir para a cama com um livro antes de dormir? Porque sinto uma espécie de falta de tempo da humanidade — o que vai entrar mesmo é a leitura dinâmica. Que é que você acha?

— Sofro se isto acontecer, que alguém me leia apenas no método do vira-página dinâmico. Escrevo com amor e atenção e ternura e dor e pesquisa, e queria de volta, como mínimo, uma atenção e um interesse como o seu, Tom. E no entanto o cômico é que eu não tenho mais paciência de ler ficção.

— Mas aí você está se negando, Clarice!

— Não, meus livros, felizmente para mim, não são superlotados de fatos, e sim da repercussão dos fatos no indivíduo. Há quem diga que a literatura e a música vão acabar. Sabe quem disse? Henry Miller. Não sei se ele queria dizer para já ou para daqui a quatrocentos ou quinhentos anos. Mas eu acho que nunca acabarão.

Riso feliz de Tom:

— Pois eu, sabe, também acho.

— Acho que o som da música é imprescindível para o ser humano e que o uso da palavra falada e escrita é como a música, duas coisas das mais altas que nos elevam do reino dos macacos, do reino animal.

— E mineral também, e vegetal também! (Ele ri.) Acho que sou um músico que acredita em palavras. Li ontem o teu "O búfalo" e "A imitação da rosa".

— Sim, mas é a morte às vezes.

— A morte não existe, Clarice. Tive uma (uma com agá: huma) experiência que me revelou isto. Assim como também não existe o *eu* nem o *euzinho* nem o *euzão*. Fora essa experiência que não vou contar, temo a morte 24 horas por dia. A morte do eu, eu te juro, Clarice, porque eu vi.

— Tem alguma coisa além do eu, Tom?

— Além de tudo (ri) e vivam os estudantes! Se eu não defender os estudantes, estou desprotegendo meus filhos. Se esse eco do sucesso não nos interessa em vida, muito menos depois da morte. Isso é o que eu chamo de mortalidade.

— Você acredita na reencarnação, Tom?

— Não sei. Dizem os hindus que só entende de reencarnação quem tem consciência das várias vidas que viveu. Evidentemente não é meu ponto de vista: se existe reencarnação só pode ser por um despojamento.

Dei-lhe então a epígrafe de um de meus livros: é uma frase de Bernard Berenson, crítico de arte: "Uma vida completa talvez seja aquela que termina em tal identificação com o não eu que não resta um eu para morrer."

— Isto é muito bonito, é o despojamento. Caí numa armadilha porque sem o eu, eu me neguei. Se nós negamos qualquer passagem de um eu para outro, o que significa reencarnação, então a estamos negando.

— Não estou entendendo nada do que nós estamos falando, mas faz sentido. Como podemos, Tom, falar do que não entendemos? Vamos ver se na próxima reencarnação nós dois nos encontramos mais cedo. Que é que você acha do fato da liderança do mundo estar hoje na mão dos estudantes?

— Acho que não podia ser de outra forma e que venham os estudantes. Vladimir sabe disso.

— A sociedade industrial organiza e despersonaliza demais a vida. Você não acha, Tom, que está reservado aos artistas o papel de preservar a alegria do mundo? Ou a consciência do mundo?

— Sou contra a arte de consumo. Claro, Clarice, que eu amo o consumo... Mas do momento em que a estandardização de tudo tira a alegria de viver, sou contra a industrialização. Sou a favor do maquinismo que facilita a vida humana, jamais a máquina que domina a espécie humana. Claro, os artistas devem preservar a alegria do mundo. Embora a arte ande tão alienada e só dê tristeza ao mundo. Mas não é culpa da arte porque ela tem o papel de refletir o mundo. Ela reflete e é honesta. Viva Oscar Niemeyer e viva Villa-Lobos! Viva Clarice Lispector! Viva Antônio Carlos Jobim! A nossa, Clarice, é uma arte que denuncia. Tenho sinfonias e músicas de câmara que não vêm à tona.

– *Você não acha que é dever seu o de fazer a música que sua alma pede? Pelas coisas que você disse, suponho que significa que o nosso melhor está dito para as elites?*

– Evidentemente que nós, para nos expressarmos, temos que recorrer à linguagem das elites, elites estas que não existem no Brasil... Eis o grande drama de Carlos Drummond de Andrade e Villa-Lobos.

– *Para quem você faz música e para quem eu escrevo?*

– Acho que não nos foi perguntado nada a respeito, e, desprevenidos, ouvimos no entanto a música e a palavra sem tê-las realmente aprendido de ninguém. Não nos coube a escolha: você e eu trabalhamos sob uma inspiração. De nossa ingrata argila de que é feito o gesso, ingrata mesmo para conosco. A crítica que eu nos faria, Clarice, nesse confortável apartamento no Leme, é de sermos seres rarefeitos que só se dão em determinadas alturas. A gente devia se dar mais, a toda hora, indiscriminadamente. Hoje, quando leio uma partitura de Stravinsky, sinto ainda mais uma vontade irreprimível de estar com o povo, embora a cultura jogada fora volte pelas janelas – estou roubando C.D.A.

– *Por que nós todos somos parte de uma geração quem sabe se fracassada?*

– Não concordo absolutamente! – disse Tom.

– *É que eu sinto que nós chegamos ao limiar de portas que estavam abertas – e por medo ou pelo que não sei, não atravessamos plenamente essas portas. Que no entanto têm, nelas, já gravado nosso nome. Cada pessoa tem uma porta com seu nome gravado, Tom, e é só através dela que essa pessoa perdida pode entrar e se achar.*

– Batei e abrir-se-vos-á.

– *Vou confessar a você, Tom, sem o menor vestígio de mentira: sinto que, se eu tivesse tido coragem mesmo, eu já teria atravessado a minha porta, e sem medo de que me chamassem de louca. Porque existe uma nova linguagem, tanto a musical quanto a escrita, e nós dois seríamos os legítimos representantes das portas estreitas que nos pertencem. Em resumo e sem vaidade: estou simplesmente dizendo que nós dois temos uma vocação a cumprir. Como se processa em você a elaboração musical que termina em criação? Estou simplesmente misturando tudo, mas não é culpa minha, Tom, nem sua: é que esta entrevista foi se tornando meio psicodélica.*

– A criação musical em mim é compulsória. Os anseios de liberdade nela se manifestam.

– *Liberdade interna ou externa?*

— A liberdade total. Se como homem fui um pequeno burguês adaptado, como artista me vinguei nas amplidões do amor. Você desculpe, eu não quero mais uísque por causa de minha voracidade, tenho é que beber cerveja porque ela locupleta os grandes vazios da alma. Ou pelo menos impede a embriaguez súbita. Gosto de beber só de vez em quando. Gosto de tomar uma cerveja, mas de estar bêbado não gosto.

(Foi devidamente providenciada a ida da empregada para comprar cerveja.)

— *Tom, toda pessoa muito conhecida, como você, é no fundo o grande desconhecido. Qual é a sua face oculta?*

— A música. O ambiente era competitivo, e eu teria que matar meu colega e meu irmão para sobreviver. O espetáculo do mundo me soou falso. O piano no quarto escuro me oferecia uma possibilidade de harmonia infinita. Esta é a minha face oculta. A minha fuga, a minha timidez me levaram inadvertidamente, contra a minha vontade, aos holofotes do Carnegie Hall. Sempre fugi do sucesso, Clarice, como o diabo foge da cruz. Sempre quis ser aquele que não vai ao palco. O piano me oferecia, de volta da praia, um mundo insuspeitado de ampla liberdade — as notas eram todas disponíveis e eu antevi que se abriam os caminhos, que tudo era lícito, e que se poderia ir a qualquer lugar desde que fosse inteiro. Subitamente, sabe, aquilo que se oferece a um menor púbere, que o grande sonho de amor estava lá e que este sonho tão inseguro era seguro, não é, Clarice? Sabe que a flor não sabe que é flor. Eu me perdi e me ganhei, enquanto isso sonhava pela fechadura os seios de minha empregada. Eram lindos os seios dela através do buraco da fechadura.

— *Tom, você seria capaz de improvisar um poema que servisse de letra para uma canção?*

Ele assentiu e, depois de uma pequena pausa, me ditou o que se segue:

Teus olhos verdes são maiores que o mar. Se um dia eu fosse tão forte quanto você

eu te desprezaria e viveria no espaço.

Ou talvez então eu te amasse.

Ai! Que saudade me dá da vida

que nunca tive!

— *Como é que você sente que vai nascer uma canção?*

— As dores do parto são terríveis. Bater com a cabeça na parede, angústia, o desnecessário do necessário, são os sintomas de uma nova música nascendo. Eu gosto mais de uma música quanto menos eu mexo nela. Qualquer resquício de *savoir-faire* me apavora.

— *Tom, Gauguin, que não é meu predileto, disse no entanto uma coisa que não se deve esquecer, por mais dor que ela nos traga. É o seguinte: "Quando tua mão direita estiver hábil, pinta com a esquerda, quando a esquerda ficar hábil, pinta com os pés." Isso responde ao seu terror do savoir-faire.*

— Para mim, a habilidade é muito útil, mas em última instância a habilidade é inútil. Só a criação satisfaz. Verdade ou mentira, Clarice, eu prefiro uma forma torta que diga a uma forma hábil que não diga.

— *Você é quem escolhe os intérpretes? E os colaboradores?*

— Quando posso escolher intérpretes, escolho. Mas a vida veio muito depressa. Gosto de colaborar com quem eu amo, Vinicius, Chico Buarque, João Gilberto, Newton Mendonça, Dolores Duran. E você?

— *Faz parte de minha profissão estar mesmo sempre sozinha, sem colaboradores e intérpretes. Escute, Tom, todas as vezes em que eu acabei de escrever um livro ou um conto, pensei com desespero e com toda a certeza de que nunca mais escreveria nada. Você, que sensação tem quando acaba de dar à luz uma canção?*

— Exatamente o mesmo. Eu sempre penso, Clarice, que morri depois das dores do parto.

— *Vou agora lhe fazer as minhas três perguntas clássicas. Qual é a coisa mais importante do mundo? Qual é a coisa mais importante para a pessoa como indivíduo? E o que é amor?*

— A coisa mais importante do mundo é o amor. Segunda pergunta: a integridade da alma, mesmo que no exterior ela pareça suja. Quando ela diz que sim, é sim, quando ela diz que não, é não. E durma-se com um barulho desses. Apesar de todos os santos, apesar de todos os dólares. Quanto ao que é o amor, amor é se dar, se dar, se dar. Dar-se não de acordo com o seu eu – muita gente pensa que está se dando e não está dando nada – mas de acordo com o eu do ente amado. Quem não se dá a si próprio detesta, e a si próprio se castra. Amor sozinho é besteira.

— *Houve algum momento decisivo na sua vida?*

— Só houve momentos decisivos na minha vida. Inclusive ter de ir, aos 36 anos, aos Estados Unidos, por força do Itamaraty, eu que gostava já nessa época de pijama listrado, cadeira de balanço de vime, e o céu azul com nuvens esparsas.

— *Muitas vezes, nas criações em qualquer domínio, pode-se notar tese, antítese e síntese. Você sente isso nas canções? Pense.*

— Sinto demais isso. Sou um matemático amoroso, carente de amor e de matemática. Sem forma não há nada. Mesmo no caótico há forma.

— *Quais foram as grandes emoções de sua vida como compositor e na sua vida pessoal?*

— Como compositor nenhuma. Na minha vida pessoal, a descoberta do eu e do não eu.

— *Qual é o tipo de música brasileira que faz sucesso no exterior?*

— Todos os tipos. O velho mundo, Europa e Estados Unidos estão completamente exauridos de temas, de força, de virilidade. O Brasil, apesar de tudo, é um país de alma extremamente livre. Ele conduz à criação, ele é conivente com os grandes estados de alma.

Manchete, nº 857, 21 de setembro de 1968
Jornal do Brasil, 3, 10 e 17 de julho de 1971
De corpo inteiro, 1975

TOM JOBIM (1927-1994)

Antonio Carlos Brasileiro de Almeida Jobim foi compositor, cantor, arranjador e instrumentista, um dos nomes que melhor representam a música brasileira na segunda metade do século XX. Foi um dos destaques do Festival de Bossa Nova do Carnegie Hall, em Nova York, em 1962. No ano seguinte compôs, com Vinicius, um de seus maiores sucessos e a música brasileira mais executada no exterior: "Garota de Ipanema", regravada por mais de 240 cantores. Levantamento efetuado pelo ECAD (Escritório Central de Arrecadação e Distribuição) demonstrou que Tom Jobim é autor de oito das 15 músicas mais regravadas por outros artistas.

Significativa foi a parceira de Tom Jobim com Elis Regina, que se desdobrou entre os anos de 1974 e 1982. Um dos maiores difusores da música brasileira no exterior, Tom gravou com o maior mito da música norte-americana, Frank Sinatra, e foi homenageado pelo Grammy em 2012 com o Lifetime Achievement Award. Em 2015, uma cratera do planeta Mercúrio foi batizada com seu nome pela União Astronômica Internacional.

PONGETTI

"Minha vida está nas minhas crônicas."

Quando estive na casa de Pongetti, nós nos reconhecemos: tínhamos estado não sei em que data em Paris ao mesmo tempo. O ambiente em sua casa é calmo, amplo, confortável, com móveis sólidos e belíssimos quadros de Portinari, Pancetti, Djanira. Essa fase de Djanira eu não conhecia: a de um Cristo ensanguentado.

Fomos logo ao escritório de Pongetti. Ele preferia que eu fizesse perguntas e ele me daria as respostas por escrito. Garanti-lhe a fidelidade de minhas entrevistas, do que ele não duvidou. Realmente eu lhe relia as perguntas e as suas respostas – e estavam exatamente como tinham sido formuladas. Minha pergunta inicial, eu tinha certeza, seria a pergunta de seus milhares de leitores:

– Pongetti, quando é que você retoma a crônica diária?

– Não tenho ideia de retornar à crônica diária. Despedi-me com a certeza de nunca mais voltar.

– Por quê?

– Foram 32 anos de crônica diária e isso dá à gente a vontade de viver sem a obsessão pelo assunto.

– *Que conselho você, cronista antigo, daria a mim que estou, por assim dizer, iniciando, por questões financeiras, na crônica semanal?*

– Eu não posso dar conselhos a uma romancista que domina a prosa como você domina. As suas crônicas que tenho lido indicam a um velho cronista um caminho novo. Suas crônicas têm a qualidade literária que às vezes falta à nossa prosa contaminada pelo espírito jornalístico.

– *Pongetti, era isso exatamente o que eu ia lhe perguntar: como não deixar o jornalismo interferir com a literatura? Tenho medo.*

– Acho difícil que, com sua forte personalidade e sua maturidade literária, você venha a correr esse perigo.

– *Mesmo escrevendo uma crônica só uma vez por semana, sinto já um certo desgaste. Como é que você aguentou, mantendo sua linha, tantos anos de cronista? Como é que você se defendia do desgaste?*

– Eu sempre tive a preocupação de dar uma certa qualidade, fosse a crônica sobre o assunto mais cotidiano e vulgar. Isso não se faz impunemente. A gente paga nos nervos, e no fim de muitos anos descobre que demos a esse ofício alguma coisa que não devíamos ter dado. A impressão que temos depois é que deixamos de viver o pedaço da vida que foi o nosso assunto.

– *O que me dá medo é o de chegar, por falta de assunto, à autorrevelação, mesmo à minha revelia.*

– Isso tem acontecido no decorrer de minha carreira de cronista. Acabamos quase sempre na autobiografia, na autoanálise. Muita gente me pergunta por que não escrevo minhas memórias. Aí eu procuro lembrar a minha vida e descubro que já contei tudo em tantos anos de crônica.

– *Logo que eu tenha mais dinheiro, abandonarei a crônica, acho eu. Que é que você acha, Pongetti? A entrevista me dá mais prazer do que a crônica porque não fico falando sozinha: ouço também.*

– Acho que do ponto de vista mesmo profissional de romancista o diálogo da entrevista é ainda uma pesquisa da personalidade humana, útil ao seu gênero literário. É bem possível que você descubra nos entrevistados personagens úteis aos seus romances. De perto, falando, todos os homens viram personagens.

– *Por falar em romance, você está escrevendo algum?*

– Vou dar a você um que fiz agora, é o meu primeiro romance. O *Espinho na carne* é uma história que eu tinha há muito tempo na cabeça e não tinha coragem de escrever porque, produzindo quase duas crônicas por dia e de vez em quando uma peça (produção exigida pela necessidade de viver), a interrupção contínua transformava tudo o que eu fazia num abortivo. Neste período de repouso, iniciei meu romance em dezembro do ano passado e em abril deste ano tinha minhas trezentas páginas.

– *Puxa vida. Qual é o tema do romance, se você não se incomoda de dizer?*

– É a tragicomédia sexual de um homem que viveu sempre agarrado à sua esposa, e fica viúvo aos 60 anos. É a saga de suas aventuras sexuais. Como epígrafe, capaz de resumir o espírito do livro, transcrevi esta frase do Eclesiástico: "Afasta de mim a intemperança da carne, e não se apodere de mim a paixão da impureza, e não me entregues a uma alma sem vergonha e sem recato."

Na orelha do romance, feita pelo próprio Pongetti, ele acrescenta a essa epígrafe uma frase: "Mas minha heroína Marta clamava pelo estigma do Eclesiástico, e marquei-a com a frase terrível: 'Da mulher nasceu o princípio do pecado, e por causa dela é que todos morremos'."

Ainda na orelha da capa: "Não pensem, porém, que meu romance é de um realismo moralizador e inculque ideologias. Para mim, o narrador é antes de tudo um homem que procura divertir o seu semelhante, o que não lhe impede de ter ideias próprias, e até uma crença política ou religiosa. Um contador de histórias, nunca um catequista. Quero ser lembrado pelos meus leitores como um homem de bom humor, e, se a posteridade me confirmar como autor-diversão, ficarei honradíssimo no outro mundo. Sim, a literatura não é bem "o sorriso da sociedade" como disse o nosso aliás inteligente Afrânio Peixoto, mas está longe de ser o seu espantalho, a sua palmatória, a sua rédea, o seu purgativo. O livro está muito bem impresso, tendo na capa o anjo expulsando Adão e Eva do Paraíso, de Michelangelo. A editora é Pongetti, de seu irmão, se bem que Henrique tenha sido o seu fundador.

– Vou profundamente, como sempre. Não sei viver de outro modo. Pago o preço.

– *Pongetti, você agora está, em relação à vida intensa que levava, quase em ócio. Como preenche seu tempo?*

– Passo a manhã lendo, estou planejando outro livro, esse de ensaios, e certamente farei uma outra peça. É mais ou menos a mesma vida do cronista, a gente acaba escrevendo mesmo.

– *Quando menino, você já prometia levar essa vida de escritor contínuo?*

– Prometia. Comecei a escrever nos jornais de Petrópolis com 14 anos de idade. Aos 16, fundei um jornal quinzenal que circulava mais entre os soldados do Tiro de Guerra 302, onde eu fazia meu amadorismo militar. Mais tarde fundei A Ideia, um jornal muito maior e mais pretensioso. Depois vim para o Rio e me tornei um profissional inveterado.

– *Quem é que você admira mais como cronista?*

– Não poderia destacar. Eu botaria como meus favoritos Rubem Braga, Carlinhos Oliveira, Paulo Mendes Campos, e mesmo Carlos Drummond de Andrade, que veio depois, sem falar em você que eu gostaria de ver definitivamente colocada nessa seleção nacional.

– *Se você não morasse no Rio, em que lugar do mundo gostaria de viver?*

– Se não fosse do mundo e só do Brasil, na Bahia, na cidade de Salvador. E se fosse no mundo, seria na Sardenha, onde descobri uma ilha que os turistas ainda não conseguiram estragar. Uma ilha onde a gente ainda encontra nas ruas, vestidos a caráter, os personagens de Grazia Deledda, a que tirou o Prêmio Nobel de Literatura.[21] A literatura dela era muito típica, mas de uma força extraordinária.

– *Tudo o que você está me contando já contou em crônicas?*

– Alguma coisa. Geralmente os leitores de um cronista são os primeiros a saberem.

– *Pongetti, peguei o hábito de fazer três perguntas aos meus entrevistados: 1 - qual é a coisa mais importante do mundo? 2 - qual é a coisa mais importante para uma pessoa como indivíduo? 3 - o que é amor?*

– A primeira: viver onde a gente gosta de viver e como gosta de viver. A segunda (e Pongetti ficou muito tempo

---

[21] Nota da Editora: Grazia Deledda ganhou o Prêmio Nobel de Literatura em 1926; foi só a segunda mulher a receber o prêmio, depois da escritora sueca Selma Lagerlöf em 1909.

meditando calado) é não ter grandes ambições e satisfazer as pequenas.

– Isso é um programa de vida, Pongetti, que exclui o sofrimento. E o que é amor?

– Amor é o mais difícil dos sincronismos, um está sempre fora do tempo.

Ofereci-lhe um cigarro, recusou: há 18 anos deixou de fumar com sacrifício imenso, ainda esperando, mesmo agora, uma recaída.

– Por que deixou de fumar?

– Porque eu fazia mal ao cigarro.

– Você ainda continua querendo viajar?

– Não, eu me cansei do lado turístico da viagem. Gostaria de visitar a Europa deserta: o turismo de massa é uma coisa horrorosa. A gente tem a impressão de que os turistas gastam até o que é eterno.

– Eu também não estou mais interessada em viagens. Só quero agora é conhecer melhor o Brasil.

– Vale a pena, as surpresas são enormes. Salvador, nem se fala, é a minha paixão.

Manchete, nº 858, 28 de setembro de 1968

[Henrique] PONGETTI (1898-1979)

Jornalista, dramaturgo e cronista, Pongetti publicou durante mais de trinta anos uma crônica diária no jornal O *Globo*, e foi um dos responsáveis pela criação da paradigmática revista *Manchete*, juntamente com Adolpho Bloch, Pedro Bloch e Raimundo Magalhães Júnior.

Obteve também grande sucesso como dramaturgo, sobretudo com a peça *Society em Baby Doll*, estrelada por Tônia Carrero, assim como roteirista. Seu maior destaque neste campo foi o filme *Favela dos meus amores* (1935), dirigido por Humberto Mauro, o primeiro filme a focalizar o universo das favelas, duas décadas antes de *Rio 40 graus*, de Nelson Pereira dos Santos, considerado o marco inaugural do Cinema Novo.

JOSÉ CARLOS DE OLIVEIRA

"Devemos jogar uma bomba atômica na Academia."

Quando marquei entrevista com Carlinhos Oliveira, jamais pensei que ela se tornaria como que um desafio de viola, o que nos divertiu e nos aguçou: tudo era tão rápido. Esta entrevista está "eivada" (jamais pensei que um dia usaria esta palavra), está eivada de várias palavras oficialmente impublicáveis. No entanto, os leitores podem suprir as lacunas com os palavrões que acharem mais convenientes.

— José Carlos de Oliveira, vamos fazer uma entrevista ótima no sentido de sincera? Hoje não é o meu melhor dia porque estou muito gripada e triste. Mas mesmo assim, no meio de uma náusea sartreana que não passa de uma gripe nesta sexta-feira de noite, vamos fazer o possível. Quem é você, Carlinhos? (E, por Deus, quem sou eu?) Fora de brincadeira, o mundo está se acabando e nós não estamos fazendo nada e eu estou gripadíssima e de mãos sem força para ajudar os que imploram. Fale, Carlinhos. Fale.

— Eu acho que você é Clarice Lispector. Mas não sei quem eu sou. E o mundo está completamente ******** e sem saída. Mas nem você nem eu temos nada com isso.

— Isso diz você que não tem filhos. Mas todo o mundo, Carlinhos, é meu filho e um filho a salvar. Como é que eu faço com tanto amor e tanta impotência? Não me refiro apenas a meus dois filhos, e sim aos filhos dos homens.

— Os filhos dos homens formam a humanidade. Que há quatro (?) milhões de anos são mandados à morte. O problema é deles — quer dizer, nada posso fazer contra isto. Como dizem as crianças: "Tudo é violência e injustiça? Azar, azia, azeite."

— Carlinhos, nós dois escrevemos e não escolhemos propriamente essa função. Mas já que ela nos caiu nos braços, cada palavra nossa devia ser pão de se comer.

— Isso é absurdo. Por exemplo eu digo ******** e ninguém publica. E então estamos condenados a guardar uma língua que é apenas uma coleção de palavras. Nós somos uns idiotas — você e eu. O resto é literatura. E eu agora pergunto: 1) Clarice, por que você escreve? 2) Clarice, por que você não escreve?

Acho que Carlinhos, usando palavrão, estava me desafiando porque esta não costuma ser a minha linguagem: ele pensava que eu recuaria ou a revista cortaria a palavra. Mas se ela é tão importante – ei-la sugerida para a maior glória de Deus. Nosso modo de entrevista estava original: eu escrevia na folha de papel a pergunta e passava-a para Carlinhos; ele lia, respondia também por escrito e me devolvia a página. Fizemos, pois, a entrevista sem sequer uma só palavra pronunciada. Estávamos no restaurante Antonio's, onde Carlinhos ia jantar.

– *Respondo às suas duas perguntas: é tarde demais para mim – escrevo porque não posso ficar muda, não escrevo porque sou profundamente muda e perplexa.*

– Ora, deixe de frescura!

– *Estou falando tão a sério que você não está suportando e sai pelos lados, não me enfrenta.*

– Se você está falando muito a sério, Clarice, é que você pensa que falar a sério tem algum valor. Pois bem, eu não acho.

– *Então vamos deixar tudo morrer?*

– Mesmo se não o fizermos, tudo morrerá!

– *Vamos mudar de assunto, pois a gripe está piorando demais para eu aguentar o peso das coisas. Pergunto-lhe agora por que você não escreve um romance.*

– Porque não tenho capacidade.

– *Você já tentou?*

– Todas as pessoas que não compreendem a vida pensam que a vida é feita de sucessos. Essas mesmas pessoas adoram Van Gogh porque ele cortou a orelha; Toulouse-Lautrec porque era anão; Modigliani porque era tuberculoso; Rembrandt porque morreu de fome; James Dean porque morreu na estrada; Marilyn Monroe porque se suicidou. Todas essas pessoas acreditam na posteridade porque acreditam que são a posteridade. Pois bem: eu ******** na cabeça da posteridade.

– *Acho que Carlinhos continuava a me desafiar escrevendo na folha de papel expressões que ele próprio não usa nas suas crônicas. Mas a mim tanto se me faz. As palavras não me assustam, nem mesmo as que não fazem parte de meu vocabulário.*

– Nós não nos entendemos. Fazer romance não é sucesso, você até parece com aquele que dizia que a literatura era o sorriso da sociedade. Fazer sucesso é chegar ao mais baixo do fracasso, é sem querer cortar a vida em dois e ver o sangue correr. Nós dois, Carlinhos, nos gostamos um do outro, mas falamos palavras diversas.

– *Falamos linguagem diversa, é verdade. Eu prefiro ser feliz na rua a "cortar a vida em dois".*

– E eu prefiro tudo, entendeu? Não quero perder nada, não quero sequer a escolha. Mas me fale de seus planos, José Carlos.

– Você prefere inclusive ser uma grande escritora. Mas eu renunciei há muito tempo a essa vaidade. Quero comer, beber, fazer amor e morrer. Não me considero responsável pela literatura.

— Nem eu, meu caro. E estou vendo a hora em que começaremos, dentro de toda a amizade, a brigar. Também posso lhe dizer que, se viver é beber no Antonio's, isso é pouco para mim. Quero mais porque minha sede é maior que a sua.

— Evidentemente.

— Eu gosto muito de você, Carlinhos.

— Mas aqui não estávamos falando de amizade, e sim mostrando que uma escritora como Clarice Lispector, em vez de comer e beber comigo, tem que pensar em entrevistas para poder sobreviver. É por isso que eu digo: devemos jogar uma bomba atômica na Academia Brasileira de Letras.

— Carlinhos, vamos terminar esta minha tentativa de sobrevivência financeira com alguma coisa que não nos humilhe? Faça uma chave de ouro.

— Tudo nos humilha. Ninguém acredita em nós. Tudo está certo para eles, mas não nos pedem senão idiotices. Esta é uma chave de ouro. O resto é literatura.

No dia seguinte, Carlinhos quis dar outro tipo de entrevista, mas não pude aceitar porque, se eu fizer duas entrevistas com cada entrevistado, o tempo não rende. Além do mais, acho que uma quase briga entre dois amigos não é de se temer. E na amargura de Carlinhos vejo mesmo é a sua bondade profunda e sua revolta de homem de vanguarda.

Bom. Resolvi dar outra oportunidade a Carlinhos porque ele a merece: tinha mostrado apenas parte dele e não um retrato de corpo inteiro. De modo que o desafio de viola continuou e com o mesmo sistema: sem uma palavra dita, só "tocada" na viola do papel. Encontrei-me com ele exatamente quando Carlinhos tinha escrito uma crônica que me deixou emocionadíssima: "Noite em lágrimas". Ele começa assim: "Para que não pensem que deixei de ser um indivíduo, mostrei-me a chorar de noite, eu, por causa das coisas que magoam o homem." Meu gosto seria publicar a crônica inteira. Mas deixo o indivíduo Carlos Oliveira falar e antes lhe digo:

— Você é um homem e sabe chorar. Por isso também respeito você. Fale, Carlinhos.

— Por exemplo: não me lembro de uma única palavra escrita nessa crônica: eu que a escrevi há apenas dois dias. Lembro-me de ter chorado durante horas no restaurante Antonio's. Sou um existencialista, Clarice. Aceito cada momento como se fosse o último. Resultado: sou um drama permanente. A cada minuto consulto o meu coração e ajo em consequência.

— Que é, por exemplo, que você está sentindo agora, hoje, em relação ao mundo e às gentes que o povoam e que choram de fome ou solidão?

— Estou sentindo a mesma coisa de sempre, mas atenuada pela experiência concreta. Não gosto de ver amigos meus, há meia hora atrás, sofrendo intensamente... Isso deixa você egoísta, satisfeito com esta pele que pulsa, com a possibilidade inegável de ler MANCHETE quarta-feira que vem...

– *Carlinhos, o que vem depois da morte? Por favor não tire a esperança dos que creem.*

– O que vem depois da morte é a vida. Aliás, sempre foi assim. Minha metafísica é carioca: "Entre mortos e feridos, salvaram-se todos."

– *Há pouco estivemos falando sobre o melhor modo de morrer e acho que escolhemos o enfarte, que não obriga as pessoas queridas a sofrerem nos hospitais com a gente. Você disse que pilotos de prova e jornalistas (portanto escritores) em geral morrem de enfarte. É mesmo verdade? Como seria bom se fosse.*

– É verdade, pelo menos nos Estados Unidos, onde a pesquisa foi feita. Mas, já que estamos falando em morte, vamos ser objetivos: Vinicius de Moraes e eu – o poetinha me deu autorização expressa para dizer isso – Vinicius e eu gostaríamos de ser cremados depois que tudo terminasse. O poeta porque sofre de claustrofobia, e eu porque acho mais higiênico. Entretanto, como só se cremam corpos em São Paulo, temos medo de morrer antes de pegar o avião que nos leve até lá.

– *Eu também gostaria de ser cremada depois de morta, eu que já experimentei quase isso em vida. Mas o que fazer com as cinzas minhas? Jogá-las simplesmente fora? Acho que sim, porque se fossem guardadas iam dar saudade aos meus seres amados.*

– Você fala nas "suas" cinzas como se o direito de propriedade fosse eterno. Mas eu sou socialista e digo assim: "As cinzas *dele* são problema de vocês, seus maravilhosos canalhas que continuam vivos!"

– *Esta entrevista pode correr o risco de não terminar nunca. Termine-a você falando diretamente a mim e a seus leitores.*

– Adeus, respeitável público. Acabaram de ouvir dois escritores brasileiros. Duas personalidades diferentes, dois amigos. Comprem os nossos livros, prestem atenção nas nossas vírgulas. Acabaram de ouvir dois escritores brasileiros – a nossa maior prosadora e o nosso maior maluco. Meu Deus, como é difícil terminar uma entrevista! Terminemos assim, à maneira dos inquisidores policiais: "E nada mais declarou nem lhe foi perguntado..."

Manchete, nº 859, 5 de outubro de 1968
Jornal do Brasil, 27 de janeiro de 1973

JOSÉ CARLOS DE OLIVEIRA (1934-1986)

Mais conhecido como Carlinhos de Oliveira, foi um dos maiores cronistas brasileiros, que pretendia transformar suas crônicas no "romance balzaquiano da minha geração". Publicou seus textos no *Jornal do Brasil* na mesma época que Clarice Lispector e Carlos Drummond de Andrade.

Rubem Braga disse a respeito dele: "Foi uma das vocações literárias mais intensas que conheci." Porém, como também observou Braga, ele era "ao mesmo tempo um grande boêmio e um grande trabalhador", o que acabou causando sua perdição: morreu de pancreatite com apenas 51 anos.

Segundo Humberto Werneck (Portal da Crônica Brasileira), a entrevista que ele concedeu a Clarice no Antonio's, em 1973, foi "bizarra porque nenhum dos dois abriu a boca: perguntas e respostas por escrito que iam e vinham".

VINICIUS DE MOARES (I)

"Detesto tudo que oprime o homem, inclusive a gravata."

– Vinicius, prepare-se. Acho que vamos conversar sobre mulheres, poesia e música. Sobre mulheres porque corre a fama de que você é um grande amante. Sobre poesia porque você é um dos nossos grandes poetas. Sobre música porque você é o nosso menestrel. Vinicius, você amou realmente alguém na vida? Telefonei para uma das mulheres com quem você casou, e ela disse que você ama tudo, a tudo você se dá inteiro: a crianças, a mulheres, a amizades. Então me veio a ideia de que você ama o amor, e nele inclui as mulheres.

– Que eu amo o amor é verdade. Mas por esse amor eu compreendo a soma de todos os amores, ou seja, o amor de homem por mulher, de mulher por homem, o amor de mulher por mulher, o amor de homem por homem e o amor de ser humano pela comunidade de seus semelhantes. Eu amo esse amor, mas isso não quer dizer que eu não tenha amado as mulheres que tive. Tenho a impressão de que, àquelas que amei realmente, me dei todo.

– Acredito, Vinicius. Acredito mesmo. Embora eu também acredite que, quando um homem e uma mulher se encontram num amor verdadeiro, a união é sempre renovada, pouco importam as brigas e os desentendimentos: duas pessoas nunca são permanentemente iguais e isso pode criar no mesmo par novos amores.

– É claro, mas eu ainda acho que o amor que constrói para a eternidade é o amor paixão, o mais precário, o mais perigoso, certamente o mais doloroso. Esse amor é o único que tem a dimensão do infinito.

– Você já amou desse modo?

– Eu só tenho amado desse modo.

– Você acaba um caso porque encontra outra mulher ou porque cansa da primeira?

– Na minha vida tem sido como se uma mulher me depositasse nos braços de outra. Isso talvez porque esse amor paixão, pela sua própria intensidade, não tem condições de sobreviver. Isso acho que está expresso com felicidade no dístico final do meu soneto "Fidelidade": "que não seja imortal posto que é chama / mas que seja infinito enquanto dure."

— Você sabe que é um ídolo para a juventude? Será que agora que apareceu o Chico, as mocinhas trocaram de ídolo, as mocinhas e os mocinhos?

— Acho que é diferente. A juventude procura em mim o pai amigo, que viveu e que tem uma experiência a transmitir. Chico não, é ídolo mesmo, trata-se de idolatria.

— Você suporta ser ídolo? Eu não suportaria.

— Às vezes fico mal-humorado. Mas uma dessas moças explicou: é que você, Vinicius, vive nas estantes de nossos livros, nas canções que todo mundo canta, na televisão. Você vive conosco, em nossa casa.

— Qual é a artista de cinema que você amaria?

— Marilyn Monroe. Foi um dos seres mais lindos que já nasceram. Se só existisse ela, já justificaria a existência dos Estados Unidos. Eu casaria com ela e certamente não daria certo porque é difícil amar uma mulher tão célebre. Só sou ciumento fisicamente, é o ciúme de bicho, não tenho outro.

— Fale-me sobre sua música.

— Não falo de mim como músico, mas como poeta. Não separo a poesia que está nos livros da que está nas canções.

— Vinicius, você já se sentiu sozinho na vida? Já sentiu algum desamparo?

— Acho que sou um homem bastante sozinho. Ou pelo menos eu tenho um sentimento muito agudo de solidão.

— Isso explicaria o fato de você amar tanto, Vinicius.

— O fato de querer me comunicar tanto.

— Você sabe que admiro muito seus poemas e, mais do que gostar, eu os amo. O que é a poesia para você?

— Não sei, eu nunca escrevo poemas abstratos, talvez seja o modo de tornar a realidade mágica aos meus próprios olhos. De envolvê-la com esse tecido que dá uma dimensão mais profunda e consequentemente mais bela.

— Reflita um pouco e me diga qual é a coisa mais importante do mundo, Vinicius?

— Para mim é a mulher, certamente.

— Você quer falar sobre sua música? Estou escutando.

— Dizem, na minha família, que eu cantei antes de falar. E havia uma cançãozinha que eu repetia e que tinha um leve tema de sons. Fui criado no mundo da música, minha mãe e minha avó tocavam piano, eu me lembro de como me machucavam aquelas valsas antigas.

— Vinicius, fale mais devagar porque essa minha horrível mão queimada pelo incêndio escreve devagar.

— Meu pai também tocava violão, cresci ouvindo música. Depois a poesia fez o resto.

Fizemos uma pausa. Ele continuou:

— Tenho tanta ternura pela sua mão queimada... (Emocionei-me e entendi que este homem envolve uma mulher de carinho.)

Vinicius disse tomando um gole de uísque:

— É curioso, a alegria não é um sentimento nem uma atmosfera de vida nada criadora. Eu só sei criar na dor e na tristeza, mesmo que as coisas que resultem sejam alegres. Não me considero uma pessoa negativa, quer dizer, eu não deprimo o ser humano. É por isso que acho que estou vivendo num movimento de equilíbrio infecundo do qual estou tentando me libertar. O paradigma máximo para mim seria: a calma no seio da paixão. Mas realmente não sei se é um ideal humanamente atingível.

— *Como é que você se deu dentro da vida diplomática, você que é o antiformal por excelência, você que é livre por excelência?*

— Acontece que detesto tudo o que oprime o homem, inclusive a gravata. Ora, é notório que o diplomata é um homem que usa gravata. Dentro da diplomacia fiz bons amigos até hoje. Depois houve outro fato: as raízes e o sangue falaram mais alto. Acho muito difícil um homem que não volta ao seu quintal para chegar ou pelo menos aproximar-se do conhecimento de si mesmo.

— *Como pessoa, Vinicius, o que é que desejaria alcançar?*

— Eu desejaria alcançar outra coisa. Isso de calma no seio da paixão. Mas desejaria alcançar uma tal capacidade de amar que me pudesse fazer útil aos meus semelhantes.

— *Quero lhe pedir um favor: faça um poema agora mesmo. Tenho certeza de que não será banal. Se você quiser, menestrel, fale o seu poema.*

— Meu poema é em duas linhas: você escreve uma palavra em cima e a outra embaixo porque é um verso.

Clarice

Lispector

— Acho lindo o teu nome, Clarice.

— *Você poderia dizer quais as maiores emoções que já teve? Eu, por exemplo, tive tantas e tantas, boas e péssimas, que não ousaria falar delas.*

— Minhas maiores emoções foram ligadas ao amor. O nascimento dos filhos, as primeiras posses e os últimos adeuses. Mesmo tendo duas experiências de quase morte – desastre de avião e de carro – mesmo essa experiência de quase morte nem de longe se aproximou dessas emoções de que te falei.

— *Você se sente feliz? Essa, Vinicius, é uma pergunta idiota, mas que eu gostaria que você respondesse.*

— Se a felicidade existe, eu só sou feliz enquanto me queimo, e quando a pessoa se queima não é feliz. A própria felicidade é dolorosa.

Meditamos um pouco, conversamos mais ainda. Vinicius saiu.

Então telefonei para a atual esposa de Vinicius, Nelita.[22]

– Nelita, como é que você se sente casada com Vinicius?

Ela respondeu com aquela voz que é um murmúrio de pássaro:

– Muito bem. Ele me dá muito. E mais importante do que isso, ele me ajuda a viver, a conhecer a vida, a gostar das pessoas.

Depois conversei com uma mocinha inteligente:

– A música de Vinicius, disse ela, fala muito de amor e a gente se identifica sempre com ela.

– Você teria um "caso" com ele?

– Não, porque, apesar de achar Vinicius amorável, eu amo um outro homem. A música dele faz a gente gostar ainda mais do amor. E "de repente, não mais que de repente", ele se transforma em outro: e é o nosso poetinha como o chamamos.

Eis, pois, alguns segredos de uma figura humana grande e que vive a todo risco. Porque há grandeza em Vinicius de Moraes.

Manchete, nº 860, 12 de outubro de 1968
De corpo inteiro, 1975

---

[22] Nota da Editora: Nelita de Abreu foi a quinta das nove esposas de Vinicius. Quando esta entrevista foi republicada em *De corpo inteiro*, Clarice não mencionou o nome, referindo-se só a "uma das esposas de Vinicius". Clarice conhecia bem a primeira esposa dele, Tati de Moraes, com quem traduziu várias obras para português.

VINICIUS DE MORAES (1913-1980)

Marcus Vinicius da Cruz de Mello Moraes assumiu postos diplomáticos em Los Angeles, Paris e Roma. Destacando-se incialmente como poeta, consagrou-se depois como um dos compositores mais populares da MPB, e um dos integrantes da Bossa Nova. Colaborou com vários jornais e revistas como articulista e crítico de cinema. Escreveu *Orfeu da Conceição*, que teve montagem teatral em 1956 com cenários de Oscar Niemeyer. Posteriormente transformado em filme (com o título de *Orfeu Negro*) pelo diretor francês Marcel Camus, em 1959, foi premiado com a Palma de Ouro no Festival de Cannes e com o Oscar, em Hollywood, como o melhor filme estrangeiro do ano. Nesse filme acontece seu primeiro trabalho com Tom Jobim. Entre seus parceiros, estão Carlos Lyra, Edu Lobo, Francis Hime, Dorival Caymmi, Baden Powell e Toquinho.

D. SARAH (KUBITSCHEK)

"O que mais desejo é paz de espírito."

O contato com D. Sarah foi simples. Trata-se de uma pessoa que não complica o que é simples e que responde com muita agilidade mental às perguntas que lhe são feitas. Elegante, de uma elegância simples que todos já conhecem pelas inúmeras fotografias publicadas. Respondeu a tudo que lhe foi perguntado.
A entrevista foi feita em duas etapas: uma, pessoalmente; na outra, não havendo mais tempo porque anoitecia e os compromissos se acumulavam, o questionário foi entregue a D. Sarah para que ela respondesse. Sua letra é clara e legível. E ela é mais bonita pessoalmente que nos retratos.

— *Como primeira-dama do Brasil que a senhora foi, precisava de um bom temperamento. O meu, para dar um exemplo, é cheio de altos e baixos, misturando um pouco de melancolia a muita atividade. E o da senhora?*

— É muito espontâneo e, como tal, sensível a todas as emoções.

— *Seu humor é estável?*

— Como o humor de todo o mundo, estou sujeita a circunstâncias exteriores que me cercam. Mas o que caracteriza o meu espírito é senti-lo sempre voltado para o lado positivo.

— *O que é que a senhora chama de "lado positivo"?*

— É uma determinação com a qual se deseja atingir estabilidade, bem-estar e confiança íntima.

— *Preocupa-se facilmente?*

— As condições da minha vida me trouxeram muitas preocupações. Sempre as recebi, porém, com muita firmeza de ânimo e nunca me entreguei ao desânimo.

— *A senhora faria as mesmas coisas que realizou, se viesse a ser de novo, agora, a primeira-dama?*

— Realizaria as mesmas coisas, agora acrescidas de uma experiência muito maior.

— *A senhora gosta de vida social?*

– Acho que é um prazer e um dever ao mesmo tempo. Através das relações humanas muito se pode aprender.

– *Se a senhora se candidatasse ao governo de Minas Gerais venceria na certa e isto seria uma glória para a mulher brasileira. Como encara a hipótese de tão pesado encargo?*

– Jamais pensei nessa possibilidade. Se o meu nome tem sido cogitado para essa missão, eu nada posso dizer, pois de mim não partiu nenhum movimento nesse sentido.

– *No seu entender, o que significa uma mulher estar sempre apta e sempre jovem?*

– A meu ver, o trabalho e a paz interior são dois fatores decisivos na manutenção de um espírito jovem.

– *O que a fez criar o drugstore?*

– A ideia da criação do *drugstore* obedece a dois objetivos: primeiro, trabalhar para a obtenção de uma renda própria de que necessito. Segundo, só através do trabalho a mulher adquirirá a confiança em si mesma e criará em torno da sua pessoa um ambiente de respeito e dignidade.

– *O drugstore já está aberto?*

– Não. Em futuro próximo será inaugurado.

– *É do tipo drugstore americano?*

– Aproxima-se mais do *drugstore* de Paris.

– *Como a senhora descreveria o seu marido?*

– A sua personalidade é baseada na bondade e, para ser bom, é necessário um conjunto de qualidades, entre as quais energia, inteligência e compreensão.

– *Quando a senhora era adolescente, na época dos sonhos, por acaso imaginava ser um dia a primeira-dama do Brasil?*

– Eu era muito modesta para aspirar a uma tão nobre posição.

– *A que a senhora aspirava na adolescência?*

– Na adolescência eu aspirava a ser feliz.

– *E conseguiu?*

– Sim, graças a Deus. Apesar da vida agitada que tenho levado em consequência das posições de meu marido, vida transcorrida entre choques e emoções, considero-me feliz porque nunca faltei ao meu dever.

– *A senhora poderia, por acaso, dar algumas sugestões sobre um modo de o Brasil progredir mais depressa?*

– Sendo esposa de Juscelino Kubitschek e acompanhando o seu grande esforço para realizar em tão pouco tempo a obra que deixou no final de seu governo, indicaria, aos que desejarem desenvolver o Brasil seguir o exemplo de JK – trabalhar 24 horas por dia.

... Neste momento ouvi um choro infantil do outro lado do apartamento. D. Sarah disse:

– Espere aí que minha neta está chorando.

E saiu, quase correndo.

– *Qual é a coisa que mais desejaria ter na vida?*

– Paz de espírito.

– *Qual é a coisa mais importante do mundo?*

– Saúde.

– *O que é amor?*

– Um conjunto de bondade humana e compreensão capaz de assegurar a todos um clima de paz e garantias.

– *Quais as obras que sente não ter podido terminar quando primeira-dama?*

– Como primeira-dama, fundei escolas, hospitais, creches e intensifiquei a assistência aos necessitados. O Brasil, porém, continuará a exigir sempre um esforço crescente. É uma tarefa a que cada um terá de dar a sua humilde colaboração.

– *Quanto tempo esteve exilada e como suportou o exílio?*

– Quem instituiu o exílio sabia bem como torturar uma pessoa. Para suportá-lo sem cair num profundo desânimo, foi necessária uma vontade férrea. Só assim não se sucumbe ao sofrimento atroz de cada dia e à mais terrível solidão.

– *Qual o conselho que daria a um cassado para esperar dez anos?*

– Confiar na justiça de Deus e não tomar conhecimento de uma medida iníqua que avilta os seus autores.

– *Qual é o seu defeito principal?*

– Ser espontânea demais.

– *Qual é a sua maior qualidade?*

– Gostar de praticar o bem.

– *Se o amor fosse medido pela capacidade de renúncia, qual seria a sua suprema renúncia em relação aos seus seres amados?*

– Daria, tranquilamente, a minha vida em benefício dos seres a quem amo.

Manchete, nº 861, 19 de outubro de 1968

SARAH KUBITSCHEK (1908-1996)

Sarah Luiza Lemos Kubitscheck de Oliveira, mais conhecida como Dona Sarah, foi primeira-dama do Brasil entre os anos de 1956 e 1961, quando seu marido, Juscelino Kubitscheck, ou simplesmente JK, foi o 21º presidente do país.

Egressa de uma tradicional família de políticos mineiros, D. Sarah nunca ficou à sombra do marido desenvolvendo intensa atividade social, tendo, notadamente, criado a Fundação das Pioneiras Sociais, por intermédio da qual criou o Centro de Reabilitação Sarah Kubitscheck, especializado em recuperação motora, em Brasília, pedra fundamental da atual Rede Sarah, presente em uma dezena de estados.

ROBERTO BURLE MARX

"*Nunca pensei em imitar a natureza.*"

Deus e Roberto Burle Marx fazem paisagens. Sem que uma fira a outra: a paisagem do grande artista não machuca a natureza, sua vegetação lembra a de uma paisagem submersa ondulante, que às vezes atrai como tentáculos de animais submarinos. Às vezes ela parece simplesmente erguida da terra como fruto da própria terra. Sim, são delicadíssimas as paisagens que ele cria. Mas delicadíssimas reais, isto é, abrangendo também a violência e a singularidade que a vegetação natural tem.

— Roberto, como é que você se lembrou de imitar Deus?

— Nunca tive a veleidade de imitar a natureza. O que procuro fazer é ordenar seus elementos, segundo minha necessidade interior. Fazer jardins é organizar, é ordenar, baseando-se em leis estéticas, leis de composição, em que volumes, texturas, cores, se ordenam, se harmonizam ou são utilizados em contrastes, em oposição para estabelecer choques, dramatizando para pôr em valor determinadas partes, enquanto outras acompanham em surdina. O que é que você diria se eu lhe perguntasse por que você escreve livros? A meu ver, há certos princípios que norteiam uma obra de arte e isso você sabe tão bem como eu.

— Ai de mim, bem sei. Roberto, dê-me alguns nomes de plantas. Os nomes delas me fascinam.

— Não há dúvida que eu fixo umas mais que outras. *Esterhazya*, por exemplo, é esplêndido. Como também *Hymenaea courbaril*, jutaí-grande, jutaí-açu, *Brownea grandiceps* – estas são rosas da montanha –, *Esterhazya princeps*, que atinge até trinta metros de altura, com folhagem elegante. Marimi-grande. E clusia, grande flora.

— Para quem cria beleza tão evidente e ao mesmo tempo misteriosa, como você, eu estranho seu rosto tão triste. Sem entrar em detalhes de sua vida, como você poderia explicar sua melancolia? Eu, por exemplo, além de motivos concretos de ser melancólica, o seria de qualquer modo, pois há uma certa tristeza quase meiga ao ver, digamos, uma obra de arte: diante da eternidade do que vemos de *beleza, é como se também nós devêssemos ser eternos.*

– Se a gente está lutando para chegar a resultados, luta não quer dizer sempre vitória. Daí, talvez, meu ar melancólico, Clarice. Há tantas vitórias perdidas na minha vida. E sobretudo, como escreveu Guimarães Rosa, viver é muito perigoso. Acontece que tenho trabalhado muito e nem sempre consigo o que almejava. Com a idade a gente às vezes tem medo de não se realizar completamente. E é por isso que às vezes me sinto torturado e solitário.

– *Suponho que você desenha antes no papel o tipo de paisagem que lhe veio por inspiração.*

– Quase sempre. Em muitos casos os projetos estão ligados à arquitetura. A paisagem deve ser sempre uma obra de arte, quer seja idealizada para um indivíduo ou para uma comunidade. As qualidades artísticas devem ser as mesmas, mas me dá mais prazer quando o jardim é arquitetado para uma cidade onde há a participação de grande número de indivíduos.

– *Há algo de matemático na sua criação do mundo?*

– A matemática está sempre ligada a problemas de ordenação. Mas se eu fosse matemático, não estaria fazendo jardins. Existe um lado imponderável como na própria natureza. Eu trabalho com elementos perecíveis que vivem, crescem e morrem também. É inevitável.

– *Como lhe veio a ideia de criar com elementos vivos?*

– Pelo amor à planta. Cada uma se me revela de maneira diferente. É na cor, é no ritmo das florações. E as plantas, por sua vez, sofrem a ação da luz que as acentua ou as esmaece.

– *Roberto, quando estive em Brasília pareceu-me que a luminosidade de lá era diferente da luminosidade do Rio. Isso altera as suas paisagens?*

– Não há dúvida: em Brasília, onde a altitude conta, onde o número de fábricas ainda não é suficiente para brumas e *fog*, a forma das plantas tem uma nitidez diferente.

– *Em criança você já se interessava por plantas?*

– Desde que me entendo por gente nasceu em mim esse grande amor. Lembro-me de minha mãe podando roseiras em São Paulo, na avenida Paulista, onde nasci, na casa em que depois o escritor René Thiollier costumava castigar o estilo, no dizer de Rubem Braga.

– *Qual foi o fator que desencadeou em você essa profissão de amor?*

– Foram as minhas visitas ao Jardim Botânico de Dahlem, em Berlim, onde a flora brasileira me foi revelada. Tive vontade de utilizá-la. Depois, morando na rua Araújo Gondim – hoje General Ribeiro da Costa, tio de Lúcio Costa –, comecei a fazer uma série de experimentos com plantas plantando tinhorões brancos ao lado de coleus de folhagem violeta e marrom. Lúcio viu e me convidou a fazer o jardim para uma casa moderna no Rio. Foi essa grande figura, Lúcio Costa, que me induziu a fazer jardins. O meu problema é o de não cair em fórmulas.

– *Também é este o meu desejo ao escrever: não cair na facilidade de fórmulas.*

– Digo isso porque é tão fácil a falta de esforço.

– *E de gênio, acredito eu.*

– A tendência da vida, Clarice, é imitar ou aceitar o estabelecido. É tão difícil procurar a "porta estreita". Falando de minha pessoa, gostaria sempre de poder comparar meu trabalho com o que existe de melhor não só em matéria de jardins, mas também de literatura e música. Desta maneira estabeleço paralelos e relações.

– *De animais, Roberto, nós entendemos e adivinhamos porque nós também o somos. Mas de vegetação e paisagem, o que temos dentro de nós que nos faz amá-las e entendê-las?*

– É o ciclo de vida até que a planta se transforma em frutos, que por sua vez contêm sementes e todos os elementos para ser raiz, tronco e folhas.

– *Você tem colaboradores? Porque não há dúvida de que você precisa de auxiliares que continuem a sua obra.*

– Isso tem me preocupado muito. A vontade de ser útil à comunidade, de induzi-la a compreender nossas intenções, é para mim necessidade de continuação. É verdade que a arte de fazer jardins não começou comigo nem terminará com a minha pessoa. Mas creio que minhas experiências poderão ser úteis aos que virão depois de mim. Falo de minhas experiências com os meus auxiliares, procuro dialogar com eles. O importante é que entendam certos princípios que me norteiam, e não aplicar fórmulas. Se às vezes não consigo expressar exatamente o que gostaria de fazer, meu desejo é sempre consegui-lo na nova obra que estou realizando.

– *Qual é a arte que mais toca em você?*

– É a pintura, que está inteiramente ligada à minha vocação artística. Comecei a pintar, a fazer joias, tapeçarias, painéis pintados, murais – tudo isso são os meios de expressão que tenho. Isso não quer dizer que não tenha fascinação pela música, pelo teatro, pela literatura. Infelizmente, a vida corre e escorre. O tempo de vida não é suficiente para fazermos tudo o que gostamos. Temos que ter uma grande dose de renúncia, sem a qual nos perdemos por essa vida que atualmente é de uma riqueza de assombrar qualquer um.

– *Qual é o seu modo de relacionar-se com pessoas?*

– Creio que não existe nada mais extraordinário que os amigos que vamos descobrindo e tendo pela vida afora. Eles nos completam e ficam sendo uma parte de nós mesmos. Como é gostoso falar uma linguagem parecida, em que participação, convergências, estabelecem possibilidades de compreensões maiores. De fato, com algumas pessoas sinto-me perdido, sem possibilidade de me expressar. Mas no campo da arte a linguagem é tão rica!

– *Evidentemente, suas paisagens, depois de criadas, têm que ser mantidas tais-quais. Quem cuida disso? Porque, se não houver quem cuide, sua paisagem será invadida pela natureza e esta, não planificada, pode criar desordem no que* você inicialmente fez. Você bem sabe, Roberto, como a natureza é forte e sorrateira.

– Não há dúvida que é um dos pontos às vezes difíceis de ser resolvido: manutenção. O jardim, para chegar ao resultado almejado, precisa às vezes de muitos anos para completar o seu ciclo. Um exemplo: uma palmeira imperial ou um *Roystonea regia*, para chegar a cem metros de altura, lá se vão cem anos.

– *De onde você tira as plantas para com elas formar uma paisagem?*

– É uma pergunta que vem a calhar. Não há dúvida de que aqui no Brasil o vocabulário das plantas é de uma pobreza franciscana. As plantas utilizadas são sempre as mesmas e o conceito de plantas de jardim e de plantas do mato se faz sentir de uma maneira drástica. Não temos bons cultivadores de plantas. Os hortos do governo, geralmente falando, são paupérrimos. Planta-se para obter um resultado quase que imediato. Um grande número de agrônomos se satisfaz com eucaliptos, flamboyants, casuarinas e amendoeiras. É fora da cogitação deles tudo o que diz respeito maior, como o de coletar sementes, semeá-las e cultivá-las. O Brasil, que tem uma flora das mais ricas do mundo, tem jardins de uma pobreza inacreditável. Tenho um amigo, o Dr. Béraut, que acha que o brasileiro não gosta de plantas. Estou propenso até a acreditar nisso. Tudo o que foge à convenção é posto de lado. É mais fácil encontrarmos plantas exóticas no jardim do que plantas brasileiras. O Brasil está sendo arrasado, destruído, queimado – ou por falta de compreensão do povo ou por indiferença das autoridades. Para mim, o que está acontecendo é falta de patriotismo. Patriotismo seria defender a natureza que nos foi legada e que devemos legar às gerações vindouras para que elas também tenham direito de possuir e gozar as plantas brasileiras.

A uma pergunta minha – se ele não podia fazer um jardim em plena areia, perto do mar –, respondeu:

– Clarice, em qualquer lugar onde exista um espaço, seja perto do mar ou em paragens ermas ou em pleno coração amazônico, o jardim pode ser criado. O importante é definir espaços, compreender as funções, ter um pouco de humildade e muito amor.

– *Que espécie de amor?*

– Amor é perscrutar a vida, é procurar entendê-la em todas as dimensões, do que vai a grandes alturas e do que desce a grandes profundidades. Toda limitação de amor reduz nossa possibilidade de participação.

E foi assim que entramos, eu e os leitores, num fantástico mundo vegetal, tão ignorantes que nos assustamos como se se tivesse falado da flora de outro planeta que não o nosso. As plantas de Burle Marx têm um sortilégio encantatório, mágico. O mundo de Burle Marx hipnotiza a alma com perfume de raiz, com sua aspereza de troncos, enleados que ficamos entre folhas, frutos e sementes ocultas.

Manchete, nº 862, 26 de outubro de 1968
Jornal do Brasil, 1 de julho de 1971, "Rosea Grandeps: rosas da montanha"

ROBERTO BURLE MARX (1909-1994)

Multitalentoso, Burle Marx foi pintor, desenhista, designer, escultor, além de ter se consagrado como o maior nome do paisagismo modernista brasileiro. Suas características distintivas neste campo foram o uso das plantas nativas tropicais (até então desdenhadas) e o uso frequente de jardins aquáticos em seus projetos. Criou mais de 2 mil jardins não só no Brasil, como também na Venezuela, na Europa e nos Estados Unidos.

Tendo começado a colecionar plantas já na infância, Burle Marx deu nome a mais de trinta plantas e reuniu em seu sítio de aclimatação em Guaratiba mais de 3,5 mil espécimes vegetais. Doado em vida por ele ao governo em 1985, hoje o Sítio Roberto Burle Marx é administrado pelo Iphan (Instituto do Patrimônio Histórico e Artístico Nacional).

MILLÔR FERNANDES

"*No fundo, sou um atleta frustrado.*"

Não vou apresentar Millôr: quem o conhece sabe que eu teria que escrever várias páginas para apresentar uma figura tão variada em atividades e talentos. <u>Somos amigos de longa data.</u>[23] Nossa entrevista decorreu fácil, sem incidentes de incompreensão. Havia confiança mútua.

— *Como vai você, Millôr, profundamente falando?*

— Vou profundamente, como sempre. Não sei viver de outro modo. Pago o preço.

— *Às vezes o preço é alto demais, Millôr. Como é que lhe veio a ideia de arquitetar* O homem do princípio ao fim, *que é um grande e comovente espetáculo? Eu, por exemplo, o veria de novo.*

— Foi a pedido dessa extraordinária amiga que é Fernanda Montenegro. Como eu já tinha escrito um espetáculo basicamente político, *Liberdade, liberdade* (com Flávio Rangel), resolvi não me repetir e me fixei num ponto de vista humanístico que é a qualidade essencial daquele meu trabalho.

— *Que é que você me diz de sua experiência como ator?*

— Sensacional e inútil. Sensacional por causa da segurança que se ganha ao perceber uma possibilidade total de comunicação, e isso é emocionante. Inútil porque não tenho nada a fazer com o resultado dessa experiência. A comunicação que busco é toda outra, íntima e definitiva.

— *Millôr, você já sentiu com toda a humildade a centelha de uma coisa que uns chamam de gênio, mas não é gênio, é bastante comum: é uma visão instantânea das coisas do mundo como na realidade são?*

— Se é isso que chamam de gênio, então está para mim. Só vejo isso. Tenho mesmo a impressão de que nada do que vejo é comum. A mim me faltam todas as noções das coisas do mundo tal como ele é. Mas essa espécie de lucidez de que você fala, a lucidez do absurdo, essa eu tenho no meio da maior paixão. Creio mesmo que um dia vou estourar de lucidez, isto é, ficar louco.

— *Conte-me algo de sua infância.*

---

[23] As frases sublinhadas foram adicionadas por Clarice na ocasião de republicar esta entrevista no *Jornal do Brasil*, reformulada como a crônica "Lucidez do absurdo", *Jornal do Brasil*, 28 de abril de 1973. A crônica não inclui os haicais.

— Dura! Dura! Linda! Linda! O Méier, naquela época, era praticamente rural. Eu aprendi a nadar em um pântano cheio de rãs. Aprendi a amar num quintal fazendo bonecos de tabatinga junto com as meninas. Essa infância durou até os 10 anos. Aí, um dia, na morte de minha mãe, chorando horas embaixo de uma cama, eu consegui a paz da descrença. Aos 10 anos, pois é.

— *De que modo lhe vem a inspiração, Millôr? Você sente que vem de seu inconsciente?*

— Creio que exatamente de todos os modos. Mas não penso que seja *precisamente* inconsciente. Mesmo quando parece inconsciente, acho que o núcleo da inspiração é uma vivência qualquer (imagem, som, dor, angústia) antes arquivada e de repente, por qualquer motivo (também exterior), ressuscitada. Mas meu caso é muito especial: não sou um escritor, sou um profissional de escrever.

Falamos sobre várias personalidades; em seguida perguntei-lhe:

— *Quais os homens que você mais admira e por quê?*

— Vou limitar a pergunta no tempo e no espaço. E prefiro assim ter a coragem de escolher um homem de meu tempo e de meu espaço. Vinicius de Moraes. Pelo muito que somos iguais, pelo imenso que nos separa, eu elejo o poetinha como o dono de uma visão da vida essencial.

De conversa puxa conversa, passamos, não sei como, a falar da morte.

— *Como é que você encara o problema da morte? A morte é um problema para você?*

— Acho o problema da morte fascinante (talvez porque eu não a sinta perto de mim). Gostaria mesmo de morrer já para, sem trocadilho, viver essa experiência. Desde que me fosse dado, depois, voltar apenas para contar como foi.

Voltamos a falar da vida e sobre o que mais nos importava.

— *O que é que mais importa na vida?*

— A relação humana. O amor. A paixão, nisso incluída. Também, ou sobretudo, as paixões *condenadas*, de homem com homem e mulher com mulher. Como sou aquilo que a sociedade chama de *saudável e normal*, as paixões *anormais* merecem o meu maior respeito.

— *Se você não fosse escritor, o que seria?*

— Um atleta. Eu sou, fundamentalmente, um atleta frustrado. Aliás, essa é a única frustração que me ficou de uma pré-juventude (de 10 a 17 anos) excessivamente dura.

— *Em matéria de escrever, você sente, na sua trajetória, um progresso?*

— Acho que sim. Sobretudo se comparar o início com a fase atual, o que não é vantagem porque eu comecei a escrever em jornal aos 13 anos de idade. Só um debiloide não teria progredido. De qualquer forma, continuo tentando me renovar sempre, num gosto por buscar formas e visões novas, que ainda não perdi.

– E, em matéria de vida, de maneira de viver, você sente um progresso que vem da experiência?

– Acho que sim. Mas será que os outros acham? Nada me surpreende mais, por exemplo, do que ouvir dizer que sou *agressivo*. Porque eu me sinto a flor da ternura humana. Mas será que sou? De qualquer forma, há dentro da minha mais profunda consciência a certeza de que o gênio do ser humano está na bondade. Isso eu procuro.

Concordei com ele sobre a bondade.

– Também eu a procuro com humildade e ao mesmo tempo com veemência. Millôr, você ainda faz haicai? (Haicai é um estilo poético popular japonês aparecido há mais ou menos quatro séculos.)

– Posso fazer. Vou fazer dois:

Você pode crer

O pior cego

É o que quer ver.

Esta é a verdade

Eu sou um homem

De minha idade.

Manchete, nº 863, 2 de novembro de 1968
Jornal do Brasil, 28 de abril de 1973

MILLÔR FERNANDES (1923-2012)

Milton Viola Fernandes foi autor de grandes sucessos do teatro brasileiro: *Liberdade, liberdade* e *É...*, além de outras trinta peças. Além de dramaturgo, foi jornalista, escritor, desenhista, pintor e tradutor de Shakespeare, Tchekhov, Sófocles e Pirandello. Começou muito jovem, na década de 1940, na maior revista brasileira, *O Cruzeiro*, mantendo depois uma página dupla na revista *Veja* entre os anos de 1968 e 1982, colaborando também com a *IstoÉ*, e os jornais *O Estado de S. Paulo* e *Jornal do Brasil*.

Assim como Clarice, colaborou no semanário *O Comício*, onde a escritora assinou uma coluna feminina sob o pseudônimo de Tereza Quadros. Millôr foi um dos fundadores de *O Pasquim*, em 1969. Após sua morte, sua vasta produção artística e caricatural foi incorporada pelo Instituto Moreira Salles, que realizou, em 2016, a importante exposição *Millôr: obra gráfica*, focalizando setenta anos de atividade no setor.

MARQUES REBELO
"Escrevo sempre, mesmo que seja para jogar fora."

Eu soube que uma das últimas alegrias que teve antes de morrer foi esta entrevista.[24]

Quando abri a porta para Marques Rebelo entrar, era o mesmo que eu conhecera havia anos: cabelos à escovinha, olhar rápido e malicioso. Mas havia uma coisa nova no seu rosto: mais bondade do que antes, o que certamente a vida vinha lhe ensinando. Percorremos a sala para ele ver meus quadros e logo depois de um cafezinho, perguntei-lhe:

— *Sei que Marques Rebelo é o seu "nome de guerra" neste mundo de guerras. Qual é o seu nome real?*

— Eddy Dias da Cruz.

Surpreendi-me, este nome tinha uma outra personalidade.

— *O que é que fez você mudar de nome para assinar seus livros?*

— Achava-o incompatível... O negócio é o seguinte: você repara que, como eufonia mínima necessária para um nome literário, é fogo. Foi iniciativa própria, mas quem primeiro me abriu os olhos foi o professor Nestor Vita: ele implicava com meu nome.

— *Quer dizer que você mesmo se batizou?*

— É claro, como devia ser feito por todo mundo: batizar-se sozinho. Imagine se você se chamasse Açucena. Pode ser um nome bonito, mas não combinaria contigo.

— *Você se sente com dupla personalidade ou os dois nomes se fundiram e formaram o escritor Marques Rebelo?*

— Foi exatamente o que aconteceu: sou uno.

— *Quando é que você começou a escrever?*

— Quase menino. Você sabe que uma coisa é escrever e outra é comunicar. Eu escrevia, mas não me comunicava nem comigo próprio e rasgava os papéis. Aos 19 anos, publiquei umas poesias em revistas modernistas como *Antropofagia* e *Verde* (ele ri um riso saudável ao dizer o que se segue). Envergonho-me desse meu passado poético. Aos 21 anos, em plena vida de soldado, escrevi *Oscarina*, que me satisfez, matei definitivamente o poeta, e não parei mais.

— *Quer refrescar a minha memória e me dizer os nomes de seus livros por ordem de publicação?*

---

[24] Esta frase foi adicionada por Clarice na ocasião de republicar a entrevista em *De corpo inteiro*.

– Oscarina, Três Caminhos, Marata, A estrela sobe, Stella me abriu a porta, e, depois de largo espaço longe de ficção, os volumes do *Espelho partido*.

– Por que você deu o nome de *espelho partido*, que dá a impressão de vida de algum modo quebrada ou desiludida?

– É uma tentativa de painel da vida brasileira, feita de infinitos fragmentos.

– Que me diz você de seu último livro?

– É o terceiro volume do *Espelho*, produto de paciência, quase obstinação.

– É, a gente escreve às vezes por obstinação. Mas é uma obstinação vital. Você trabalha só quando está inspirado ou tem uma disciplina?

– Trabalho por uma disciplina: escrevo sempre, mesmo que seja para jogar fora ou refazer trinta vezes. Reescrever é mais importante que escrever, não é, Clarice?

– Minha situação é outra: eu acrescento ou corto, mas não reescrevo.

– Você escreveu Uma galinha assim? Porque me parece fruto de um trabalho enorme.

– Escrevi Uma galinha *entre meia hora ou quarenta minutos, o tempo de bater na máquina. Daí o meu espanto quando vejo esse conto republicado tantas vezes.* Você trabalha de tarde ou de noite?

– A madrugada é a minha hora. Só à noite, o silêncio é que convida. Desde meninote, durante o dia eu tinha que trabalhar, então fui descobrindo a noite.

– Que livro de literatura você gostaria de ter escrito?

– Niels Lyhne, de Jacobsen.[25] Estaria plenamente satisfeito.

– Por quê?

– Nada do que li, eu desejaria tanto como esse livro. É uma coisa realmente apaixonante.

– Para você, o que é inteligência?

– Entendo por inteligência, Clarice, a capacidade de compreender tudo no menor espaço de tempo e com o menor erro possível.

– *Você acha, como eu, que a bondade é uma forma de inteligência?*

– É. É sim – respondeu, depois de refletir uns instantes.

– Quais são os seus projetos atuais de trabalho?

– São unicamente continuar O espelho partido.

– Qual é, na sua opinião, o estado da literatura no Brasil? Entre os novos, você destaca algum?

– São ainda os mais velhos que estão conduzindo o barco. Os moços ainda não deram seu depoimento. Parece que um horizonte tão aberto os assusta. Bem ou mal, eu estou dando o meu recado.

– Você concorda que é o escritor mais carioca do Brasil?

– Creio que sim. Não é uma qualidade, é uma circunstância.

---

[25] Romance dinamarquês sobre a vida de um jovem poeta, originalmente publicado em 1880.

— Discordo que seja apenas uma circunstância. O Rio é um mundo fascinante, cada bairro tem seus tipos, e você deve ter sentido o Rio nas suas mãos. Que é que você faz na Academia Brasileira de Letras?

— Marco passo para o mausoléu – respondeu rindo.

— Quais os críticos que mais entenderam sua obra?

— Não me queixo dos críticos. Às vezes me queixo de mim mesmo.

— Houve algum momento decisivo na sua carreira ou na sua vida?

— Não. Salvo aquele em que decidi ser um escritor.

— Nós todos sabemos que literatura não dá dinheiro. Qual é a sua ocupação rendosa?

— Fiz tudo o que foi possível para viver modestamente, de maneira que pudesse sobrar tempo para ler e escrever.

— Você é um grande leitor? Porque eu, por exemplo e infelizmente, não sou.

— Eu leio pra burro, Clarice.

— Fora sua vocação indiscutível e que você seguiria de qualquer modo, diga-me: vale a pena escrever?

Seu rosto se iluminou um segundo, pois que ele tinha aberto mais os olhos, e disse num tom que não posso reproduzir, mistura de fascínio com esperança:

— Vale. É o meu reduto de liberdade.

— Você é conhecido como tendo uma língua venenosa, que não poupa ninguém. Isso, com o tempo e a experiência, se amenizou?

— Não, veio um natural cansaço.

— Fora escrever, o que lhe agradaria mais fazer?

Grande dúvida dele, silêncio prolongado; e depois:

— Viver é importante, não é? E como tenho vivido, acho que fiz as duas coisas que mais me interessam: escrever e viver.

— A literatura lhe trouxe amigos, além de admiradores?

— A literatura nunca traz amigos, no máximo traz alguns simpáticos desafetos. A você a literatura lhe trouxe amigos?

— Muitos, e sinceros e valiosos. Gente preciosa que se aproximou de mim e me deu o calor de uma amizade completa. Você é um homem solitário?

— Não, me reparto bastante. Mas em literatura sinto-me muito sozinho.

— É que escrever é um ato solitário, solitário de um modo diferente da solidão. Sendo escritor carioca, em que bairros do Rio você morou?

— Nasci em Vila Isabel, morei na Tijuca, Botafogo e Laranjeiras.

— Cada um desses bairros tem personalidade própria.

— O Rio é uma cidade com muitas cidades dentro. Sou um escritor carioca. Mas tenho curiosidade de lhe perguntar uma coisa, Clarice: você se considera uma escritora brasileira?

Fiquei pasma com a pergunta, pensei até que ele se referia ao fato de eu ter nascido na Ucrânia e ter chegado ao Brasil com dois meses de idade. Respondi:

— Mas é claro: eu penso e sinto em português e só esta língua penosa e terrível me satisfaria.

— Perguntei-lhe isso, Clarice, porque em geral a literatura brasileira sofre de ausência de densidade, e você é densa.

— *Rebelo, mudando de assunto, qual é seu clube de futebol?*

— América! A única paixão de minha vida. Mas me alucina, o América, esse time vagabundo. E você?

— *Sou Botafogo.*

— Você é uma cartola, Clarice. Botafogo anda apanhando.

— *Pois é, que é que se há de fazer?*

— *O América perde sempre, Clarice.*

Rimos. Voltamos a falar dos novos e surgiu o nome do grande poeta que é Marly de Oliveira. Eliane Zagury também é um expoente.

— E ela pessoalmente é um encanto.

Falamos em cinema, mas Marques Rebelo gosta mesmo é de teatro. Recomendei-lhe então ir ver A *cozinha*, com direção magistral de Antunes Filho, cenário de Maria Bonomi, e Juca de Oliveira como um dos principais personagens, que são trinta em cena.[26]

Falamos em seguida de O *preço*, que eu não havia visto.[27]

— É o preço que se paga na vida, Rebelo?

— Exatamente.

— *Vale a pena pagar o preço?*

— Vale sim, Clarice, vale.

Manchete, nº 864, 9 de novembro de 1968
Jornal do Brasil, 30 de junho de 1973
De corpo inteiro, 1975

---

[26] A *cozinha* [The Kitchen] (1957), primeira peça de Arnold Wesker, em tradução de Millôr Fernandes, foi encenada em 1968, com grande sucesso, pelo grupo Teatro da Esquina.
[27] Arthur Miller escreveu a peça O *preço* [The Price] (1967) em resposta à guerra do Vietnã.

MARQUES REBELO (1907-1973)

Seu nome real era Eddy Dias da Cruz, contista, romancista, biógrafo, membro da Academia Brasileira de Letras. Leitor voraz e precoce, aos 11 anos já estava familiarizado com a obra de Camões, Olavo Bilac, Camilo Castelo Branco, Balzac e Anatole France, além de ler a Bíblia regularmente.

Estudou medicina durante três anos, mas acabou optando pelo direito. Sem jamais exercer a advocacia, trabalhou no comércio antes de se tornar jornalista. Marques Rebelo também desempenhou importante papel no âmbito museal, estando envolvido na criação do Museu de Arte de Santa Catarina, do Museu de Arte Moderna de Resende e do Museu de Belas Artes de Cataguazes.

BRUNO GIORGI

"Inspiração é apenas o momento da síntese."

Eis uma entrevista curta, onde são ditas as coisas mais curiosas e bonitas: esta com o escultor Bruno Giorgi.

– *Bruno, quanto tempo você acaba de passar na Europa, onde, e esculpindo o quê?*

– Fui diretamente para Carrara, pois o meu trabalho devia ser uma grande escultura em mármore e ia ser oferecido por *Manchete* à cidade universitária de Tel Aviv, que se chama Instituto Weizmann. Essa escultura é abstrata. E são duas formas que se integram, mas em sentido vertical. Chama-se *Ritual* porque é algo que se está elevando, indo para cima. Carrara é a única cidade do mundo que oferece o mármore para esse gênero de trabalho. Passei dez meses trabalhando. A escultura agora está encaixotada, pronta para ser despachada para o porto de Haifa.

– *Uma das coisas que eu gosto na sua escultura é a mistura de grande força com muita delicadeza de tato. Como é que você consegue isso?*

– Bom, pode ser que dependa inclusive de minha origem. Meus pais eram naturais de Versília, exatamente a região do mármore, talvez o mais belo do mundo. E é uma antiga região etrusca. De todas as artes, a escultura etrusca é a que mais oferece essa mistura de força e sensibilidade. Portanto, deve estar na massa de meu sangue.

– *Em que fase de sua escultura você sentiu que se realizou mais?*

– Acredito que seja exatamente esta última, pois me obrigou a recorrer a um material nobre como o mármore.

– *Nessa fase do mármore você sempre foi abstracionista ou também figurativista?*

– Exclusivamente abstracionista. Não porque eu tenha preconceitos contra o figurativo, é claro, mas uma forma abstrata em mármore, como estou realizando no momento, recebe a luz em plenitude. E a passagem entre as zonas de luz e as zonas de sombra é doce, e faz com que o mármore se apresente em toda a pujança e beleza.

– *E quanto à sua fase figurativista?*

– Foi extraordinariamente importante e necessária. A figura criou em mim uma disciplina e me deu o sentido exato da proporção, da estruturação e da dinâmica, elementos imprescindíveis numa escultura. Sem esse preâmbulo figurativista, nunca teria alcançado seriamente essa fase abstrata.

– *Qual é o material que você utiliza?*

— Já utilizei vários materiais, sendo que sempre predominou o bronze. Mas agora a minha paixão é o mármore, que condiz com a minha fase atual.

— *Você desenha também? Porque sempre achei que o traço de um escultor é identificável por uma extrema simplicidade de linhas.*

— Exatamente. Sempre me preocupei com o desenho e nada realizei sem severo estudo prévio de desenho.

— *Como é que você descobriu que suas mãos eram tão valiosas? Na infância, brincando, ou mais tarde, conscientemente?*

— Vou lhe dizer – respondeu sorrindo porque sabia que a resposta era extraordinária –, foi mais por engano. Quando ainda criança, minha mãe, não sabendo exatamente o que fazer de mim, que não gostava de estudo, e como eu sabia rabiscar mais ou menos, resolveu me inscrever num curso de pintura. Mas na hora da inscrição, por engano, matriculou-me num de escultura. Este foi o primeiro engano. O segundo engano foi um acaso. Eu tinha largado a escultura havia seis meses por achar extremamente aborrecido o academismo que dominava na época, e resolvi trabalhar com meu pai em negócios de café. Por uma série de experiências políticas, fui obrigado a esconder minhas obras num ateliê de escultura que alugaram para essa finalidade. Isto tudo se passa em Paris durante a guerra da Espanha. Meu trabalho em direção a movimentos antifascistas fez com que meus companheiros de luta alugassem para mim o tal ateliê e, para que a farsa fosse mais completa, eu tinha por obrigação fazer escultura. Particularmente nesse período em Paris, descobri valores autênticos no campo da arte e me entusiasmei, dediquei-me eu mesmo à arte.

— *Quando fazem uma encomenda a você, como é que você se arranja para ter inspiração em fazer alguma coisa que não nasceu espontaneamente de você?*

— Bom, eu acho que o melhor que pode acontecer a um artista é a encomenda.

— *Por quê?*

— Antes de mais nada, te obriga a uma grande disciplina, a um constante controle. Você não tem que dar satisfação só à sua personalidade, mas obtê-la também de um juízo estranho.

— *Em você, como se processa a inspiração?*

— Não acredito em inspiração. Inspiração, como dizia Matisse, se não me engano, são dez anos de análise e dez minutos de síntese. A esses dez minutos de síntese os outros chamam de inspiração.

— *E em você, como se processa a disciplina de trabalho?*

— Trabalho normalmente todos os dias de seis a oito horas. Às vezes canso e fico até uma semana sem produzir nada. Mas mesmo nesse intervalo fico imaginando coisas que poderia realizar.

— *Bruno, se você não fosse escultor, que outra arte escolheria?*

— Escultura! (Riso alegre de ambos.)

— Atualmente, na Europa, quem se destaca como escultor?

— Bom, na Inglaterra há um grupo importante em primeiro plano, com Henry Moore, [Lynn] Chadwick, [Kenneth] Armitage, [Eduardo] Paolozzi etc. Na França, o César [Baldaccini], o [Jean-Robert] Ipoustéguy, [François] Stahly. Na Itália há um grupo maior ainda, como por exemplo [Pietro] Cascella, [Arnaldo] Pomodoro, [?] Signore, [Berto] Lardera. Ipoustéguy, de grande qualidade, é o único figurativo de todos esses grandes.

— Quando é que você pretende fazer aqui uma exposição de seus trabalhos?

— Eu pretendia aqui no Rio no próximo ano. Em São Paulo já tenho data marcada para 1970.

— *Dependendo do material, você trabalha diretamente com as mãos ou com instrumentos?*

— Diretamente com as mãos em todos os materiais, mesmo o mármore para o qual, em determinados momentos, recorro a martelos pneumáticos.

— *Se fosse eu, preferia sempre trabalhar com as mãos.*

— Melhor seria porque se transmite assim maior sensibilidade ao material.

— *Qual foi ultimamente a sua maior alegria no domínio da escultura?*

— Vou lhe dizer: a maior alegria foi quando, não sendo visto, ouvi a conversa de dois candangos em Brasília. Um deles respondendo para o outro: "Não, senhor, estás enganado, o Bruno Giorgi não é gringo, é nosso." Fiquei profundamente comovido.

— *Bruno, Michelangelo, em alguns momentos, chegava a descrer de suas próprias mãos e de seus instrumentos de trabalho, e chegava, segundo dizem, a exclamar: quem, Deus meu, senão tu? Você já teve alguma vez esse glorioso instante em que lhe pareceu que o que você fez era maior do que você mesmo?*

— Sim. Raramente. Quando realizei o *Meteoro de Brasília*, e ainda há pouco quando foi posta de pé a escultura que breve irá para Israel. Eram quase cinco metros de altura num só bloco de mármore e foi trabalhada deitada, no chão. De forma que quando foi levantada enfim... eu... o resultado... eu... quero dizer, Clarice, que antes de pô-la de pé eu não sabia qual seria o resultado... de modo que aí vi pela primeira vez e vi que me tinha superado. A gente se sente esmagado pela própria obra.

Manchete, n° 866, 23 de novembro de 1968
De corpo inteiro, 1975

BRUNO GIORGI (1905-1993)

Escultor e professor. Brasileiro, filho de imigrantes italianos, foi estudar na terra dos pais na década de 1920, fazendo oposição ao nascente movimento fascista, o que lhe valeu quatro anos de prisão. Combateu na Guerra Civil espanhola no lado republicano e retornou ao Brasil em 1939, trabalhando com o Grupo Santa Helena e participando da exposição *Família Artística Paulista*, no Rio de Janeiro, em 1940, quando chamou a atenção do ministro da Educação e Saúde, Gustavo Capanema.

Trabalhos públicos de sua autoria: *Monumento à juventude brasileira*, 1947, nos jardins do Ministério da Educação e Saúde, atual Palácio Gustavo Capanema, no Rio de Janeiro; *Os guerreiros*, popularmente conhecida como *Candangos*, 1960, na Praça dos Três Poderes, e *Meteoro*, 1967, no lago do edifício do Ministério das Relações Exteriores, em Brasília; *Integração*, 1989, no Memorial da América Latina, em São Paulo.

AUGUSTO RODRIGUES

"Os artistas são raros. Os equívocos são mais comuns."

Era uma vez um homem bom, muito inteligente, cheio de talento para desenho e fotografia, e cheio de amor ao próximo. Este homem se chama Augusto Rodrigues e mora num dos lugares mais bonitos do Brasil, o largo do Boticário, entre árvores e pássaros e borboletas. Diante de tanto, perguntei-lhe:

— *Augusto, você se sente um homem realizado?*

— Não. Nem quando o sujeito veste o pijama de madeira pode se achar realizado. O que caracteriza o homem quando ele tem uma dimensão criadora — e será que todos não a têm? — é uma busca incessante, uma constante reformulação e a dramática procura do encontro com a sua verdadeira imagem.

— *Você levava uma vida de boêmio. Como é a boêmia?*

— Como fui boêmio, sou ex. E o "ex" é sempre a coisa mais nostálgica do mundo. Até quando o sujeito, de ferroviário, passa a industrial e a espectador de balé. O boêmio tem que ser livre. E ter uma cumplicidade com a noite, que é menos responsável que o dia. Eu já não me sinto tão livre.

— *Por quê?*

— Porque hoje eu já tenho compromisso com o dia e com a manhã. Uma vez, me desentendi com uma funcionária dos Correios e, como boêmio, tive de repente a certeza de que, sendo ela do dia e eu da noite, os dois não podiam se entender. É verdade que, não sendo mais boêmio, procuro preservar dentro de mim a tranquilidade da noite. Boêmia é conversa sem fim. Só o boêmio podia fazer a biografia de Caymmi. Ele é que tem disponibilidade de tempo para compreender as andanças de Caymmi em terra e mar. Suas canções foram feitas em parceria com os peixes. Eu tenho dúvida se o Caymmi transcende o baiano ou se é receita ou soma de baiano.

— *Quais eram os seus companheiros de boêmia?*

— Bom, o Fernando Lobo, ainda de calças curtas, o Antônio Maria, antes de saber ler e escrever, Caymmi. Mas, na verdade, para boêmio, quem se senta à mesa e conhece a noite é da família.

— *Você é o que se chama de boêmio. No entanto, é um grande realizador. Fa-*

le-me, por exemplo, das "escolinhas de arte" que você inventou.

— É mais fácil a gente falar de um sonho do que da coisa que existe. Quando você me formula a pergunta e diz "a sua escolinha", me obriga a pensar em alguma coisa que é mais minha: às vezes, há sujeitos que compram duas ações da Brahma e pensam que são donos da Brahma. Em verdade, eu participei de um grupo que imaginou algo em que os dividendos não devem ir para quem faz ou trabalha, mas para os que recebem.

— *No entanto, sabemos que a ideia partiu dele.*

— A ideia veio por um processo de reminiscência de viver numa escola repressiva, onde a palavra liberdade estava destituída de sentido e onde a criação era substituída pela monotonia da memorização, da repetição e da imposição de tudo já preestabelecido, entende? A lei da gravidade, por exemplo, só tem encanto para mim por causa da história da maçã. Eu posso mesmo imaginar que antes da maçã Newton estava já cansado de saber da lei da gravidade. Então, eu vinha de uma escola onde o mundo era explicado num círculo de giz no quadro-negro frio e vazio, enquanto dentro da criança havia a inquietação do saber através da vivência. Deve ter sido uma das razões da escolinha de arte. Aquilo que eu pensava vim depois encontrar numa frase do padre Lebret que fala na relação direta entre ser e objeto – a experiência viva que é você poder encontrar a verdade da vida. Falando do padre Lebret, me lembro de uma frase dele que me fez esforçar-me para não perder a humildade. "Não adianta ruminar antes de pastar" é a frase que me fez não andar por aí cantando loas.

Aliás, ele dizia ainda outro troço que é mais importante: "Não há outro jeito senão entrar no banho." Quando a gente fala demais, a gente se enrola, mas para bom entendedor meia palavra basta.

— *Já saiu dessas escolinhas algum nome que se pudesse destacar no plano da arte?*

— Os artistas são raros. Há mais equívocos que artistas. E eu acredito que o que mais importa na escolinha é que evita equívocos, ou seja, o falso encaminhamento. Bem, vamos dizer que existem preconceitos com arte. Mas se os adolescentes tivessem, no seu processo educativo, o desenvolvimento de amplas capacidades criadoras certamente surgiriam, por exemplo, químicos encontrando na química o processo criador. Ou em qualquer outra atividade humana. Seriam seres livres e criadores. Toda escola institucional ainda está impregnada da ideia do artista como ser sobrenatural. O que evidentemente só pode preparar equívocos ou então a valorização do habilidoso em detrimento dos mais sensíveis. Você sabe que quem faz a tese da necessidade vital de criação e a tese de que todo ser é um ser criador, é um biólogo. Antigamente era o artista em angústia de sobreviver e salvaguardar sua imagem o que defendia a arte. Como necessidade vital. Está entendendo? Vamos ver se eu posso dizer. (Longa pausa, olhar longínquo.) Houve tempo em que, para mim, algumas coisas eram importantes. Hoje talvez, por um processo de amadurecimento, eu não sei mais o que não é importante. Eu talvez comece a desconfiar de que tudo é importante. Tudo, desde que seja genuíno, desde que venha de dentro para fora. Ver é tão importante como desenhar, se o olho envolve a imagem com paixão. O pensamento abstrato é tão importante como se você semear e antever o fruto e a flor. É possível que o desenhar, para mim, seja uma forma, natural e espontânea, de trazer à superfície emoções, sentimentos etc.

– *Seu traço, Augusto, é muito puro. Por que você não faz uma exposição do que você já deve ter acumulado?*

– Vou fazer uma exposição agora na Cavilha, que é uma galeria que se inaugurou na rua Dias da Rocha. Há muito tempo que não exponho. Fiz uma exposição em Belo Horizonte e com bastante êxito. Ultimamente, comecei a pensar se não estava virando um artista de grupo: se não estava desenhando para pessoas que vinham ver os meus desenhos. E ninguém deve fazer arte para A ou B. Quando se fez como Van Gogh, que só encontrou Theo, foi com a intenção de tornar Theo um depositário de uma arte que era para todos. A única arte com endereço marcado é a de pintor de grã-finas. Não sou contra as grã-finas, nem contra esses pintores. Não uso a repressão. Só me interessa saber se o cerne da paixão não está contaminado com o germe do mal, da destruição.

– *Você, que é comunicativo, receptivo e tem tantos amigos, experimenta também a solidão?*

– Claro, claro. E quem é, sem a solidão? E quem vai ter a consciência do ser, se às vezes não está só? Quem lhe dá a sua dimensão, senão a solidão? E quem se comunica, se não é também só?

– *Então, sua solidão não é dolorosa.*

– A solidão é um processo normal da consciência. Se o sujeito não é também um solitário, termina sendo um comedor de croquetes de embaixada ou então o orador que vai na oratória do pianíssimo ao Wagner.

– *Como é seu dia, Augusto, de um modo geral?*

– Meu dia? Estou preocupado em descobrir uma hora em que eu possa ficar sentado numa rede, conversar gratuito e olhar a paisagem.

– *Você é tão ocupado assim?*

– Sou muito dividido entre a análise do problema da educação, porque tenho uma escola, na descoberta de uma palavra amiga para o amigo, estou fazendo desenho, ocupado no atendimento do corriqueiro do cotidiano, no que a gente podia chamar no levantamento de mês para a gente sobreviver, no beber a cervejinha, no esperar ou ver as cópias das fotografias tiradas. No sofrer os acontecimentos do dia tão trágico em todos os lados, no pensamento constante de dois filhos – uma filha em São Paulo e o outro em Paris. E, pensando bem, as horas são poucas para a gente resolver tanto quanto imagina.

– *Qual foi (ou foram) a experiência mais significativa de sua vida?*

– A experiência que deu mais significação à minha vida foi entrar no campo da educação, que exige um inter-relacionamento com todos os aspectos da vida. Ensinar não é senão aprender. E o conhecimento transcende na atitude, não sei se a palavra é transcende – como é que eu poderia explicar? É assim: puramente na atitude, você já transmite o conhecimento ou toma vivo algo por um simples processo de emulação. Educação deve ser um processo tão criador que tudo o que resulte dela seja por contaminação. O que existe de mais constante na minha vida é a reformulação dela.

– *Você já foi obrigado a fazer um sacrifício? E como se deu?*

– Já. Por exemplo, chegar a um lugar, ser chamado de figura do magistério e ter que falar alguma coisa. Isso para mim é um sacrifício, como é sacrifício me condicionar dentro de situações falsas. Claro que o crescimento de uma árvore não escapa ao condicionamento com a terra, o sol etc. Mas acho que o homem, no mundo atual, tem condicionamentos mais dramáticos do que a árvore. Por exemplo, a planta pequena se esgueira entre as grandes para descobrir o sol. Mas o homem, entre tantas dificuldades, consegue se esgueirar, de tal forma estão organizadas as forças coercitivas.

– *Você é muito amado pelos seus amigos e amigas. Em sua opinião, isso se deve a quê?*

– É porque eu tenho amor a eles e às vezes circula a mesma moeda.

– *Se inteligência e bondade não puderem vir juntas, qual é a que você prefere?*

– A bondade é a forma mais alta de inteligência. Um sábio que não é bom ignora o pressuposto mais alto da vida. E quem pode ser sábio ignorando o básico?

– *Quando se revelou em você o talento para desenho?*

– Em primeiro lugar, tenho uma dúvida enorme se tenho talento e nem acho fundamental ter o talento. Fundamental é, dentro do que se é, realizar o que se pode e, se possível, bem. A meta é fazer bem. Talento, no fundo... Eu talvez prefira ficar com o sapateiro passional de Campina Grande que, por tão pouco, fazia tão bem o seu trabalho. E ele me respondeu: se não é para fazer bem, para que fazer?

– *Você é uma das pessoas mais cordiais que conheço. Isso é um dom com que você nasceu ou foi adquirido pela experiência com os seres humanos?*

– Não sei, realmente talvez eu tenha humildade. Não digo que é como a de São Francisco de Assis que conseguia conversar com os passarinhos. Mas aquela humildade que uma empregada descobriu em mim quando dizia: "meu patrão anda baixinho." O orgulho que tenho é no meio de tanta confusão ainda ser o que fui e ser o que sou. Sem drama, mas sensível ao drama existente. A coisa que realmente é possessiva é a do homem quanto à mulher amada. O resto, para quê?

– *Quando eu posei para você, você jogou muito papel fora. Foi porque você me achou difícil de desenhar ou simplesmente não era o dia "certo"?*

– Ao retrato antecede uma imagem. E a imagem que a gente tem de alguém pode estar dentro de nós, mas o problema plástico é outro. Matisse, por exemplo, pegava vários retratos de um modelo para descobrir o que, em essencial, era o modelo. Ele era intuitivo e racional. O problema que eu tinha em relação a seu retrato é que eu tinha mais sensações do que ideias e, quem sabe, talvez eu considerasse mais importante conversar em vez de fazer o retrato. Conversar na busca de conhecer que independe do retrato. Existem pessoas para quem só existe o retrato, a imagem reproduzida. Há pessoas que existem porque têm uma biografia. E outras que só existem.

Manchete, nº 868, 7 de dezembro de 1968

AUGUSTO RODRIGUES (1913-1993)

Artista plástico, chargista, poeta, fotógrafo, ilustrador e arte-educador. Publicou charges e caricaturas em vários veículos da imprensa brasileira, entre os quais A Nota, O Jornal e Diário de São Paulo. Participou da concepção e da fundação dos jornais Folha Carioca; Diretrizes; e Última Hora.

Visionário, criou, em 1948, a primeira Escolinha de Arte no Brasil, que tinha, entre suas propostas, renovar os métodos de educação da criança brasileira. Participaram desse empreendimento ímpar: Oswaldo Goeldi, Lúcia Alencastro, Fernando Pamplona, Vera Tormenta e Humberto Branco.

THEREZA SOUZA CAMPOS

"Sou nada para muita gente e tudo para o meu filho."

Tive a curiosidade de entrevistar Thereza Souza Campos porque eu não simpatizava com ela. A "mulher mais elegante" não me interessa. Há problemas mais sérios do que a moda, individuais e não individuais.

Quando telefonei para marcarmos o diálogo e o ponto de encontro – Country Club, escolheu ela – expliquei-lhe que, apesar de ela ser o primeiro figurino do país, não era sobre isso que eu a entrevistaria. Ela riu brincando: "Mas ser o primeiro figurino do país já é alguma coisa!" Nada respondi. No entanto, responderia: queiram os céus que Thereza não seja apenas o primeiro figurino do país, senão terei que lhe explicar o que é uma "pessoa". E que o Brasil precisa de muito, e não precisa de nada de primeiro figurino.

Enfim, este é o mundo em que vivemos, e em todos os países do mundo há as mulheres que se dedicam de corpo e moda à elegância para se sobressaírem de qualquer modo. Para isso é preciso ter dinheiro, bom gosto, preocupação com o assunto, ousadia etc.

Acontece que por ocasião do telefonema tive que ficar em guarda: a voz de Thereza era expressiva e me agradava. Iria ela me conquistar para o seu lado? Não, não sou fraca.

E assim nos encontramos. Thereza é diferente do que aparece nas fotografias e, lamento dizer, é bem mais simpática. Eu tinha que ficar realmente em guarda porque minha tendência é gostar das pessoas. E até dos meus inimigos, que não considero inimigos.

– Thereza, sua principal ocupação é a moda, não há dúvida. Em segundo lugar o que é que vem?

– Minha primeira preocupação é existir. Depois é que vêm todas as outras.

– O que é que você entende por existir?

– É ser tudo o que eu sou.

– E o que é que você é?

Ela ri, repete: "o que é que eu sou?"

Longuíssimo tempo se passa: a pergunta, além de inesperada, é realmente difícil de responder. Sobretudo se a pessoa mergulhar dentro de si para encontrar a resposta. Parece que isso aconteceu com Thereza: seu olhar tornou-se profundo e, embora de olhos abertos, eles estavam virados para dentro. A partir desse momento a simpatia crescente por Thereza aumentou e se estabeleceu. Afinal não é culpa dela se o mundo está organizado como está.

– O que é que eu sou? – repetiu ela.

Procurei facilitar Thereza dando um exemplo: "superficialmente e resumidamente falando, Thereza, eu sou mãe de meus filhos e escrevo romances e contos. Superficialmente, repito, é isso o que eu sou. E o problema social me angustia: eu também sou isso."

– O que é que eu sou? Nada e tudo.

– *Nada em quê?*

– Nada para muita gente e tudo para o meu filho que é uma evolução minha e uma renovação constante para mim.

Thereza disse sobre moda que o fato de acharem-na tão elegante nunca partiu dela. Que na verdade o que faz é o que todas as mulheres fazem de um modo ou de outro: "vou à costureira, escolho o que mais me agrada. A moda não é minha preocupação constante. Eu tenho pretensões, mas não sou pretensiosa."

– *Quais são as suas pretensões?*

– No caso – disse rindo –, é não andar nua, mas pretendo que estou num mundo onde existem coisas mais importantes e avançadas.

– *Se você não fosse Thereza Souza Campos, o que é que você gostaria de ser?*

– Eu tinha que ter sido Thereza Souza Campos. Acredito que as coisas acontecem por destino. Você pode maneirar com ele, dar um jeito no destino, mas não há como escapar verdadeiramente.

– *Qual é seu arrependimento maior na vida?*

– Tenho muitos arrependimentos. Ainda bem que eu posso voltar atrás. Onipotente é Deus, não eu. Prepotentes são os medíocres, os que não têm maleabilidade quanto à vida.

– *Você tem tempo para ler?*

– Não tenho muito tempo para ler, mas leio o que pode me manter atualizada, revistas, jornais. Não vou te dizer que fico sentada em casa lendo Proust...

– *Qual é a mulher que você mais admira? No tempo e no espaço?*

– Admiro todas no tempo e no espaço porque cada uma delas tem o seu lugar no tempo e no espaço. E nas mulheres preeminentes admiro suas qualidades.

Thereza é inteligente: nenhuma pergunta a deixa enrascada. Quando não tem resposta – e é muitas vezes realmente difícil dar uma resposta precisa, sobretudo para uma pessoa franca como Thereza que não me pareceu mentir –, quando não tem resposta precisa, "maneira". Devo dizer que Thereza e eu tivemos conversas além das que estão sendo publicadas: são mais da intimidade dela, e respeito-a.

– *Quantos filhos você tem e qual é o sistema de educação que você naturalmente adota?*

– Tenho um filho de 19 anos. Acredito muito na relação íntima entre pais e filhos. Não como no passado em que havia uma distância total entre eles. Sou uma pessoa que pensa muito. De modo que tudo o que eu faço é plenamente consciente.

– *Por quem você torce na guerra do Vietnã?*

– Torço para que essa guerra acabe de uma vez, torço por uma solução.

– *Qual é a sua maior vocação, Thereza? Quero dizer: a vocação frustrada.*

– Frustrada? (fez uma espécie de muxoxo). Acho que não tive vocação frustrada, eu aprendo todos os dias um pouco de tudo. Não tenho nenhuma vocação determinada, mas não me sinto frustrada.

– *Fale-me um pouco de sua cidade natal, de suas recordações. Você é de Uberaba?*

– Não, de Ubá, Minas Gerais. Mas estive poucas vezes lá. Mamãe morava aqui e quando ia ter filho partia para Ubá porque aí moravam meu avô, minha avó e toda a família. Estou muito contente de ter nascido lá, isto é, de minha "mineirice". O importante não é ter nascido num lugar, e sim as raízes de família.

– *Qual foi a sua maior alegria na vida, ou as maiores?*

– Tive grandes alegrias na vida. Estou alegre de manhã quando acordo... Sobrevivência não é uma alegria, Clarice? – disse Thereza rindo. – Em todo caso, não poderia contar todas as alegrias, alegrias mesmo, de minha vida. Você esperava por acaso que eu dissesse que a maior alegria foi o nascimento do filho? Não seria verdade porque a dor é terrível. A alegria vem antes, no ato de procriá-lo.

– *Qual foi a sua maior tristeza?*

– No dia em que perdi meu pai. Eu... – Thereza não pode conter as lágrimas – desculpe, é que foi muito recente. Eu o achava tão excepcional. Tinha tal afinidade com ele.

Ficamos durante algum tempo em silêncio. Ela chorava.

– *Thereza, o que é que realmente importa?*

– Tudo. Os valores são relativos, o que pode importar a você pode não importar a mim, e assim por diante.

– *Que é que você pensa quando pensa nas pessoas que não têm o que comer: você sente pena delas ou acha que o mundo precisava ser reformado? Ou ambos?*

– Tenho pena que o mundo não possa proporcionar a todos a oportunidade de comer, viver, trabalhar. Tenho pena, mas se você passar o dia inteiro pensando nisso, você para de existir. Que o mundo está se reformando, é uma evidência.

– *Como esta deve ser a primeira vez que dialogam com você sem ser a respeito de moda e beleza, eu queria saber como você se sente tratada por mim como pessoa humana e não apenas uma elegante. Foi agradável ou desagradável? Para o diálogo não falhar, seja por favor sincera: não se engane, o público percebe nas entrelinhas a verdade.*

– Sou uma pessoa que pensa muito na vida e tenho algumas ideias (ri). E acho que você me tratou elegantemente, conclui rindo.

Enfim, contra a minha vontade (estou sorrindo), tomei-me de grande simpatia por Thereza. O seu modo de vida não é culpa dela: ela faz parte de uma engrenagem não evoluída. Tenho certeza de que Thereza Souza Campos, em situação diferente, poderia ter grande valor. Ela é o que se chama "une femme d'esprit".

Manchete, nº 869, 14 de dezembro de 1968
De corpo inteiro, 1975

THEREZA SOUZA CAMPOS (1929-2020)

Foi casada em primeiras núpcias com o milionário Carlos Eduardo [Didu] Souza Campos, formando o casal mais admirado da alta sociedade de seu tempo. Em 1954, a revista *Life* fez uma reportagem com ela considerando-a "A mulher mais bem-vestida do Brasil". Opinião ratificada mais tarde pela *Vogue* (em 1970) ao fazer de Thereza Souza Campos a única brasileira incluída na lista de "As 10 mulheres mais bem-vestidas no mundo".

Depois de se separar de Didu, casou-se com D. João de Orleans e Bragança, neto da princesa Isabel, passando a se assinar Thereza de Orleans e Bragança e a ser tratada como princesa, muito embora não tivesse oficialmente esse título.

MARIA MARTINS

"A *juventude sempre tem razão.*"

Como começar o diálogo com minha amiga Maria Martins? A escultora e embaixatriz Maria Martins, cujo marido, Carlos Martins, teve uma das mais belas carreiras do Itamaraty? Bem, achei que de qualquer modo terminaríamos tocando em pontos importantes, pois trata-se de uma pessoa com várias facetas e em todas se realizou. O que lhe dá encanto também – além de uma juventude surpreendente, que a torna mais jovem do que muitos jovens de alma endurecida que andam por aí – é que, misturada à segurança que vem de uma personalidade forte, há nela uma espécie de doçura e de falta de orgulho.

– *Maria, diga-me, se puder, o que você acha da vida diplomática. Já jantei várias vezes em sua casa e você sabe receber como poucas vezes vi na minha própria "carreira" de ex-mulher de diplomata. Qual é o seu segredo?*

– Você me fez duas perguntas. Acho que a vida diplomática outrora foi uma beleza porque de fato o embaixador representava o seu governo: a responsabilidade era total do representante diplomático que decidia, na hora, o que julgava ser o melhor para o seu país. Hoje a diplomacia é uma droga. O diplomata não passa de um caixeiro-viajante para vender café, meia de náilon etc., e quando tem uma vitória política, se por acaso acontece, é do seu governo. Quando tem um fracasso, é dele, diplomata. O lado bom da carreira é que em cada país a gente encontra gente interessante nas artes, na ciência, na política. Pois ninguém sabe por quê, o diplomata fascina. E você, Clarice, qual é a sua experiência de vida diplomática, você que é uma mulher inteligente?

– *Não sou inteligente, sou sensível, Maria. E, respondendo à sua pergunta: eu me refugiei em escrever.*

– Meu segredo de receber, como você perguntou, é o de reunir amigos inteligentes, mesmo que de campos inteiramente opostos.

– *Como é que você conservou a espontaneidade, mesmo depois de uma longa carreira de mulher de diplomata, o que é raríssimo?*

— Respondo como você: porque eu me refugiei na arte.

— *É, você conseguiu esculpir, eu consegui escrever. Qual o nosso mútuo milagre? Acho, eu mesma, que conseguimos devido a uma vocação bastante forte e a uma falta de medo de ser considerada "diferente" no ambiente social diplomático. Que é que você acha?*

— Estou segura de que você tem razão. Eu sempre dividi a minha vida em duas partes: das sete da manhã às seis da tarde eu vivia fechada em meu ateliê, entregue absolutamente aos meus problemas de formas, de cores, e num isolamento que me permitia depois uma imensa alegria de reencontrar não raro bons amigos. Você, como eu, sem que ninguém acredite, é tímida. Por que não aceitam a nossa timidez?

— Assim como não aceitam a verdadeira humildade. Além do mais, a maioria das pessoas é estereotipada e não consegue admitir de coração puro o individualismo.

— Mas, Clarice, você já superou essa fase, você é um monstro sagrado, e não há ninguém no Brasil incapaz de te ver tal como és: luminosa e triste.

— *Uma das coisas que me deixam infeliz é essa história de monstro sagrado: os outros me temem à toa, e a gente termina se temendo a si própria. A verdade é que algumas pessoas criaram um mito em torno de mim, o que me atrapalha muito: afasta as pessoas e eu fico sozinha. Mas você sabe que sou de trato muito simples, mesmo que a alma seja complexa. Como é que você descobriu que tinha talento para a escultura?*

— Eu não descobri. Um dia me deu vontade de talhar madeira e saiu um objeto que eu amei. E depois desse dia me entreguei de corpo e alma à escultura. Primeiro em terracota, depois em mármore, depois cera perdida, que não tem limitações.

— *O que é cera perdida?*

— É um processo muito remoto, do tempo dos egípcios antigos. É cera de abelha misturada com um pouco de gordura para ficar mais macia. Aí você vai ao infinito porque não tem limites.

— *É durável esse material? Desculpe minha ignorância.*

— A cera perdida é um modo de se expressar. Porque depois se recobre essa cera com silício e gesso e põe-se ao forno para que a cera derreta e deixe o negativo. Aí você vê a coisa mais linda do mundo: o bronze líquido como uma chama e que toma a forma que a cera deixou.

— *Onde você fez exposições e onde é que se podem ver seus trabalhos?*

— Fiz diversas exposições individuais em Nova York, Paris, no Rio, em São Paulo. E também em conjunto em quase todas as capitais da Europa. Meus trabalhos estão em museus de Nova York, San Francisco, Chicago etc., e Paris, São Paulo e Rio. E em diversas coleções particulares.

— *Como você vê sua escultura, como figurativista ou abstracionista?*

— Eu sou anti-ismos. Dizem que sou surrealista.

— *Qual é a sua melhor lembrança como escultora?*

— A melhor lembrança é quando começo uma escultura. No meio fico um pouco desanimada, no fim nunca é o que eu queria, e fico com esperança na próxima.

— *Qual foi a sua melhor lembrança como mulher de diplomata?*

— Conhecer o Japão. Foi o posto que mais me interessou porque lá tudo era novo para mim.

— *E seus livros?*

— Escrever para mim, Clarice, é um prazer tão grande que nem sei explicar, e menos penoso do que esculpir. Mas nunca chego a dizer exatamente o que eu queria.

— *Que é que você acha da juventude de hoje?*

— Acho, Clarice, que a juventude tem sempre razão e isso de querer fazer deles robôs não dará certo nem eles se submeterão. É a minha esperança.

— *E o que é que você me diz, Maria, do movimento dos estudantes no mundo inteiro?*

— Acho que é um fenômeno tão interessante, tão extraordinário, tão humano. Havendo o mesmo movimento nos países socialistas e nas democracias é um sinal evidente de que a mocidade tem razão.

— *Se você tivesse que recomeçar sua vida do início, que destino escolheria, se é que se escolhe destino?*

— Eu seria uma artista como sou, livre e libertada.

— *Maria, a vida é difícil. Mas vale a pena viver?*

— Vale, Clarice, porque a morte, afinal, é a última coisa de onde a gente não pode voltar. Apesar de tudo, acho a vida uma beleza.

Manchete, nº 870, 21 de dezembro de 1968
De corpo inteiro, 1975

MARIA MARTINS (1894-1973)

Escultora, gravurista, pintora, escritora e musicista. Sua obra é citada com destaque em quase todos os estudos sobre o surrealismo. Casada com o embaixador Carlos Martins, construiu sua carreira na Europa, tornou-se amiga de Picasso e Mondrian, desafiou a sociedade de seu tempo vivendo um romance proibido com Marcel Duchamp, que a teve como musa e modelo de obras fundamentais. Uma das primeiras artistas premiadas na Bienal de São Paulo, da qual foi uma das mentoras, assim como influiu na criação do Museu de Arte Moderna do Rio de Janeiro. Em 1941, destacou-se na Corcoran Gallery of Art em Washington e um dos seus trabalhos expostos foi adquirido pelo Museum of Modern Art de Nova York.

ÉRICO VERISSIMO

"Não sou profundo. Espero que me desculpem."

Érico é escritor que não preciso apresentar ao público: trata-se, com Jorge Amado, do único escritor no Brasil que pode viver da vendagem de seus livros. Vendem como pão quente. Recebido de braços abertos pelos leitores, no entanto a crítica muitas vezes o condena.

– Érico, por que você acha que não agrada aos críticos e aos intelectuais?

– Para começo de conversa, devo confessar que não me considero um escritor importante. Não sou um inovador. Nem mesmo um homem inteligente. Acho que tenho alguns talentos que uso bem... mas que acontece serem os talentos menos apreciados pela chamada "crítica séria", como, por exemplo, o de contador de histórias. Os livros que me deram popularidade, como *Olhai os lírios do campo* [1938], são romances medíocres. Nessa altura me pespegaram no lombo literário vários rótulos: escritor para mocinhas, superficial etc. O que vem depois dessa primeira fase é bastante melhor mas, que diabo! Pouca gente (refiro-me aos críticos apressados) se dá ao trabalho de revisar opiniões antigas e alheias. Por outro lado, existem os "grupos". Os esquerdistas sempre me acharam "acomodado". Os direitistas me consideram comunista. Os moralistas e reacionários me acusam de imoral e subversivo. Havia ainda essa história cretina de "norte contra sul". E ainda essa natural má vontade que cerca todo escritor que vende livro, a ideia de que best-seller tem de ser *necessariamente* um livro inferior. Some tudo isto, Clarice, e você não terá ainda uma resposta satisfatória à sua pergunta. Mas devo acrescentar que há no Brasil vários críticos que agora me levam a sério, principalmente depois que publiquei O *tempo e o vento*.[28] (Bons sujeitos!)

– Você se sente realizado como escritor, Érico? Eu, por exemplo, ainda não me sinto, e tenho a impressão de que será assim até eu morrer.

– Realizado, não. Mas confesso que não me sinto frustrado. Agora, acho que você tem todo o direito de considerar-se realizada. (É pena que isso não seja, no escritor, uma questão de *direito*.) Você, em minha opinião, trouxe algo de novo e importante para a nossa literatura.

---

[28] Trilogia de romances históricos: *O continente* (1949), *O retrato* (1951) e *O arquipélago* (1961).

— E como homem, você se sente realizado? Você, Érico, é uma das pessoas mais gostáveis que conheci. Você é uma pessoa humana de uma largueza extraordinária. Que é que você me diz disso?

— A resposta é quase idêntica à da pergunta anterior. Reduzi ao mínimo as minhas frustrações. Sempre fui um sujeito tímido e moderado até no sonho, nos projetos. Tenho tudo ou quase tudo quanto desejei, e muito mais do que ousei esperar. A ideia de ser querido, digamos a palavra exata — *amado*, me agrada, me alegra mais do que a ideia de ser admirado. Se você me perguntasse se sou um *homem natural*, para ser bem sincero, eu lhe confessaria que de certo modo moldei a minha própria imagem, a face do homem que eu desejo que os outros vejam.

— *Você trocaria seu público, que adora você, por uma crítica que lhe fosse mais favorável?*

— Não.

— *Érico, sem interromper o assunto, estou me lembrando com saudade de Washington, eu como mulher de diplomata, e você trabalhando na OEA.*[29] *Você se lembra de como eu fazia ninho na vida e na casa de vocês? Que é que você estava escrevendo naquela ocasião? Eu, por exemplo, estava escrevendo A maçã no escuro.*[30] *Foi um período muito produtivo, no sentido de trabalho e no sentido de uma amizade que se formou para sempre entre você, Mafalda e eu.*

— Quero que você saiba (e aqui falo também em nome de minha mulher) que as melhores recordações que guardo de nossa estada em Washington D.C. são as das horas que passamos em sua casa com você e sua gente. Detestava o meu posto da União Pan-Americana.[31] Não consegui escrever uma linha durante esses três anos burocráticos. O que sobrou de melhor desse tempo foi a nossa amizade. Você saiu daquela chatice federal com um romance denso de substância humana e poética.

— *Qual é o seu personagem mais importante? O meu é sempre do livro que eu esteja escrevendo no momento.*

— O primeiro vulto que me vem à mente é o do Capitão Rodrigo. Depois penso em Floriano, meu sósia espiritual. Mas não me decido a escolher. Prefiro dizer que os meus personagens mais importantes são as mulheres de O tempo e o vento, como Bibiana e Maria Valéria.

— *Os críticos, ao que ouvi dizer, acham você pouco profundo. Que me diz disso?*

— Lembro-me de um escritor francês que costumava dizer que "un pot de chambre est aussi profond".[32] Mas, falando sério, concordo com os críticos: não sou profundo. Espero que me desculpem.

— *Quando foi, Érico, que você começou a escrever? E motivado pelo quê?*

— Em menino, na escola, eu fazia "primorosas" redações. Grau dez. Foi ainda em Cruz Alta, atrás dum balcão de far-

---

[29] Organização dos Estados Americanos (Organization of American States).
[30] Romance de Clarice que chegou a ser publicado em 1961, depois de sua volta definitiva ao Brasil.
[31] Verissimo foi chefe da secção cultural da União Pan-Americana entre 1953 e 1956.
[32] A frase é de Jean Cocteau.

mácia, que escrevi o primeiro conto. Por quê? Não sei. Aí me lembro de que naquele tempo eu ainda pensava de que podia ser pintor (acabo de comprar uma caixa de tintas. Pintores do Brasil, alerta!). Meu primeiro livro de histórias – *Fantoches* [1932] – ainda leva a marca de minhas leituras da época: Oscar Wilde, Bernard Shaw e o infalível Anatole France.

– *Surpreendo-me de nenhum cineasta ter feito um filme baseado em algum de seus livros. Você gostaria de se ver no cinema?*

– Uma companhia argentina filmou *Olhai os lírios do campo* em 1946. O *retrato* foi também transformado num filme com gente de São Paulo. Nos Estados Unidos, *Noite* foi "deformado" num *teleplay* com Jason Robards, Franchot Tone e E. G. Marshall. Medonho! Todos os anos recebo propostas de cineastas que querem filmar *O continente*. Fica tudo em vagas conversas. Sou péssimo homem de negócios. Detesto discutir contratos e quando discuto saio perdendo.

– *Sua fama é enorme, Érico. Se eu fosse famosa assim, teria minha vida particular invadida, e não poderia mais escrever. Como é que você se dá com a fama? Eu soube que o ônibus de turistas em Porto Alegre tem como parte do programa mostrar sua casa.*

– É claro que a "fama" tem um lado positivo – a sensação de que a gente se *comunica* com os outros passa a existir para milhares de leitores. Não só como autor, através dos personagens, como também como uma espécie de figura mitológica. É engraçado. Essa história do ônibus me encabula muito. Mas eu cultivo a virtude da paciência. E detesto decepcionar os que me procuram, os que me querem conhecer em carne e osso. Minha casa vive de portas abertas. Há noites em que temos de dez a vinte visitantes inesperados. Todas as semanas recebo dezenas de estudantes que querem entrevistar-me, e a gama vai do curso primário ao universitário. Pessoas com casos sentimentais me procuram para desabafar. Empresto-lhes o ouvido, o olho, e não raro uma afetuosa atenção. Frequentemente consigo ajudar realmente um ou outro "paciente". E isso me alegra. Mas pelo amor de Deus, Clarice, não pense nem deixe que seus leitores imaginem que eu me levo a sério.

– *Érico, qual foi a sua maior alegria como escritor?*

– O primeiro livro publicado? O primeiro traduzido? Não sei. Tive e continuo tendo muitas alegrias. Como escritor.

– *E como homem, qual foi a sua maior alegria?*

– Os filhos. Os netos.

– *De onde lhe vem a inspiração para o seu trabalho?*

– Tenho pensado muito nisso. Não sei de onde vem isso a que chamamos inspiração por falta de melhor palavra.

– *Você entraria na Academia Brasileira de Letras? Muita gente boa termina lá.*

– Não. Respeito a Academia, onde vejo muito boa gente. Mas não tenho, nunca tive, a menor vontade de fazer parte da ilustre companhia. Questão de temperamento.

— Você planeja de início a história ou ela vai se fazendo aos poucos? Eu, por exemplo, acho que tenho um vago plano inconsciente que vai desabrochando à medida que trabalho.

— Planejo, mas nunca obedeço rigorosamente ao plano traçado. Os romances (você sabe disso melhor que eu) são *artes* do inconsciente. Por outro lado, estou quase a dizer que me considero mais um artesão do que um artista. E com isto você compreenderá melhor por que a crítica não me considera profundo.

— Você *agora percorreu meio mundo com Mafalda. O que foi que mais impressionou você?*

— A Mafalda. A capacidade que ela tem de me compreender, ajudar, acompanhar e – de vez em quando – *dirigir*, sem que este teimoso gaúcho serrano dê pela coisa... Herdei de meu avô tropeiro o gosto pelas andanças. Quero sempre ver o que está pela frente. Mafalda tem alma calma no melhor sentido da palavra. Quer logo estabelecer-se, radicar-se. Mas eu a arrasto para dentro de trens, ônibus e aviões, e lá nos vamos. Gosto principalmente dos países latinos da Europa: França, Itália, Espanha, Portugal... Tenho uma fascinação enorme pela área mediterrânea. A Grécia e Israel me encantaram. Vi recentemente a Tchecoslováquia num dos momentos mais belos de sua história. No momento estou preparando um livro de viagens – pessoas e lugares que encontrei, certos momentos inesquecíveis que vivi –, pretexto para falar de pintura, música, paisagens, literatura, problemas humanos, política etc.

— *Agora que publiquei um livro de história para crianças e outro meu vai sair por esses dias, interesso-me em saber o que você pensa da literatura infantil no nosso país.*

— Devo dizer que só a semana passada é que li a história do seu coelhinho. Acho que você usou a linguagem adequada. Foi mesmo uma história contada ao Paulinho (que hoje deve ser um Paulão). Eu gostaria de voltar a escrever para crianças. As nossas crianças precisam livrar-se do *Superman*, do *Batman*. Mas... que histórias poderíamos contar-lhes nesta hora desvairada? Isto é um assunto para discutir. Nossa literatura infantil ainda é muito pobre.

— *Que é que você mais quer no mundo, Érico?*

— Primeiro, gente. A *minha gente.* A minha tribo. Os amigos. E depois vêm – música, livros, quadros, viagens... Não negarei que gosto também de mim mesmo, embora não me admire.

Manchete, nº 872, 4 de janeiro de 1969
Jornal do Brasil, 16 de dezembro de 1972, "Desculpem, mas não sou profundo"
De corpo inteiro, 1975

ÉRICO [Lopes] VERISSIMO (1905-1975)

Leitor precoce, aos 13 anos Érico já havia tido contato com as obras de Aluísio Azevedo, Joaquim Manuel de Macedo, Walter Scott, Émile Zola e Dostoiévski. Após uma experiência malograda como sócio de uma farmácia em Cruz Alta (sua cidade natal), passou a trabalhar na *Revista do Globo*, em Porto Alegre, e a atuar como tradutor, publicando seu primeiro romance, *Clarissa*, em 1933.

Consagrado como autor da trilogia O *tempo e o vento* e de *Olhai os lírios do campo*, Verissimo foi convidado para substituir Alceu Amoroso Lima na direção do Departamento de Assuntos Culturais da União Pan-Americana, em Washington, entre 1953 e 1956. Em companhia da esposa Mafalda e dos filhos Clarissa e Luiz Fernando, conviveu com Clarice Lispector e Maury Gurgel Valente. Érico e Mafalda são padrinhos dos filhos de Clarice: Pedro e Paulo Gurgel Valente.

TÔNIA CARRERO

"Só acredito num mundo feito de amor."

De vez em quando a natureza faz um ser de beleza perfeita e harmoniosa. Tônia Carrero, por exemplo, é um dos seres mais bonitos que conheço: é uma beleza simpática, a sua, e muito simples. O amadurecimento em Tônia só fez amadurecer sua graça, seu espírito. Trata-se, também, de um ser feminino muito leal, capaz de fazer grandes amizades e dar muito de si aos outros. É, enfim, uma pessoa extremamente viva e bela.

— Até que ponto sua grande beleza interferiu adiando o seu encontro consigo mesma, confronto esse que fez nascer em você uma atriz de verdade?

— Aceitando que eu tenha nascido uma mulher bonita, admito que esse fato tenha interferido no meu amadurecimento artístico. Porque eu fui mocinha que sempre sentia um impacto diante de minha beleza. Eu já tinha uma vantagem inicial, e sentia que de mim exigiam muito pouco mais do que isso: negavam-me. Isso naturalmente se refletiu no teatro, sobretudo em relação à crítica teatral. Desde um primeiro professor, num curso de teatro que fiz em Paris, que me deixou bem claro que eu só estava querendo ir para o teatro por uma questão de exibicionismo. Como se eu quisesse uma grande plateia para testemunhar minha beleza. Levei minha vida toda para provar a mim e aos outros que a coisa não era essa. Também isso se refletiu na minha maneira de vestir. Moça suburbana, normalista, filha de oficial do Exército, casada aos 16 anos com um jovem idealista – nunca tive durante a minha mocidade o poder aquisitivo para adquirir boas roupas. Mas, em compensação, fazia tanto sucesso com os meus trapinhos que custei a desenvolver um certo bom gosto para me vestir. O fato de ser bonita simplificava a minha procura de me apresentar bem.

— O que é amor para você, que é um ser tão amado?

— Você se acha um ser muito amado, Clarice?

— Fui amada por alguns e conheço a paixão.

— Eu também, Clarice. E com muita avidez de amor por pessoas que me interessam. Exijo muito porque me dou muito. Isso todos sabem: alguns amigos, meu filho, César e a babá que me criou. Só acredito num mundo feito de amor. Talvez por isso é que meu mundo foi pequeno e sou uma atriz que não ganhou fronteiras.

– *Como é que você reage diante da admiração alheia? Também você, surpreendida com o fenômeno da admiração ou achando natural, produto de seu esforço em ir adiante como atriz e como pessoa?*

– Reajo com muita gratidão porque sempre são poucos os que nos admiram realmente. Rubem Braga dizia que eu era tão ingênua que, se ao passar na rua, um mendigo me dissesse: "moça bonita", eu exibiria o maior sorriso de alegria.

– *Às vezes você sente falta de não ter escrito a peça, em vez de ser apenas uma intérprete? Embora a interpretação seja uma grande arte.*

– Ah, sim. Eu invejo muito quem pode criar sozinho. Um autor, um artista plástico, um músico, refletem sempre um mundo interior muito maior do que nós, simples atores, intérpretes do pensamento alheio. Invejo muito você, Clarice. Acho seu mundo interior tão delicado e tão comovente que exibe você aos olhos de todos com uma luz muito forte: não pode haver mistificação.

– *Você se cansa na repetição diária da mesma peça, ou considera cada noite uma experiência nova por ter público diferente todas as noites?*

– Se o texto é fraco, cansa muito. Se o autor é importante, mesmo quando termina a peça, a busca interior não cessou ainda. E o público diferente de cada noite renova sempre as emoções, impedindo a rotina.

– *Alguma vez você sentiu necessidade de apelar profundamente a Deus?*

– Sempre que penso profundamente, a ideia de Deus me acode. Acho que a gente é muito pequenina ainda para não depender dessa ideia. Quando o mundo for mais bonito e não sentirmos os seres humanos tão carentes de amor e caridade, quem sabe então já estaremos tão próximos a Ele? A ideia de Deus, para mim, é uma espécie de energia geradora do bem que um dia deve se instalar na Terra entre os seres humanos. A Igreja atual está neste momento mais próxima da ideia de Deus do que nunca.

– *Você se veste de um modo muito adequado: não precisa dizer quem desenha suas roupas, mas alguém desenha os modelos para você?*

– Agora que eu já aprendi um pouquinho a me vestir melhor, sempre apelo para as pequenas butiques que recebem o *prêt-à-porter* da Europa e dos Estados Unidos. Quando viajo, mais ou menos de dois em dois anos, também trago alguma coisa. No Brasil já me vestiram Dener [Pamplona], Guilherme Guimarães, Clodovil [Hernandes] e Maria Augusta Teixeira. Não tenho de mandar fazer roupa: compro tudo pronto. Acho que exige tempo e paciência, tempo perdido escolhendo fazenda e várias provas de vestido: não é para o meu tipo.

— No seu segundo casamento, este com César Thedim, você se sente bastante amadurecida para ser uma pessoa casada, e, portanto, realizada?

— Sim, me sinto muito mais generosa, experimento pela primeira vez o amor que pode dar, e a quem posso me dar plenamente. Mas acho isso um assunto muito íntimo para eu me estender mais.

— Que papel você gostaria de representar no palco?

— São tantos! Mas agora vou fazer uma peça que está me interessando muitíssimo porque vou estar ao lado de meu filho, Cecil Thiré, pela primeira vez. Isso, para nós dois, eu e Cecil, é muito importante porque há um estreitamento de laços de camaradagem e procura intelectual muito maior ainda.

— Que é que você acha de Plínio Marcos, esse rapaz de grande talento?

— Tenho a maior admiração pelo autor Plínio Marcos e pelo ser corajoso que ele é. Plínio Marcos é um intuitivo, um ser generoso, cheio de boa-fé. Que acredita naquele mundo ao qual me referi quando falei sobre Deus.

— Dos personagens que você encarnou no palco, qual é o seu preferido, o que mais se assemelha à sua própria alma?

— Eu não prefiro o que se assemelhe a mim. Prefiro o mais distante de mim, aquele que me deu a maior dimensão de humanidade: a Neusa Suely de Navalha na carne, de Plínio Marcos.[33]

— Você, Tônia, não é pessoa de dizer palavrões. Mas noto que em peça de teatro diz tudo o que o autor escreveu, e com simplicidade e violência.

— Na realidade só fiz isso agora. E não me arrependo.

— Você não pensa em entrar para o cinema? Para o Cinema Novo?

— Já estou filmando com o Cinema Novo e tem sido uma experiência fabulosa.

— Como é o nome do filme que você está rodando agora?

— Tempo de violência. Direção de um jovem de 26 anos chamado Hugo Kusnet. Os outros atores são João Bennio, Raul Cortez, Hugo Carvana, Antero de Oliveira, Isabel Ribeiro e uma pequena participação de Glauce Rocha. O roteiro é ótimo, eu estou muito entusiasmada.

— Que é que você mais deseja no mundo, Tônia?

— Paz. Não sei se desejo que se chegue à Lua ou não. Mas se homens partirem, desejaria que retornassem com o sentimento do dever cumprido. Outra coisa que eu desejo muito é custar bastante a envelhecer. E também a ser útil no que faço. Você me parece hoje muito vaga. Que é que você tem, Clarice?

— Não só estou vaga como de inteligência um pouco lenta. É porque não dormi esta noite.

— Que é que você faz quando não dorme?

---

[33] A peça estreou em São Paulo, em 1967, e no mesmo ano no Rio de Janeiro, com Tônia Carrero no papel da prostituta Neusa Suely. O texto foi censurado pela ditadura militar.

– Dou a noite por encerrada, esquento café e tomo.

– Eu também tenho muita insônia. Aconselho você a fazer palavras cruzadas e a jogar paciência e a não tomar café durante a insônia, como você faz.

– *Qual foi o diretor que mais influiu na sua capacidade de se expressar em cena?*

– Nunca tenho o que mais influiu. Para cada fase de amadurecimento há um diretor que sempre nos consegue fazer dar mais de um passo à frente. Para mim, os mais importantes foram Ziembinski, [Adolfo] Celi[34] e Fauzi Arap. Você sente falta de mais alguma coisa que eu diga? Gostaria de conversar com você muito mais, mas acho que você está muito cansadinha. Então vamos dar por encerrado esse diálogo, que foi para mim muito bom.

Manchete, nº 874, 18 de janeiro de 1969
De corpo inteiro, 1975

---

[34] Foi marido de Carrero entre 1951 e 1960.

TÔNIA CARRERO (1922-2018)

Seu nome de batismo era Maria Antonieta Portocarrero Thedim. Foi integrante do TBC (Teatro Brasileiro de Comédia) antes de criar com seu marido da época, Adolfo Celi, e o amigo Paulo Autran a Companhia Tônia-Celi-Autran (CTCA), responsável pela renovação do teatro brasileiro nas décadas de 1950 e 1960, com um repertório que ia dos clássicos como Shakespeare aos autores de vanguarda, como Sartre.

Tônia foi a estrela feminina maior da Companhia Cinematográfica Vera Cruz (inspirada nos moldes hollywoodianos), na qual protagonizou *Tico-tico no fubá* e *É proibido beijar*. Protagonizou no teatro *Leito nupcial* e *Navalha na carne*. Na televisão fez, entre outras novelas, *Pigmaleão 70*, *O cafona*, *Primeiro amor*, *Louco amor*. Recebeu os prêmios: Velho Guerreiro, Molière, o APCT, o APTESP, Légion des Arts et des Lettres, da França.

IBERÊ CAMARGO (I)
"Criar um quadro é criar um mundo novo."

Um homem alto, um pouco curvo, olhar de grande mansidão, pele morena, ar ascético de monge: eis Iberê Camargo, um dos nossos grandes pintores.

Era impossível não conversarmos sobre o calor: fazia 40,9 graus à sombra.[35] Eu estava no seu ateliê, que fica numa cobertura na rua das Palmeiras: como Iberê nota, parecia-nos que o terraço era um tombadilho e que em breve, no calor que fazia, iríamos zarpar. Bebemos água gelada, tomamos café requentado – até que mais tarde sua esposa, Maria, uma das mais simpáticas Marias, vem e nos faz um café expresso que me dá saudade da Itália. Enquanto isso, Iberê me dá uma toalha de rosto para eu enxugar de quando em quando o suor que me escorre pela testa, pelo rosto. Bebemos mais água. E a entrevista começa. O que me impressiona logo do início é o ar de honestidade, modéstia e, simultaneamente, de confiança em si próprio que Iberê transmite.

– Iberê, por que é que você pinta?

– Sabe que essa pergunta já me foi feita no questionário da Editora Vozes? Dei a seguinte resposta: só poderia responder por que é que pinto quando tiver descoberto o que eu sou como ser.

– *Essa resposta bem serviria para quando eu mesma me pergunto por que escrevo. Teria antes de ir ao profundo último de meu ser. Você crê que se realizaria em outra forma de arte?*

– No meu modo de entender, a obra só existe realizada e, portanto, só o realizado é que pode responder à pergunta sem risco de um indivíduo se julgar, por exemplo, um autor possível. Há um número de pessoas que diz "se eu fizesse", "se eu pudesse", "se eu tivesse tempo", mas não fazem nada, talvez porque realmente nada tenham a fazer.

– *Como é que você começou a pintar, Iberê?*

– Acredito que comecei quando criança porque o meu brinquedo predileto era lápis e papel onde eu traçava caretas, palhaços, tudo com um ar, não sei por que, sarcástico.

– *Qual o processo criador de um pintor versus o processo criador de um escritor em prosa ou poesia?*

---

[35] As frases sublinhadas foram cortadas por Clarice quando a entrevista foi adaptada para crônica no *Jornal do Brasil* em 1971, e a versão adaptada entrou na coletânea *De corpo inteiro*.

— Suponho, Clarice, que a diferença que existe <u>entre a criação do escritor, do poeta, e a do pintor</u> esteja apenas na diferença de elementos. O pintor usa a cor, a tinta, a linha. O escritor usa a frase. Mas o impulso criador deve ser o mesmo. Que é que você acha? Que é de uma natureza diversa?

— *Acho que a fonte é a mesma. Mas fiquei impressionada com Lúcio Cardoso que, depois da doença, não conseguia escrever nem ditar, pois não falava, mas pintava com a mão esquerda, já que a direita estava inutilizada: por que não escrevia com a mão esquerda? O médico explicou-me que no cérebro existe, se entendi bem, uma parte de onde sai a escritura, a palavra, e outra de onde sai a pintura.*

— Mas ele pintava como escrevia? Não. Pintar é um artesanato, é saber usar os instrumentos. Assim como o escritor luta por criar com a palavra. Não há caso de um pintor que tenha feito uma obra definitiva na primeira tentativa. Na literatura, há?

— *Talvez Rimbaud.*

Ficamos pensando um pouco em silêncio. Perguntei-lhe então:

— *Antes de começar a pintar um quadro, você o visualiza já pronto ou vai passo a passo descobrindo o mundo particular desse quadro?*

— Criar um quadro é criar um mundo novo. O artista é o primeiro espectador de sua obra. As soluções anteriores, os conhecimentos adquiridos não servem para a obra nova. Eu só consigo pintar quando consigo esquecer o que aprendi. Se não fosse assim, creio que estaria apenas a refazer os quadros já pintados. E, portanto, teriam apenas o mérito de uma cópia, de uma réplica. Não, Clarice, acho que, quando empreendemos uma viagem buscando alguma coisa que intuímos, nós marcamos o rumo, escolhemos o ponto cardeal de nossa meta. Mas não é antever o que, só à chegada, se revela. Um amigo meu, psicanalista, professor Décio de Sousa, falecido em outubro de 1970,[36] costumava dizer que, quando se espera um filho, não se sabe de que cor serão seus olhos, sabe-se apenas que vai nascer um filho. Clarice, você sabe melhor do que eu que o personagem vive a sua vida à revelia do autor, surpreende o autor, <u>isso acontece</u>. Será que era isso que Pirandello queria com seis personagens em busca de um autor?

— *Há lugares onde você trabalha melhor do que em outros, você disse. Será por isso que vai tanto a Porto Alegre?*

— Eu só trabalho bem... como se pode dizer? Com os meus chinelos? Na tranquilidade de meu ambiente, com minhas coisas, na minha teia. Você sabe que o grande obstáculo que encontrei em Genebra, onde fui pintar o grande painel para a Organização Mundial de Saúde, foi exatamente Genebra. O Rio Grande do Sul, que é o pátio onde nasci, me leva a trabalhar bem. <u>São minhas coisas e minha gente</u>. Você sabe que nasci em Restinga Seca, que naquela ocasião não passava de um vilarejo. Saí

---

[36] Informação acrescentada para a versão da entrevista que aparece no *Jornal do Brasil*.

de lá com 4 anos de idade. Mas a paisagem de Restinga Seca me ficou impressa de um modo indelével.

Iberê levantou-se e começou a procurar uma coisa, não achou, veio de mãos vazias, e desolado:

– Eu estava procurando para lhe mostrar uma pedra de Restinga Seca. Eu percorri o mapa da saudade visitando Restinga Seca e outros lugares para onde meu pai, agente de estação, era constantemente transferido. Quando voltei aos lugares, encontrei-os exatamente como estavam gravados em mim. Apenas eu tinha posto à direita tudo o que estava à esquerda.

– Por quê?

– Não sei explicar. Aí alguém me disse: você saiu de lá aos 4 anos, portanto não pode se lembrar... Respondi: como poderei eu esquecer o lugar onde engoli o primeiro gole de ar e senti nos olhos o primeiro clarão? Lá, de Restinga Seca, costumavam me mandar um jornalzinho chamado *Mirim*. De repente deixaram de me mandar. Você sabe que fiquei muito magoado? Não entendo o que aconteceu.

– Como se processou em você o abandono da figura para tornar-se um não figurativo?

– Eu não abandonei a figura, apenas a transformei.

– Você *lutou para ser um pintor realizado e com nome?*

– Não, eu jamais tive estas preocupações. E fico até muito surpreendido quando alguém me considera com destaque... Se a importância existe, eu não a sinto. E você, acha importante, ser realizado, ter nome?

– Não, isso é apenas a parte social do problema. *O que importa realmente é estar diante do papel em branco à espera das palavras que exprimam. Esse é que é o momento crucial. Iberê, mudando um pouco de assunto, por que os carretéis foram ponto de partida na sua obra?*

– Os carretéis foram também as minhas fantasias de criança, o meu brinquedo. É natural que se tivessem transformado em símbolos na obra que faço.

– *O que é um núcleo?*[37]

– Bem, realmente não se deve tomar ao pé da letra o título dos meus quadros: servem especialmente para diferenciá-los. Há tantas Marias no mundo e são tão diferentes...

– *O que é uma expansão? E o que vem depois de uma expansão?*

– Isso aí agora... É difícil responder porque no sentido cósmico terá uma significação, mas no sentido que emprego é uma liberação.

– *O que é uma realização, Iberê?*

– Realização é a obra objetivada, expressão objetivada. É fora do artista, é obra materializada.

---

[37] Camargo pintou uma série de quadros com o título *Núcleo* nos anos 1960, também uma série chamada "Núcleo em expansão".

— O rosto humano chega a lhe interessar de algum modo?

— Assim, com a visão de pintor, não tive um interesse especial pelo rosto humano. Mas como pessoa acho que o rosto reflete muito o indivíduo. O rosto revela a pessoa. Acho que quem se corrompe por dentro se corrompe por fora. Senão, Clarice, não haveria necessidade de maquilar os atores, de lhes dar um aspecto especial.

— Diga-me: até que ponto uma cor exprime, e só ela, aquilo que o pintor está sentindo? Por que exatamente o marrom e depois/em seu lugar o vermelho?

— Em minha opinião, a cor vale no seu contexto, nas suas relações. Enquanto que uma cor isolada será *fria* ou *quente*. E a intensidade de sua medida é também estabelecida no confronto com outras cores.

— <u>Num país tropical como o nosso, em que alguns pintores até abusam das cores primárias, por que você é dos tons sombrios e intensos?</u>

— Porque eu não pinto, quer dizer, eu pinto emoções, quer dizer pinto a tensão e o drama que pressinto no mundo em que vivo. Eu não me condiciono à latitude.

— <u>Quando você cria um mundo numa tela é o seu mundo ou é a figuração do mundo exterior tal qual você o sente?</u>

— O meu mundo, o mundo que eu crio na tela, também é o mundo dos outros, é o mundo do Homem porque eu pertenço à totalidade do real.

— Até que ponto você se sente liberado depois que dá à luz um quadro? Para por um tempo? Ou a ânsia de criar se segue imediatamente?

Profunda reflexão de Iberê. Fico esperando. Até que ele diz:

- Após a realização de um quadro, ou de uma série, segue-se um esvaziamento que por seu turno é substituído por uma gestação que se processa, e o período criador renasce então. Você tem a mesma experiência?

— Igual. Sinto um esvaziamento que quase se pode chamar sem exagero de desesperador. Mas para mim é pior: a germinação e a gestação para o novo trabalho podem demorar anos, anos esses em que feneço.

— <u>Iberê, quais são os pintores que você mais admira, e por quê?</u>

— <u>Você sabe, eu por exemplo sinto uma grande admiração por Van Gogh, mas é mais pelo seu mito, pela sua vida, que me parece semelhante à de um Francisco de Assis, essa renúncia, essa coragem de saber ser num mundo em que os homens se satisfazem com títulos e consagrações. Apesar da rejeição de sua época, ele se afirmava, tinha necessidade de expressar a sua verdade.</u>

— Qual o conselho que você daria aos novos pintores?

— Deixe eu pensar nisso. (Ficou com a cabeça metida entre os dois braços cruzados, depois disse: "Vou tomar um copo de água", e quando voltou disse: "Esta pergunta é a mais difícil.")

Tomei também um copo de água e ficamos em silêncio esperando.

– Pergunta terrível, sabe? disse Iberê.

– *Tome o tempo que quiser, respondi-lhe.*

Afinal Iberê Camargo disse:

– Não se persuadirem de que inventaram a pintura.

E você? Que conselho daria a novos escritores?

– *Trabalhar, trabalhar e trabalhar.*

– Jaspers – disse Iberê – escreveu que a nova geração tem as mãos furadas.

Confesso que não entendi bem o que Jaspers quis dizer e que Iberê repetira.

Manchete, nº 876, 1 de fevereiro de 1969
Jornal do Brasil, 27 de março de 1969
Jornal do Brasil, 17 de março de 1971, "Criar um quadro é criar um mundo novo"
De corpo inteiro, 1975

IBERÊ CAMARGO (1914-1994)

Pintor, desenhista, gravurista e professor. Recebendo, em 1947, o Prêmio de Viagem ao Estrangeiro, estudou em Roma com De Chirico, Achille Rosa e Petrucci e, em 1949, em Paris, com André Lhote, retornando em 1950 ao Brasil. Participou de várias edições da Bienal de São Paulo. Foi o autor do grande painel oferecido pelo Brasil para a sede da Organização Mundial da Saúde em Genebra, na Suíça. Marcou presença no exterior com a Bienal do México (1958), a Exposição Internacional de Gravura de 1971, na Iugoslávia, e Modernidade – Arte Brasileira do Século XX (1988, MAM de Paris e MAM-SP).

No ano seguinte à morte do artista, foi criada em sua residência a Fundação Iberê Camargo, que depois teve sua nova sede projetada pelo célebre arquiteto português Álvaro Siza. Projeto esse ganhador do Leão de Ouro na Bienal de Arquitetura de Veneza, em 2002, e do Mies Crown Hall Americas Prize, em 2014.

BIBI FERREIRA

*"Se me pedissem um quadro da solidão,
eu escolheria a fotografia de um teatro vazio."*

E de repente, para mim que não suspeitava de nada – eis que Bibi Ferreira está sentada numa das poltronas de minha casa. É simplesmente linda! Não que eu prefira entrevistar pessoas bonitas, mas é que é tão bom olhar para elas. Só quem viu Bibi pessoalmente perceberá quanto brilham seus olhos orientais de expressão tão variada, seu pequeno queixo pontudo como o de uma criança, seu jeito eslavo.

Ela foi à minha casa e depois do primeiro cafezinho, estando nós no terraço, Bibi quis mais café e ela própria, com deliciosa naturalidade, atravessou as salas e foi à cozinha. Pode-se imaginar como esse gesto encantou a cozinheira e a mim. Já era uma amiga que eu tinha em casa.

– *Seu nome é mesmo Bibi ou é apelido?*

– Eu sempre fui Bibi.

Mas é claro, pensei, como é que não tinha me ocorrido antes? Bibi é substantivo, é adjetivo, é tudo, menos nome próprio. Com minha descoberta, fiquei tão contente, que esqueci de perguntar-lhe o nome próprio. Bibi se escreve com letra minúscula. Por exemplo: "Fulana estava hoje um amor de bibi, mas bibi mesmo é a mulher do delegado." "Sicrana estava tão antipática que perdeu sua única oportunidade de ser bibi." "Aquelas rosas fazem o bibi encantatório de meu dia de hoje." E é interminável a aplicação desse nome cuja dona o tornou uma palavra perfeita para mim.

– *Bibi, na sua casa moram três gerações: a de sua mãe, você e a de sua filha. Quem manda mais? Quem é temperamental?*

– Acho, ri ela, que a jovem guarda está dominando, ou pelo menos vivemos em função dela. Tem 14 anos. Não se parece nem comigo nem com o pai.

– *Você se parece fisicamente com seu pai, mas em bonitíssimo. Quanto deve você a ele como talento?*

– Acho que eu devo a ele aquilo que ele me ensinou, aquilo que foi me ensinando no palco e na vida, e daí a minha escolha.

— Desde quando você trabalha em palco e em televisão?

— Eu não tive estreia, Clarice, porque nasci dentro desta carreira. Cheguei até a substituir uma boneca que um ator precisava no palco. O palco era um dos quartos de minha casa.

— *O que você prefere: palco ou televisão?*

— São tão diferentes...

— *Qual foi, de todas as suas personagens, a que mais lhe agradou?*

— Tive vários sucessos, mas não saberia dizer qual foi a personagem de que gostei mais porque gostei de muitas, assim como tenho mais de um amigo, assim como já gostei na vida de mais de um homem.

— *Alguém escreve para você os seus programas de televisão?*

— É a turma enorme chamada equipe.

— *Você tem um grande pai. Você se assemelha por dentro com ele?*

— Acho que por dentro não sou parecida com ele. Acharam-nos, porém, tão parecidos que não me davam outra oportunidade.

— *Você é muito inteligente e tem sangue frio: não lhe acontece às vezes inserir frases que não estavam no programa?*

— Por vezes, sim...

— *Sua filha dá para o teatro?*

— Não posso dizer porque ela está numa idade em que a gente dá muito palpite, e, saturada, ela deve por vezes ficar confusa, sem saber para onde ir. Quero ver se ela se tornará livre e ela própria. Mas tem uma voz muito bonita, e uma graça excepcional, além de ter um ouvido supersensível.

— *Em que grau de evolução está o teatro brasileiro comparado com o dos países que você conhece?*

— Está em relação exata de quanto nos permitem.

— *Quais são os seus autores preferidos?*

— Só a jovem geração é que, hoje, vai tomar contato com o tema e o palco. Mas por que Nelson Rodrigues não continuou aquele teatro sério que ele escrevia? Por que Guilherme Figueiredo vem da Europa e não diz que tem uma peça a montar? Rachel, você ficou em *Maria Beata* e *Lampião*? Callado, só livros agora? Jorge Amado só na peça de Castro Alves? O que houve? Muitas vezes gosto e compartilho com Guarnieri, Oduvaldo Vianna Filho, Plínio Marcos.

— *Você tem uma máscara muito móvel: você poderia representar papéis que nem pensa. Seu rosto é dramático, assim como a sua voz. Por que você não se arrisca no drama?*

— Meu pai me achava um rosto mais dramático do que cômico. Mas quando eu me dedicava exclusivamente ao teatro e este era o meu único meio de vida, eu tinha que dar ao cliente a mercadoria que ele queria. O cliente sempre preferia comprar gargalhadas. Daí ser o meu repertório cômico maior do que o dramático. Depois passei para o musical, também gênero popular. A grande realidade é a peça que agrada, seja cômica ou dramática, então sei por que eu acertava mais nas cômicas. Havia uma frase que me diziam, e que me matava lentamente. Era: "Tristezas já bastam as da vida." Essa filosofia tão barata é que me desanimou. O drama vem dessa falta de compreensão, dessa falta de diálogos possíveis. E depois vem a tristeza: acabada a peça, você atravessa o palco depois que o público vai embora. Se me pedissem um quadro da solidão, eu escolheria a fotografia de um teatro vazio.

– *Que é que você acha do cinema brasileiro? Não se sente inclinada para ele?*

– Não posso fazer cinema sozinha. Não exijo muito do cinema brasileiro. Quero um cinema e um teatro que me distraiam. Depois é que vou ver por que eles me distraíram. Eu estou dizendo *distrair* e não *divertir*. Nunca faço planos porque eles nunca acontecem como eu gostaria.

– *É verdade que um colégio brasileiro de freiras não a aceitou como aluna porque seu pai era desquitado e ator?*

– Foi o Colégio Sion do Rio de Janeiro. Eu tinha 5 anos de idade. Mas isso já passou.

Manchete, nº 877, 8 de fevereiro de 1969
De corpo inteiro, 1975

BIBI FERREIRA (1922-2019)

Filha do ator Procópio Ferreira e da bailarina e cantora espanhola Aída Izquierdo, seu nome real era Abigail Izquierdo Ferreira. Em 1944, montou sua própria companhia teatral reunindo alguns dos nomes mais importantes do teatro brasileiro, como Cacilda Becker. Na década de 1960, brilhou no musical *Minha querida lady*, estrelado por Bibi e Paulo Autran. Bibi Ferreira atuou nos grandes espetáculos teatrais *Brasileiro, profissão esperança*; *Gota d'água*; e *Piaf*.

ALCEU AMOROSO LIMA

– Dr. Alceu, minha alegria foi tão completa ao falar com o senhor ao telefone que mal pude falar. E quando ouvi a sua franca e expansiva expressão de agrado ao me ouvir, aí é que eu senti que estava dando e recebendo, ato humano por excelência. Nem sei o que lhe perguntar, tanto tenho a aprender do senhor. O senhor é o perfeito homem alegre que sofre na carne as dores do mundo. Mas vamos falar em fatos. O que foi debatido de um modo geral na Comissão de Justiça e Paz do Vaticano?

– Por ora, mais problemas de organização interna que de ação exterior. Trata-se, aliás, de uma comissão de *estudiosos* dos problemas de Justiça e de Paz (Commissio Studiosorum Justitia et Pax), e não de ação imediata. Esta caberá às comissões nacionais, já em vias de organização, como entre nós, embora ainda no papel, ou já em função, como na França, nos Estados Unidos, na Holanda, na Alemanha, na Venezuela. A função de todas, inclusive da central em Roma, é procurar, ao mesmo tempo, estudar os problemas concretos de patologia social, no tocante à Justiça e à Paz, e disseminar, nas consciências, nas legislações e na prática social, os princípios consubstanciados nas grandes Encíclicas Sociais, especialmente a *Populorum progressio*.[38]

– Qual é a sua atitude em face do problema das pílulas anticoncepcionais? Gostaria que o senhor se lembrasse de que só os pobres, os que não têm como sustentar filhos, são os que mais filhos têm.

– Só confrontando a *Humanae vitae*[39] com a *Casti Connubii*,[40] de 1930, é que podemos ver o passo enorme que a Igreja deu na reta interpretação do problema da fecundidade no casamento. Essa era considerada como o primeiro e principal objetivo da união conjugal. Agora, o amor e a fidelidade recíprocos é que passam a ser considerados, como devem ser, a principal finalidade do sacramento fundador da família. O princípio da paternidade

---

[38] Encíclica do papa Paulo VI, de 1967, sobre os direitos humanos e a distribuição da riqueza.
[39] Encíclica do papa Paulo VI, de 1968, sobre a contracepção e a ética da reprodução.
[40] Encíclica do papa Pio XI sobre a santidade do casamento, proibindo o uso de métodos anticoncepcionais e o aborto.

responsável é resguardado, como se preserva o primado da consciência dos cônjuges na determinação da prole, tal como já fora expressamente afirmado na *Populorum progressio* e o reafirmaram expressamente as conclusões dos encontros das diferentes Conferências Episcopais Nacionais, como a dos bispos franceses, norte-americanos, alemães, holandeses e, creio, ingleses. A convocação do sínodo, para o próximo mês de outubro, virá provavelmente explicar alguns pontos ambíguos da encíclica, levando em conta o resultado dessas reuniões episcopais e da reação encontrada na opinião pública, tendo em vista particularmente problemas de realidade social, como esse que você levanta. Assim como Pio XII, proclamando perfeitamente legítimo, do ponto de vista moral, o parto sem dor, por muito tempo considerado como contrário à lei natural e à lei divina, assim também a paternidade responsável e a regulação racional da fecundidade conjugal são elementos da lei natural tão respeitáveis quanto a própria fecundidade. A lei de Deus, evidentemente, é que cada espécie se multiplique de acordo com sua natureza: os animais, de modo instintivo e quantitativo; os seres humanos, de modo racional e qualitativamente.

— *Qual seria, em sua opinião, a solução imediata para o Brasil como país subdesenvolvido?*

— O Brasil é, ao mesmo tempo, um país subdesenvolvido ou em vias de desenvolvimento, como preferem dizer os que sentem suscetibilidade pela expressão "país subdesenvolvido", e subpovoado. O problema da limitação da natalidade, entre nós, afeta principalmente as classes ricas, que se sentem prejudicadas pela interpretação literal e restritiva da encíclica, pois a média e a alta burguesia é que a praticam, e não o povo. O nosso problema é, acima de tudo, o da *defesa da natalidade* do ponto de vista econômico e sanitário. Favorecer a fecundidade instintiva sem criar as condições econômicas e sanitárias para proteger realmente a vida humana é perpetuar situações de injustiça intolerável. Esse amparo à natalidade é que representa problema primacial entre nós para que não sejamos atingidos por um malthusianismo imposto de fora pelos que pretendem condicionar os auxílios financeiros a uma política estatal malthusiana, que em hipótese alguma poderemos aceitar.

— *Algumas pessoas dizem que submeter-se à psicanálise é tolice, que sai muito mais barato e fácil confessar-se. Para mim é inteiramente óbvio que se trata de campos completamente separados. Qual é a sua opinião?*

— Estou de acordo com você. Embora haja entre elas pontos de contato, especialmente no plano rigorosamente psicológico, o que as separa é muito maior do que o que as une. Se não colocarmos a confissão no plano primacialmente sobrenatural, perde todo o seu sentido e torna-se apenas uma psicanálise barata e de má qualidade. Pessoalmente não tenho a menor inclinação pelo processo psicanalítico de tratamento e vejo até os perigos e uma extensão abusiva desses métodos. Devemos, entretanto, colocar o problema no terreno puramente pragmático. Se tem êxito, em determinados casos, nada impede ou antes é necessário que seja aplicado. Só rejeito a generalização. Afrânio Peixoto era um cético, como aliás Miguel Couto, em relação ao abuso de remédios, que em seu tempo prevalecia. Mas dizia, ironicamente: "Tratemos de tomá-los enquanto curam."

– *O padre ortodoxo, o pastor protestante e o rabino se casam sem que percam a fé em Deus e no homem, e sem deixarem de ser um intermediário entre Deus e a criatura humana no seu sofrimento e nas suas raras alegrias. Por que também não se casa o padre católico?*

– É um problema de disciplina nos costumes e não de doutrina. Por isso mesmo só foi introduzido na Igreja Católica no século III ou IV e poderá ser alterado a qualquer momento. Acredito mesmo que, no futuro, haverá uma distinção entre sacerdotes seculares, não obrigados à regra do celibato, e os monges, que por amor de uma vida mais perfeita se submeterão a ela voluntariamente. Nietzsche, entretanto, afirmava que a maior força da Igreja Católica era o sacerdócio célibe. De qualquer modo, o casamento, em si, nunca será um empecilho substancial à missão sacerdotal de mediação entre Deus e os homens. Assim como o celibato voluntário, especialmente a virgindade, serão sempre formas de elevação moral e de purificação espiritual incomparáveis.

– *Alguma vez o senhor já sentiu em conflito suas próprias ideias e as ideias da doutrina católica?*

– Só senti a verdadeira liberdade desde que voluntariamente me submeti à Fé católica depois de um período inicial muito duro. E não há nessa afirmativa nenhum jogo de palavras. O que é preciso é não confundir liberdade com veleidades ou movimentos temperamentais. Nem doutrina católica com interpretações individuais de que podemos livremente discordar. E de que temos mesmo, dentro da Igreja, a mais ampla liberdade de discordar. O próprio papa, como se sabe, só é infalível dentro de normas rigorosas e em casos expressamente determinados. Embora a sua supremacia episcopal universal seja um elemento essencial para essa mesma liberdade de que desfrutamos dentro da Igreja Católica.

– *Sua fé em Deus foi ato de graça ou foi uma lenta aprendizagem?*

– Uma longa procura, coroada por um ato de graça. E esta, afinal, é que vale. E que dura.

– *O senhor acha que só a prática da religião bastaria para resolver os problemas de reivindicações dos jovens?*

– Não. Não se pode dissociar, na vida individual como na vida social, a vida religiosa, propriamente dita, da vida doméstica, cultural, econômica e política. Nem mesmo pode haver uma vida religiosa sadia em que as vidas política e econômica, cultural e doméstica não estejam organizadas racionalmente.

– *Se somos produtos da criação divina, e por Ele controlados, em que consistiria o livre-arbítrio do homem?*

– A grandeza do homem está precisamente em ser o único animal que tem o dom de negar a Deus. E, portanto, o mérito de o reconhecer livremente. E o adorar.

— *Qual foi a sua atuação nesse congresso de leigos do Vaticano?*

— Aprendi a saber melhor o que não sei.

— *Qual é a diferença entre um grande líder católico e um santo? Este, por exemplo, teria que fazer voto de pobreza, de castidade e abandonar os prazeres do mundo?*

— A santidade está sempre em fazer a vontade de Deus e acima de tudo em saber onde está essa vontade. Eis por que o orgulho e a avareza são obstáculos maiores ao mínimo de santidade, neste mundo, do que qualquer atentado aos votos de pobreza, de castidade ou de renúncia aos prazeres do mundo.

— *O senhor já se sentiu alguma vez em estado de graça? Eu, humildemente, já senti mais de uma vez. Morro de saudade de sentir de novo, mas tanto já me foi dado que não exijo mais.*

— Cada momento de despreocupação total em relação às coisas humanas é, para mim, um estado de graça. Sinto-o como a presença de Deus, que é sempre inefável e intraduzível, como o Silêncio. Por isso mesmo há dias cheios de graça. E semanas vazias dela. Nunca de tudo, sem dúvida, o essencial é ter sempre as janelas abertas à chegada da Graça, que é sempre imprevista e representa a Inspiração sobrenatural para todos, como esta, no plano da vida natural, é a graça para os poetas ou para os nossos momentos de poesia.

— *Como se sente o senhor como professor? Ensinar é mais gratificador do que escrever?*

— Sempre gostei muito de ensinar e tenho saudade da cátedra. Mas sempre exerci o ensino como uma forma de criação poética.

— *O senhor se sente perplexo no mundo de hoje?*

— Confesso que não, revoltado, sim, muitas vezes.

— *Como é que o senhor se sentiu ao vivenciar a primeira aproximação do homem à Lua?*

— Não mais do que adolescente, em 1909, estando em Berlim, ao ler nos jornais que Blériot atravessara o canal da Mancha de avião! *Il n'y a que le premier pas qui coûte...*

— Dr. Alceu, uma vez eu o procurei porque queria aprender do senhor a viver. Eu não sabia e ainda não sei. O senhor me disse coisas altamente emocionantes, que não quero revelar, e disse que eu o procurasse de novo quando precisasse. Pois estou precisando. E queria também que o senhor esclarecesse sobre o que pretendem de mim os meus livros.

— Você, Clarice, pertence àquela categoria trágica de escritores que não escrevem propriamente seus livros. São escritos por eles. Você é o personagem maior do autor dos seus romances. E bem sabe que esse autor não é deste mundo...

— *Qual a saída para o intelectual no regime subdesenvolvido?*

– Sofrer calado ou protestando sempre.

– *Que me diz da crise da Igreja?*

– A Igreja viveu sempre em estado de crise, isto é, de passagem e de luta. Com a aceleração crescente do ritmo da história humana e seus acontecimentos, também esses estados de crise, isto é, de intensificação ou de anomalia das funções espirituais da Igreja afetam naturalmente os seus órgãos. Tudo isso, porém, é uma prova de vitalidade e não de decadência. E nunca a Igreja esteve tão viva como agora, perseguida em seus missionários e mudando algumas de suas estruturas.

– *E as dissensões entre católicos?*

– É mais uma prova da liberdade de que gozamos dentro da Igreja. Enquanto houver essa tensão entre conservadores e renovadores, ou, como dizem por aí, entre reacionários e progressistas, e eu pessoalmente me coloco entre esses últimos, é prova da vitalidade da vida católica. O perigo seria se uma dessas vertentes se arvorasse em montanha tentando dominar a outra e suprimir o convívio dos contrários ou dos diferentes dentro de uma Casa comum, que é o próprio universo. Pois, se não fosse *universal*, a Igreja deixaria de ser católica. Se não houvesse, dentro dela, a liberdade de discordar dentro do respeito recíproco, não haveria unidade de homens livres e sim uniformidade totalitária de robôs.

– *Qual o seu juízo sobre a literatura brasileira de nossos dias?*

– Creio que continuamos a viver no desdobramento da revolução modernista de 1922. Os séculos se sucedem, é verdade, sem se repetirem. É possível que o século XX, portanto, divirja do século XIX, em que houve dois grandes momentos de renovação: a década de 1830 a 40 e a de 1880 a 90. Na primeira, passamos do classicismo ao romantismo; na segunda, deste ao realismo e ao simbolismo. No século XX, houve a revolução literária da década de 1920. Será que a próxima ocorrerá também antes de 1980? Será então a revolução *audiovisualista*, com a passagem da literatura escrita à oral e visual, como em 1920 houve a revolução modernista, com a passagem da escrita lógica à escrita mágica. Como não estarei por aqui em 1980, você me dirá se havia algum fundamento na minha previsão...

– *Tem algum plano de publicações para 1969?*

– Nada de inédito, sem dúvida, alguns projetos de reunião em volume de coisas esparsas, como o segundo volume dos *Estudos literários*, compreendendo as cinco séries de *Estudos*, todos esgotados há muito; um volume de pequenas biografias, *Vidas bem vividas*; a continuação das crônicas semanais de 1967 a 1968, sob o título de *Peripécias da liberdade*; comentários sobre a *Populorum progressio*, sob esse título; um volume sobre *Violência ou não?*, e um *Adeus à disponibilidade* (1928) e *Outros adeuses*.

– *Qual foi o maior elogio que o senhor recebeu em sua longa vida?*

– Foi guiando automóvel, numa curva difícil da estrada Rio-Petrópolis, chovendo, estrada superlotada, névoa. Fiz uma manobra arriscada e ouvi um dos meus filhos, então pequenos, dizer para o outro: "O velho é *fogo na roupa*..." Mas isso já foi há muito tempo...

Jornal do Brasil, 8, 15 e 22 de fevereiro de 1969
De corpo inteiro, 1975

ALCEU AMOROSO LIMA (1893-1983)

Crítico literário, professor, pensador, líder católico e escritor membro da Academia Brasileira de Letras. Adotou o pseudônimo Tristão de Ataíde ao se tornar crítico em O Jornal. Foi diretor do Centro Dom Vital e da revista A Ordem. Símbolo de intelectual progressista na luta contra os desmandos do regime militar pós-1964. Seu legado é preservado pelo Centro Alceu Amoroso Lima para a Liberdade, em Petrópolis, que congrega mais de 40 mil documentos.

Depois de aplaudir entusiasticamente a estreia de Clarice em 1943 com *Perto do coração selvagem*, Alceu Amoroso Lima se empenhou em editar o segundo livro de Clarice Lispector, *O lustre*, pela Editora Agir, em 1946.

AUSTREGÉSILO DE ATHAYDE

"Sou dos poucos brasileiros que sempre foram jornalistas e nada mais que jornalistas."

Um acadêmico? Ei-lo na biblioteca um instante antes de me perceber e cavalheirescamente se erguer: Austregésilo de Athayde. Meditativo com sua vasta cabeleira branca. Um odor característico de livros envolve as salas vazias da Academia Brasileira de Letras. É segunda-feira, não há reunião de intelectuais. Além de funcionários menores, estamos apenas os dois: o acadêmico e eu.

O que me fez nunca ir assistir a sessões públicas da Academia? Era falta de motivação? Ou simplesmente eu considerava a Academia como uma espécie de clube de cavalheiros ingleses, onde se lê jornal, conversa-se, bebe-se alguma coisa, e onde as mulheres não interferem?

Deve haver algo de secreto e profundo e que age como chamariz na Academia Brasileira de Letras. Senão, como explicar que o método de alguém ser eleito é o de pedir voto a todos os membros da Academia? <u>Como explicar que João Cabral de Melo Neto, que é tímido, o tenha feito?</u>[41] Senão, como explicar que um homem, com a obra de Guimarães Rosa, tendo intuído que, ao pôr o fardão, ficaria emocionado a ponto de sofrer um enfarte, só conseguisse a medo confrontar-se com ela três anos mais tarde?

Tenho diante de mim o acadêmico Austregésilo de Athayde que, espero, tenha a paciência de me explicar mais do que sei.

Austregésilo de Athayde é o quarto presidente da Academia há 11 anos, prazo recorde. Seus opositores cordiais: Afrânio Coutinho e Peregrino Jr. É um dos únicos brasileiros possuidores de uma ilha inteira: em 1924 ganhou um prêmio na loteria com o bilhete 58.138. Embora solteiro, investiu o dinheiro na compra de uma ilha ao largo de Angra dos Reis.

---

[41] A frase sublinhada foi adicionada quando Clarice republicou este artigo no *Jornal de Letras* em forma da crônica muito mais curta: "A Academia Brasileira de Letras."

É casado com D. Jujuca, irmã de Ana Amélia Carneiro de Mendonça e de D. Laura Margarida, poetisa casada com o comandante Joaquim Costa. Austregésilo de Athayde chama-se Belarmino Maria. É sobrinho do psiquiatra Antônio Austregésilo, primo da atriz Terezinha Austregésilo e do humorista José Vasconcelos. Pertenceu à delegação brasileira à ONU que ia formular os Direitos do Homem, tendo sido o orador escolhido para fazer o discurso que encaminharia a votação desse grande documento. Nessa ocasião – conta-me o Dr. Austregésilo ao terminar o discurso e descer da tribuna –, o ministro das Relações Exteriores da França, Robert Schumann, levantou-se para abraçá-lo dizendo: "Vous êtes un grand orateur."

O acadêmico foi seminarista como Carlos Heitor Cony e outros escritores. É organista, o único brasileiro que conheço que tenha um órgão em casa. Como Álvaro Lins, nasceu em Caruaru, Pernambuco. O acadêmico Austregésilo é também jornalista e trabalha há cinquenta anos nos Diários Associados como comentarista de grande bom senso e agudez.

– *Qual a finalidade principal da Academia?*

– Essa finalidade figura nos estatutos: defender a língua portuguesa e promover a literatura.

– *Promover a literatura como?*

– Por meio de concessão de prêmios literários. Distribuímos dezesseis prêmios de um milhão cada por ano. E o Prêmio Machado de Assis para o conjunto de obra no valor de 10 milhões. Os recursos financeiros desse prêmio são ofertados pela Fundação Jurzykowski, que fundou a Mercedes-Benz no Brasil e, ao morrer, deixou em testamento 6 mil dólares para a Academia distribuir em prêmios.

– *O que acontece às quintas-feiras na Academia?*

– Depois do chá, estudamos personalidades literárias ou acontecimentos literários.

– *Nossa Academia segue o modelo da Academia francesa?*

– Sim, embora as duas instituições sejam paralelas em seus objetivos. É evidente que Machado de Assis e seus companheiros, ao fundarem a Academia com quarenta membros vitalícios, eleitos em votação secreta e com maioria absoluta, tiveram em mente a grande instituição de Richelieu.

– *Que mais faz a Academia?*

– Distribui prêmios com verbas oriundas da herança do livreiro Francisco Alves. Publica, além de seus anais, a *Revista Brasileira* e os *Discursos Acadêmicos* (aliás, encontrei o meu entrevistado fazendo a revisão das provas de um número dos anais acadêmicos, que já somam 16 volumes, com cerca de 250 discursos pronunciados por ocasião da posse dos novos acadêmicos). A Academia ainda publica um dicionário mandado fazer sob os seus auspícios e de que é autor o filólogo Antenor Nascentes.

– *Como foi a sua vida, Dr. Austregésilo?*

– Fui levado aos seis meses de idade para o Ceará, onde meu pai fez carreira de magistrado, tendo falecido aos 93 anos de idade como desembargador aposentado e provedor da Santa Casa de Misericórdia de Fortaleza. Minha mãe ainda é viva e fará 95 anos no dia 5 de fevereiro. Isso é um aviso aos candidatos à minha vaga na Academia: terão que esperar.... Aos 10 anos entrei para o Seminário de Prainha com a singularidade de saber um bocado de latim, pois meu pai era mestre dessa língua. Senti-me com grande vocação para o sacerdócio e fiquei no seminário até o terceiro ano de teologia. Fiz o curso completo de filosofia e já estava sendo chamado para as Ordens Menores.

– *Como foi que o senhor descobriu a falta de vocação?*

– Foram os padres meus superiores que observaram ser eu um racionalista empedernido depois que encontraram na minha carteira de estudante um caderno no qual eu escrevera: "Só creio em Deus porque a razão o prova." Eu era muito criança nesse tempo. Possuía uma memória de arcanjo e dos doutores da Igreja, e fazia como uma espécie de esporte confundir os velhos mestres desafiando-os. Tornei-me insuportável pela vaidade pueril de saber mais do que os outros.

– *Como foi que se deu a sua eleição e posse na Academia?*

– Concorri à cadeira número 8, vaga de Oliveira Viana. Cadeira fundada por Alberto de Oliveira e cujo patrono é Cláudio Manuel da Costa. E tem mais: sou dos poucos brasileiros que foram jornalistas e nada mais que jornalistas, não tendo jamais exercido outro cargo qualquer.

– *Quando começou sua carreira de jornalista?*

– Já aos 21 anos de idade era diretor de um jornal chamado A *Tribuna*, onde me iniciei com Lindolfo Collor. E tive um mestre inesquecível, Gustavo Garnett.

– *E depois?*

– Depois vem a parte mais importante: aconteceu Assis Chateaubriand, com quem convivi em estreita colaboração durante meio século.

– *E agora a pergunta que todo mundo faz: o senhor admitiria a entrada de mulheres na Academia?*

– A objeção feita não é à entrada da mulher na Academia, e sim à reforma dos estatutos para permitir essa entrada. Os acadêmicos de três gerações consideram que não se deve alterar a lei fundamental da instituição.

Manchete, nº 878, 15 de fevereiro de 1969
Jornal do Brasil, 20 de fevereiro de 1971, "A Academia Brasileira de Letras"

AUSTREGÉSILO DE ATHAYDE (1898-1993)

Seu nome completo era Belarmino Maria Austregésilo Augusto de Athayde. Ingressou na Academia Brasileira de Letras em 1951 e foi agraciado com o Prêmio Maria Moors Cabot, da Universidade de Columbia, no ano seguinte. Foi presidente sucessivamente reeleito durante 34 anos. Foi responsável pela construção do moderno prédio de trinta andares da ABL, inaugurado em 20 de julho de 1979 e hoje denominado Palácio Austregésilo de Athayde.

Athayde participou do Movimento Constitucionalista de 1932. Preso no final deste ano, ao ser liberado partiu para o exílio, passando alguns meses na Europa antes de se radicar em Buenos Aires, onde viveu durante os anos de 1933 e 1934. Foi diretor de O Jornal e depois diretor dos Diários Associados de Assis Chateaubriand. Em 1948 participou em Paris da Comissão Redatora da Declaração Universal dos Direitos do Homem [hoje denominada da Humanidade] da Organização das Nações Unidas.

CLÓVIS BORNAY

"Em vez de comprar um carro, gasto minhas economias em fantasias e continuo andando de ônibus."

Confesso que esperava um Clóvis Bornay pernóstico, fútil, antipático. Para a minha agradável surpresa, encontrei um Bornay que fala com simplicidade e com amor de suas coisas usando a sinceridade quase ingênua de quem não tem porque ser atacado. Só uma coisa me irritou: fez-me esperar no Museu Histórico Nacional e depois foi diretamente para a casa dele sem uma explicação sequer. Controlei meu mau humor no meu contato com um dos maiores, senão o maior carnavalesco de todos os tempos. O mais curioso é que nem se pode chamá-lo de "carnavalesco", uma vez que ele não brinca no Carnaval: ele se mostra. Mas, enfim, Carnaval é Carnaval e vale tudo.

Bornay é brasileiro, filho de pais brasileiros de origem francesa por parte de pai e de espanhola por parte de mãe.

— Desde quando começou a se interessar pelo Carnaval?

— Acho que logo após o nascimento: nascido no auge de um Carnaval, lembro-me depois de que, ainda no colo, os mascarados me apavoraram. (Essa lembrança deve ser posterior, pois Bornay não poderia, como disse, guardar memórias de logo após o nascimento.)

— E como passou do pavor ao amor?

— Ao perceber que os mascarados eram pessoas amigas e alegres. E passei a amar o Carnaval, participando dele desde a infância.

— Mas já se fantasiava quando era menino?

— Já. Todas as casas viravam verdadeiras oficinas de fantasias aqui no Rio. As famílias inteiras se fantasiavam. Pela manhã o trote e o travesti: os homens se fantasiavam de mulher e as mulheres de homens. E vestiam paletó, calça, gravata, chapéu e uma máscara de meia sobre o rosto envolvendo parte do colarinho e da gravata. Era só para passar trote, para fazer perguntas: você me conhece? Com voz em falsete dizendo coisas picantes e deliciosas sobre a pessoa.

– Você se fantasiava de mulher?

– Não. Havia uma outra forma de trote: era a fantasia de lençol amarrado na cabeça, na cintura, até os pés, com os braços envolvidos e no rosto uma máscara de caveira. Como se vê, uma fantasia prática e barata.

– Como é que lhe veio a ideia de fantasiar-se com tal perfeição a ponto de ser um hors-concours onde se apresenta?

– 1937, ao completar idade suficiente para ir ao Theatro Municipal, compareci com uma fantasia idealizada por mim mesmo e com o título de "Príncipe Hindu", fazendo aproveitamento de pedras de cristal de um lustre abandonado no porão da casa. Tal foi o sucesso dessa primeira aparição em público que se tornou um hábito em minha vida nesses 31 anos consecutivos.

– Quais são as artes que mais interessam?

– Adoro particularmente a música e a dança.

– A ideia de fantasia vem exclusivamente de você mesmo? E você consegue durante um ano inteiro manter segredo?

– A ideia de fantasia vem exclusivamente de mim porque preciso me identificar primeiro com o personagem, depois ir em busca do material adequado ao estilo, à forma, à época.

– E tudo isso em segredo?

– Até quase mais da metade da confecção é possível manter segredo. Quando não depende mais do ateliê e da confecção das botas ou sapatos, ou do joalheiro para a montagem de coroas e anéis ou do armeiro (o homem que faz armas, espadas, lanças), então aí não é mais possível guardar segredo porque a notícia se espalha. E mais próximo ao fim de ano os locutores de televisão já passam a perguntar diante das câmaras o nome da próxima fantasia, e não seria elegante ocultar mais.

– Quanto custa em média uma fantasia sua?

– Nunca tive a preocupação exatamente de medir os gastos de uma roupa porque o material e a mão de obra são tão elevados que o final da soma poderia me tirar a alegria de que preciso para o grande momento do desfile. Vou adquirindo todos os meses o material e pagando a mão de obra parceladamente.

– Você é rico?

– Não, vivo de honorários de trabalhos e com economias, e com os prêmios ganhos é que gasto na fantasia do ano seguinte. Isso só é possível porque sou solteiro, não faço vida noturna, não bebo, não fumo, não jogo, e todas as vezes que me propõem comprar um carro para o meu conforto gasto as economias numa fantasia e continuo andando de ônibus. Este é o meu amor à cidade do Rio de Janeiro. Aqui eu vivo, aqui eu tiro o sustento para o meu trabalho e é mais do que justa a minha contribuição pessoal a esta bela terra.

– O senhor já tem ideia do que usará no Carnaval de 1970?

– Já estou pensando (ri)... é uma loucura...

– Para Carnaval você faz quantas fantasias?

– Em cada Carnaval três fantasias: uma para o Municipal de São Paulo, outra para o Municipal do Rio, e finalmente uma para a escola de samba, tão grandiosa como as outras.

– Se eu quisesse me fantasiar no Carnaval, que fantasia você me aconselharia a ter?

– Espere, espere, já estou sabendo no nome. Achei. É "Firmamento". Seria uma túnica de renda negra cravejada de estrelas de brilhantes. Na cabeça a meia-lua e numa das mãos uma taça de prata derramando estrelas.

– Não há mulher que não fique linda vestida assim. Que é que você acha de Evandro Castro Lima?[42]

– Um grande nome da alta-costura que descobriu a forma mágica de embelezar o Carnaval carioca.

– Qual é o seu maior desejo?

– Atingir a perfeição. E este ano interpreto um príncipe que atingiu mais tarde a perfeição espiritual. Não é um deus, apenas um homem que se elevou acima das coisas terrenas.

– Se você tivesse um filho, gostaria que ele se fantasiasse com esse luxo todo?

– Gostaria porque é uma forma de arte. O mais importante é interpretar a personalidade para ser então um modelo da fantasia e para isso é necessário ser um bom ator. E para ser um bom ator mister se faz ter a inteligência de um gênio, a força de um Hércules, a bondade de um Cristo, as alegrias de uma criança, a ternura de uma mulher e as artimanhas de um demônio. Eis o bom ator.

– E você é um bom ator?

– Gostaria de sê-lo. Tenho profunda admiração por aqueles que ingressam na difícil arte de interpretar.

– Imagino que o ano inteiro você vive pensando nos três dias de Carnaval. Acertei?

– Não. Porque o maior amor de minha vida não é o Carnaval. É o Museu Histórico Nacional, onde exerço a função de museólogo. Meu trabalho é tão apaixonante que me absorve 360 dias do ano, restando apenas a fuga dos quatro dias da folia momesca. Na quarta-feira de cinzas estou a postos no meu gabinete de trabalho.

Despedi-me desse homem simples e puro. Mas quem já estava de cabeça virada era eu, que não sou museóloga: quero ser o firmamento com minha túnica negra bordada de estrelas de cristal...

Manchete, nº 879, 22 de fevereiro de 1969
Jornal do Brasil, 6 de fevereiro de 1971, "Carnaval"
De corpo inteiro, 1975

---

[42] Evandro Castro Lima foi o principal concorrente de Bornay.

CLÓVIS BORNAY (1916-2005)

Museólogo pertencente ao quadro do Museu Histórico Nacional, Clóvis Bornay foi o mais importante carnavalesco no que diz respeito aos concursos de fantasia, tendo sido o idealizador e implantador do Baile de Gala do Theatro Municipal do Rio de Janeiro, que se tornou o mais importante desfile de fantasias do país, diversas vezes vencido por Bornay, inclusive em sua primeira edição com a fantasia "Príncipe Hindu".

Folião completo e polivalente, Clóvis Bornay não se restringiu aos concursos burgueses, revolucionando também os desfiles das escolas de samba ao instituir a figura do "Destaque" (pessoa luxuosamente fantasiada que desfila no alto de um carro alegórico). Como carnavalesco, ganhou o desfile de 1970 com a Portela, com o tema "Lendas e Mistérios da Amazônia", tendo atuado como carnavalesco também para as seguintes escolas: Salgueiro, Unidos de Lucas, Vila Santa Teresa, Mocidade Independente de Padre Miguel, Unidos da Tijuca e Viradouro.

LUIZ VIANA FILHO

"*A obra que mais me empolga é educar o povo.*"

Esta é uma entrevista lítero-política, se assim se pode chamar. Estou entrevistando o governador da Bahia, Luiz Viana Filho, que é ao mesmo tempo um biógrafo de grande classe. A quem me dirigir primeiro, ao escritor ou ao político? Optei pelo primeiro.

— *Considero a autobiografia a mais rica forma de confissão e de autoanálise. Exige um mergulho de coragem. Por que nunca a tentou?*

— Não é segredo que todas as autobiografias são mais ou menos inexatas e, na melhor hipótese, servem de apenas subsídio para que os biógrafos façam um julgamento do autor retirado das suas vaidades, modéstias, enfim do temperamento do escritor.

— *Mas não lhe agradaria dar esse profundo mergulho em si mesmo? Como tem demonstrado sinceridade e pureza de intenções, não haveria perigo de incorrer nos defeitos que apontou – os da vaidade ou da modéstia disfarçada. Insisto, como leitora, por uma autobiografia sua, que deve ser de grande riqueza, não só por causa de sua personalidade como por suas experiências políticas.*

— Uma coisa é falarmos dos outros e outra bem diferente é darmos o mergulho a que se refere. Confesso que ainda não encontrei forças ou coragem para tirar a máscara que em verdade cada um de nós leva por toda a vida.

— *Claro que não insistirei, mas creio que tirar essa máscara é um dos grandes alívios que um homem pode ter em seu mundo. Quais os motivos que o levaram ao gênero biográfico?*

— Como é muito frequente na vida, nós todos somos inclinados a prosseguir num caminho do qual imaginamos ou acreditamos haver tido algum êxito. Eu já escrevera dois ou três ensaios que, embora esgotados, não creio que houvessem alcançado a repercussão que todo o escritor espera de sua obra, pois não estou entre os que participam da velha opinião de Stendhal, para quem bastaram cinco leitores. Por ocasião da ditadura que dominou o Brasil de 1937 a 1945, escrever a biografia de Rui Barbosa[43] foi a forma que encontrei como modo de protesto e de exemplo para a juventude brasileira. Mas devo acres-

---

[43] *A vida de Rui Barbosa* (São Paulo: Companhia Editora Nacional, 1941).

centar que o livro me foi sugerido pelo hoje ministro Aliomar Baleeiro, que então habitava uma bucólica chácara no Cabulo, na Bahia. Por esse tempo eu estava muito influenciado por André Maurois. Ele me ensinou a tratar o assunto biográfico com simplicidade e, ao mesmo tempo, criando dentro da verdade, com o abandono de qualquer fantasia, um centro de interesse para o leitor do começo ao fim de uma vida.

– *E qual foi o resultado dessa primeira biografia?*

– O fato é que naturalmente não por causa do biógrafo, mas devido à oportunidade da biografia, o livro alcançou um êxito muito superior ao que eu poderia desejar. As sucessivas edições mostram o interesse do público pelo assunto. Naturalmente, esse êxito fez com que eu me voltasse com mais interesse para as biografias.

– *E depois, que sucedeu?*

– José Olympio sugeriu um estudo paralelo de Rui e Joaquim Nabuco, cujos centenários de nascimento transcorriam em 1949. Comecei, assim, a enfronhar-me na vida de Nabuco, que já me apaixonara na primeira juventude através do livro de Carolina Nabuco. E quanto mais me debrucei sobre a alma do grande abolicionista, mais fui conquistado, sobretudo pela beleza moral de sua vida. Daí a minha segunda biografia.[44]

– *A terceira foi a de Rio Branco, não? E com o sucesso que fez não sei como não o levou ao Itamaraty como embaixador...*

– *Minha ação se voltava naquele momento para a vida interna do país.*

– *Quais as origens políticas de sua família?*

– Minha família, que se estende por várias cidades do rio São Francisco, está vinculada há cerca de cem anos às atividades políticas da região. Meu avô é fundador da cidade de Casa Nova, onde está a maior parte da família, que aí exerce uma liderança inteiramente voltada para o bem-estar coletivo.

– *Quando notou sua vocação política?*

– Seria difícil fixar no tempo. Mas não posso deixar de lembrar que comecei a minha vida no jornalismo. Este, na época, constituía um caminho, como aconteceu no Brasil durante mais de um século, quase que natural para a vida pública, uma vez que o jornalismo de então tinha características completamente diversas das atuais.

– *Pode fazer um retrospecto de sua atuação na política brasileira?*

– Não acredito que haja maior interesse para o público nesse retrospecto. Contudo, não posso esconder, com certo orgulho, haver participado, desde 1930 até 1945, das correntes políticas que não acreditavam benéfica para o país a concepção que dominou o governo nesse longo período de nossa vida política.

– *Como consegue conciliar sua posição de político e literato?*

---

[44] *A vida de Joaquim Nabuco* (São Paulo: Companhia Editora Nacional, 1952).

— Esse problema foi suscitado por Joaquim Nabuco no seu livro, tão conhecido, *Minha formação*. Ele afirmou que, durante toda a vida, se debatera entre esses dois polos: a política e a literatura, não conseguindo jamais se fixar completamente em um deles. Naturalmente há outros exemplos históricos, como é o do visconde de Chateaubriand. Quanto a mim, eu diria que só senti essa inquietação até o momento em que passei a exercer um lugar no Poder Executivo. A ação do Executivo é de tal maneira empolgante que eu realmente não tenho a minha atenção desviada para qualquer problema de ordem literária, isto é, de produção literária, pois jamais deixei de acompanhar a evolução literária no Brasil e no exterior. Não está em mim deixar de acompanhá-la.

— *E quanto à biografia de Machado de Assis?*

— Depois de haver biografado três homens de vida pública intensa, desejei fazer minha experiência que considero inteiramente nova e a mais difícil que tive: a de fazer a biografia de um puro literato, de um romancista, e buscar para o leitor aquele centro de interesse na história do próprio homem e não na vida pública depois. No caso de Rui Barbosa e Rio Branco, a integração de ambos na vida pública já constituiu um motivo de interesse para o leitor, enquanto em Machado de Assis só existe o escritor. Era, pois, muito mais difícil concentrar permanentemente a curiosidade e a atenção do leitor em motivos exclusivamente íntimos e pessoais que encheram sua vida, que a muitos poderia até parecer vazia.

— *Então, o tal mergulho na alma humana, mesmo que não tenha sido a sua, o senhor deu.*

— Toda biografia é mergulho e eu sempre procurei mergulhar na alma dos meus biografados.

— *Como se sente ao passar de deputado a governador?*

— Sinto-me como quem consegue alcançar novos instrumentos capazes de tornar realidade muitos sonhos ou aspirações que viveram com o legislador.

— *O Executivo é melhor do que o Legislativo?*

— Uma ideia que eu repito frequentemente é a de considerar quase sempre inoportuna a comparação, pois na vida devemos considerar tudo isoladamente e não em termos de comparação. Tanto o Legislativo como o Executivo têm as suas belezas e as suas vantagens. Em ambos é possível prestar serviço ao país e ao povo. E há homens que têm a vocação do Legislativo e outros do Executivo. Conhecemos grandes chefes de Estado que foram melhores deputados que governadores e vice-versa.

— *Qual é obra mais importante que está realizando na Bahia?*

— A que mais me empolga e que poderá ser ou não a mais importante é a obra educacional. Pelos seus vários aspectos, é a que mais me seduz. Pouco depois de assumir o governo, tive a oportunidade de afirmar que não devíamos enriquecer para educar, mas, sim, educar para nos tornarmos ricos. Todo povo educado é rico.

– *Como vê a Bahia nos próximos dez anos?*

– Confesso que essa pergunta eu mesmo a tenho colocado diante de mim algumas vezes. Estou convencido de que dentro do ritmo existente, com o entusiasmo e confiança de que estão possuídos os baianos e com a infraestrutura realizada dentro de um planejamento perfeitamente objetivo e consciente das nossas possibilidades materiais, a Bahia dentro de dez anos estará em condições de conhecer o nível de vida e de renda per capita que será um eloquente desmentido às previsões de Herman Kahn sobre o nosso ano 2000.[45]

Manchete, nº 881, 8 de março de 1969

---

[45] Herman Kahn e Anthony J. Wiener, *O ano 2000: uma estrutura para especulação sobre os próximos trinta e três anos*, tradução de Raul de Polillo (São Paulo: Melhoramentos, 1967).

LUIZ VIANA FILHO (1908-1990)

Governou a Bahia entre 1967 e 1971, foi deputado federal, senador, ministro da Justiça e ministro do Interior. Foi o único político brasileiro a integrar todas as Assembleias Constituintes do século XX (1934; 1946; 1987-1988). Historiador, foi biógrafo de José de Alencar, Machado de Assis, Joaquim Nabuco, Rui Barbosa e Anísio Teixeira. Também foi membro do Instituto Histórico da Bahia e do Instituto Histórico e Geográfico Brasileiro, entre outras importantes agremiações nacionais e estrangeiras, entre as quais a Academia Brasileira de Letras.

ISABEL VALENÇA

"O Salgueiro é a minha paixão."

Já estive em Londres, em Nova York, Roma, Veneza, Florença, Paris, Praga, Polônia e tantos outros lugares, incluindo a África. No entanto, Vila Isabel eu não conhecia... E sentia-me roubada por isso. Vila Isabel é a magia que não se vê.

Mas chegou a minha ocasião de *viajar* até Vila Isabel: fui incumbida de entrevistar Isabel Valença, ou Chica da Silva, a rainha do asfalto no Carnaval. Como se verá, essa entrevista foi cheia de aventuras inesperadas. Primeiro, no táxi, o prazer de passar, por exemplo, pelo Catumbi que eu não conhecia. Passei por ruas estreitas em sombra porque as árvores folhudas da direita e da esquerda se entrelaçavam. E tantas outras coisas que vi e que não esquecerei.

Eu havia telefonado para Isabel Valença marcando a entrevista antes de saber da grande vitória do Salgueiro. Poderia pedir que ela viesse à minha casa tomar um café ou poderia sugerir algum ponto de encontro: mas o que eu queria mesmo era Vila Isabel e Isabel Valença no seu habitat.

Enquanto esperava na sala que acordassem Isabel – pois haviam comemorado a noite toda e estavam todos exaustos –, enquanto esperava, fiquei olhando. Primeiro, sobre uma mesa de mármore a fantasia de Isabel: tudo feito a mão, com tecido dourado, flores de prata, pedraria transparente e vermelha. A casa é bastante ornamentada e suas coisas caras são ao gosto de Vila Isabel. Um enorme espelho no fundo da sala faz com que inteligentemente se reflita a sala toda, o que a aumenta consideravelmente. Bibelôs dourados, cadeiras de espaldar alto com várias cores de couro.

O chofer de táxi era um rapaz inteligente e como ele teria que me esperar (quase não passa táxi por aquela zona) convidei-o a assistir à entrevista. Estávamos os dois esperando quando entra na sala uma mocinha linda que poderia ser Miss Renascença.[46] Era a filha de Chica e vinha avisar que a mãe estava acordando. Finalmente entrou a própria Isabel. Com um vestido discreto e bem cortado, o rosto bem maquilado, embora houvesse um abuso de *pancake*. Co-

---

[46] O Renascença Clube, que celebrava e valorizava a cultura e as tradições afro-brasileiras, organizava concursos de beleza entre 1960 e 1970.

meçamos a conversar sobre a vitória do Salgueiro e depois eu lhe perguntei:

– *Quanto lhe custou a fantasia?*

– *Ainda não sei, faz só três semanas que o Arlindo me deu o risco.*

– *Isabel, se não me engano, você desfilou como "Chica da Silva" em 1963 – e ganharam o Carnaval.*

– Isso mesmo.

– *Foi a primeira vez que foi premiada?*

– *Fui premiada em 1963, 64 (no Municipal), 65 e 69.*

– *Qual das vezes lhe deu maior emoção?*

– *Em 1963 com a "Chica da Silva" e 1964 no Municipal como "Rainha Rita de Vila Rica".*

– *Isabel, você acha que vai ganhar em 70?*

– *Deus é quem sabe* – respondeu sorrindo e com um suspiro.

– *Quantos filhos você tem?*

– *Dois: uma moça e um rapaz.*

– *Depois dessa tremenda vitória, você está se sentindo ainda no ar?*

– *Eu estava no ar até ontem, antes da abertura dos envelopes. Era quase meia-noite quando deram o resultado, e então festejamos até de manhã cedo.*

– *Sua filha também desfila?*

– Não.

– *Por quê?*

– *Porque só gosta de brincar em clubes. O dela é o Grajaú Tênis Clube.*

– *Isabel, você tem tempo de brincar no Carnaval?*

– *Ah, não tenho não! Mas como eu gostaria!*

– *Depois do Salgueiro, qual é a sua paixão?*

– *Minha casa e meus filhos.*

– *Conte-me um pouco de sua vida, Chica.*

– *Desde garota eu gostava de brincar no Carnaval. Saía em blocos. Em Vila Isabel, antes, se brincava na rua como hoje na cidade. Agora, mais não. Depois encontrei o meu marido. Casei e não brinquei mais até 1961.*

– *Por quê?*

– *Meu marido não deixava. Mas em 1961 dois diretores da escola vieram me pedir, então ele deixou.*

Mostrou-me o retrato como "Chica da Silva": lindo o traje, bela a mulata.

O telefone tocou, ela atendeu. Dizia: "Obrigada, obrigada, fiquei com dor de barriga até o resultado do Salgueiro." E para mim: era o Júlio, um rapaz que saiu de "Xangô". Ele é professor e advogado. Foi no Clube dos Sargentos e Subtenentes da Aeronáutica que eu soube, pelo rádio, do resultado.

– *Quando pesa sua fantasia?*

– *Uns 45 quilos. As outras pesavam 50, 60.*

– *Quem imagina a fantasia que você vai usar?*

– *O figurinista Arlindo Rodrigues. O costureiro é o Eki Santos. O rapaz que* faz as minhas perucas e a maquilagem é Paulo Carias. Este ano o meu turbante foi feito por D. Cassiana, chapeleira.

– *Chica, enquanto você desfila quais são os seus pensamentos?*

– Que eu desfile bem e que a escola ganhe o primeiro lugar.

– *O que é que o Salgueiro lhe dá de presente pela vitória?*

– Já me deram um relógio, já me deram um broche de ouro. Quando a vitória é de outras escolas, só há cumprimentos. Quando o homem anunciou pela rádio a nossa vitória, minha filha, nem queira saber!

O telefone não para, ela atende a todas as chamadas.

– *Em que época do ano você começa a pensar na fantasia?*

– Em agosto, quando começam os ensaios.

– *Isabel, você se considera uma mulher feliz?*

– Sim, muito.

– *Que é que você mais deseja na vida?*

– Ser feliz.

– *Mas você já não é?*

– Eu...

E de repente aconteceu o inesperado: apareceu a polícia e levou Osmar Valença, marido de Chica, que é banqueiro do jogo de bicho. A filha de Isabel teve um ataque histérico: "Não quero ir para a cadeia!" Padilha veio levantá-la e disse: "Não vai me dizer que também está grávida!"

– Não! – gritou ela, e dava urros de lamento. Isabel carregou a moça nos braços, como se ela fosse um bebê leve, e levou-a até o fundo da casa. E de lá vinham os gritos e os choros. Uma visita, Teresa, disse que "ela também ficou assim depois que fez concurso para o Instituto de Educação".

– Ela passou?

– É claro.

Entrei para o quarto onde estava a mocinha, mas ela não quis dizer o que sentia. Enquanto isso, a avó, de uns setenta e poucos anos bem lépidos, ajoelhava-se na sala e lamentava: "Ai meu Deus, que desespero! Me ajude, Nossa Senhora." Permaneceu de joelhos, longamente, sempre se lamentando e rezando.

Chica responde ao telefone: o Padilha acabou de levar o Osmar! Foi para o DOPS.[47] Mas ninguém maltratou ele. Vieram o Padilha e uns três homens.

Um rapaz louro disca um número de telefone e fala nervosíssimo: "diga depressa o nome de um remédio calmante! Está bem, vou comprar!"

– *Isabel, disse eu, é claro que você já não tem a cabeça livre para continuarmos a entrevista.*

E ela:

– Tenho, sim, pode falar que eu respondo.

---

[47] Departamento de Ordem Política e Social.

Mas o fato é que quem estava abalada demais para continuar a entrevista era eu: eu entrando em contato com a vida crua.

– *Isabel, você sempre tem esses sustos?*

– Não.

– *Seu marido é banqueiro, não é?*

– Há quatro meses corridos que ele não era mais banqueiro.

O telefone toca de novo. Entendo que é por pura fidalguia que Isabel me disse que podia continuar a entrevista: o fato é que está preocupada demais e tem uma série de telefonemas para dar, e não encontra o caderninho de endereços.

Levanto-me, o chofer boquiaberto também, e despeço-me de Isabel Valença, a Chica da Silva. Quer dizer que a família Valença, e com ela o Salgueiro, não pôde ter 24 horas de alegria.

Manchete, nº 881, 8 de março de 1969

ISABEL VALENÇA (?-1990)

É uma das figuras míticas do Carnaval carioca em virtude do papel de liderança que exerceu na chamada "Revolução Salgueiro", responsável por ampla renovação dos desfiles de escolas de samba na década de 1960, antecipando a atual dinâmica dos desfiles.

Isabel Valença dominou os desfiles nas décadas de 1960 e 1970, depois de obter verdadeira apoteose ao interpretar Chica da Silva no desfile da Escola de Samba Acadêmicos do Salgueiro. Sua fantasia (criada por Carlos Gil e Arlindo Silva) pesava 25 quilos e tinha uma cauda de três metros. Deu assim poderoso impulso ao mito de Chica da Silva, ex-escrava que se tornou nobre em Diamantina. No ano seguinte foi a própria Isabel quem fez história ao se tornar a primeira negra a vencer o concurso de fantasias do Theatro Municipal depois de ter a inscrição negada por racismo e só obtida graças à intervenção do próprio governador Carlos Lacerda. Interpretou também outras grandes personalidades femininas da história do Brasil, como Dona Beja; Tia Ciata; e a Marquesa de Santos.

MARLENE PAIVA

"Eu me realizo no Carnaval."

Para quem acompanhou durante o Carnaval os desfiles do Municipal e do Monte Líbano, essa conversa com Marlene Paiva servirá apenas de resumo. Mas existem, como eu, pessoas no mundo da lua e para estas haverá novidade. Envergonho-me disso, é claro: Marlene Paiva me conhecia e eu, que tinha por obrigação jornalística conhecer alguns detalhes de sua vida, pouco sabia.

Marlene Paiva é fina de corpo, um andar gracioso, maquila-se muito bem, veste-se com o esporte que atualmente está na moda.

— Marlene, é a primeira vez que você concorre ao prêmio do Municipal?

— Não, Clarice! Eu concorro desde 1961.

— E ganhou prêmios?

— Três segundos lugares e quatro primeiros. E no ano passado fui considerada hors-concours. Desde que desfilo só vou ao Municipal e ao Monte Líbano, sendo que no Monte Líbano desfilei oito anos e tirei oito primeiros lugares.

— *Como é o nome da fantasia deste ano?*

— "O Poder e a Glória".

— As *ideias, Marlene, para fantasias, vêm de você mesma ou de alguém que a auxilie?*

— Minhas primeiras fantasias foram feitas pela modista Domingas Monteiro de Castro. De 1964 em diante, foram imaginadas e executadas por Evandro de Castro Lima.

— *Marlene, por que é que você desfila?*

— Por passatempo, é um hobby para mim. Desfilo por prazer e também sinto que, fazendo isto, eu contribuo com uma pequena parcela para o brilhantismo da festa magna do povo: o Carnaval.

— *Você sempre se fantasia com roupas pesadas, de luxo. Então não consegue brincar no Carnaval. Isto a deixa frustrada?*

— Eu brinco, sim: nos bailes pré-carnavalescos e sábado no Copacabana. Só segunda e terça é que desfilo. Mas, Clarice, é preciso lhe dizer que o Carnaval não é a minha vida. Normalmente frequento bastante e recebo os amigos. Passado o Carnaval, eu só torno a pensar nele em setembro. Não porque eu me esqueça dele: é porque atrás do Carnaval tive glórias inesquecíveis. Sabe que sou cidadã paulista pela cidade de Olímpia? Olímpia é uma cidade forte em café naquela região de São Paulo. Apesar de carioca, São Paulo também é meu berço.

– *Você é casada? Tem filhos?*

– Sou casada e não tenho filhos, mas tenho um garoto de 7 anos, Maurício Roberto, que é o maior prêmio que a vida me tem dado. Tenho alucinação por ele. Aliás, esqueci de lhe dizer: o título de cidadã paulista me foi concedido porque todos os anos me apresento naquela cidade para fins beneficentes.

Marlene fala fluentemente, sem hesitações, e com bastante precisão de palavras.

– *Desde criança você gostava de se fantasiar?*

– Sim, e muito. Inclusive gostava muito de imitar Carmem Miranda, que eu achava o máximo.

– *Marlene, ajude-me a analisar os motivos que fazem uma pessoa como você, bonita e elegante, querer ser outra no Carnaval.*

– Deixe eu pensar bem, Clarice. Como é que vou explicar... Eu, gostando de Carnaval e de participar dos desfiles, tenho naturalmente que imaginar. Não é questão de ser outra. Eu, para desfilar, tenho naturalmente que fazer uma fantasia e escolho a de rainha porque dá mais margem ao luxo e à opulência. Este ano também ganhei no júri popular com uma margem muito grande de votos sobre o segundo lugar, recebendo o troféu Curumim de Ouro. Este prêmio tem um significado muito grande, pois me foi ofertado através do voto do meu povo. E eu ganhei por uma diferença esmagadora. E acho que nada pode nos dar mais felicidade do que ser consagrada pela nossa própria gente.

– *Marlene, se você não desfilasse, se não houvesse Carnaval, o que é que você gostaria de fazer e ser?*

– Ser, eu gostaria de ser eu mesma porque a vida me deu tudo aquilo que dela sempre esperei. E fazer alguma coisa de útil como, por exemplo, trabalhar em prol dos menos favorecidos pela sorte. Porque eu acho, Clarice, que o ser humano só se realiza quando dá ou faz alguma coisa que frutifique, entende? No bom sentido. E se sente alguém, quando sabe que dá alegria e prazer a outros que a vida, por motivos diversos, não deu.

– *Marlene, seu marido aprova os desfiles?*

– Não. E eu explico: ele é um grande folião e eu, desfilando, tiro-lhe a possibilidade de brincar. Mas ele é genial, me dá todo o apoio e torce calado. Só depois de anunciado o prêmio, é que ele extravasa toda a alegria.

– *Marlene, que é que você mais gostaria de ter no mundo?*

– Que todos tivessem a felicidade que eu tenho. Se eu tivesse que pedir para mim mesma, eu pediria isso.

– *Não faz muito calor estar vestida com roupas pesadas e tornadas opacas pela pedraria?*

— Ah, faz, um grande calor. Mas as glórias que eu obtenho superam e fazem esquecer o calor.

— Na sua vida cotidiana, como é o seu dia?

— Se tenho algum compromisso social, sempre compareço. Superviso a minha casa e também dirijo meu sítio em Petrópolis; ainda pinto porcelana e estudo inglês e francês; oriento Maurício Roberto nos estudos.

— Você gosta de ler?

— Gosto. E há um fato interessante que se relaciona à leitura. Quando resolvi fazer esta fantasia, li todos os romances sobre a vida de Elizabeth I, ou Tudor, para poder sentir o personagem que encarnava. E, apesar de ela ser conhecida com uma criatura má, não notam que ela fazia arbitrariedade em defesa da Coroa.

— Marlene, se lhe dessem a chance de escolher entre ter glória como pintora, por exemplo, em vez de desfilar, você aceitaria? Meu palpite é que não.

— Não, não no sentido de ser uma pintora ou escritora porque eu faria questão da glória. Mas como enveredei pelo caminho da fantasia, e dentro dele tenho glórias, eu me sinto realizada. Porque toda pessoa que se destaca dentro do seu setor e consegue fazer seu nome se sente realizada.

— Quanto custa uma fantasia como a sua?

— Custa — eu não vou dizer a você o preço em espécie, não por receio, mas sim porque acho deselegante falar do preço daquilo que a gente veste porque eu quero é que as pessoas julguem e gostem de minha roupa pelo que ela possa transmitir de beleza e elegância.

— Marlene, você é um amor de sinceridade e sabe, o que é raro, ser grata à vida. Desejo-lhe mais vitórias e vitórias.

— E para que elas continuem sempre, eu gostaria de ser entrevistada todas as vezes por você, o que foi uma honra.

— Faço isto com prazer.

Eu não estava mentindo: acho que Marlene Paiva é a única pessoa que conheço que está plenamente satisfeita com o seu destino.

Manchete, nº 881, 8 de março de 1969

MARLENE PAIVA (1935-2015)

Nas décadas de 1960 e 1970 dominou o concurso de fantasias do Theatro Municipal, conquistando o primeiro lugar uma dezena de vezes e passando a ser considerada hors-concours. O último Baile de Gala do Municipal foi realizado no Carnaval de 1975, mas antes disto, em 1973, Marlene Paiva já começara a desfilar para a Padre Miguel "como forma de retribuir o carinho do povo que não tinha acesso ao interior do Municipal".

Em 1979, a Mocidade Independente ganhou seu primeiro título, sob a batuta de Arlindo Rodrigues, com o enredo "O descobrimento do Brasil" e Marlene Paiva desfilou no carro abre-alas com a fantasia "A Primeira Missa no Brasil". Mas no desfile das campeãs, ela quebrou o protocolo desfilando no chão. Muito querida, Marlene se tornou enredo da extinta Escola de Samba Foliões de Botafogo, em 1995, bairro no qual ela sempre residiu.

NEGRÃO DE LIMA

"Nem uma chuva de ouro resolveria a curto prazo o problema das favelas."

Surpreendi-me com a facilidade com que fui atendida no pedido de uma entrevista com o governador Negrão de Lima, considerando-se o quanto trabalha.[48] Seu bom humor, no entanto, é inalterável: já o vi várias vezes e, embora com o rosto preocupado, sempre arranja um jeito de sorrir. Recebeu-me no seu gabinete de trabalho, onde imediatamente vi uma belíssima fotografia em painel na parede. Também o governador se encanta com essa fotografia, que reproduz um portão do Mosteiro de São Bento, e muito provavelmente foi tirada pelo grande artista que é Humberto de Moraes Franceschi.[49]

Começamos logo a entrevista. Perguntei-lhe:

— É bom ser governador de uma cidade como o Rio?

— Diria que é um privilégio governar uma cidade como o Rio, uma cidade que sempre amei e onde vivo há quase quarenta anos, cada dia mais fascinado por ela. Mas não direi que esse privilégio tem apenas o seu lado ameno. É uma honraria que também impõe esforços e sacrifícios extraordinários, tal a magnitude dos problemas a enfrentar.

— Quais são as maiores dificuldades que o senhor encontra no seu trabalho?

— A dificuldade essencial é a carência de recursos para realizar tudo quanto

---

[48] Esta entrevista foi noticiada por Zózimo Barros do Amaral: "O Senhor Negrão de Lima está sendo entrevistado por Clarice Lispector para figurar em um de seus diálogos" (*Jornal do Brasil*, 2-3 de março de 1969, p. 3).
[49] Na casa de Clarice havia um painel fotográfico de Humberto Franceschi do "Açude da Solidão", na floresta da Tijuca. "pediu a ele uma cópia de presente e assim escreveu sobre o fato: (…) 'ele ocupará uma grande parte de uma parede – e de onde trabalharei poderei vê-lo, o meu 'Açude da Solidão', mas é uma solidão que dá amplitude a quem o vê, aquela tão profunda que já não se chama solidão, chama-se ficar sozinho com Deus'", Teresa Montero *O Rio de Clarice: passeio afetivo pela cidade* (2018). Ver também a crônica "Humberto Franceschi", *Jornal do Brasil* (27 de junho de 1970).

sabemos necessário e urgente ao interesse coletivo e ao processo do estado. Uma administração depende fundamentalmente de recursos e já é muito que consigamos encontrar meios para construir o que estamos construindo na Guanabara depois de deduzidas as vultosas despesas de simples manutenção da máquina administrativa.

– *É verdade que a Guanabara tem dinheiro de mais?*

– É preciso não confundir uma arrecadação substancial com uma arrecadação abundante. Se na Guanabara houvesse sobra de dinheiro, não nos obrigaríamos neste ano de 1969 a cumprir rigoroso plano de economia com vistas a contrabalançar o déficit orçamentário e preservar o programa das obras prioritárias. O que há de mais positivo na Guanabara é que estamos pagando o funcionalismo, os fornecedores e os empreiteiros em dia, assegurando assim ao estado uma credibilidade que tem amplo efeito multiplicador na execução das obras públicas.

– *O que é, para o senhor, lutar por um Rio humano?*

– É lutar por um Rio que não triture os seus habitantes pela inexistência de adequada infraestrutura de serviços urbanos e de condições humanas de vida. Um Rio sem engarrafamentos de trânsito, sem concentrações faveladas, com água nas torneiras, com meios rápidos de transporte, com praças e parques em quantidade, pontilhado de escolas e onde o estado possa assegurar assistência e socorro médicos a quantos procurem os seus hospitais.

– *É difícil ser elegante com o calor carioca?*

– Não sendo eu um expert no assunto, arrisco, entretanto, a opinião de que cada clima condiciona um tipo próprio de elegância. No Rio seria impossível, no auge do calor, seguir o figurino da elegância europeia da primavera, outono ou inverno. Mas dentro dos nossos 40 graus podemos perfeitamente compor a elegância dos tecidos leves e informais, e nesse sentido a mulher carioca faz prodígios. De resto, o fator pessoal conta muito na elegância. Os verdadeiros elegantes desafiam o sol e a neve, e são elegantes até debaixo d'água.

– *Como o senhor concilia o seu mineirismo com a governança dos cariocas?*

– Não vejo ponto de conflito entre as duas situações. Em primeiro lugar, porque todos os mineiros se sentem no Rio como na própria casa. Em segundo lugar, porque o espírito de confraternização carioca absorve prontamente os brasileiros vindos de todos os rincões, mesmo quando não se desligam de suas raízes regionais.

– *O metrô sai mesmo?*

– O metrô já está saindo e, o que é ainda mais importante, transformou-se em realidade irreversível que nenhum futuro administrador poderá sustar. Há os que só acreditarão no metrô quando estiverem sendo cavadas as ruas para a construção das galerias subterrâneas. Mas dentro do contexto da obra muita coisa já foi feita: o Estudo de Viabilidade Técnica e Econômica, a fixação da linha prioritária, os projetos civis, a criação da Companhia do Metropolitano, operações de financiamento externo, concorrências, trabalhos de sondagem de solo e subsolo etc. etc. Tudo isso é fundamental e custa tempo e dinheiro.

– *O que faz a Guanabara para o seu povo com vistas ao ano 2000?*

– O projeto de urbanização da baixada de Jacarepaguá, entregue ao urbanista Lúcio Costa, é um exemplo, dentre outros. Para ali crescerá a cidade residencial e turística, e nós estamos, desde o início do governo abrindo os caminhos dessa expansão com obras do porte dos túneis do Joá, Dois Irmãos e Pepino, as vias 5, 9 e 11 e outras do Anel Rodoviário, uma série de elevados e viadutos. O projeto da Cidade Industrial em Santa Cruz é outro que se enquadra em tal contexto. E quando pensamos em usina atômica, em aeroporto supersônico, em metrô, no túnel Rio-Niterói, em um novo porto para a Guanabara, estamos com as vistas voltadas para o futuro do Rio. Como se não bastasse, acabamos de constituir uma comissão especial dentro do governo, cuja finalidade específica é precisamente a de equacionar e estudar os problemas do desenvolvimento da cidade no decurso deste final de século.

– *A fusão é uma solução?*

– A curto prazo não deve ser considerada nem como hipótese, pois equivaleria a somar realidades heterogêneas e levantar tais dificuldades administrativas e financeiras que levariam os dois estados ao caos. Prefiro acreditar na gradativa integração econômica Guanabara – estado do Rio, que já se vem processando, em parte naturalmente e em parte graças ao esforço conjugado dos governos carioca e fluminense e do governo federal. O chamado Grande Rio (a Guanabara e cidades fluminenses vizinhas) constitui um tipo de fusão natural, que irá se alargando com o tempo e a facilidade das comunicações.

– *Quais são as metas prioritárias do seu governo?*

– Educação, saúde pública, industrialização, habitação popular, obras de segurança e de saneamento da cidade.

– *D. Ema ajuda muito seu trabalho?*

– Ela me provê, todos os dias, de estímulos, apoio moral e compreensão. Não sei como teria forças para cruzar, sozinho, as difíceis jornadas da minha vida pública. Além disso, Ema dedica-se com grande carinho e tenacidade a atividades de assistência social. Todos sabem o que significa para ela, e para os funcionários do Palácio Guanabara, a obra da Colmeia.[50]

– *Como o senhor vê a política nacional após a revolução de 64?*

– Inteiramente dedicado às funções e responsabilidades executivas, prefiro não fazer o papel do analista político. Mas é inegável que estamos diante de um esforço sincero em busca da estabilidade e da ordem pública, sem as quais não será possível construir um regime democrático firme, justo e durável e

---

[50] Projeto social, liderado por Ema Negrão de Lima, que angariava fundos e solicitava doações para fins caritativos.

acelerar o nosso desenvolvimento econômico.

– *Qual o seu conceito de desenvolvimento?*

– O do crescimento nacional harmônico e integrado sobre uma base econômica realista e respaldado pela estabilidade política. O desenvolvimento exige o pré-requisito da casa arrumada, da saúde financeira, para não ser apenas um efêmero artifício. É um conceito que não exclui a imaginação e a audácia, mas a partir do terreno seguro do planejamento e das fórmulas várias.

– *Quais foram os seus maiores momentos políticos?*

– A minha eleição ao governo de Guanabara, por maioria absoluta de votos, numa campanha de 15 dias, constituiu sem dúvida o ponto alto da minha carreira política.

– *Acha que está indo bem como governador?*

– Acho que estou indo bem com a minha consciência, procurando exercer o cargo com o máximo das minhas energias físicas e morais e dedicando ao mandato todas as horas da minha vida. A cooperação que tenho recebido do governo federal e a compreensão com que me cerca a opinião pública, mesmo nos momentos mais dramáticos, conduzem-me à convicção de que não tenho faltado aos compromissos que jurei cumprir nas praças públicas.

– *Quais as suas melhores lembranças da vida diplomática?*

– Guardo as melhores dos países em que servi: Venezuela, Paraguai e Portugal. Dos meus contatos com a vida diplomática, cheguei à conclusão de que é completamente errado julgar a função diplomática pelas suas aparências sociais. Um embaixador que queira exercer bem o seu cargo necessita de uma grande dose de experiência humana, de um preparo intelectual variado e sólido e deve aprofundar-se na história e na geografia do país em que serve. E isto requer esforço e longas horas de estudo e de trabalho. Agora chegou a vez de eu lhe perguntar: como a senhora elabora os seus romances? É antes totalmente formado na imaginação ou vai saindo pouco a pouco?

– *Não planejo nada conscientemente. Começa por uma nebulosidade que depois vai se condensando à medida que vou me aprofundando e vendo o que o meu subconsciente deseja. A forma vai acompanhando o conteúdo.*

– À proporção que o conteúdo vai adquirindo densidade, a forma vai aparecendo. Concluo: o romance é como um sonho – disse o governador. – Sou capaz de sonhar romances, mas não tenho dons de escritor para traduzi-los através de uma expressão correta e sedutora.

– *Faço realmente distinção entre talento e vocação. Talento pode-se ter e não fazer nada com ele. Mas quem tem vocação aproveita o mínimo de talento.*

– Isto se vê na vida pública também. Há pessoas dotadas de enorme talento, com formação original e profissional, mas lhes falta o ímpeto indispensável à vida pública.

— *Por isso também é que nem sempre é o primeiro aluno de uma turma que mais brilha na vida real.*

— O êxito dos grandes administradores está em utilizar os grandes talentos ao redor de si.

— *Vocação é a capacidade de lutar pelo talento, por menor que este seja.*

— Governar é escolher, D. Clarice. O que é preciso no administrador é saber o que escolhe e como escolher na hora certa.

— *Também em literatura, de algum modo, acontece o mesmo. Acho que foi Gide que disse que escrever consiste em cortar as bobagens.*

— Todos têm ideias a respeito dos problemas de governo. Recordo que o primeiro-ministro [britânico] Clement Attlee, quando assumiu o seu cargo, foi à Câmara dos Comuns, e lá crivaram-no de apartes. Attlee, então, perguntou por que é que todos encontravam solução para os problemas, menos os homens do governo, permanentemente assessorados por seus técnicos, dia e noite às voltas com esses problemas – por que os homens de governo não encontravam essas soluções? Por que não é fácil chegarem a uma solução satisfatória os mais dotados, com os precedentes e os ensinamentos da História?

Nós dois rimos.

— Veja – continuou o governador – por exemplo, o problema das favelas. O problema seria resolvido se se dessem às favelas casas, terrenos, rua urbanizada, calçamento, água. Esquecem-se, porém, de que há 700 mil favelados, 150 mil casebres – várias cidadelas, pois não temos nenhum trecho de terra que comportasse todas essas casas. Com 150 mil casas seria uma cidade muito populosa no Brasil. Se caísse uma chuva de ouro, nem assim poderíamos construir as 150 mil casas para os favelados, pois a despesa seria calculada em 1,5 trilhão de cruzeiros antigos. Portanto, não há possibilidade de um governo único ter jamais recursos para resolver o problema global. Em vista disso, a conclusão: mesmo caindo uma chuva de ouro, o problema das favelas só seria resolvido a longo prazo.

— *Governador, não se poderia criar um corpo de rapazes e moças que levassem às favelas um pouco de instrução no modo de viver?*

— O governo estadual tem a Fundação Leão XIII, que dá assistência médica, dentária e social. No meu governo criamos a Codesco (Companhia de Desenvolvimento Comunitário), que tem por objetivo urbanizar as favelas suscetíveis de urbanização. Experiência-piloto é a favela de Braz de Pina. A Codesco, associada com os favelados, saneou, aplainou o terreno ao lado; a Codesco fornece projetos e material; os favelados constroem. Verificado o sucesso disso, faremos a mesma urbanização com outras favelas. Há trezentas favelas na Guanabara. Veja-se o gigantismo do problema. Diga-me, D. Clarice, o escritor tem necessidade de participar diretamente dos problemas da comunidade ou basta-lhe vivê-los interiormente?

– Não há possibilidade de haver um bom escritor que não seja de algum modo engagé porque ele apreende a vida em torno de si quase por osmose. O verdadeiro escritor escreve dentro de sua época. É verdade, governador, que o senhor inaugurou hoje uma nova escola?

– Sim, uma escola integrada para 2 mil alunos na chamada Cidade Nova (Catumbi) que estamos formando diante do trevo de viadutos, próximo à Praça da Bandeira. É integrada porque tem o curso primário e o médio. Nome: Martin Luther King. No meu discurso de inauguração, falei que não podemos discriminar os homens pela cor de sua pele. A força de sua morte foi mais forte que sua vida. Poema do Carlos Drummond de Andrade na parte final: "O morto de Mênfis continua a amar / E ninguém mais o pode matar."[51]

– O senhor trabalha muito, governador?

– Trabalho muito, sim. Nos sábados e domingos minha atividade prossegue, pois nesses dias é que os subúrbios acontecem. Nesses três anos e três meses, descansei só três dias, no meu aniversário, o ano passado. Quero sair do meu governo sem que se fale nada contra mim e minha administração.

Manchete, nº 883, 22 de março de 1969

---

[51] "O morto de Mênfis", crônica de Drummond recolhida em *Versiprosa* II (1973).

[Francisco] NEGRÃO DE LIMA (1901-1981)

Governador do Estado da Guanabara entre 1965 e 1971, teve importante carreira política: foi deputado constituinte, deputado federal, embaixador na Venezuela e Portugal, ministro da Justiça e ministro das Relações Exteriores.

Durante seu governo do Estado da Guanabara durante a ditadura militar, Negrão de Lima sofreu forte oposição, sobretudo de Carlos Lacerda, que tentou depô-lo antes mesmo que ele assumisse o cargo, em virtude de seu precedente envolvimento político com Getúlio Vargas e Juscelino Kubitscheck.

YOLANDA COSTA E SILVA

*"Já viajei por todo o mundo,
mas não vi nada como a Amazônia."*

A primeira-dama do Brasil é uma senhora afável e de maneiras suaves – mas seu olhar é penetrante. Certamente ela sabe como escolher os seus auxiliares. Deve se tratar, também, de pessoa organizada, pois encontra tempo para ver seus netos e brincar com eles. Apesar de levemente tímida, não se faz de rogada: responde às perguntas com fluência e entusiasmo. Sua elegância é discreta, porém original. É com naturalidade que sorri, e sorri frequentemente. Enfim, D. Yolanda Costa e Silva tem *le physique du rôle*.

Essas perguntas correspondem à curiosidade de milhares de pessoas que querem saber como é o dia a dia da esposa do presidente.

Começamos logo a falar sobre a LBA.[52] D. Yolanda se preocupa tanto com os problemas dessa instituição, que chega a perder horas de sono. O presidente, à hora de dormir, consegue desligar-se de tudo o que fez durante o dia, mas D. Yolanda, mesmo no escuro, tem uma ideia, acende a lâmpada de cabeceira e faz anotações.

É uma pessoa tão jovem de espírito que, ao me chamar de Clarice, estive a ponto de cometer a gafe de chamá-la de Yolanda.

– *Como vai o seu trabalho à frente da LBA?*

– Apesar das dificuldades financeiras, estou convencida de que vai bem. A LBA está levando a cabo programas muito importantes como os da proteção à infância, amparo à adolescência e ajuda à maternidade. Porém a grande síntese, a nossa maior preocupação, consiste na ascensão social da família brasileira.

– *Eu soube que a senhora está muito preocupada com o grande número de analfabetos que há no Brasil. O que pensa fazer por eles?*

– E quem não está? A LBA se alinha entre os que cooperam na grande batalha da alfabetização do nosso povo. Em todas as oportunidades, ao mesmo

---

[52] A Legião Brasileira de Assistência foi fundada por Darcy Vargas, em 1942, enquanto primeira-dama do Brasil.

tempo que ensinamos ofícios às brasileiras modestas que nos procuram, vamos levando-lhes as primeiras letras. Clarice, me parece que no conjunto a coisa tem melhorado bastante.

— *E, na sua opinião, de que forma a televisão pode ajudar a educação brasileira?*

— A televisão em si mesma é um poderoso veículo para o grande processo educativo. Assim, desde que os programas sejam bons, limpos, interessantes, estarão sempre contribuindo para ensinar. Especificamente vejo as grandes possibilidades da TV Educativa. Já temos no vídeo, como iniciativa vitoriosa, a Universidade da Cultura Popular, de Gilson Amado.[53]

— *É muito difícil conciliar a vida de primeira-dama com as obrigações caseiras, D. Yolanda?*

— Muito difícil. Quase sempre uma dessas grandes solicitações sai prejudicada. Na maioria das vezes, perde-se o direito a uma vida privada normal.

— *Qual o seu conceito de elegância?*

— Para mim elegância é a síntese de quatro coisas: simplicidade, bom gosto, autenticidade e adequação à idade.

— *Qual a viagem que mais a impressionou até agora?*

— Foi a que fiz à Amazônia quando da instalação do governo nessa área. Naquele dédalo de água doce formado pela enorme rede fluvial, tendo por fundo a Hileia[54] exuberantíssima –, tudo é grandioso e formidável, somente o homem fica pequeno. Olha, Clarice, já viajei por todo o mundo, mas nada pude encontrar mais impressionante do que a nossa Amazônia.

— *D. Yolanda, quais os pratos prediletos do presidente?*

— O Costa prefere a comida caseira; gosta dos pratos simples e bem feitos.

— *Ele tem algum hobby?*

— Não. Hobby propriamente não tem. Gosta de ler, aprecia uma boa fita cinematográfica e, sobretudo, um bom bate-papo numa roda amiga. Mas, se pudesse, passaria a maior parte do seu tempo dando atenção aos netos.

— *Qual a sua maior alegria, até agora, como primeira-dama?*

— Nenhuma, em especial, deve ser destacada. Tenho tido muitas alegrias – cada uma delas correspondendo a um êxito do governo do meu marido.

— *A senhora se veste com quem? É verdade que tem costureiros brigando para tê-la como cliente?*

— Tenho feito roupa com vários costureiros. O Brasil está muito bem servido desses profissionais e a seleção é a um tempo fácil e difícil. Fácil pelo número, difícil pela dúvida que a excelência de todos cria no momento da escolha. Ignoro essas brigas a que você se refere. Seria até engraçado. Na verdade, não há razão para isso existindo uma clientela tão boa por aí, dando para todos eles...

— *Qual o seu conceito de revolução. D. Yolanda?*

— Revolução é transformação.

---

[53] Lançado em 1962 na TV Continental do Rio de Janeiro.
[54] O nome "Hileia", que deriva do grego e significa "floresta virgem" ou "intocada" foi dado à floresta equatorial amazônica pelo naturalista Humboldt no século XVIII.

– Quantas horas por dia trabalha o presidente?

– Isso é muito variável. Trabalha oito, nove, ou mais horas, havendo dias em que entra pela noite adentro. Sem contar, é claro, o tempo gasto em atividades afins como leitura dos editoriais da imprensa, escuta dos noticiários de rádio e televisão, estudo de documentos e de livros, que faz frequentemente para poder atualizar-se com certos assuntos.

– Quais os seus planos mais imediatos com relação à LBA?

– Transformá-la numa fundação a fim de armá-la de melhores instrumentos para solução de seus problemas econômico-financeiros.

– E quais os seus divertimentos prediletos?

– Depois de uma conversa com amigos, a boa leitura.

– E que livro a senhora está lendo agora?

– No momento estou relendo As sandálias do pescador, de Morris West.[55]

– O presidente já sofreu alguma decepção à frente do governo? E a senhora?

– Claro que sofremos... Prefiro deixar esse assunto de lado...

– Qual a sensação que se tem ao ser avó?

– Clarice, é sensação de nascer outra vez e começar outra vida. Sensação maravilhosa. Só quem já foi avó pode me entender perfeitamente. Foi a melhor coisa de minha existência.

– Dê, por favor, uma mensagem de otimismo à mulher brasileira.

– Para as brasileiras, a minha palavra de crença e de confiança. Creio no Brasil porque creio nas suas potencialidades e, sobretudo, nas virtudes de sua gente. Confio no Brasil porque confio na equipe que o governa, com dedicação e patriotismo, mas, sobretudo, imbuída de espírito revolucionário, no melhor sentido da palavra, resolvendo paulatinamente os grandes problemas do país. A nós, mulheres, compete uma tarefa importantíssima fora e dentro dos lares cooperando pelo trabalho e enchendo cada morada brasileira de suavidade, de carinho e de amor. Assim seremos partícipes da grande batalha que o Brasil trava rumo ao desenvolvimento acelerado.

– Na sua opinião, quais as obras mais importantes realizadas pelo seu marido à frente do governo?

– Foram tantas, em todos os setores, que torna-se até difícil selecioná-las. Aquelas mais facilmente visíveis estão nas áreas dos transportes, das comunicações e da energia. Mais subjetivamente, o abrandamento da inflação e a simplificação de nossa vida administrativa.

– O que a senhora pretende fazer depois que passar o período de governo?

– Inicialmente mandar dizer uma missa em ação de graças... Depois, viver gostosamente como gente comum...

Manchete, nº 885, 5 de abril de 1969

---

[55] Romance best-seller do autor australiano, publicado originalmente em 1963.

YOLANDA [Ramos Barbosa da] COSTA E SILVA (1907-1991)

Casada com o marechal Arthur da Costa e Silva, foi primeira-dama do Brasil entre os anos de 1967 e 1969. Apesar de seu marido ter sido responsável pela promulgação do Ato Institucional número 5, que inaugurou o período mais sinistro e violento da ditadura militar, D. Yolanda gostava de descrever o marido como "uma pessoa mole, de coração enorme"...

Muito católica, D. Yolanda se dedicou às obras sociais muito antes de o marido chegar ao poder, esforçando-se para combater também a penetração do comunismo entre os católicos. Mais tarde, no entanto, se converteu ao espiritismo.

Entrevista relâmpago com PABLO NERUDA

Cheguei à porta do edifício de apartamentos onde mora Rubem Braga e onde Pablo Neruda e sua esposa, Matilde, se hospedavam – cheguei à porta exatamente quando o carro parava e retiravam a grande bagagem dos visitantes.[56] O que fez Rubem dizer: "É grande a bagagem literária do poeta." Ao que o poeta retrucou: "Minha bagagem literária deve pesar uns dois ou três quilos."

Neruda é extremamente simpático, sobretudo quando usa o seu boné ("tenho poucos cabelos, mas muitos bonés", disse). Não brinca, porém, em serviço: disse-me que, se me desse a entrevista naquela noite mesma, só responderia a três perguntas, mas se no dia seguinte de manhã eu quisesse falar com ele, responderia a maior número. E pediu para ver as perguntas que eu iria fazer. Inteiramente sem confiança em mim mesma, dei-lhe a página onde anotara as perguntas esperando só Deus sabe o quê. Mas o que foi um conforto. Disse-me que eram muito boas e que me esperaria no dia seguinte. Saí com alívio no coração porque estava adiada a minha timidez em fazer perguntas. Mas sou uma tímida ousada e é assim que tenho vivido, o que, se me traz dissabores, tem-me trazido também alguma recompensa. Quem sofre de timidez ousada entenderá o que quero dizer.

Antes de reproduzir o diálogo, um breve esboço sobre sua carga literária. Publicou *Crepusculário* [1923] quando tinha 19 anos. Um ano depois, publicava *Vinte poemas de amor e uma canção desesperada*, que até hoje é gravado, reeditado, lido e amado. Em seguida, escreveu *Residência na terra*, que reúne poemas de 1925 a 1931, em fase surrealista. A *terceira residência*, com poemas até 1945, é um intermediário com uma parte da *Espanha no coração* [1937], em que é chorada a morte de Lorca, e a guerra civil em geral que o tocou profundamente e despertou-o para os

---

[56] Neruda chegou ao Rio em 9 de setembro de 1968, "para descansar, ir à praia e rever amigos", segundo reportagem no *Jornal do Brasil* do dia seguinte (p. 13). A reportagem comenta que o poeta chileno "negou-se a estabelecer qualquer contato com a imprensa", até mesmo com Clarice Lispector, que acabou "se incorporando à roda de bate-bate-papo" no apartamento de Rubem Braga.

problemas políticos e sociais. Em 1950, *Canto geral*, tentativa de reunir todos os problemas políticos, éticos e sociais da América Latina. Em 1954: *Odes elementares*, em que o estilo fica mais sóbrio, buscando simplicidade maior, e em que se encontra, por exemplo, "Ode à cebola". Em 1956, novas odes elementares que ele descobre nos temas elementares que não tinham sido tocados. Em 1957, *Terceiro livro das odes*, continuando na mesma linha. A partir de 1958, publica *Estravagario* [1958], *Navegações e regressos* [1959], *Cem sonetos de amor* [1959], *Cantos cerimoniais* [1961] e *Memorial de Isla Negra* [1964].

No dia seguinte de manhã, fui vê-lo. Já havia respondido às minhas perguntas, infelizmente: pois, a partir de uma resposta, é sempre ou quase sempre provocada outra pergunta, às vezes aquela a que se queria chegar. As respostas eram sucintas. Tão frustrador receber resposta curta a uma pergunta longa.

Contei-lhe sobre a minha timidez em pedir entrevistas, ao que ele respondeu: "Que tolice!"

Perguntei-lhe de qual de seus livros ele mais gostava e por quê. Respondeu-me:

– Tu sabes bem que tudo o que fazemos nos agrada porque somos nós – tu e eu – que o fizemos.

– *Você se considera mais um poeta chileno ou da América Latina?*

– Poeta local do Chile, provinciano da América Latina.

– *O que é angústia?* – indaguei-lhe.

– Sou feliz – foi a resposta.

– *Escrever melhora a angústia de viver?*

– Sim, naturalmente. Trabalhar em teu ofício, se amas teu ofício, é celestial. Senão é infernal.

– *Quem é Deus?*

– Todos algumas vezes. Nada, sempre.

– *Como é que você descreve um ser humano o mais completo possível?*

– Político, poético. Físico.

– *Como é uma mulher bonita para você?*

– Feita de muitas mulheres.

– *Escreva aqui o seu poema predileto, pelo menos predileto neste exato momento.*

– Estou escrevendo. Você pode esperar por mim dez anos?

– *Em que lugar gostaria de viver, se não vivesse no Chile?*

– Acredite-me tolo ou patriótico, mas eu há algum tempo escrevi em um poema:

Se tivesse que nascer mil vezes. Ali quero nascer.

Se tivesse que morrer mil vezes. Ali quero morrer...

– *Qual foi a maior alegria que teve pelo fato de escrever?*

– Ler minha poesia e ser ouvido em lugares desolados: no deserto aos mineiros do norte do Chile, no Estreito de Magalhães aos tosquiadores de ovelha, num galpão com cheiro de lã suja, suor e solidão.

– *Em você o que precede a criação, é a angústia ou um estado de graça?*

– Não conheço bem esses sentimentos. Mas não me creia insensível.

– *Diga alguma coisa que me surpreenda.*

– 748.

(E eu realmente surpreendi-me, não esperava uma harmonia de números.)

– *Você está a par da poesia brasileira? Quem é que você prefere na nossa poesia?*

– Admiro Drummond, Vinicius e aquele grande poeta católico, claudelino, Jorge de Lima. Não conheço os mais jovens e só chego a Paulo Mendes Campos e Geir Campos.[57] O poema que me agrada é "O defunto", de Pedro Nava.[58] Sempre o leio em voz alta aos meus amigos, em todos os lugares.

– *Que acha da literatura engajada?*

– Toda literatura é engajada.

– *Qual de seus livros você mais gosta?*

– O próximo.

– *A que você atribui o fato de que os seus leitores acham você o "vulcão da América Latina"?*

– Não sabia disso, talvez eles não conheçam os vulcões.

– *Qual é o seu poema mais recente?*

– "Fim do mundo".[59] Trata do século XX.

– *Como se processa em você a criação?*

– Com papel e tinta. Pelo menos essa é a minha receita.

– *A crítica constrói?*

– Para os outros, não para o criador.

– *Você já fez algum poema de encomenda? Se o fez, faça um agora, mesmo que seja bem curto.*

– Muitos. São os melhores. Este é um poema.

– *O nome Neruda foi casual ou inspirado em Jan Neruda, poeta da liberdade tcheca?*

– Ninguém conseguiu até agora averiguá-lo.

– *Qual é a coisa mais importante no mundo?*

– Tratar de que o mundo seja digno para todas as vidas humanas, não só para algumas.

– *O que é que você mais deseja para você mesmo como indivíduo?*

– Depende da hora do dia.

---

[57] Poeta, escritor, crítico literário, editor e tradutor prolífico. Traduziu, entre outros, Brecht, Rilke e Shakespeare.
[58] Médico de formação e poeta modernista, publicou "O defunto", longo poema com cem versos, dedicado ao amigo Afonso Arinos, em 1938. Guardou uma carta de Neruda elogiando o poema em moldura na parede do escritório.
[59] Poema em livro, de 1969.

— O *que é amor? Qualquer tipo de amor.*

— A melhor definição seria: o amor é o amor.

— *Você já sofreu muito por amor?*

— Estou disposto a sofrer mais.

— *Quanto tempo gostaria você de ficar no Brasil?*

— Um ano, mas dependo de meus trabalhos.

E assim terminou uma entrevista com Pablo Neruda. Antes falasse ele mais. Eu poderia prolongá-la quase que indefinidamente, mesmo recebendo como resposta uma única seta de resposta. Mas era a primeira entrevista que ele dava, no dia seguinte à sua chegada, e sei quanto uma entrevista pode ser cansativa. Espontaneamente, deu-me um livro. *Cem sonetos de amor.* E depois de meu nome, na dedicatória, assinou: "De seu amigo Pablo." Eu também sinto que ele poderia se tornar meu amigo, se as circunstâncias facilitassem. Na contracapa do livro, diz: "Um todo manifestado com uma espécie de sensualidade casta e pagã: o amor como uma vocação do homem e a poesia como sua tarefa."

Eis um retrato de corpo inteiro de Pablo Neruda nestas últimas frases.

Jornal do Brasil, 12 e 19 de abril de 1969; 30 de outubro de 1971
De corpo inteiro, 1975

PABLO NERUDA (1904-1973)

O poeta chileno Ricardo Eliécer Neftalí Reyes Basoalto adotou o pseudônimo literário de Pablo Neruda (em referência ao escritor checo Jan Neruda), tornando-o mais tarde seu patronímico legal. Neruda foi também senador, pelo Partido Comunista do Chile, e diplomata, servindo como cônsul-geral na Birmânia, França e Espanha e, depois, embaixador no México.

Um dos mais importantes poetas da língua espanhola no século XX. Sua poesia sempre esteve antenada com as questões políticas e sociais de seu tempo. Obteve o Prêmio Nobel de Literatura de 1971. Postumamente, foram publicadas suas memórias com o título *Confesso que vivi*. Desde então, Neruda se transformou em uma figura mítica graças a um conjunto de filmes de ficção (muito) livremente baseados em sua vida: *Ardente paciência* (Rodrigo Sepúlveda, 1983); *O carteiro e o poeta* (Michael Radford, 1994); *Neruda* (Pablo Larraín, 2016); e *Neruda – fugitivo* (Manoel Basoalto, 2019).

MARIA ALICE BARROSO

"É difícil ser escritora no Brasil."

Maria Alice Barroso está, sem nenhum favor, entre os nossos maiores romancistas. Recebeu do Concurso Walmap[60] um segundo prêmio, mas muitos acham que deveria ter ganho o primeiro.[61] O livro laureado chama-se *Um nome para matar* – e, diz ela, "quase me matou". Pessoalmente, Maria Alice é uma moça morena, bonita[62] e disposta a sorrir.

– Por que é, Maria Alice, que você diz, que *Um nome para matar* quase a matou?

– Quando escrevi este romance, minha intenção era retratar (criar não será a palavra, embora mais ambiciosa?) a figura do senhor rural brasileiro através de quatro gerações. Sem que pudesse esperar (ou temer), um respeitável senhor de idade, em minha terra (Miracema, estado do Rio), imaginou-se retratado na figura do Capitão Oceano, um de meus personagens. Tal identificação – um tremendo equívoco, a meu ver – acarretou para mim e para minha família uma série de descomposturas terríveis, espalhadas através de boletins, exatamente na véspera de minha chegada a Miracema, quando ia paraninfar a turma de normalistas. Confesso que olhei tudo isso com a condescendência de quem acredita mais na ficção do que na própria vida. E não pude deixar de sorrir ao ver que o boletim era assinado por Oceano de Moura Alves, isto é, o nome do meu personagem, que passava, a partir daquele momento, a assumir uma vida de além-página, voltando-se contra a sua autora.

– Você realmente não se baseou em nenhuma pessoa viva?

– Acho que nenhuma pessoa viva dá para formar um personagem. Sessenta pessoas, sim.

---

[60] Fundado em 1964, o Prêmio Walmap foi, durante alguns anos, o mais importante prêmio literário do Brasil, e continua a ter grande prestígio. Maria Alice Barroso ganhou segundo lugar no segundo concurso, de 1967, com *Um nome para matar* (Rio de Janeiro: Editora Bloch, 1967).

[61] No recorte desta entrevista no arquivo da FCRB (CL/j 02, 106), há várias correções manuscritas da autora, embora ela nunca fosse republicada. Esta frase, por exemplo, foi modificada: 'Tornou-se mesmo o primeiro"; "na verdade, aos ~~olhos do público~~, poucos surpassou o primeiro". Na versão anotada, a autora muda muitas passagens da primeira pessoa para a terceira, reduzindo o texto.

[62] Emenda manuscrita: "bonitona"(CL/j 02, 106).

— Então, é inteiramente injusta a acusação de sua cidade?

— É bom esclarecer, Clarice, que a acusação não foi da minha cidade. Quando fui, em dezembro, a Miracema, todos, principalmente os jovens, me receberam com muito carinho. A verdade é que me senti um pouco perplexa, pois até hoje julgo que nada fiz neste sentido. Foi como um herói que voltasse de uma guerra que não houve.

— *O prêmio veio alterar sua vida? E como?*

— A verdade é que, quando me submeti ao Walmap, estava preparada para ganhar ou perder (acho uma coisa tão importante quanto a outra). Era preciso que o fato de perder não me tirasse a vontade de prosseguir no meu caminho. Ver o romance bem colocado foi bom, e me deu condições inclusive de editá-lo (o livro tem 521 páginas). Além disso, pude mobiliar minha casa. No resto, a luta é a mesma: isto é, a batalha prossegue, não só pelo pão-nosso-de-cada-minuto (antigamente era o pão-nosso-de-cada-dia), como também conseguir escrever de maneira a não vir me envergonhar depois – coisa que frequentemente me sucede.

— *Como é que se manifestou a sua vocação para as letras.*

— Esse reconhecimento aconteceu no dia em que descobri que escrever, para mim, fazia parte de minha vida tanto quanto comer, amar, beber etc. Mas essa vocação já se manifestara muito anteriormente, talvez mesmo na infância, quando inventava histórias enormes sobre a vida de cada boneca. Das pedras e das árvores também. Mocinha, escrevia com a mesma leviandade com que namorava. Um dia, cheguei à conclusão, com a humildade necessária, de que podia ser uma boa ou má escritora, mas o fundamental é que eu era uma escritora, já que esta atividade (que no fundo também é inércia) estava tão ligada à minha vida quanto meus intestinos, esôfago etc. (Não menciono o coração porque julgo que com os transplantes este órgão ficou muito desmoralizado.)

— *Quais são os autores que mais a influenciaram ou que você lê mais?*

— Falarei num que leio sempre e cada vez mais: William Faulkner. Proust também. E Dostóievski. E Tolstói. Dos brasileiros, Lúcio Cardoso, cada vez mais profundamente.

— *Qual é o poeta brasileiro que você mais gosta de ler e reler?*

— Drummond. Acho que ele pertence àquela espécie (rara) de poetas feita para ser relida.

— *Que acha da literatura brasileira, comparada com a literatura de outros países?*

— A literatura brasileira, numa resposta simples e simplória, é um monte de dificuldades, principalmente para o escritor. Quando a gente lembra que Lúcio Cardoso, Cornélio Pena e Octavio de Faria têm suas obras praticamente esgotadas e, contudo, permanecem desconhecidos para a metade de nosso povo, que tem menos de 20 anos, o desânimo se apossa de nós, não é verdade? Como os jovens escritores podem falar de um país cuja herança literária lhes é praticamente desconhecida? No entanto, ao mesmo tempo, o Brasil aí está, com tanta coisa para ser conhecida e reinventada (não foi você quem disse que escrever é reinventar o que já existe?). Consequentemente, acho que, apesar de todas as dificuldades que os escritores enfrentam, nossa literatura ainda pode ser definida como aquela que pertence a um país recém-descoberto. Temos muito a contar: nossa pesquisa está dirigida no sentido de descobrir a maneira de contar, ou seja, a expressão que ela deve adquirir. Estamos ligados aos países da América Latina pelos laços da miséria e da ignorância. É bom assinalar que a literatura latino-americana faz sucesso na Europa. O nosso barbarismo fascina aos leitores europeus. Mas a nossa dificuldade é um pouco maior: escrevemos numa língua que somente é lida (e com diferenças fundamentais) em Portugal.

— *Como é que arranja tempo para trabalhar e como trabalha?*

— Essa pergunta terrível me obriga a revelar o que me dá muita tristeza e, ao mesmo tempo, me deixa um pouco orgulhosa também: trabalho (isto é, escrevo) sempre que todas as atividades marginais me deixam tempo para isso (eu chamo de atividades marginais todas aquelas que me dão dinheiro para sobreviver). Por causa disso, há muito tempo que o ato de escrever ficou sem mistério para mim: escrevo sem o menor pudor, na frente de qualquer pessoa e ouvindo qualquer tipo de ruído.

— *Maria Alice, como nasce em você um romance?*

— Cada romance é sempre uma ideia muito velha dentro de mim. Enquanto não a sinto necessariamente forte, isto é, enquanto ela não me obsessiona totalmente, é porque o romance ainda não teve a sua hora e vez. Depois os personagens vão surgindo até que têm uma forma física definida: e só escrevo sobre eles quando deles eu conheço tanto quanto sei de um amigo que adoro ou sobre um inimigo que odeio.[63]

— *Agora, Maria Alice, uma pergunta já clássica: que é que você acha da campanha em favor da entrada das mulheres na Academia Brasileira de Letras?*

— Acho uma bobagem, sabe? Um absurdo porque julgo que tanto a Academia quanto as escritoras vivem e sobrevivem umas sem as outras. Por que, então, essa campanha, que me parece destituída do fundamental já que não parte de uma reivindicação, de um desejo nosso ou deles?

Manchete, nº 887, 19 de abril de 1969

---

[63] CL/j 02, 107: última resposta riscada pela autora.

MARIA ALICE [Giudice] BARROSO [Soares] (1926-2012)

Jornalista e escritora, era bibliotecária de formação, tendo sido diretora do Instituto Nacional do Livro; da Biblioteca Nacional; e do Arquivo Nacional. Comendadora da Ordem do Mérito de Portugal, ganhou o Prêmio Jabuti de Romance em 1989 com A *saga do cavalo indomado*, integrante da pentalogia Ciclo Parada de Deus, iniciada em 1967 com Um *nome para matar*, que obteve o segundo lugar no Prêmio Walmap, comentado por Clarice na abertura da entrevista.

Nascida na cidade do Rio de Janeiro, tinha a peculiaridade de se dizer nativa de Miracema, na contramão dos interioranos que se querem cosmopolitas. Isso porque adorava a cidade em que passou a infância e boa parte da juventude, e que retribuiu essa fidelidade em 17 de novembro de 2018 ao inaugurar um busto de Maria Alice Barroso na Praça Dona Ermelinda, a mais importante da cidade.

IVO PITANGUY

"Meu hobby é meu trabalho."

Vi Ivo Pitanguy, pela primeira vez, numa noite de autógrafos.
À minha frente estava um homem moço, de olhar alerta e direto, mas sem ferir. Havia comprado um livro meu, perguntei-lhe: para quem é o autógrafo? Disse seu nome, o que me fez olhá-lo com curiosidade: "Ivo Pitanguy Filho?", perguntei? Não, não era. "É que eu imaginava o senhor como homem já de certa idade." Ele sorriu, e no sorriso ficou ainda mais moço. Depois vim a conhecê-lo melhor em jantares na casa da escultora e embaixatriz Maria Martins. Desde então ficou tacitamente claro que nós éramos amigos. No início sabia dele o que alguns sabem: é um embelezador de mulheres. Sabia de seu trabalho na Santa Casa, onde de graça reconduz à vida normal seres deformados e por isso de alma destruída. Sabia do que ele fizera por ocasião do grande incêndio do circo em Niterói: havia dado sua ciência, seu trabalho ininterrupto, sua equipe médica, remédios, amor enfim.

— Como se resolve, Ivo, o problema de ser ou não profissional ao máximo? Sendo profissional ao máximo, atinge-se, é claro, o máximo, mas creio que se perde alguma coisa do inventivo-espontâneo? Ou ser um profissional ao máximo é exatamente também não perder esse inventivo-espontâneo? Estou perguntando isso ao Ivo, não ao Dr. Pitanguy que foi convidado a dar aulas em Berlim.

— Eu creio que ser profissional é se dedicar àquilo que nós julgamos que sabemos fazer com toda nossa energia e amor. É principalmente nos julgarmos inteiramente responsáveis pelo pouco que sabemos, procurando sempre o auxílio dos que sabem mais do que nós. É não descobrir duas vezes a pólvora, é a utilização da sedimentação dos conhecimentos existentes para eventualmente contribuirmos com alguma coisa de pessoal. Caso esta contribuição nos pareça interessante, difundi-la aos outros e, se ainda consciente de seu valor, continuar a defendê-la apesar das críticas mais adversas. A espontaneidade ou a naïveté pura dificilmente entra em choque com o conhecimento verdadeiro.

– *Você me dá a impressão de ser uma das pessoas mais realizadas que conheço. É assim que Ivo Pitanguy se sente? Eu por exemplo estou sempre incompleta.*

– Eu tenho a impressão de que, quando nos propomos a fazer alguma coisa, estamos convictos de sua verdade. É provável que a expressão de realização esteja associada a um desses movimentos, sendo outra a que muitas vezes ostentamos nos nossos inúmeros momentos de procura ou incerteza. Clarice, eu sinto que o que você interpreta como sendo incompleto (Ivo interrompeu para atender ao telefone de Roma e outro daqui, que lhe provocou gargalhadas: estas são de um homem sadio e eu quase ri também sem saber de quê), é a representação deste turbilhão de palavras encarceradas na necessidade de definição e conceituação que representam o binômio de sua força.

– *Você alia grande mobilidade a grande tranquilidade, e é uma das pessoas de olhar mais vivo que conheço. Suponho que é porque você só deve ter um mínimo da neurose que todos os mortais têm... Você não é nada irritado e muito paciente, tudo isto, que é raro, é inato ou adquirido no decorrer da vida?*

– O que faço não é afastar minha neurose, é procurar conhecê-la para através de uma boa convivência não me sentir em ambientes estranhos...

– *Por falar em decorrer da vida, qual é a sua filosofia de vida? Eu não sei resumir a minha em palavras.*

– Há uma palavra em alemão, *lebenskunst*, que na sua tradução de vida e arte vêm juntas sem separação, difíceis de serem unidas, mas obrigatoriamente procuradas. Para que no mínimo de equilíbrio dentro de nossa sensibilidade e anseios venhamos obter as gratificações necessárias que nos permitem, conservando o espírito e o instinto da ilusão humana. E assim prosseguimos a vida de cada dia que finalmente, somaticamente, é necessária até para anseios espirituais. A palavra alemã vem junto e nós a dividimos em vida e em arte... Eu na minha vida, você na sua, temos que ter o mínimo de intimidade em relação a nós mesmos como indivíduos sem perder a harmonia em relação àqueles de quem dependemos e que dependem de nós. Vivemos todos num ambiente comum e num mundo à parte. A interpenetração pressupõe capacidade de dar que, levada a extremo, é uma vaidade de bom caráter social.

– *Você trabalha muito, muito mesmo. Que é que você faz para descansar, para evitar o estresse? Além de estudar, tem tempo para ler?*

– Tenho. O tempo para ler é tão importante que às vezes até consigo fabricá-lo. Há sempre um senso de frustração em se ter mais informação que leitura. Para evitar o estresse exagerado – o estresse nós sempre temos... –, eu procuro falar de outras coisas que não medicina e fora de meu trabalho me dedico com a mesma intensidade àquilo que a vida vai me proporcionando, procurando de cada uma delas retirar um pouco de seu sumo.

– *Qual é o seu hobby?*

– Meu hobby verdadeiro é o meu trabalho. E todas as outras coisas que faço como *soi-disant* colaterais, coloco-as num sentido intenso para torná-las mais reais.

– *Ivo, você é sempre citado nas colunas sociais ao lado de todos da alta classe social. No entanto, vejo terra forte embaixo de seus pés. Você tem sangue forte e vermelho. Sinto em você, além do homem civilizado, uma força de camponês. O que é que você acha disso?*

– Todo grupo social é formado de elementos heterogêneos. Em torno de uma ideia, de um trabalho, ou de um estilo de vida, existe gente com "dom de gente", com os pés na terra, e outros que levam uma vida menos de como a interpretam, de como a interpretam para eles. Os ingleses definem como *vicarious*. É mais cômodo, mas no fundo é menos vida.

– *Você gostaria que algum de seus filhos seguisse a sua carreira?*

– Honestamente, sim. Embora para eles isto não deva representar minha vontade de pai porque não gostaria de influenciá-los fora de suas tendências e aptidões. No fundo, o filho de médico que segue medicina tem vocação dupla, pois comentamos muito menos nossas vitórias do que nossos desalentos. Eles ouvirão falar de suas vitórias fora de casa, e terão orgulho do pai, como teriam em relação a um arquiteto, a um esportista, em suma, qualquer outra profissão que lhes trouxesse bom eco. O homem é um ser muito menos conhecido na sua intimidade do que aquilo que extravasa dele. Aquilo que nós realmente valorizamos representa, por timidez ou por incompreensão de um ser em relação a outro, nosso isolamento, nossa dificuldade de realmente transmitir e influenciar.

– *Você é colecionador de quadros. Qual é que é mais seu, mais amado?*

– Não sou pessoa exclusivista de amar um só quadro. Gosto de todos os meus. Os que não gosto não penduro na parede. No momento estou enfatuado por uma pré-tempestade de Vlaminck.[64]

– *Você tem fé na seleção de Saldanha?*

– *Você tem outro time para escalar, Clarice?*

– *Não, mas mesmo se tivesse, sou fã de Saldanha.*

– Eu também.

Manchete, nº 888, 20 de abril de 1969
De corpo inteiro, 1975

---

[64] Maurice de Vlaminck foi um pintor francês, uma das principais figuras do movimento *fauve*.

IVO [Hélcio Jardim de Campos] PITANGUY (1923-2016)

Um dos brasileiros mais conhecidos de todos os tempos, o médico, professor e escritor Ivo Pitanguy foi aclamado como "o rei da cirurgia plástica" pela *New York Magazine*, e "Michelangelo do bisturi" pela *Der Spiegel*.

Membro da Academia Brasileira de Letras e da Academia Brasileira de Medicina, Pitanguy tinha sólida formação profissional, aprimorada em diferentes cidades norte-americanas, Londres e Paris. Autor de mais de novecentos artigos científicos publicados tanto no Brasil quanto no exterior, era uma figura de grande apelo midiático pelo fato de ter aperfeiçoado a beleza de numerosas estrelas de cinema.

Dotado de louvável consciência social, Dr. Pitanguy mobilizou sua equipe e seus alunos para tratar de graça os oitocentos queimados do incêndio do Gran Circus Norte-Americano em Niterói (17 de dezembro de 1961), que teve 503 vítimas fatais. Criou o Serviço de Queimados do Pronto-Socorro e de Cirurgia Reparadora da Santa Casa de Misericórdia do Rio de Janeiro, no qual instalou depois uma unidade didática de sua clínica pessoal dedicada ao atendimento gratuito da população.

GLÓRIA MAGADAN

"Nunca pensei que podiam não existir novelas."

Eu, pobre de mim, esperava uma entrevista espetacular: mas acontece que Glória Magadan, o que tem de prolixo nas novelas, tem de laconismo na vida real. Ela não é lacônica no sentido de se furtar a falar, mas responde sucintamente às perguntas.

Trata-se de uma criatura bem jovem ainda, vaidosa, mas sem excessos: no seu apartamento de alto luxo, recebeu-me de calças compridas e uma blusa bonita, não me lembro da cor.

Enquanto ela se vestia, fiquei conversando com sua secretária. Esta estava de minivestido vermelho com muitos dizeres psicodélicos impressos. O que mais vem a provar que a juventude de hoje, por assumir trajes ou cabeleiras estranhos para os mais velhos, é séria e capaz de um trabalho altamente eficiente. Perguntei-lhe quando Glória Magadan trabalhava.

— Levanta-se pelas cinco da manhã e trabalha, mais ou menos, até dez e meia. Eu é que trabalho depois de dez da noite, quando tudo está calmo.

— Que espécie de trabalho?

— Traduzir os capítulos do espanhol para o português. Glória Magadan fala português, mas escreve em espanhol.

A secretária trabalha bem: não se sente o mínimo travo de outra língua. E de dia ela cuida dos interesses de Glória. Invejei de novo Glória Magadan: eu que precisaria de uma secretária que se ocupasse de minha vida inteira (por favor, que não se apresente ninguém, vou me arranjando como posso).

Finalmente, Glória Magadan — a que diverte milhões de pessoas — estava ali. Simples, e até com um tom modesto.

— *Glória, você sabe que você é uma glória nacional?*

— Não sabia não. Alegra-me sobretudo você ter dito "nacional".

— *Como é que você julga suas próprias novelas?*

— Honestamente? É tanto uma forma de escape para o público quanto é uma catarse para mim.

— *Em que você aplicaria sua imaginação tremenda se não houvesse novelas pela televisão?*

— Ih! francamente, não sei. Acho que meu tipo de imaginação é muito dirigido. Nunca pensei que podiam não existir novelas.

— *Quais os problemas que você encontra na feitura de suas novelas?*

— É paradoxal, mas o problema, por exemplo, é que não há tempo para fazê-las mais curtas.

— Eu soube que você recebe muitas cartas pedindo, por exemplo, que você mude o destino de um ou outro personagem. Nesse caso, o que é que você faz, sabendo que esta carta representa o desejo das massas?

— Eu mudo. Em A rainha louca, por exemplo.[65] Ela era casada, mas o marido não prestava a menor atenção a ela, o que a deixava abandonada. Então havia um moço na corte que gostava dela, ela simpatizava com ele. Mas o público achou que uma mulher casada não podia se envolver com ninguém. A moral pública é muito forte.

— De que modo você mudou?

— Terminei fazendo o marido interessar-se de novo pela mulher e os dois se reapaixonaram. Outro exemplo: em A gata de vison[66] descrevi um personagem vilão, um gângster nos anos 1930, aquela época horrível. Mas não sei honestamente se foi a maravilhosa interpretação de Geraldo Del Rey ou se foi porque eu descrevi um vilão simpático demais. O público apaixonou-se por ele e eu tive que fazê-lo pagar suas penas e depois torná-lo galã.

— Você tem tempo para ler?

— Ler é um vício. Eu "faço" o tempo. Leio de seis a sete livros por semana (estudei leitura dinâmica). E durmo muito pouco também.

— Que tipo de livros você lê?

— Logicamente, tenho que ler muitos romances para estar atualizada com a matéria. Mas minha leitura é uma mistura terrível, uma salada: leio história, filosofia, literatura moderna e clássica. Aliás, a filosofia é o que mais me ajuda a afastar os problemas.

— Que livros de literatura moderna você lê?

— Nesse momento ando lendo [Henry] Miller, Truman Capote.

(Sinceramente, surpreendi-me.)

— Que é que você fazia em Cuba?

— O mesmo: escrevia novelas.

— Há quantos anos você escreve novelas?

— Vou parecer uma múmia egípcia... Mas faz vinte anos.

Não só ela não tem aparência de "múmia", como é uma mulher em plena e florescente maturidade.

— Conte-me um pouco sobre sua infância.

— Foi uma infância muito feliz. Somos seis irmãos. Meu pai era um ser fabuloso. Mesmo naquela época de preconceitos, meu pai nos preparou para fazer frente a um mundo bem diferente daquele em que tínhamos nascido. Sobrevivi a muitas catástrofes devido a essa aprendizagem. Ele era um intelectual boêmio. Teatro, novelas, eu aprendi a gostar através dele. Na casa de minha

---

[65] *A rainha louca* foi uma novela "das dez" da Rede Globo, exibida em 1967, baseada num romance do século XIX: *Memórias de um médico*, de Alexandre Dumas.
[66] *A gata de vison*, também da Globo, foi exibida de junho 1968 até janeiro de 1969, no horário das 22h.

infância, até os 17 anos, ele construiu um palco nos jardins, ao ar livre, tal era o seu amor pelo teatro.

— E dores da infância – nenhuma?

— Se tive não me lembro, não deixaram marcas.

— Como criança você era muito inventadora de histórias?

— Como todas as crianças. Mas já tinha vocação para histórias e novelas. Cheguei, antes de saber ao menos escrever ortograficamente certo, a fazer algumas.

— Como é que uma mulher jovem como você não é casada?

Ela então explicou-me. E o assunto daria para uma novela. Mas pediu-me que não publicasse. Não, não imaginem nada de escandaloso.

— Qual de suas novelas você gostou mais de escrever?

— Acho que gostei de todas. No momento estou escrevendo uma de que estou gostando mais. É sempre assim. Mas, uma vez terminada, afasto-a completamente de mim. Estou escrevendo A última valsa[67] e preparando a próxima, ainda sem título. Mas posso lhe adiantar que se passa em Veneza, na época da inquisição.

— Qual é o seu modo de trabalhar: planejando tudo ou inventando aos poucos?

— Eu invento aos poucos. Faço um esquema muito geral. Meu modo de escrever é muito espontâneo.

— Você, com a penetração que tem no grande público não poderia elevar um pouco seu nível?

— Perderia a penetração.

— Glória, qual é a sua própria novela?

— Ih! Já lhe contei parte dela, que lhe pedi para não publicar. Sou uma pessoa que nasceu numa época de transição, e subitamente me vi enfrentando uma das mudanças mais radicais. Sendo uma pessoa da classe média, me vi num país em que a classe média foi esmagada, destruída. E onde todos os valores espirituais foram substituídos violentamente por outros. Senti-me estrangeira no meu próprio país. E nunca me senti estrangeira em outros países. É uma experiência novelesca.

— Você é que escreveu O sheik de Agadir?[68]

— Fui, sim.

— Então, muito obrigada. Há uns dois anos passei três meses no hospital por causa de queimaduras. De noite o que me aliviava da dor contínua era a sua novela.

— Muito obrigada.

Manchete, nº 889, 3 de maio de 1969
Jornal do Brasil, 10 de abril de 1971[69]

---

[67] *A última valsa*, novela ambientada na Áustria do século XIX, seguiu a *A gata de vison* no horário das 22h, de janeiro a junho de 1969.

[68] Novela baseada no romance *Taras Bulba*, de Nikolai Gogol, e exibida entre julho de 1966 e fevereiro de 1967.

[69] A crônica "Vocês se lembram de Glória Magadan", Clarice explica, aparece após ela receber uma carta de Magadan com uma recensão crítica da Venezuela sobre *A paixão segundo G. H.* e a tradução de "A imitação da rosa" numa revista. Clarice se queixa que "a editora Monte Ávila, da Venezuela, não teve a delicadeza de me mandar a crítica. E o conto, publicado numa revista, é ilícito: não me pediram permissão para traduzi-lo, nada me pagaram. [...] E ainda por cima me estropiaram o título, em vez de 'Imitação da rosa' puseram 'Convite à rosa'. Meu advogado, Dr. Sílvio Campelo, vai tomar conta disso".

GLÓRIA MAGADAN (1920-2001)

A escritora cubana Maria Magdalena Iturrioz y Placencia, que utilizava o pseudônimo de Glória Magadan, chegou ao Brasil em 1964. Começou a trabalhar para a extinta TV Tupi, sendo logo contratada pela Rede Globo para dirigir o Departamento de Novelas, atuando também como escritora, supervisora e produtora. Foi responsável pelos primeiros grandes sucessos da emissora: *Eu compro essa mulher*; *O sheik de Agadir*; *A sombra de Rebeca*; *A rainha louca*; *O homem proibido*. Considerada a "Rainha da Telenovela", tinha um estilo melodramático na linha do gênero "capa e espada", inspirando-se livremente em autores clássicos como Gogol, Dumas e Daphne Du Maurier. Seu mérito maior foi o de sistematizar a sistema de produção no que depois ficou conhecido como o Padrão Globo de Qualidade, sendo responsável pela formação de toda uma geração de atores, técnicos, produtores e dramaturgos.

Depois de deixar a Globo, em 1970, radicou-se em Miami, onde já havia residido antes de vir para o Brasil, colaborando então com a mexicana Televisa e a venezuelana RCTV.

MÁRIO ANDREAZZA

"Nosso trabalho contraria interesses imensos."

Encontrei o ministro dos Transportes, Mário Andreazza, na Praça 15 de Novembro. Ele transmite uma impressão de juventude e dinamismo, sem ser, no entanto, um agitado. Pelo contrário, parece muito seguro de si mesmo. Seu sorriso é franco, de homem que não mente. A entrevista que ele me concedeu começou, como era natural, pela ponte Rio-Niterói, já reclamada por Casimiro de Abreu em meados do século passado. Por que os outros governos não a tinham construído? É o que perguntamos:

— *Terá sido por falta de coragem, ou simplesmente por falta de planejamento?*

— A ponte Rio-Niterói é um empreendimento de engenharia de grandes proporções. Evidentemente, para construí-la, além da coragem (e coragem, dizemos nós, é o que não nos falta), a convicção de tratar-se de uma obra útil e economicamente viável. Talvez não tenha sido construída antes pela inexistência de estudos de profundidade. Nós mandamos fazer esses estudos. E a conclusão foi que ela poderia ser autofinanciada pelo pedágio e que traria benefícios econômicos, políticos e sociais. Por isso decidimos construí-la e entregá-la pronta em março de 1971 para o presidente Costa e Silva, ainda no seu governo, inaugurá-la.

— *Embora se trate de entrevista pessoal, observo que o senhor insiste em usar nas respostas o plural (nós pensamos, nós resolvemos). Por quê?*

— Pertenço a uma equipe de governo e executo – na minha área – planos de um governo. Também em meu ministério há uma equipe que estuda, planeja e pesquisa. Não há obras de um homem só, como não há êxitos de um homem só. Ambos, as obras e os êxitos, são resultantes de um trabalho conjunto. É uma comunidade em que todos trabalham com o mesmo objetivo. É essa a ideia de comunidade que nos anima.

— *O senhor disse uma vez em Fortaleza, ao instalar um novo armazém no novo trecho do porto de Mucuripe, que o Brasil iniciaria uma "política agressiva na Marinha Mercante", denunciando acordos internacionais de fretes atuais que colocam o país em condição de inferioridade. Que tem feito nesse sentido?*

– Fizemos essa afirmação desde que iniciamos nossa administração porque o Brasil, com sua exportação e importação, gerava, em 1967, já 500 milhões de dólares em fretes e, possivelmente, no ano que vem estará gerando 600 milhões de dólares em fretes e, dessa imensa quantidade, nós desfrutávamos, com a nossa bandeira, de apenas 10%. Isto devido, principalmente, a acordos internacionais que não permitiram uma participação maior da nossa bandeira. Paralelamente com isto, tínhamos o problema da nossa indústria naval florescente e com grandes possibilidades, necessitando prementemente de sua dinamização. Entendemos que, se conquistássemos maior parcela nesse mercado de fretes e se interessássemos também a nossa iniciativa privada na navegação de longo curso, nós solucionaríamos o problema da nossa indústria naval e, além disso, poderíamos trazer para o Brasil enorme quantidade de divisas. Com essas ideias, iniciamos nosso trabalho. As nossas conversações internacionais, na base de um rigoroso critério de reciprocidade, encontraram a compreensão de todas as companhias internacionais, e hoje firmamos, já, acordos com todos os setores do mundo. Estabelecemos como meta 50% dos fretes gerados, o que nos possibilitará, até o fim do governo, trazer para a bandeira do Brasil cerca de 300 milhões de dólares em fretes. Achamos que somente o café do Brasil dá uma receita como essa. Como consequência disso, em dois anos apenas fizemos mais encomendas que nos dez anos que antecederam a nossa administração, e podemos dizer que, no fim desses quatro anos, atingiremos, com a nossa frota, 4 milhões de toneladas, o que corresponde a todas as frotas da América Latina.

– Em apenas três dias, o senhor recentemente inaugurou em Ilhéus o molhe de proteção do novo porto, que o ampliará em 60% na sua primeira etapa e onde será instalado o terminal para exportação de cacau. Inaugurou também o sistema de ferryboats que liga a capital baiana a Itaparica. E assinou o contrato de eletrificação do porto de Salvador, para funcionamento de 21 novos guindastes elétricos, e anunciou o término da nova rodovia Rio-Bahia. Afinal, de onde vem toda essa energia?

– Por temperamento, por feitio ou índole dedico sempre muito entusiasmo e energia aos encargos pelos quais sou responsável.

– Sei que o seu lema é "tudo o que é desnecessário é pernicioso". Não lhe parece também que "tudo o que é desnecessário é urgente"? Aliás, o senhor disse aos estudantes que o que esperava deles era uma impaciência construtiva. Gostaria de conhecer a sua filosofia de administrador...

– Temos uma filosofia de vida que decorre de nossa formação, de uma formação que, desde a infância, visa sobretudo trabalhar pensando no nosso país, na nossa pátria, uma formação que nos leva em nosso trabalho a esquecer a nós mesmos e, nesse trabalho, o que nos inspira sempre é o espírito público. Então esse é o grande caminho que nos dá orientação, é o grande caminho que trilhamos e, dentro desse caminho, procuramos atingir os objetivos que realmente interessam ao progresso e ao desenvolvimento do país, do bem-estar do nosso povo. Somos sempre animados pela fé que temos naquilo que fazemos e animados, também, sempre por grande otimismo e grande entusiasmo, achando, por maiores que sejam os sacrifícios, que compensa suportá-los, desde que eles contribuam para os ideais e os princípios de uma grande causa, qual seja, tirar o Brasil dessa situação de subdesenvolvimento, e nesse trabalho toda a grande tônica seria então o amor ao nosso trabalho e o amor também a todas as relações de convivência.

– *Que me diz da Operação Container?*

– Essa Operação Container é importantíssima. É um processo moderno de transporte que nós devemos implantar e desenvolver cada vez mais no Brasil. Eles existem entre Rio e São Paulo e o ampliaremos agora para Belo Horizonte. Estamos providenciando para que todos os nossos portos se transformem também em grandes terminais de *containers*, com os equipamentos necessários que inclusive já foram encomendados, estando também com sua aplicação prevista no intercâmbio com o Paraguai, através do porto de Paranaguá, agora com a conclusão da grande rodovia entre Paranaguá e Assunção. O *container*, aliás, vem contribuindo consideravelmente para a recuperação das ferrovias como forma de transporte.

– *Infelizmente nós vamos nos desentender num ponto: o senhor é Vasco, eu sou Botafogo. O senhor assiste pessoalmente aos grandes jogos no Maracanã?*

– Vou ao Maracanã. Sou Vasco desde menino. Eu gostava muito da linha do Vasco há alguns anos, que era Jair, Isaías e Lelé. Guardando essa imagem, fiquei Vasco, mas admiro também seu Botafogo porque é também um grande time.

– *Como usa, o senhor, o sábado e o domingo?*

– Sábado de manhã trabalho aqui no ministério. Venho para cá às 7 e fico aqui até as 11; às 11 saio para ir à praia. À tarde faço minha sesta e depois passeio por Copacabana... por aí com minha mulher, Liliana. À noite, normalmente vamos a um cinema. Aos domingos, vou à praia e participo de alguns jogos, vôlei etc. Inclusive, gosto muito de nadar. À tarde, vou ao futebol. À noite, dormimos cedo para começar o dia de segunda-feira bem descansados.

– *O senhor tem tempo para ler, ou já vem muito cansado do trabalho?*

– Devo confessar que tenho pouco tempo para a leitura. É uma das coisas que me deixam aborrecido. Não tenho condições para ler. Estou sempre pensando nos problemas que ainda não foram resolvidos e não consigo me concentrar na leitura. O que leio mesmo são os jornais, principalmente os editoriais, e as revistas.

– *Como é que descansa mentalmente?*

– Só consigo descansar um pouco, mentalmente, com esse programa de que lhe falei e... o futebol. O que me descansa muito, também, é a convivência com a família.

– *Quer dizer que também abre estradas para os seus filhos?*

– Cada um apresenta seus problemas. Nós os discutimos e essa é, igualmente, uma forma de descanso. Apesar de que eles acham sempre que nunca tenho razão. Um tem 22 anos e está formado em engenharia. O outro tem 14. Mas não convivo apenas com eles. Aqui, no ministério, convivemos muito com a mocidade porque estamos procurando fazer com que ela participe de tudo. Nas férias, os estudantes de engenharia sempre nos acompanham. Conseguimos que façam estágio em todas as empresas relacionadas com o ministério e agora estamos levantando o mercado de trabalho para que, quando se formarem, tenham aproveitamento imediato. Estou entrando em contato com outros universitários, de maneira que tal projeto possa ser adotado nos diferentes cursos, a fim de fazer com que essa participação se transforme numa palavra mágica, significando integração. Ninguém quer parecer marginalizado, principalmente o estudante. Sempre que quiserem participar, eles terão aqui livre acesso. Organizamos para isso a Operação Mauá e conseguimos, no prédio da antiga Câmara dos Deputados, a sala onde funciona. Está sempre cheia de estudantes trocando impressões e preparando relatórios, resultantes dos dados e observações que colheram nas viagens que realizaram.

– *Quais serão as suas próximas obras?*

– Temos grandes planos agora: primeiro, Rio-Santos pelo litoral, que é o mais bonito do mundo, sem nada que lhe chegue perto. Vamos construir aí uma grande rodovia de maneira diferente. Vamos interessar nela a iniciativa privada de maneira que a rodovia se pague pela exploração desse próprio litoral: muitos restaurantes, linhas de ônibus, estação rodoviária, colônias de férias e, com essa exploração, nós vamos pagar a estrada. Esse é um projeto. O outro projeto, que estou também na iminência de desarraigar, é a nova ligação ferroviária entre Rio e São Paulo. Quero que seja uma ligação de primeira categoria como existe no Japão, entre Tóquio e Kyoto, como nos Estados Unidos, entre Nova York e Washington. O estudo realizado admite que a ligação Rio-São Paulo seja feita em duas horas. Outro grande projeto que também já iniciamos é o do São Francisco. Rio navegável em grande extensão, pretendo que seja um grande traço de união entre as várias regiões brasileiras. Vamos fazer por ele o maior percurso entre o Norte e o Sul por embarcações apropriadas e através de uma orientação moderna, de forma que possam transportar grandes quantidades de carga, como no Mississipi, num período de tempo bastante curto e com uma tripulação bem reduzida. Este plano integrado do São Francisco será também uma grande solução para toda região no norte da Bahia. Outro projeto em estudo é a grande rodovia Transbrasiliana, partindo do Nordeste, em conexão com todos os terminais navegáveis dos grandes rios. Seria uma grande transversal integrando um sistema rodoviário com o sistema fluvial. Abriríamos um grande porto para o Nordeste, fluindo por ele as riquezas da Amazônia e integrando, também, toda essa região ao Sul do país por intermédio de grandes longitudinais rodoviárias que partiriam dessa transversal.

— *Como era sua vida antes de assumir o Ministério dos Transportes? Onde o senhor aplicava sua capacidade de planejar e realizar?*

— Eu desempenhava a minha profissão de militar e procurava dedicar-lhe toda a minha capacidade de trabalho. Tanto na Escola Superior de Guerra, estudando os grandes problemas nacionais, como na Escola de Estado-Maior do Exército e, ultimamente, como assistente do ministro da Guerra, que era o agora presidente marechal Costa e Silva. Posso afirmar que o Exército oferece também um grande campo para o trabalho e nos oferece condições para que se possa dar-lhe a nossa potencialidade física e intelectual.

— *Como é que o senhor solucionaria o problema de nosso subdesenvolvimento?*

— Esse é o grande objetivo, a grande meta, a grande diretriz do presidente Costa e Silva, que procura, por todos os meios, combater a inflação, mas sem prejuízo do desenvolvimento. E isso vem sendo possível, como se pode observar em todo o país. Para que se possa realmente sair do subdesenvolvimento, não são suficientes apenas as diretrizes do governo. Mais importante do que tudo é a participação de todos os brasileiros neste grande movimento que se deve apoiar, sobretudo numa nova mentalidade. É preciso que os grandes empresários trabalhem também ao lado do governo para consecução desses objetivos a fim de que os resultados globais revertam em benefício de toda a coletividade.

— *Por que não usar o sistema de pedágio em todas as estradas do Brasil?*

— O pedágio vai ser instituído ainda este ano. Vamos implantá-lo inicialmente na via Dutra e na Rio-Petrópolis. Esse pedágio se transformará numa renda específica para a estrada. No caso da Dutra, por exemplo, estou já planejando a aplicação desse pedágio no estabelecimento de um rigoroso sistema de segurança através de motocicleta, radar e helicóptero; no fechamento progressivo da estrada, através da construção de avenidas laterais em cada uma das cidades do percurso e na construção de viadutos e passarelas ao longo de todo o leito, além do embelezamento através de jardins. Da mesma forma procederíamos na Rio-Petrópolis e nas outras estradas, que poderão apresentar condições de rentabilidade, justificando a cobrança de pedágio. A imagem que tem de haver em todos os setores é a de um Brasil novo, diferente, uma coisa mais adiantada na escala de grandeza do nosso país.

— *Que acha da ideia de tirar do Hino Nacional o verso "deitado eternamente em berço esplêndido"?*

— Desde pequeno e, mais tarde, na Escola Militar, sempre cantei com fervor o Hino Nacional, sentindo por ele tanto entusiasmo e tanta reverência, que jamais pensei ainda em modificá-lo. Quando o entoo, sinto que estou cantando o nosso Brasil.

– *O senhor tem tempo de manter relações sociais e comparecer a almoços e jantares?*

– Compareço apenas às reuniões a que, oficialmente, tenho que comparecer. Gosto dessa convivência, mas sinto que ela prejudicaria um pouco a minha atividade, uma vez que tais reuniões geralmente terminam muito tarde.

– *Em 1968 o Ministério dos Transportes bateu o recorde de asfaltamento de estradas. Este ano o recorde será suplantado?*

– Realmente em 1968 conseguimos atingir a pavimentação de 2.150 quilômetros de estradas. Mas, após reunirmos aqui no ministério todos os engenheiros-chefes de distritos rodoviários, verificamos que poderemos suplantar o recorde de 1968, asfaltando este ano cerca de 3.000 quilômetros.

– *Em geral, os homens públicos sofrem campanhas. No seu caso, isso não lhe tira o estímulo?*

– Temos sofrido pelo trabalho que realizamos aqui. Às vezes somos atingidos no que temos de mais caro, que é a dignidade, a honra. Mas encaramos isso com uma certa teimosia porque estamos trabalhando e visando exclusivamente o país, a nossa pátria, o Brasil. Nosso trabalho contraria interesses imensos, como nesse caso dos fretes, em que nós contrariamos interesses internacionais e nacionais. Na nossa atividade, somos sempre obrigados a ferir interesses. E, justamente por isso, é que sofremos grandes campanhas. Mas isso jamais abalaria nossa intenção de prosseguir com a mesma vontade no trabalho, não nos preocupando com esses que nos procuram atacar tanto. Conforta-nos a certeza de estarmos cumprindo com o nosso dever.

Manchete, nº 890, 10 de maio de 1969

MÁRIO [David] ANDREAZZA (1918-1988)

Foi o mais carismático representante da ditadura militar implantada em 1964. Boa-pinta, como se dizia então, inspirou o personagem Severina, do programa Os Trapalhões, que suspirava pelos belos olhos verdes do ministro. Primeiro, ministro dos Transportes nos governos Costa e Silva e Médici, e depois ministro do Interior no governo Figueiredo.

Andreazza foi responsável por grandes obras no Ministério dos Transportes, como a da ousada e indispensável ponte Rio-Niterói e a igualmente ousada, porém controvertida, rodovia Transamazônica. No Ministério do Interior, implantou a Política Nacional do Meio Ambiente, efetuou a demarcação de terras indígenas e foi responsável por importantes programas de habitação, como o Promorar, responsável pela erradicação das insalubres palafitas das favelas da Maré, no Rio, e dos Alagados, em Salvador.

PEDRO BLOCH

"Gosto até de quem não gosta de mim."

Fui convidada pela doce Miriam Bloch para almoçar na casa agradabilíssima deles, aceitei contente. E entrevisto Pedro, uma das pessoas mais entrevistáveis que conheço.

— *Pedro, você é uma das pessoas de maior coração que já vi. E acho que em todas as bondades entra uma parte de inteligência, senão a bondade não seria eficaz. Quando você julga os outros de um modo tão compreensivo e tão seu, é por bondade estritamente falando, ou por inteligência de descobrir a verdade?*

— O que você chama de bondade talvez seja minha sintonia com o mundo. Sou coletivo. Tenho o mundo dentro de mim. Acho que todo ser humano tem uma dimensão universal, única, insubstituível. Por respeito a cada ser humano, em todos os cantos da Terra, e por gostar de gente, gostar de gostar, é que eu encontro em cada indivíduo o reflexo do universo. Desculpe, mas eu gosto até dos que não gostam de mim. Mas gosto dos que gostam.

— *Você é um grande médico, teatrólogo famoso: falta-lhe alguma coisa para sentir o homem completo que na verdade você é?*

— Não sei se sou grande médico. Sou teatrólogo famoso porque a estatística o afirma. Mas não sendo grande em nada, ajo como se o fosse. Quando atendo a um paciente, procuro ser o melhor que posso. Quando escrevo uma peça, acredito que estou fazendo a coisa mais importante do mundo. Completo, não. Completo lembra realizado. Realizado é acabado. Acabado é o que não se renova a cada instante da vida e do mundo. Eu vivo me completando nos outros, mas falta um bocado.

— *De que modo, Pedro, você reconstruiria o mundo?*

— Começaria por me reconstruir. O mundo somos todos nós, responsáveis, um a um, um por um, pelo que fizemos do mundo. Só depois de me reconstruir é que eu me sentiria no direito de reconstruir o mundo.

— *Por Deus, como e onde é que você capta tantas coisas maravilhosas ditas pelas crianças?*

— É só ter ouvidos de ouvir criança. Confesso a você que tenho a vaidade de ser "o homem das historinhas de crianças". Elas afinam comigo. Tanto que a diferença de idade nem dói. Por isso é que saíram aquelas coisas como:

"O cor-de-rosa é um vermelho... mas muito devagar", "Coitado do trenzinho do Pão de Açúcar... está pensando que é avião." "O gato morreu... porque o gato saiu do gato e só ficou o corpo do gato." Aprendo com as crianças tudo que os sábios ainda não sabem.

– *Você é considerado um papa na reabilitação da voz, dando, inclusive, voz a quem não tem. Como é que você se sente neste trabalho?*

– No mundo em que vivemos, de conhecimentos tão vastos e informação tão constante, ninguém é papa em nada. Só mesmo o próprio. Como me sinto? Com uma permanente, grande responsabilidade. E é por isso que eu recomeço a cada dia, às cinco da manhã, estudando, duvidando e procurando aprender com quem sabe mais.

– *Além de foniatra, você tem dado cursos para médicos e técnicos. O que levou você a atividades didáticas? A fraternidade humana? A capacidade de dar de si sem avareza? Pioneirismo?*

– Ninguém é pioneiro de nada. Houve sempre alguém que fez antes. O problema não é de prioridade. É a gente se encontrar a si mesmo. Eu já disse que a gente só é gente quando a gente é a gente mesmo. Se eu sei... ensino. Se não sei... procuro aprender. Aliás, eu poderia repetir que "eu não ensino... mostro".

– *Quantas peças teatrais suas foram levadas ao palco?*

– Todas. Quase trinta.

– *E quais foram as representadas no exterior?*

– Quase todas. Quase trinta. Tive a alegria de saber que uma peça minha, no mesmo dia, era representada em todos os continentes.

– *Eu acho que não consegui me realizar como escritora. Você consegue se realizar como teatrólogo?*

– Se você diz que não conseguiu se realizar como escritora, sendo a maior escritora do continente, então ninguém se realizou em nada.

– *Que acha você do amor?*

– Não acho. Amo. Não acho. Achei: Miriam.

– *Todos acham – embora sem mover uma palha para isso – que há falta de amor no mundo, amor no seu sentido amplo. A seu ver, é esse ingrediente que faria o mundo se mover em sentido enfim construtivo?*

– As pessoas chamam de amor ao amor próprio. Chamam de amor ao sexo. Chamam o amor de uma porção de coisas que não são amor. Enquanto a humanidade não definir o amor, enquanto não perceber que o amor é algo que independe da posse, do egocentrismo, da planificação, do medo de perder, da necessidade de ser correspondido, o amor não será amor. O que faz o mundo se mover em sentido construtivo é a verdade. Ainda que provisória. Ainda que seja mais caminho que meta. As palavras afogam tudo: o amor, a verdade, o mundo. Enquanto o homem não marcar um encontro sério consigo mesmo, verá o mundo com prisma deformado e construirá um mundo em que a Lua terá prioridade, um mundo de mais Lua que luar.

— *Por que motivo você não escreve uma espécie de memórias, de diário?*

— É que eu já reparei que só quando a gente começa a perder a memória é que resolve escrever memórias. Eu ainda a tenho razoável. Quanto ao meu diário, ele estaria vazio de mim e cheio das pessoas que amo. Por isso prefiro escrever sobre elas, e não o meu diário.

— *Pedro, você me parece expansivo, espontâneo. E, no entanto, é um homem também reservado, voltado para dentro de si, no sentido em que você dá aos outros e pouco pede para si. Como é você de verdade?*

— Fiz, uma vez, uma receita de viver que acho que me revela. Viver é expandir, é iluminar. Viver é derrubar barreiras entre os homens e o mundo. Compreender. Saber que, muitas vezes, nossa jaula somos nós mesmos, que vivemos polindo as grades em vez de libertar-nos. Procuro descobrir nos outros sua dimensão universal e única. Não podemos viver permanentemente grandes momentos, mas podemos cultivar sua expectativa. A gente só é o que faz aos outros. Somos consequência dessa ação. Talvez a coisa mais importante da vida seja não vencer na vida. Não se realizar. O homem deve viver se realizando. O realizado botou ponto final. Tenho um profundo respeito humano. Um enorme respeito à vida. Acredito nos homens. Até nos vigaristas. Procuro desenvolver um sentido de identificação com o resto da humanidade. Não nado em piscina se tenho mar. Gosto de gostar. Todo mundo é perfeito até prova em contrário. Gosto de fazer. Não fazer... me deixa extenuado. Acredito mais na verdade que na bondade. Acho que a verdade é a quintessência da bondade, a bondade a longo prazo. Tenho defeitos, mas procuro esquecê-los a meu modo. "Saber olvidar lo malo también es tener memoria."[70]

— *Você acredita em milagre?*

— Eu só acredito em milagre. Nada mais miraculosa que a realidade de cada instante. Acredito mais no sobrenatural. O sobrenatural seria o natural mal explicado, se o natural tivesse explicação. Gilberto Amado anotou esta frase minha. Deve ser boa.

— *Miriam é a sua companheira ideal, são pássaros do mesmo ninho. Em que mais, além do grande amor, essa criatura acompanha você?*

— Não há mérito em amar a Miriam porque nela encontro todas as mulheres do mundo. Ela me acompanha em tudo. No trabalho – é minha colaboradora melhor na reabilitação da voz –, na vida, em tudo. Ela é tão despida de egoísmo que chega às raias do desumano. Nunca vi de Miriam um gesto, uma palavra, uma atitude que não fosse para o bem dos outros. Quis casar com ela na mesma hora em que a conheci. Mas, agora que a conheço mais, gostaria de tornar a casar todos os dias.

---

[70] A frase é do poema épico argentino *Martín Fierro*, de José Hernández, do século XIX.

– De suas peças, *qual levou mais tempo em cartaz?*

– Muitas levaram "mais tempo". A recordista, porém, é As mãos de Eurídice.[71] Os pais abstratos[72] vai pelo mesmo caminho... e é a penúltima. Agora termino Orfeu espacial, que é a visão do mundo através dos olhos lúcidos e apavorados de uma juventude que ama os astros e os computadores.

– *Suas peças são arquitetadas ou você as segue mais ou menos ao sabor do que vai acontecendo?*

– Minhas peças são primeiro sofridas, depois escritas e depois arquitetadas. A arquitetura vem em último lugar. Eu só escrevo o que vivi, senti e sofri, na própria pele ou transbordando dentro da corrente humana, mesmo quando meus problemas estão superados. Acho que Os pais abstratos reflete o homem de hoje mais do que qualquer peça de protesto. A verdade é sempre o maior protesto.

– *Você gosta de você?*

– Eu poderia dizer que gosto de todo mundo... até de mim.

Manchete, nº 892, 21 de maio de 1969
Jornal do Brasil, 17 de novembro de 1973, "O que Pedro Bloch me disse"

---

[71] Esta peça estreou em 1950 e foi considerada o primeiro monólogo teatral do Brasil.
[72] Comédia em dois atos, de 1965, foi adaptada também para o cinema como *Até que o casamento nos separe*, dirigido por Flávio Tambellini (1968).

PEDRO BLOCH (1914-2004)

Pioneiro da foniatria no Brasil, foi também jornalista, compositor, poeta, dramaturgo e autor de livros infantis, tendo escrito mais de uma centena de livros nesta especialidade. Era primo do empresário Adolpho Bloch, auxiliando-o na criação da paradigmática revista semanal *Manchete* em 1952.

Escreveu As *mãos de Eurídice*, um dos maiores sucessos teatrais brasileiros, encenado mais de 60 mil vezes num total de 45 países. Destacam-se também *Dona Xepa* e Os *pais abstratos*.

JACQUES KLEIN
"Se eu não fosse pianista, seria escritor."

Quem já ouviu Jacques Klein tocar não precisa de descrições sobre o que suas mãos preciosas (estão no seguro) conseguem de um piano. Quem não ouviu, mal poderá imaginar. Como figura humana, Jacques Klein também é grande. Tem o chamado *calor humano*. E foi assim que me recebeu ao telefone quando marcamos o dia do diálogo. Estava, quando o conheci, em período de férias merecidíssimas, o que não excluiu o estudo de piano.

— *Como e quando se deu a sua primeira aproximação da música?*

— Meu pai era um apaixonado pela música. Foi fundador da Cultura Artística e do Conservatório de Música de Fortaleza, Ceará, onde nasci. E quando completei 5 anos de idade, levou-me para estudar piano. A mim e a minha irmã, aos dois. Estudei então no Ceará até a idade de 9 anos, quando nos transferimos para o Rio de Janeiro. Aqui participei de um concurso no Conservatório Brasileiro de Música, e com 9 anos tirei o primeiro lugar. Estudei com D. Liddy Chiaffarelli Mignone, esposa de Francisco Mignone, até a idade de 13 anos.[73] Foi quando o jazz me chamou. E eu atendi ao apelo.

— *Que é que você fez?*

— Eu? Passei cinco anos e meio sem frequentar um só concerto, sem ouvir uma música clássica, e tocando muito jazz em todos os momentos livres que tinha. Esse foi justamente o tempo das grandes *jam sessions* que Carlinhos e Jorge Guinle organizavam, em que se reuniam todos os músicos e amantes de jazz. Ah, eram memoráveis essas *jam sessions*, eram memoráveis. Ao lado disso tudo, eu continuava a estudar no Santo Inácio e a me preparar para seguir a carreira diplomática.

— *Como você voltou à música clássica?*

— Foi do modo mais inesperado. Fui assistir a um filme como outro qualquer – e esse filme mudou toda a minha vida. Nele tocavam o *Segundo Concerto* de Rachmaninoff, fiquei maravilhado.

---

[73] Liddy Chiaffarelli Mignone foi pianista e educadora que utilizava a psicologia no ensino da música, casada com o compositor Francisco Mignone.

A vontade de tocá-lo fez com que eu procurasse um professor e começasse a ler de novo música porque até isso eu já não sabia mais. Estudei com D. Lúcia Branco,[74] fui aos Estados Unidos estudar, voltei para cá e decidi que o piano era muito difícil e que eu deveria voltar-me ao estudo para a carreira diplomática. Essa resolução só durou seis meses. Voltei a Nova York onde estudei com um grande pianista americano, William Kapell. Depois fui a Viena, tive um período de estudos com Bruno Seidlhofer, de onde saí para competir no Concurso Internacional de Genebra, naquela época o concurso mais importante da Europa. E para a minha surpresa – surpresa mesmo –, tirei o primeiro lugar entre os 114 concorrentes. Esse concurso era anual, mas o primeiro prêmio já havia cinco anos que não era concedido a ninguém. Aí vi que estava perdido (ri), não havia como escapar, eu tinha que seguir a carreira de pianista.

– *E seu primeiro contrato?*

– Foi com a Filarmônica de Londres, seguido de vários outros justamente provocados pela curiosidade por aquele rapaz de Aracati, Ceará, que tirava um prêmio há cinco anos não concedido.

– *E no Brasil?*

– O meu *début* no Brasil foi em 19 de junho de 1954. Eu era completamente desconhecido, a não ser com a propaganda prévia do concurso. Foi uma das grandes emoções de minha vida esse contato com o público do Rio de Janeiro, minha terra adotiva. Esse público me tem sido de uma fidelidade excepcional: adoro tocar no Rio de Janeiro.

– *E em seguida?*

– Em seguida... Já toquei em 25 países, já passei da casa dos mil concertos, já toquei com as grandes orquestras do mundo, com a Filarmônica de Berlim, de Nova York, de Londres, Nacional de Paris, Santa Cecilia de Roma, para citar algumas. Já toquei com os mais famosos regentes e faço anualmente temporadas de quatro a cinco meses no estrangeiro com extensas turnês de concertos. É um pouco fora de meu estilo falar aos jornais brasileiros sobre os concertos que dou, os regentes com que toco ou as críticas elogiosas ou menos elogiosas que recebo nas minhas atuações no exterior.

– *Quem descobriu o artista em você?*

– O tempo.

– *Com que idade você foi considerado, e se considerou, pronto para tocar em público?*

– Só depois do Concurso de Genebra. Antes eu nunca dera um concerto na minha vida. Lembro-me muito bem de minha ansiedade na noite anterior à minha primeira apresentação no concurso, pois representava a primeira vez que eu pisava no palco. Ai! Minha Nossa Senhora, que momentos aqueles.

– *Você ainda fica nervoso antes de entrar no palco?*

---

[74] Pianista e professora de música que ensinou muitos músicos que chegaram a ter êxito nacional e internacional, tal como o pianista Nelson Freire.

— Não. Posso dizer que sou uma pessoa 97% calma antes de entrar no palco. Os outros 3% vão por conta do imponderável.

— *Em que países você sentiu uma audiência mais quente, mais receptiva?*

— Gosto imensamente de tocar em Viena, em Roma, em Londres, no Rio de Janeiro. Adorei tocar em Israel sob a regência de Isaac Karabtchevsky. Toquei também na África do Sul com muita alegria.

— *Que compositores são os seus preferidos?*

— Beethoven, Mozart, Schubert, Chopin.

— *E Bach?*

— Demais... Mas para mim Bach é tão alto que estou esperando o momento de me aproximar dele.

— *Quando o programa exige que você toque músicas que não são de sua preferência, como é que você faz para senti-las?*

— Esse caso não acontece. Porque sou sempre eu a enviar os programas de concertos para as várias sociedades e elas escolhem dentro do material enviado. Uma vez somente aconteceu que, para ingressar no ciclo de solistas internacionais de Konzerthaus, de Viena, fui obrigado a estudar uma peça para piano e orquestra que não me agradava em absoluto. Depois do concerto, durante a ceia com amigos, queimei solenemente a música: e nunca mais.

— *Qual é a sensação de tocar sozinho e a de tocar com orquestra sinfônica?*

— A de tocar sozinho é de maior liberdade e, eventualmente, maior facilidade de concentração. A de tocar com orquestra eu diria que produz o entusiasmo da colaboração de muitos outros músicos e de uma completação sonora infinitamente mais rica.

— *Qual foi a sua maior emoção na carreira de pianista?*

— A pergunta é difícil. Eu digo que a maior emoção que tive foi durante o segundo movimento do *Imperador*, de Beethoven, que executei com a Filarmônica de Berlim. O som e a beleza que a orquestra produzia era algo de indescritível. Isso como emoção. E um dos maiores entusiasmos de que me recordo foi o meu *début* em Nova York, com a Filarmônica daquela cidade sob a regência de Eleazar de Carvalho, quando executei o terceiro concerto de Rachmaninoff no Carnegie Hall, lotado, com a presença de Shostakowitsch, Kabalevskiy e outros grandes compositores russos.

— *Sua educação musical interferiu com sua cultura geral? Quero dizer, você é capaz de gostar de um quadro de pintura excelente ou de ler um livro e captar sua mensagem?*

— Eu diria que não interferiu em nada, muito pelo contrário. Sempre sentia necessidade de apreciar as grandes obras de arte, e a literatura foi sempre, ao lado da música, uma grande paixão.

— *Nunca lhe aconteceu uma falha de memória ao tocar?*

— Com a graça de Deus, até hoje nunca me aconteceu. Mas como dizem no

Ceará, isso acontece nas melhores famílias. E não estou livre dessa hipótese.

– *Quantas horas você continua a estudar por dia?*

– Estudo, em média, de quatro a cinco horas diárias. Mas toco outras horas mais. Estudar é uma coisa, tocar é diferente.

– *Se você não fosse o pianista que é, que forma de arte o atrairia?*

– Certamente a literatura.

– *Quais foram as críticas que mais lhe agradaram? Que mais tocaram no seu ponto ou pontos fortes?*

– Depois de mais de mil concertos, a quantidade de críticas é tal que é difícil responder a essa pergunta.

– *Quais são os seus projetos para breve e para mais longe?*

– Os meus projetos por hora são quatro meses de férias que não tiro desde 1954. Neste período vou aprender vários concertos de Mozart e Debussy. Depois, reiniciarei a atividade de concertista, inicialmente na África do Sul, na comemoração do bicentenário do nascimento de Beethoven. Em seguida, para a Europa, numa extensa turnê.

– *Depois de um concerto você se sente exaurido por ter dado tanto de si?*

– Exaurido por ter dado tanto de mim, e feliz e ansioso para receber dos outros.

– *Você tem algum* hobby, *alguma coisa fora da música que você goste de fazer?*

– Bater papo.

– *Você aceita alunos?*

– Só tenho três alunos aos quais me dedico. Infelizmente, não tenho tempo para mais. No entanto, dou anualmente um curso no Conservatório Brasileiro de Música, curso público assistido por muita gente.

Despedimo-nos certos de que nos encontraremos para um bate-papo.

Manchete, nº 893, 31 de maio de 1969
De corpo inteiro, 1975

JACQUES KLEIN (1930-1982)

Estreou em 1954 na Filarmônica de Londres e recebeu inúmeros prêmios e medalhas. Em 1955 foi eleito o melhor pianista do ano, em Londres, recebendo então o Prêmio Harriet Cohen International Music Award. Como intérprete, gravou alguns discos de MPB com obras de Dorival Caymmi, como os sambas-canção "Tão só" e "João valentão". Foi diretor da Orquestra Sinfônica Brasileira e da Sala Cecília Meireles.

Depois de se iniciar no piano com o próprio pai, Alberto Klein, em Fortaleza, Jacques cursou o Conservatório Brasileiro de Música, no Rio de Janeiro, do qual se tornaria mais tarde professor, lecionando também na Escola de Música da Universidade Federal do Rio de Janeiro. Entre seus alunos, figuram Egberto Gismonti e Arnaldo Cohen, entre outros excelentes músicos, como Clélia Iruzun. Estudou também com William Kapell, em Nova York, e na Academia de Música de Viena.

JOÃO SALDANHA

*"Se ganhar no grito fosse possível,
a Itália seria imbatível."*

Este diálogo foi especialmente escolhido tendo em vista o interesse das mulheres pelo futebol. É um jogo masculino, mas a frequência feminina nos estádios aumenta cada dia mais. Será porque a moça de hoje entende de futebol e adora assistir a uma partida? Ou será porque nos campos desse jogo essencial é que se encontram os cavalheiros, possíveis namorados? O meu diálogo serve também para a mulher entender um pouco de futebol, especialmente quando se aproxima o jogo Brasil-Inglaterra.[75]

E quem poderia dizer algumas palavras máximas e claras senão o nome do dia: João Saldanha?

Pessoalmente é um homem bonito e interessante, pouco afeito a qualquer pose: e ocupado demais para passar pelo que não é, ocupado que está em dar conta do muito que já é.

– João, desde quando você se interessa por futebol, quer dizer, mais do que os "tarados" por futebol?

– O fato é que não sou "tarado" por futebol. Mas me interesso desde criança. Desde os 8 anos, mais ou menos.

– *Quais são as nossas possibilidades em 1970?*

– Os nossos adversários nos incluem na lista dos favoritos. Isto significa que temos grandes possibilidades. Do contrário, nem eu me meteria nisso.

– *Em que base escolheu os 22 jogadores?*

– Escolhi 22 bastante conhecidos. Claro que em última análise é uma escolha pessoal. Evidentemente, os que acho melhores. Afinal de contas, eu também quero ganhar os jogos.

– *Quais são os nossos inimigos ferozes no jogo de 1970?*[76]

---

[75] Jogo "friendly" (o último da turnê da seleção inglesa pela América do Sul), que teria lugar no Maracanã em 12 de junho de 1969.
[76] A Copa do Mundo teria lugar no México em junho de 1970. Foi a primeira vez em que o campeonato aconteceu fora da Europa.

— Ainda estamos em fase de classificação. Neste sentido, a Colômbia e o Paraguai. Se passarmos, e eu estou convencido de que sim, no México a coisa é muito equilibrada. Em todo o caso, Inglaterra, Alemanha, Hungria, Argentina, Itália e Uruguai são mais temíveis. Sendo que o México é o dono da casa.

— *Qual é a sua receita para um craque perfeito?*

— Conseguir igualar-se a Pelé, Garrincha, [o argentino, Alfredo] Di Stefano, [o húngaro, Ferenc] Puskás ou [o britânico] Bob Charlton.

— *Sendo o brasileiro, e particularmente o jogador de futebol, um exclusivista, um individualista, sendo um driblador por excelência até na própria vida, como é que você pretende ajustar essa personalidade do brasileiro à concepção mais moderna do futebol, que só tende ao coletivo, à solidariedade, como chave da vitória?*

— Sem dúvida, o jogador brasileiro é um grande individualista. Mas isto não é uma contradição em relação ao futebol de conjunto. Pelo contrário, só é possível organizarem-se grandes conjuntos com grandes individualistas, ou craques.

— *Você que já esteve em tantas frentes de futebol, acredita que o nosso jogador trema diante de uma grande batalha?*

— Exatamente por ter visto nossos jogadores atuarem em 62 países diferentes, nas mais diversas e importantes competições, é que sei que isto é impossível de acontecer. Nossos jogadores atingiram uma maturidade internacional incontestável. É por isto que os outros nos consideram entre os favoritos da Copa.

— *Mesmo não entendendo de aritmética futebolística, pergunto qual é a equação que você vai usar para resolver a Copa. O "4-3-4" é muito usado hoje. Você tem uma nova fórmula?*

— Pode ser o "4-3-4" ou até o "5-3-3". Mas sempre haverá um homem a mais defendendo.

— *Qual é a possibilidade de ganharmos em 1970? Três anos antes da Copa de 1966, o treinador inglês [Sir Alf] Ramsey começou a sustentar que a Inglaterra ia ganhar o título. E a Inglaterra terminou ganhando o título. Você terá coragem de afirmar o mesmo destino para nós em 1970? A autoconvicção da vitória é uma grande arma. Não era outra que Churchill usava ao repetir tanto que ia ganhar a guerra.*

— O treinador Ramsey sabia que possuía uma grande equipe. Mas, além do mais, também sabia que a Copa seria em sua casa. Eu também sei que temos uma grande equipe. Embora não afirme que vamos ganhar a Copa, estou certo de que temos boas condições para isto. Nossa convicção é esta.

— *João, você não sente falta do drible de Garrincha?*

— O drible de Garrincha faz falta a qualquer time. Mas eu acho que o drible do Jair também é muito bom.

— *No tempo de garoto você se julgava um craque ou um perna de pau?*

— Todo garoto se julga um craque. Logo após a Copa de 58, os garotos pediam a seus pais que lhes comprassem a camisa sete. Agora têm uma preferência pela camisa dez. No meu tempo de garoto, as camisas não tinham números.

— *Por que a bola não parece redonda para todos? Pois quando chega junto de certos jogadores ela é extremamente quadrada.*

— Futebol é arte e em arte prevalece o talento. Uns têm mais, outros menos. Eis a razão.

— *Você crê que se ganhe no grito?*

— Se isto fosse possível, a Itália seria imbatível. Ninguém grita mais alto que italiano. Afinal de contas, eles cantam ópera.

— *Em sua irmã Ione Saldanha existe arte e muito boa. Em você, como se manifestou a arte?*

— Nem todos que gostam de arte conseguiram ser artistas. Eu fiquei no "segundo time".

— *Você sabe que, quando aparece na televisão, seu ar nonchalant eletriza as mulheres?*

João Saldanha riu um pouco sem jeito. Sua mulher, Teresa, também riu.

— Não. Eu não sabia que era uma central elétrica. Sou apenas um homem.

— *Se você não fosse o que é, se futebol não existisse, que é que você queria ter sido?*

— Jornalista.

— *Você às vezes me parece um irascível controlado. É verdade ou estou errando? Você é meio temperamental?*

— Nada disso. Sou um pacato cidadão brasileiro. Apenas costumo reagir quando me agridem. Nunca dei a primeira.

— *Qual foi até agora o momento futebolístico que mais o entusiasmou? Pode citar mais de um.*

— Foram muitos. Destaco, entretanto, Brasil e Tchecoslováquia em 38, Brasil e Argentina no Pan-Americano do México, os jogos de 58 na Suécia, Brasil e Espanha em 62, no Chile, e vários jogos do Botafogo, especialmente o de 57 contra o Fluminense e o do ano de 1967, contra o América, no final da Taça Guanabara.

— *Que outras profissões você experimentou?*

— Trabalhei em cartório (mas isso era em família) e numa firma de construção civil, também em família.

— *Entrevistei Zagallo e achei a conversa dele razoabilíssima. Ele pode ser aproveitado de algum modo?*

— Claro que sim. E está sendo muito bem aproveitado no seu trabalho no Botafogo.

Tínhamos tomado o segundo café e fumado vários cigarros. Continuaremos bebendo café e fumando cigarros enquanto esperamos 1970. Pela vitória.

Manchete, nº 894, 7 de junho de 1969
Jornal do Brasil, 7 de novembro de 1970, "Antes da Copa"

JOÃO SALDANHA (1917-1990)

Jornalista e treinador de futebol. Como técnico, levou o Botafogo a sagrar-se campeão nacional em 1957, e a Seleção Brasileira a classificar-se para a Copa do Mundo de 1970, antes de ser afastado supostamente por ingerência do próprio presidente Médici. Tornou-se um dos mais destacados escritores de esportes antes de passar a ser comentarista na televisão. Dono de grande lucidez, foi dos primeiros a combater a europeização do futebol brasileiro, que, efetivamente, eliminou a beleza do jogo ousado e criativo em favor da valorização da retranca.

Recebeu o apelido de "João Sem Medo", de Nelson Rodrigues, em virtude de sua militância no Partido Comunista Brasileiro, no qual chegou a exercer posição de liderança como secretário-geral da União da Juventude Comunista, o que lhe valeu a prisão em 1947.

JORGE AMADO

*"O público é que tem compromisso comigo,
e não eu com ele."*

Infelizmente não pude visitar Jorge Amado em sua casa em Salvador, Bahia, que dizem ser uma casa bela e singular: é que Jorge já estava há dois meses no sítio do tapeceiro Genaro de Carvalho, tendo como companhia única sua esposa, Zélia (o retrato de Jorge [que aparece na revista] foi tirado por Zélia enquanto ele escrevia seu novo romance).[77] No sítio, a uns vinte quilômetros de Salvador, Jorge podia esquivar-se de visitas, pois estas, mesmo que simpáticas, o impediriam de trabalhar. No meio de uma chuva torrencial, fui ao sítio, tendo tido o trabalho prévio de avisá-lo e de perguntar-lhe se me daria uma entrevista. Lá fui recebida pelo casal com um refresco de mangaba.

– *Que é que você está escrevendo agora, Jorge?*

– Um novo romance, que trata ao mesmo tempo da vida popular baiana e da vida de setores da pequena burguesia, da intelectualidade. O livro tem dois espaços e dois tempos: um tempo pretérito, quando o personagem é apresentado numa série de acontecimentos de sua vida – e entre 1868 e 1943, quando morre – e essa é a parte fundamental do romance; um tempo atual, 1968, quando o centenário de nascimento do personagem é comemorado com grandes festejos. Teremos, assim, duas faces de Pedro Archanjo – a "pura" e a impura –, uma espécie de pequeno escritor – ou sociólogo, talvez poeta – desconhecido. Não tenho ainda título definitivo para o livro, que poderá se intitular *Meu bom*.

– *Qual é o seu método de produção?*

– Parto, em geral, de uma ideia, de um fato, de uma impressão ou emoção. Durante anos esse ponto de partida vive dentro de mim, de repente se afirma,

---

[77] *Tenda dos milagres*, que sairia ainda em 1969.

começo a ver personagens e ambientes. A história vem na máquina de escrever.

— *Você se inspira em fatos reais ou os imagina?*

— As duas coisas: parto de minha experiência de vida para a criação. Invento muito, mas nunca invento no ar, minha inventiva tem sempre algo em que se apoiar.

— *Você está rico com os seus livros?*

— Não creio que livro enriqueça ninguém no Brasil, a não ser os editores (todos que conheço estão ricos) e os livreiros. Sou pobre, felizmente, mas ganho com meus livros o suficiente para viver vida modesta e digna com minha família. Escritor profissional, vivo *exclusivamente* dos direitos autorais de meus livros – escrevo pouquíssimo e cada vez menos para revistas e jornais, e essa rara colaboração não pesa sequer no meu orçamento.

— *Faça uma crítica de seus próprios livros.*

— São os livros que eu posso fazer. Busco fazê-los o melhor que posso. São rudes, sem finuras nem filigranas de beleza; são, por vezes, ingênuos, sem profundezas psicológicas e sem angústias universais; são pobres de linguagem e muitíssima coisa mais. São livros simples de um contador de histórias da Bahia.

— *Você gostaria de escrever diferente ou está comprometido demais com o seu público?*

— Eu escrevo como me agrada; não há escritor mais livre neste país. Não tenho compromissos senão comigo mesmo: nem com modas, nem com escolas, nem com circunstâncias, nem com academias, nem com editores, nada. Tenho um único compromisso: com o povo – e não é demagogia, sou o antidemagogo. Com o povo porque creio que meu dever de escritor é servi-lo. Quanto ao público, é ele que tem compromisso comigo e não eu com ele.

— *Desde que idade você escreve?*

— Desde muito tempo. Com 15 anos, ou 16, já fazia parte de grupos de jovens literatos em Salvador. Aos 18 anos, escrevi o primeiro romance, publicado no ano seguinte.

— *Quando você está escrevendo, espera pela inspiração ou trabalha com disciplina tantas e tantas horas por dia?*

— Inspiração? Inspiração para mim é a ideia, é o amadurecimento interior – eu prefiro a palavra vocação: você nasce ou não para escrever, e acabou. O trabalho só não basta. Mas o trabalho é essencial, fundamental e deve ser disciplinado. Levo anos sem fazer nada – quero dizer, sem estar na máquina a bater as páginas de um livro: durante esse tempo estou concebendo a ideia do romance – a isso chamo de inspiração. Depois vou para a máquina e trabalho com muita disciplina "tantas e tantas horas". No momento, por exemplo, acordo às cinco da manhã, antes das seis já estou na máquina e trabalho até as 13 horas. Almoço, descanso, atendo minha secretária, às 17 volto ao trabalho, até as 19, exceto aos sábados e domingos, quando não cumpro o horário das 17 às 19 horas e passo a tarde jogando pôquer ou conversando com amigos.

– *Você é um homem feliz e realizado, Jorge?*

– Sou, creio, um homem a quem a vida muito tem dado, mais do que mereço. Tenho alegria de viver, amo a vida e sempre a vivi ardentemente. Sou feliz com minha mulher, Zélia, e meu casal de filhos: João, com suas barbas e seu teatro; Paloma, com seu dengue e seu Garcia Lorca. Minha mulher é leal companheira. Tenho mãe viva, de 86 anos, Lalu, poderosa figura. Tenho dois irmãos que são amigos fiéis – um deles, James, é o bom escritor da família, em minha opinião. Tenho amigos excelentes; a amizade é o bem da vida. Vivo muito com meus amigos. Quanto a ser realizado, penso que o escritor que um dia se considere realizado, se não for um idiota (e deve ser) tem o dever de deixar de escrever, pois já se realizou.

– *Disseram-me que ninguém passa por Salvador sem querer conversar com você – é verdade?*

– Vem muita gente à minha casa, o que é, ao mesmo tempo, simpático e maçante às vezes. Em certas ocasiões, é demais. Agora mesmo, para trabalhar, tive de vir para o sítio de Genaro de Carvalho, nosso mestre tapeceiro.

– *Você é tão hábil em escrever, que se lhe dessem um tema você o aceitaria? Ou o tema tem que nascer de você mesmo?*

– Nunca aceitei encomenda nem penso em aceitá-las. Apenas uma vez deram-me um tema: conto destinado para um livro Os Dez Mandamentos [1965], em que colaboram mais nove autores.[78] O editor deu-me o tema para a história e eu aceitei escrevê-la. E a encomenda, pois cumpro meus compromissos, foi uma das piores coisas que escrevi. Sou um escritor profissional porque escrever livros é minha profissão, e não um hobby, um bico ou uma "ocupação fundamental..." de fim de semana. Sou, assim, um escritor comercial. Escrevendo meu quarto livro num espaço de tempo de 12 anos, ou seja, em média um livro de quatro em quatro anos. Quisesse eu escrever para ganhar dinheiro e, com o público que possuo, era livro de seis em seis meses, sobretudo se sou realmente "hábil" como você diz. Só escrevo aquilo que nasce e cresce dentro de mim.

– *Quem é o escritor brasileiro do passado que você mais admira?*

– Não posso citar um, impossível, não há um acima de três ou quatro. Digamos quatro poetas: Castro Alves, Gregório de Matos, Gonçalves Dias e Augusto dos Anjos. Digamos os romancistas Manuel Antônio de Almeida, José de Alencar, Aluísio de Azevedo e Machado de Assis.

– *Qual foi o fato mais importante de sua vida, Jorge?*

– Vários fatos foram importantes e várias pessoas. O padre Cabral, por

---

[78] O conto se chama "*As mortes e o triunfo de Rosalinda*". Os outros autores eram, entre outros, Carlos Heitor Cony, Helena Silveira e Marques Rebelo.

exemplo, que, no internato dos jesuítas, declarou em aula que eu seria fatalmente escritor, quisesse ou não.

— *Você está de algum modo ligado a alguma religião? Nunca teve uma experiência mística?*

— Não sou religioso, não possuo crença religiosa alguma, sou materialista. Não tive experiências místicas, mas tenho assistido a muita mágica, sou supersticioso e acredito em milagres, a vida é feita de acontecimentos comuns e de milagres. Não sendo religioso, detenho um alto título no candomblé baiano, sou Obá Otum Arolu, um dos 36 *obás*. Distinção que os meus amigos do candomblé me conferiram e que muito me honra.

— *Você costuma ler as traduções que fazem de seus livros? Porque eu, por exemplo, jamais leio para me poupar a raiva.*

— Prefiro as traduções em língua que não posso ler. Nas outras você descobre erros e se chateia. É assim ou não com você?

— *Exatamente assim: fiquei contente com dois de meus livros traduzidos para o alemão, língua que não entendo. O que mais diverte você? Você tem algum hobby?*

— Quem não tem um hobby? Jogo meu pôquer, adoro meus gatos, meu jardim que é quase uma floresta. Leio romances policiais quando estou escrevendo.

— *Você já escreveu poesia? É melhor confessar.*

— Da pior espécie possível, mas felizmente pouquíssima e inédita.

— *A que atribui o sucesso enorme de seus livros?*

— Atribuo à qualidade brasileira; a estar do lado do povo; a transmitir esperança e não desesperança.

— *Que é que você gostaria de ter sido e não foi?*

— Não creio que prestasse em profissão nenhuma. Tenho grande tendência a não fazer nada que seja obrigação.

— *Você escreve muito sobre o amor. O que é amor?*

— É a própria vida, é o melhor da vida, tudo. No amor não sou profano, aí não. Sou sectário.

— *Qual de seus personagens é mais você mesmo?*

— Todos os personagens têm um pouco do autor, não é assim, Clarice?

— *É assim, Jorge. Alguns acusam você de superficialidade nos últimos livros. Que é que você acha disso?*

— Os primeiros são, a meu ver, mais superficiais.

— *Voltemos ao assunto de tradução. Em quantos países você foi traduzido?*

— Até agora em 33 línguas, algumas realmente distantes, como o vietnamita, o persa, o mongol. Fui publicado, não contando o Brasil, em 38 países. Algumas traduções em inglês têm edições dos Estados Unidos, da Inglaterra e Canadá, em alemão, nas duas Alemanhas, na Áustria, na Suíça. Aliás, com as edições portuguesas, a soma se eleva a 39 países.

– *Qual ou quais são as cidades onde a atmosfera conduz um artista a criar mais e melhor?*

– Penso que existem duas cidades feitas à medida do homem, cidades que não são, ainda e somente, campos de trabalho: Salvador da Bahia de Todos os Santos e Paris.

– *Aqui, em Salvador, eu realmente senti que poderia escrever mais e melhor. Mas o Rio de Janeiro, com o seu ar poluído, não é nada mau, Jorge. Coloca-nos frente a frente com condições adversas e também dessa luta nasce o escritor. É verdade que muitos escritores que moram no Rio são saudosistas de seus estados e têm nostalgia da província.*

Talvez.

Manchete, nº 895, 14 de junho de 1969
De corpo inteiro, 1975

JORGE AMADO (1912-2001)

O autor de *Gabriela, cravo e canela* e *Dona flor e seus dois maridos* tornou-se uma espécie de representante do povo baiano, o mais popular e um dos mais traduzidos escritores brasileiros. Viveu exclusivamente dos direitos autorais de seus livros, que foram publicados em 52 países e traduzidos para 48 idiomas. Em 1995, recebeu o prêmio Camões. Sua obra literária foi objeto de inúmeras adaptações para cinema, teatro e televisão, tornando-se inclusive enredo de escolas de samba.

Jorge Amado foi deputado federal pelo Partido Comunista Brasileiro, mas foi preso e teve seus direitos políticos cassados depois que o presidente Gaspar Dutra obteve o cancelamento do registro do PCB e a consequente extinção dos mandatos eletivos. Em 1987 foi criada, com apoio do escritor e de sua esposa, Zélia Gattai, e da também escritora Myriam Fraga, a Fundação Casa de Jorge Amado, dirigida por esta última durante três décadas.

MÁRIO CRAVO

*"O dedão do pé pode ser mais expressivo
que o rosto de uma donzela."*

Num catálogo para uma exposição em Salvador,[79] Mário Cravo escreveu: "'Três estados do ferro', título dado à presente mostra, surge de 16 anos de colóquio mantido com o ferro, material insólito e frágil, ao mesmo tempo terno e bárbaro. Os estados, aos quais me refiro, são os diferentes tipos de tratamento de superfície das esculturas." E explica os estados: o primeiro estado do ferro é encontrado nas esculturas lixadas ou levemente polidas, protegidas por uma tênue camada de verniz sintético e incolor, para evitar a ferrugem e a perda de brilho. "Sua cor de chumbo é marcante, o reflexo um tanto fosco."

O segundo estado, segundo Mário Cravo, está em esculturas de menor porte, de cor amarelo-brilhante: aplicação de latão em fusão sobre a superfície do ferro ao rubro. "Em alguns casos, adiciono o cobre a tal técnica de revestimento e notamos sua presença através de tons levemente róseos." E o último e terceiro estado: as esculturas oxidadas, que deixam o escultor frente a frente com a matéria. "A predominância é de marrom-avermelhado, característica do óxido de ferro. A superfície grossa vem dos respingos de solda elétrica." E, acrescenta Cravo, "finalmente o ferro descobre sua quietude baça, presente ao escultor, que tantos anos levou para aceitar a oxidação como valor imanente à própria matéria".

Foi em busca de ver esses fascinantes estados da escultura de Mário Cravo que o procuramos no seu enorme ateliê: todo um porão de uma casa grande. Foi difícil achar a casa, e afinal eis-nos diante do escultor: quarenta e seis anos e uma bela cabeça de homem.

— *Que é que faz de um homem um artista, Mário?*

— Primeiro, ser essencialmente homem, primeiro que tudo. Segundo, uma

---

[79] A exposição "Três estados do ferro", que teve lugar na Galeria Convivium em 1965.

dose acima da média de sensibilidade. Terceiro, a capacidade de controlar e orientar em termos construtivos essa força interior. Quarto, querer, como todo homem, transformar o mundo, interferir nele.

– *Quais foram os seus mestres?*

– No início meu interesse era astronomia, e o Prof. Aurélio Menezes, professor de geodésia, deu-me sua compreensão. Depois tive o apoio de um velho santeiro baiano, o último de sua estirpe, Pedro Ferreira.

– *Que tipo de apoio o santeiro lhe deu?*

– Ele me introduziu nas técnicas tradicionais da escultura em madeira. No Rio de Janeiro, Humberto Cozzo, um escultor, transmitiu-me seus conhecimentos da modelagem em barro. Meu último mestre foi um iugoslavo: Ivan Meštrović, com quem aprendi a trabalhar em pedra e mármore.

– *Você acha que escultura é passível de didatismo, isto é, pode-se ensinar alguém a fazer escultura numa fase inicial?*

– Só se o indivíduo tem potencializadas certas características fundamentais. Por exemplo, um homem que tem total aversão ao uso das mãos possivelmente estará menos aparelhado basicamente para se iniciar como escultor e, portanto, absorver a técnica. Há outras características que são do domínio das artes plásticas: perseverança, continuidade, intensidade etc. A escultura tem muito a ver com a ação física, embora esta seja, segundo meu modo de ver, resultante por sua vez de uma válvula sensorial e intelectual.

– *Como é que você descobriu em si mesmo o artista, e particularmente o escultor?*

– Eu teria que resumir primeiro a fase inicial e fundamental da descoberta da vocação, o que abrange uma média de cinco a oito anos. Essa fase de procura determinou as linhas básicas do temperamento e da maneira de ser. Este ciclo fornece subsídios para a segunda fase, mais intensa e ativa, já compromissada profissionalmente. Mais outros dez anos, esse segundo ciclo. Finalmente, o ciclo de definição do seu estilo como artista, o que ocupa os restantes anos de vida. A resposta está situada em cada uma dessas etapas porque eu não tenho uma definição ortodoxa de "o artista". As primeiras experiências foram quando descobri que era capaz de criar no sentido de fazer bidimensionalmente um objeto. Foi uma intensa sensação, porém de duração curta, pois o ato de criar aos poucos foi se dissolvendo na prática cotidiana da profissão. O escultor em mim foi cuidado através da prática sensorial com materiais primeiro naturais, depois artificiais. Me senti escultor quando descobri um imenso amor pelos materiais e pelas formas. Tenho uma especial necessidade do contato com a matéria que será o instrumento de minha comunicação. Entre o escultor e a matéria tem que haver um diálogo antes que o resultante venha a se transformar em mensagem.

– *Algumas esculturas que vi de você me causaram impacto e não entendi completamente por quê. O que é que atualmente você está querendo transmitir?*

— Essa pergunta é fogo... O que o artista pretende exatamente está implícito no que ele faz. Nem sempre a proposta do artista é assimilada pelo observador. A aceitação de um objeto de arte inusitado por parte do observador é oriunda de sintonia em faixas comuns entre o artista e o observador. As minhas esculturas, de um modo geral, sempre se acentuaram numa faixa de agressividade, o que cobre grande parte do meu trabalho executado até hoje. Procuro atualmente uma síntese para a minha escultura, possivelmente mais contida e menos inquietante.

— *Que parte do seu eu você transmite em ligação com o mundo?*

— Preferencialmente o *eu* construtivo, no sentido de contribuir para a existência do próprio homem. Creio firmemente que o trabalho de arte é carregado de responsabilidades éticas, não importa a forma exterior que ele toma. A arte é feita por homens e para homens. O resto são variações sobre temas de interesses pessoais ou de serventia ideológica.

— *Você vive muito em contato com seus amigos, em Salvador, ou prefere uma vida mais isolada?*

— Por temperamento, sou um homem arredio, sem por isso considerar este fato como aspecto relevante de meu caráter. Sou comunicativo e expansivo, da mesma forma que apaixonado e intenso, até mesmo nos erros. Gosto de muita gente, porém pouco tempo. (Ri olhando para sua mulher.) Prefiro a intimidade de poucos, mesmo que não sejam pessoas excepcionais.

— *Em sua opinião, quais são os maiores escultores do mundo no momento?*

— Escultores vivos?

— *Sim.*

— Marino Marini, César, [Constantin] Brancusi (já morto, mas muito recentemente). David Smith também é um grande escultor.

— *Você passou definitivamente da fase figurativista à abstracionista?*

— Eu sou um escultor figurativista mesmo quando faço coisas não figurativas. As minhas formas mais puras, mais despojadas, têm relação com o mundo orgânico. São núcleos, formas germinantes, óvulos ou ovulação, crescimento etc., todos eles termos essencialmente figurativos, embora não apresentados por forma humana ou animal. Estou preocupado em sintetizar estruturalmente, economicamente, o universo baiano, em princípio.

— *Como foi que se deu a passagem da forma humana à forma atual? Aos poucos ou de uma vez?*

— A todo parto antecede uma gestação. Não quero dizer que esteja excluída do rol das possibilidades a volta à figura humana. Não aceito a dualidade, da mesma forma que recuso limitar o problema de arte da humanidade à estreita faixa do figurativo e do não figurativo. Desde a época das cavernas que o homem vem executando essas duas modalidades de arte sem o aspecto conflitual que queremos hoje em dia emprestar. Existe boa arte figurativa como boa arte não figurativa.

– *O rosto humano interessa a você como escultor?*

– O rosto humano me interessa como rosto humano. O rosto humano me interessará como tema para fazer escultura quando na minha fase esse detalhe do corpo humano for importante para tal. O dedão grande do pé pode ser mais expressivo, se feito por um grande artista, do que a mais linda face de uma donzela executada por uma senhora rica e entediada que se dedique à escultura.

– *Quem, no Brasil, você destaca na escultura?*

– Escultores importantes no passado e no presente no Brasil? Eis alguns nomes: Frei Agostinho da Piedade, Francisco [das] Chagas, o "Cabra", e, obviamente, o Aleijadinho. Contemporâneos: Bruno Giorgi, Franz Weissmann.

– *Quando é que você pretende fazer uma exposição de seus novos trabalhos?*

– Sempre faço no Rio e em São Paulo. Ano passado expus em São Paulo e lá também será minha próxima exposição. Assim que tenha chance, farei uma no Rio. Ouvi falar de uma mostra no Museu de Arte Moderna de quatro escultores brasileiros na qual eu tomaria parte. Mas como não tive nenhuma comunicação oficial, aguardo.

– *Você vende bem?*

– Razoavelmente bem para um escultor brasileiro que nasceu, vive e trabalha em Salvador.

– *Para sustento de vida, pode-se no Brasil viver apenas de arte, da escultura, por exemplo?*

– Eu vivo exclusivamente da arte.

– *Se você não esculpisse, que outra arte serviria para você se manifestar?*

– Eu sou perfeitamente integrado na minha profissão. Se fosse repetir, percorreria o mesmo trajeto, se em igualdade de condições.

– *Em que parte do mundo você moraria, sem ser Salvador?*

Se eu desejasse viver em alguma parte do mundo que conheço, já estaria lá. Sou um homem integrado no meu meio. Se assim não fosse, repito: estaria fora daqui.

– *Você é realmente baiano ou escolheu esta terra para trabalhar?*

– Sou baiano e já adulto descobri a terra ideal para o trabalho. Senão estaria no Rio, em São Paulo, em San Francisco etc., pois já tive chances. Para um artista é importante encontrar o seu local de trabalho, o seu *ateliê*, a sua paisagem, a sua gente. Porque só desta maneira poderá ele situar-se em profundidade numa área universal. Paris foi, e em parte ainda o é, uma cidade que por várias razões tem ambiência e atmosfera propícias às artes e aos artistas. É assim que considero minha permanência nesta velha cidade do Salvador.

– *Você trabalha com modelos?*

– Sim, por que não? Os meus modelos são a planta que brota no chão junto de minha casa, os pássaros, a natureza, os deuses, os homens com seus costumes, seus mitos e tudo o mais. Há muito de inseto, minha amiga, no módulo lunar.

– *Em que você está trabalhando agora?*

– Agora estou me preparando para executar uma escultura composta de dois grandes tanques de transporte de petróleo, que será uma espécie de meio totem e meio nave espacial. Será arrumada com um grande T, no qual o observador, além de valorizar a escultura por fora, tomará parte nela percorrendo o seu interior. O T terá três seções: a base, ou seja, o apoio, terá o seu interior trabalhado a fim de que o observador entre em contato com formas, sons e cores relacionando-nos com o ancestral. Digamos, com certos arquétipos. Na segunda ala do T, na parte elevada, formas, sons e cores relacionados com o mundo contemporâneo. E finalmente a terceira ala: uma tentativa de antevisão através dos mesmos elementos sensoriais do amanhã.

Todas as esculturas que vi no ateliê de Mário Cravo, eu as compraria, se pudesse. E nelas descobri realmente formas germinantes, óvulos, ovulação: vida, enfim. Eu poderia conversar horas com Mário Cravo sobre o Mário Cravo escultor, sobre o Mário Cravo homem. Ele é uma pessoa que vale a pena. Senti a sua grandeza.

Manchete, nº 896, 21 de junho de 1969
Jornal do Brasil, 17 de junho de 1972,
"Uma lição de escultura", 3 de março de 1973, "Mário Cravo"

MÁRIO CRAVO [Júnior] (1923-2018)

Foi escultor, gravador, desenhista e professor, integrante da primeira geração de artistas plásticos modernistas da Bahia, juntamente com Genaro de Carvalho e Carlos Bastos. Impregnou sua obra com as tradições, crenças, costumes e mitos do povo baiano. Em 1951, ganhou o prêmio jovem aquisição na I Bienal de São Paulo e passou a ser reconhecido no resto do país. Com esculturas de grande porte, como a Fonte da Rampa do Mercado, ao lado do Elevador Lacerda, e a Cruz Caída, no Belvedere da Sé, é presença marcante na cidade de Salvador.

Foi pai de Mário Cravo Neto (1947-2009), também escultor, que se destacou como cineasta e, sobretudo, fotógrafo. Em 2023, o Museu de Arte Moderna da Bahia o homenageou com a importante retrospectiva póstuma: *Legado Mário Cravo – 100 anos*.

CARYBÉ

*"O feitiço da Bahia começa pela cozinha.
Você só se alimenta de comidas sagradas."*

E eu que tinha como um dos objetivos da viagem à Bahia dialogar com Carybé, terminei conseguindo-o no Rio...? Ele esteve dois meses na Europa e passava por aqui rumo a Salvador. E eu o tive à minha frente com seu ar dos mais humanos que já senti: é uma pessoa de fato.

— *Seu nome é mesmo Carybé?*

— Fui registrado como Hector Bernabó. Carybé é meu nome de artista.

— *Você é argentino de nascimento, mas brasileiríssimo e, ainda por cima, baianíssimo de coração. Como é que você explica seu amor, aliás correspondido plenamente, pelo Brasil?*

— É simples: saí da Argentina ainda criança de colo; depois fui para a Itália (meu pai era italiano) e aos 8 anos vim para o Rio. E ainda por cima minha mãe era gaúcha. Quanto à Bahia, foi um namoro comprido. Conhecemo-nos em 1938. Fiquei com a ideia fixa de morar na Bahia e voltei lá por duas vezes sem poder concretizar meu desejo. Até que uma carta vergonhosamente elogiosa de Rubem [Braga] abriu-me as portas da Bahia na pessoa de Anísio Teixeira, no governo de Otávio Mangabeira. E me deram a tarefa de desenhar durante um ano as coisas da Bahia. Esse ano se estendeu pelos 19 em que estou lá.

— *Agora, Carybé, você vai, por favor, me explicar o fascínio da Bahia a que também sucumbi, tanto que só penso em voltar e passar pelo menos um mês trabalhando por lá.*

— Minha linha era sempre uma aventura sul-americana. Fui para o Peru, para a Bolívia, para o Chaco argentino, onde morei com os índios. Mas a Bahia ganhou o campeonato porque é uma cidade viva. Em geral as cidades que têm história, arquitetura – enfim, que viveram desde o começo da América – são cidades-museus. Mas a Bahia tem arte e arquitetura modernas, um povo alegre, simpático, sobretudo bom, ao mesmo tempo que fortalezas, catedrais e o mar que é maravilhoso.

— *Poucas vezes vi mar mais bonito e mais audacioso que o da Bahia.*

— Salvador é uma cidade que parece encomendada para artistas plásticos, para escritores, cineastas. Enfim, tudo lá é uma espécie de incubadeira para essa gente.

— É o que eu senti, Carybé: como se uma sereia me chamasse com o seu feitiço.

— Agora, Clarice, você disse a palavra certa: feitiço. O feitiço é vivo, começa pela cozinha. Você se alimenta de comidas sagradas. Por exemplo, acarajé é comida de Iansã, que é um orixá-fêmea dos ventos e das chuvas. O caruru é o *amalá* de Xangô. E quase todos os pratos típicos baianos são a comida dos orixás (santos do candomblé). Depois tem arvoredos que são a morada de *encantados* (orixás também). E a música de Caymmi, Caetano Veloso, Gil, Tom Zé e muitos outros. Tem sol, tem pescadores, tem o diabo... que não é bem diabo, é Exu, o diabo do candomblé que é de uma travessura diferente da dos outros diabos e, sendo bem tratado, torna-se um amigo inestimável.

— No começo de sua carreira como pintor, é verdade que você desenhava muito os botos?

— Eu trabalhei muito em jornal para poder ter dinheiro e ilustrava livros. Até que pouco a pouco pude me sustentar exclusivamente com a pintura. Isso se deu na Bahia, o lugar onde eu menos imaginava que pudesse viver só de arte.

— Mas... e os botos?

— Os botos, quando mais contato tive com eles, foi ilustrando um livro de Newton Freitas sobre lendas amazônicas. E também numa viagem longa que fiz pelo Amazonas, onde os bichinhos pulavam acompanhando as alvarengas (canoas imensas) e os navios-gaiola. Nunca vi um transformado em pessoa...

— Você hoje é chamado pelos ingleses de "o pintor dos cavalos". E eles compraram nada menos que quarenta telas suas... Como eu tenho alucinação por cavalos de todas as espécies, queria saber se você também tem.

— Tenho, sim, Clarice, é o animal de que eu talvez mais goste. Viajei muito em companhia deles. Agora a coisa de "pintor de cavalos" foi devido ao presente que a Bahia ofereceu à rainha da Inglaterra.[80] Sendo ela também apreciadora de cavalos, o embaixador [John] Russell sugeriu que lhe fosse dado um quadro meu onde figurava montarias. Agora fiz uma exposição em Londres; em novembro farei outra na Tryon Gallery com tema indicado, cavalos. Concorrerei com pintores de umas oito nações: ingleses, mexicanos e australianos, entre outros.

— Você trabalhou durante sua recente viagem pela Europa? Tomou notas?

— Fiz umas crônicas ilustradas para o *Jornal do Brasil* e para *A Tarde*, da Bahia. Mas o principal trabalho foi ver. Os olhos são a ferramenta da gente. (Os olhos de Carybé são de um castanho-dourado, bem atentos às coisas que o rodeiam: não há perigo de lhe escaparem visões.) E agora es-

---

[80] A rainha Elizabeth e o príncipe Phillip fizeram a sua única visita ao Brasil em 1968, o iate real atracando em Salvador no dia 2 de novembro. O governador Luiz Viana Filho organizou uma recepção em que Jorge Amado e Carybé estavam presentes.

tou doido para chegar à Bahia para ver o que acontece.

– *Chegando lá, qual é a primeira coisa que você pretende fazer?*

– Tomar contato com minhas latas, meus pincéis, e ver o que vai fermentar ou já fermentou das coisas que vi.

– *Sobretudo o que é que você viu pela Europa?*

– Por exemplo, vi Londres, que foi uma surpresa para mim. É uma espécie de reinado da juventude, da liberdade de viver e de criar. E, depois, a porta de São Pedro, de Giacomo Manzù,[81] as catedrais romanas e góticas, e sobretudo o povo da Espanha, da França, da Itália, da Inglaterra. Essa é a coisa de que eu mais gosto: povo, gente. Em Sevilha, por exemplo, houve um paralelo entre a tragédia e a alegria: a tragédia da Semana Santa e a alegria desbordada na Feira dessa cidade – o mesmo povo com sentimentos opostos. Na Feira é uma alegria de doidos, as moças a cavalo, vinho, castanholas, bailes. Na Semana Santa, o soturno, uma atmosfera de Idade Média, com penitentes e véus negros cobrindo cabeças de mulheres, o canto mais sentido do mundo, que são as *saetas* que o povo canta para Jesus e Maria.

– *O rosto humano lhe interessa para desenhar?*

– Me interessa demais até, mas não sou retratista. O que mais eu apreendo são gestos do corpo todo, movimentos, maneira de sentar, de andar, de carregar coisas, enfim, a vida humana e a dos bichos. Eu adoro bichos.

– *Você tem muitos amigos na Bahia – isto é, amigos que você frequenta?*

– Eu graças a Deus não tenho inimigos. Sou muito amigueiro e tenho amigos um pouco pelo mundo todo.

– *Posso de agora em diante ser considerada por você também sua amiga?*

– Você é minha amiga há muitíssimos anos através de Inês Besouchet, do Marino-Macunaíma, do Jorge Amado, da Zélia, do Rubem e outros amigos comuns. E sobretudo por ter lido o que você já escreveu.

– *O que me diz você na Bahia dos músicos, pintores, escritores?*

– Está tudo no ar. Não no ar da tevê, como se diz agora, mas no ar mesmo, no sol, e no povo. Na Bahia não há grupos em choque: cada um trabalha como acha que deve ser. Eu penso que é isso que dá essa atmosfera de criação que se respira lá e que nos inspira. É uma coisa misteriosa, Clarice, porque os plásticos, os músicos, os escritores, os poetas brotam com facilidade e com amizade mútua.

– *Há quantos anos você pinta, Carybé?*

– Tenho 58 anos, pinto desde os 15. Faça a conta.

– *Por que você escolheu o pseudônimo de Carybé?*

– Tenho um irmão que também é pintor e dava confusão os dois com o mes-

---

[81] "*A porta da morte*", uma das portas da Basílica de S. Pedro, no Vaticano, é obra de Manzù.

mo nome. Aí procurei um pseudônimo. Veja você, eu era escoteiro do Clube do Flamengo e pertencia a uma patrulha na qual todos tinham nomes de peixes. E eu era o peixe carybé. Achei o nome sonoro e curto, e adotei-o. E não diga nada a ninguém, mas o carybé é uma piranha...

— *Estou aqui morrendo de inveja de você que vai amanhã, tão expressivamente apressado, pra Bahia...*

— Se você quer ir à Bahia para escrever, é preciso duas coisas: muita vontade de sua parte, e nós lá pedirmos a Exu que abra os caminhos para a sua ida...

— Depois que terminei e publiquei romance mais recente, *Uma aprendizagem ou o livro dos prazeres*, estou inteiramente vazia de inspiração. Mas nisso de inspiração também conto com Exu, que já é meu amigo do peito e vai me ajudar em tudo, entendeu? Exu é poderoso.

Manchete, nº 897, 28 de junho de 1969

CARYBÉ (1911-1997)

Artista plástico argentino, cujo nome de batismo era Hector Julio Paride Bernabó. Radicou-se, inicialmente, no Rio de Janeiro depois de ter vivido na Itália até os 8 anos. Fixou-se definitivamente na Bahia a partir de 1950, naturalizando-se sete anos depois. Suas obras traduzem a baianidade expressa nas cenas cotidianas e no folclore popular. Destacou-se pela criação de murais, hoje expostos em São Paulo, Rio de Janeiro, Bahia, Montreal, Buenos Aires e Nova York. Fez ilustrações de obras literárias, como O *sumiço da santa*, de Jorge Amado, atuando também em praticamente todos os campos das artes plásticas. Além dos já citados, foi: pintor, desenhista, gravurista, ceramista, entalhador e mosaicista.

HÉLIO PELLEGRINO

*"Se não sei perder, não ganho nada
e terei sempre as mãos vazias."*

Escolhi Hélio Pellegrino para um diálogo perfeitamente possível sobretudo porque eu o considero um dos seres humanos mais completos que conheço.

Qual é o traço marcante de Hélio? A tolerância, digamos, e um amor que ele distribui quase sem sentir, amor no sentido de amizade. Mas nem por isso ele é um "bonzinho": pelo contrário, é firme como ele só, e capaz de entrar em violentas discussões e agregar-se ao que for importante. Com todo o seu temperamento, é no entanto capaz de julgar uma situação com grande isenção de espírito ou fazer uma crítica literária de muita agudez. Como poeta, é ótimo também. E - felizmente - não se trata de uma pessoa perfeita. É mais uma pessoa se aperfeiçoando dia a dia. É bom estar com Hélio Pellegrino: a gente se sente compreendido, sente-se alegre porque ele é um ser humano profundo. Rir com ele é ótimo, e chorar perto dele também deve dar certo, imagino.

Quando estou com Hélio, eu me sinto valorizada como pessoa. Perguntei ao Dr. Ivã Ribeiro, psicanalista como Hélio, e trabalhando em salas contíguas, o que achava de meu entrevistado. Disse: "Custou-me e ainda custa desaprender e resistir ao fácil ofício de fazer frases. Com o tempo, me convenci de que a frase pode transformar coisas vivíssimas em bichos empalhados. Além disso, a pessoa de Pellegrino, não são suas opiniões, mas que ele é e procura incessantemente a cada hora vir a ser. Quase não convivemos, quase não nos frequentamos, mas *nunca* ele é o *ausente* para mim e espero que eu nunca seja para ele."

Recomendo aos leitores que leiam essa entrevista, pois só aparentemente é difícil.[82]

— Hélio, é bom viver, não é? É pelo menos a impressão que você me dá.

— Viver - essa difícil alegria. Viver é jogo, é risco. Quem joga pode ganhar ou perder. O começo da sabedoria consiste em aceitarmos que *perder também faz parte do jogo*. Quando isso acontece, ganhamos alguma coisa de extremamente precioso: *ganhamos nossa possibilidade de ganhar*. Se sei

---

[82] As frases sublinhadas foram cortadas quando a entrevista foi republicada por terceira vez em *Fatos & Fotos: Gente*.

perder, sei ganhar. Se não sei perder não ganho nada, e terei sempre as mãos vazias. Quem não sabe perder, acumula ferrugem nos olhos e se torna cego – cego de rancor. Quando a gente chega a aceitar, com verdadeira e profunda humildade, as regras do jogo existencial, viver se torna mais do que bom – se torna fascinante. Viver bem é consumir-se, é queimar os carvões do tempo que nos constitui. Somos feitos de tempo, e isso significa: somos passagem, movimento sem trégua, finitude. A quota de eternidade que nos cabe está encravada no tempo. É preciso garimpá-la, com incessante coragem, para que o gosto do seu ouro possa fulgir em nosso lábio. Se assim acontece, somos alegres e bons, e a nossa vida tem sentido.

– *Por que você escreve esporadicamente, e não assume de uma vez por todas o seu papel de escritor e criador?*

– Poderia driblar a sua pergunta respondendo com uma meia-verdade – escrevo menos esporadicamente do que publico. Mas esta seria uma saída falsa, e não quero ser falso. Escrever e criar constituem, para mim, uma experiência radical de nascimento. A gente, no fundo, tem medo de nascer, pois nascer é saber-se vivo e – como tal – exposto à morte. Escrevo mais do que devo para – quem sabe? – manter a ilusão de que tenho um tempo longo pela frente. A meu favor, posso dizer a você que, com frequência, agarro-me pelas orelhas e me ponho ao trabalho. Há umas coisas valiosas nas quais acredito com muita força. Preciso dizê-las e vou dizê-las.

– *Diga qual é a sua fórmula de vida. Eu queria imitar.*

– Há, no *Diário íntimo* de Kafka, um pequeno trecho ao qual gostaria de permanecer para sempre fiel, fazendo dele a minha fórmula de vida: "Há dois pecados humanos capitais, dos quais todos os outros decorrem: a impaciência e a preguiça. Por causa de sua impaciência, foi o homem expulso do paraíso. Por causa de sua preguiça, não retornou a ele. Talvez não exista senão um pecado capital, a impaciência. Por causa da impaciência, foi o homem expulso, por causa dela não consegue voltar. Tenhamos paciência – uma longa, interminável paciência – e tudo nos será dado por acréscimo."

– *Como encara sua profissão, Hélio?*

– A psicanálise é, para mim, a ciência da liberdade humana. Quem fala em liberdade humana fala sempre em comunicação e encontro. A psicanálise é, portanto, a ciência da comunicação e do encontro. O trabalho psicanalítico visa à construção de um encontro entre duas liberdades. Isto significa que a psicanálise visa ao encontro entre duas pessoas, já que o centro da pessoa é liberdade. Não há liberdade sem abertura ao Outro, sem *consentimento* na existência do Outro como tal e enquanto tal. Os distúrbios emocionais podem ser conceituados em termos de limitações ou distorções nessa abertura, implicando uma perda de disponibilidade com respeito ao Outro. Se minhas ansiedades básicas exigem de mim que faça do Outro um instrumento de meu esquema de segurança, já não posso aceitar o

Outro como um fim em si mesmo – isto é, em sua essência de ser-outro. Vou inventá-lo à imagem e semelhança de meus temores, torno-me o eixo de referência ao qual o Outro deve referir-se e submeter-se. A psicanálise, sendo um longo convívio humano antiautoritário, é um chamamento à liberdade e à originalidade do paciente e do analista para que ambos assumam a alegria da comunicação autêntica.

– *Como se desintoxicam os padres nos confessionários depois de receberem tantas e tantas confidências?*

– Receber confidências, esforçando-se por compreendê-las, é um exercício de amor. O amor é, a meu ver, o grande desintoxicante, o antídoto mais poderoso contra os venenos da alma. O padre, no confessionário, na medida que não se torna um burocrata, encontra na própria atividade que exerce o alimento para sua renovação espiritual e psicológica. Não são as confidências que intoxicam. O que faz mal é o tédio, o desinteresse, a ausência de simpatia, a cegueira ao Outro.

– *Você quereria ter outras vidas? Era o meu sonho ter várias. Numa eu seria só mãe, em outra vida eu só escreveria, em outra eu só amava.*

– Sou um homem de muitos amores – isto é, de muitos interesses – e, para tão longos amores, tão curta é a vida. Não há ninguém que consiga, no tempo de uma vida, esgotar todas as suas possibilidades. Se me fossem dadas outras e outras vidas, gostaria de ser: a) filósofo profissional; b) romancista; c) marido de Clarice Lispector, a quem me dedicaria com veludosa e insone dedicação; d) chofer de caminhão; e) morador em Resende, apaixonado por uma moça triste, debruçada à janela de uma casa, saída de um quadro de Volpi; f) seresteiro, poeta, cantor com a música de Chico Buarque.

– *Hélio, diga-me agora, qual é a coisa mais importante do mundo?*

– A coisa mais importante do mundo é a possibilidade de ser-com-o-outro na calma, cálida e intensa mutualidade do amor. O Outro é o que importa, antes e acima de tudo. Por mediação dele, na medida em que o recebo em sua graça, conquisto para mim a graça de existir. É esta fonte da verdadeira generosidade e do entusiasmo – Deus comigo. O amor genuíno ao Outro me leva à intuição do todo e me compele à luta pela justiça e pela transformação do mundo.

– *Qual a coisa mais importante para uma pessoa como indivíduo?*

– Pessoa e indivíduo, sem estarem em oposição, constituem, no entanto, uma polaridade dialética. O indivíduo, em processo de individuação, se personaliza. E, na medida que o faz, transcende sua dimensão individual, insere-se num todo comunitário onde o indivíduo se perde para que a pessoa possa ganhar-se. Creio que a coisa mais importante para uma pessoa, como indivíduo, é morrer em si o indivíduo para que a pessoa possa nascer e desenvolver-se. Na pessoa, o indivíduo morre para renascer em nível mais alto, já não como indivíduo, mas como um ser que – repartido – se torna capaz de compartilhar esquecendo-se de si.

– Que é o amor?

– Amor é surpresa, susto esplêndido – descoberta do mundo. Amor é dom, demasia, presente. Dou-me ao Outro e, aberto à sua alteridade, por mediação dele, recebo dele o dom de mim, a graça de existir, por ter-me dado.

– *Hélio, uma vez um dos meus filhos, quando tinha 7 anos, me perguntou como se chamava uma pessoa que não acreditava em Deus, mas amava Deus. Pergunto: quem é Deus?*

– Toda criança é, por excelência, um ser capaz de administrar-se. Por isso, toda criança é capaz do autêntico filosofar. A questão que o seu filho propôs, aos 7 anos, justificaria um longo ensaio teológico. Vamos, porém, à sua pergunta: Deus é o Ser em si mesmo, fundamento de todos os entes, abismo insondável de cujas profundezas todos os entes brotam. Deus é a raiz última de todas as coisas. A glória, a graça e o solene mistério de todas as coisas decorrem da presença do sagrado nelas – sinal ontológico de sua proveniência. Qualquer experiência de profundidade é, a meu ver, uma experiência autenticamente religiosa – conhecimento de Deus –, embora a ela possa não corresponder uma profissão de fé teísta.

– *Hélio, você é analista e me conhece. Diga – sem elogios – quem sou eu, já que você me disse quem é você. Eu preciso conhecer o homem e a mulher.*

– Você, Clarice, é uma pessoa com uma dramática vocação de integridade e de totalidade. Você busca, apaixonadamente, o seu *self* – centro nuclear de confluência e de irradiação de força – e esta tarefa a consome e faz sofrer. Você procura casar, dentro de você, luz e sombra, dia e noite, sol e lua. Quando o conseguir – e este é trabalho de uma vida – , descobrirá, em você, o masculino e o feminino, o côncavo e o convexo, o verso e o anverso, o tempo e a eternidade, o finito e a infinitude, o *Yang* e o *Yin*; na harmonia do TAO – totalidade. Você, então, conhecerá homem e mulher – eu e você: nós.

– *Hélio, me dá um poema!*[83]

(Hélio riu muito porque se lembrou de um fato que passarei agora a narrar: um grupo de jovens escritores mineiros foi visitar o poeta Augusto Frederico Schmidt, na Orquima, uma das empresas desse poeta. Todos estavam emocionados, mas um entre eles não conseguiu abrir a boca para uma só palavra. Então, o Schmidt virou-se para esse que se chama Jacques do Prado Brandão e disse-lhe sem nenhum preâmbulo, à queima-roupa: "Vamos, rapaz, me dá o seu poema!" Houve um rebuliço geral diante de uma tão inesperada intimação. Mas o Schmidt não recuou: "Deixe de conversa e me dê o poema!" Aí o Jacques do Prado Brandão, muito sem jeito, meteu a mão no bolso e lhe deu um poema: Schmidt havia adivinhado certo.)

– Você me pediu um poema, Clarice? Pois aí está.

---

[83] Esta última parte aparece só na última versão da entrevista, a que aparece em *Fatos & Fotos: Gente* em 1977.

Arraial do Cabo

para Sarah

O mar o mar escachoa

–incessante ruído–

o sol rasante arpoa

o dorso d'ouro deste touro

o vento varre o rosto

do tempo:

Eia!

corrimões de área

casamento

entre gaivota e vento

Arraial, 2/1/77

Manchete, nº 900, 19 de julho de 1969
Jornal do Brasil, 4 de setembro de 1971, "Um homem chamado Hélio Pellegrino"
De corpo inteiro, 1975
Fatos & Fotos: Gente, nº 807, 14 de fevereiro de 1977

HÉLIO PELLEGRINO (1924-1988)

Psicanalista, poeta e escritor, integrou o grupo dos "Quatro Mineiros" amigos desde os tempos de escola do qual também faziam parte Fernando Sabino, Paulo Mendes Campos e Otto Lara Resende.

Foi um dos fundadores da UDN (União Democrática Nacional) e do jornal clandestino *Liberdade*. Em 1946 abandonou a UDN para formar a Esquerda Democrática, integrando em 1980 o grupo de intelectuais que participou da criação do PT (Partido dos Trabalhadores). Sempre preocupado com a interação entre psicanálise e sociedade, Hélio Pellegrino manteve colunas influentes em diferentes jornais ao longo da vida, tais como: O *Globo*; *Correio da Manhã*; O *Pasquim*; *Jornal da República*; *Jornal do Brasil*.

PAULO AUTRAN

*"Talvez eu esteja realizando o sonho
de todo menino: fugir com o circo."*

Vinte anos de palco faz Paulo Autran este ano. E Paulo Autran é um nome que vale o mesmo que dizer: teatro bom. Em vinte anos, quanta experiência acumulada. O fruto dessas experiências: cada vez mais, melhor como ator e, tenho certeza, mais aperfeiçoado como ser humano. Trata-se de um homem moço, particularmente belo. Trata-se de um homem que compreende os outros. Fora do palco, ele não age como vedete. Eis o homem.

Eis a conversa:

— Paulo Autran é pseudônimo?

— É meu nome mesmo. Nunca usei pseudônimo.

— Boa sorte a sua com um nome belo destes, que prometem tanto, e que soa aos ouvidos como um nome de alguém como você, que está cumprindo os desígnios de um grande ator. Até que ponto *Morte e vida severina* nos representa?

— João Cabral nos apresenta o subdesenvolvimento, e a peça, sendo profundamente brasileira, é universal na medida em que esse tema tem interesse mundial.

— *Você se refere aos países chamados subdesenvolvidos ou à condição humana e o fruto da falta de justiça social?*

— O poema de João Cabral mostra o homem desamparado diante de uma natureza hostil e de condições sociais adversas. É o subdesenvolvimento com todas as suas implicações humanas e sociais.

— *Nas suas excursões recentes que é que você tem mais levado em cena?*

— *Liberdade, liberdade* [de Millôr Fernandes], em 66, *Édipo rei*, de Sófocles, em 67, *O burguês fidalgo* [de Molière], em 68, e este ano M.V.S.

— *Muito já foi escrito sobre Morte e vida severina desde o primeiro espetáculo levado pelo TUCA a que eu assisti com grande emoção. Você teve algum contato pessoal com o autor, João Cabral de Melo Neto?*

— Somente por carta, e infelizmente não pude estar com ele nesta sua recente visita ao Brasil porque estava no Sul levando M.V.S.

— *Como lhe veio a ideia de ser artista de teatro?*

— Eu era um advogado de *promissora* carreira, já ganhando algum dinheirinho, mas totalmente enfastiado e irritado com a profissão, sem o menor horizonte além dela. Comecei a fazer teatro amador como diversão, até que Tônia [Carrero] me convidou para juntos ingressarmos no teatro profissional. Clarice, foi minha descoberta, foi minha sorte.

— *Sorte sua apenas, não, sorte do teatro brasileiro. Quem mais influiu na sua carreira como diretor?*

— O diretor que mais influiu na minha carreira, dando-me base técnica e teórica, foi Adolfo Celi. Tive, porém, a oportunidade de aprender muito com Ziembinski, Luciano Salce, Silveira Sampaio, Flávio Rangel etc.

— *Quais são os estados do Brasil onde você representou e em qual deles você sentiu uma repercussão mais próxima de sua sensibilidade e da sensibilidade dos textos?*

— Em todas as capitais brasileiras se encontra gente interessada por teatro, e sensível e inteligente. Não poderia apontar uma plateia especificamente.

— *E a plateia quase sempre tem razão. Qual é o texto que você um dia tem vontade de montar, que é o seu ideal, e que ainda montará?*

— Clarice, não sei, a vida muda tanto, nosso país passa por transformações tão rápidas, que o ideal de ontem fica obsoleto hoje ou amanhã. Não tenho *a* peça ideal no bolso da algibeira.

— *Qual foi o papel que mais lhe agradou?*

— Foram tantos! Otelo, Entre quatro paredes [de Sartre], Liberdade, Depois da queda [de Arthur Miller], Édipo, não sei mesmo qual deles.

— *Você tem consciência de que o Brasil lhe deve muito nessas excursões, pois você dá oportunidade aos brasileiros – não somente aos cariocas e paulistas – de assistirem a um teatro bom?*

— Faço aquilo que acho certo e útil, e não sei se alguém me deve alguma coisa por isto. Agora mesmo, por exemplo, recebi uma carta do Itamaraty me avisando que não há qualquer verba para mandar *Morte e vida severina* às capitais da América Latina, como eu queria. Acho que a obrigação do Itamaraty não era comigo, mas com o Brasil.

— *Quanto tempo você fica em cada estado; depende da receptividade do público?*

— Em geral, uma ou duas semanas, três em Porto Alegre, dependendo também do tamanho do teatro.

— *Quantas pessoas você calcula que já assistiram a você nessas excursões recentes?*

— Mais de 400 mil pessoas nestes últimos quatro anos. Perto do público de uma só telenovela lacrimosa, é muito pouca gente, mas é o público que o teatro tem no Brasil e que aumenta a cada ano.

— *Você já sonhou alguma vez em ser autor teatral?*

— Nunca, não sei escrever diálogo. Tudo que escrevo soa falso para mim.

— *Um adjetivo que vai bem para você é impecável. Você é um ator impecável. Isso vem de muita escola de teatro ou você costuma ser impecável em tudo o que faz?*

— Todos temos nossos pecadinhos e nossos pecados maiores. Não sou exceção de jeito nenhum.

— *Você tem talvez a melhor dicção do teatro brasileiro. De qualquer ponto da plateia ouve-se cada sílaba que você pronuncia. Essa dicção é natural em você, ou você estudou-a de algum modo até torná-la perfeita?*

— Estudei muito a impostação, a colocação da voz, mas dicção, nunca.

— *Quer dizer que você não teve sorte apenas em ter um belo nome para o teatro, mas já nasceu pronto para o palco.*

— Não, aprendi muita coisa nestes 20 anos, e continuo aprendendo. Acho mesmo que o bom no teatro é esse *aprender cada dia uma coisa nova*. Aliás, não era mais ou menos o que você dizia há pouco quando contou que a cada livro seu você espera *não errar?*

— *Há uma diferença. É que você pode se ver no palco e aprender consigo mesmo. Mas eu não consigo sequer reler-me. Financeiramente falando, sua excursão está rendendo o esforço?*

— Felizmente. Estou conseguindo viver, e viver razoavelmente, só com teatro, e isso porque jamais tive a finalidade de enriquecer na vida.

— *Como é que pessoalmente você se tem dado nessa sua vida de circo ambulante? Você, quando é anunciado, a sua vinda deve na certa movimentar toda uma cidade, como acontece com os circos.*

— Circo. É. É bem a palavra e eu gosto sim. Gosto, talvez, porque eu esteja realizando o sonho de todo menino em *fugir com o circo*.

— *Quando é que vemos você em peça nova no seu repertório?*

— Ainda não sei qual será, mas no ano que vem, com certeza.

— *Quantas peças tem seu repertório?*

— Nunca contei. Já devo ter feito em teatro umas cem peças.

— *Pelo que vejo, você tem um traço a mais parecido comigo — um pouco de desorganização —, senão você teria respondido precisamente à pergunta anterior.*

— É sim. Não gosto de tudo muito arrumadinho, não.

— *Não me espanta o fato de, sendo desorganizado, você organizar tão bem um grupo de teatro. Também sou assim. Aliás todos os meus defeitos e pecados mortais não me impedem de ganhar minha vida escrevendo. Quais são os autores novos que você prefere?*

— O século XX será, forçosamente, no teatro, o século de Brecht. Dos novíssimos, gosto regularmente de [Edward]

Albee, José Vicente (autor de O *assalto*), Plínio Marcos e muitos outros.

– *Por quanto tempo ainda pretende viajar?*

– Estou cansado. Fisicamente. Gostei muito dessas viagens todas, mas estou exausto. Em 70, em 71, pretendo só ficar no Rio e em São Paulo e recomeçar com as excursões em 72. Para variar, irei talvez no fim deste ano a Paris gozar o Prêmio Molière que ganhei com O *burguês fidalgo*.

– *Paulo, você acha que a vida é boa?*

– Não conheço nada melhor que viver, apesar de tudo. Apesar de tudo, Clarice.

– *Você é religioso?*

– Oficialmente, não. Mas se ser religioso é acreditar na capacidade humana de progredir por dentro, é acreditar em ser bom pelo amor aos outros, é tentar ser útil – então, sim, sou religioso.

– *Você ainda sente um certo frisson antes de entrar em cena?*

– No dia em que não sentir mais isso é porque nada mais terei a dizer num palco. E você, Clarice, acha que a vida é boa?

– *É bom ser. Mas só isso.*

Manchete, nº 901, 26 de julho de 1969
Jornal do Brasil, 4 de dezembro de 1971, "Fugir com o circo"
De corpo inteiro, 1975

PAULO AUTRAN (1922-2007)

Em mais de cinquenta anos de carreira no teatro, algumas de suas interpretações de clássicos, como *Édipo Rei*, *Minha querida lady*, *Seis personagens à procura de um autor*, *A morte do caixeiro-viajante*, marcaram a história do teatro brasileiro. No cinema, protagonizou, em 1967, *Terra em transe* e *O país dos tenentes*, em 1987.

Foi um dos grandes fomentadores do turismo na cidade colonial fluminense de Paraty ao criar a Pousada Pardieiro, em 1968, em parceria com Fábio Vilaboim de Carvalho. Sendo seguido em 1971 pela também atriz Maria Della Costa, que criou seu Hotel Coxixo na mesma rua do Comércio.

CASSIANO RICARDO

"Planejo meus versos porque eles são o meu trabalho. O poeta faz o poema com o suor de seu rosto."

Falar em Cassiano Ricardo é falar em renovação. Sérgio Buarque de Holanda afirmou que sua capacidade de renovação talvez não tenha exemplo em nossa poesia. Realmente, aos 72 anos de idade, faz poesia como um jovem vanguardista.

– *Desde quando o senhor faz poesia?* perguntei-lhe.

– Já em menino me senti tentado a escrever versos contando sílabas pelos dedos e dizendo coisas mais ou menos poéticas, ingênuas, próprias da idade. Hoje vejo que não havia nada de original nessa ocorrência, pois todo menino é poeta e diz coisas que muita vez nos surpreendem pelo que têm de virgindade, surpresa, graça, inocência. Sempre me lembro de Baudelaire quando observou que a poesia é a infância que se encontra de novo. Vai-se tomando consciência disso até a vocação desabrochar. Mesmo na velhice, tem-se dentro da gente o que ficou de menino, quaisquer que sejam as experiências formais e técnicas que passemos a praticar. Minha concepção de poesia, hoje, tornou-se complexa, muito diferente da de ontem. Procuro renovar-me em cada livro, como tem observado a crítica, desde a publicação de *Um dia depois do outro*, em 47, até presentemente.

– *Qual é o seu método de trabalho: espera pela inspiração ou parte de uma palavra e constrói planejadamente o poema?*

– Planejo o poema porque o considero uma forma de trabalho. O poeta faz o poema com o suor do rosto, como digo em "Poética", de *Jeremias sem-chorar* [1964].

– *O senhor se sente satisfeito com o que já fez?*

– Longe disso. Ao contrário, minha insatisfação é cada vez maior. Nunca estou de acordo comigo mesmo. Não sei se por causa disso, ou se em consequência de uma imposição dialética, revejo-me e me autocritico entre um livro e outro.

– *Qual será o seu próximo trabalho?*

– Ainda um volume de poesia, intitulado *Os sobreviventes*, que entregarei à Editora José Olympio até o fim deste ano. Trata-se de um poema dividido em várias partes, no qual exponho a situação do mundo atual, em que todos somos sobreviventes. "*Survivre comme système*", na expressão de Henri Lefebvre, em sua *Métaphilosophie*. O problema dos sobreviventes domina todo o livro e é abordado poeticamente sob as mais diversas faces. Formam eles, como se anuncia em *Didática do poema*, a população do livro em sua tonalidade. Ao fim, essa população se reúne na praça pública para um grande "canto em globo" em que tomam parte não só os mutilados de guerra, os sobreviventes de Hiroshima, os dos conflitos raciais, como também aqueles para quem, hoje, viver já é sobreviver: os subnutridos, os desajustados, os esquecidos pela justiça social. Enfim, todos os "sobreviventes mascarados de vivos".

— *E quanto à forma?*

— Quanto à forma, o linossigno[84] continua sendo minha unidade de composição, em lugar do verso. Por sinal que ainda há pouco, em magistral estudo publicado no *Jornal do Brasil*, Eduardo Portella considerou esse linossigno como o "substitutivo planetário do verso", falando a respeito de *Jeremias sem-chorar*, meu último livro, agora em segunda edição.

— *Qual é a função que o senhor empresta à poesia?*

— Além de ser uma forma de gnose, de autocrítica ou introspecção — para que o poeta se conheça a si mesmo —, cabe-lhe uma função social e humana que ninguém poderá negar, no mundo de hoje, tão trabalhado pelo desespero lúcido da era espacial-atômica. Quanta vez já se disse que a poesia tem que ser participante; e a verdade é essa, principalmente no tocante aos ideais, às angústias que preparam o advento do ano 2000 e tanto inquietam o homem de hoje sob o temor nuclear. O poeta está incluso na situação e dela não há como fugir. Daí a importância que o problema poético está assumindo em todos os países. Realizam-se congressos de poesia e sua problemática em todo o mundo. Isso se verifica em dois exemplos — o da Bélgica, com a recente convocação dos poetas em Bruxelas, e agora o das Filipinas, sob a direção de Amado M. Yuzon, com o congresso mundial de poetas laureados. O tema a ser debatido será *Fraternidade e Paz no Mundo Através da Poesia*. Sei disso porque o Conselho Federal de Cultura, do qual faço parte, recebeu carta-convite no sentido de que o Brasil compareça com a sua delegação.

— *Interessa-lhe o que estão fazendo os poetas jovens?*

— Muitíssimo. Trazem eles uma contribuição surpreendente, na teoria e na prática, para os novos rumos da poesia no Brasil. Escrevi mesmo dois pequenos ensaios sobre os *novíssimos*, dando-lhes, embora com restrições, a minha solidariedade. Esta busca de poesia, como a que se traduz nos experimentos de vanguarda, me parece indispensável na reta final de 22, que proclamou como seu princípio básico a necessidade da livre pesquisa estética. O que os jovens fazem hoje é praticar esse princípio, e alguns o praticam admiravelmente.

---

[84] Poema sem alinhamento linear clássico, disposto em versos soltos que costumam formar um desenho.

— E a questão de nossa autonomia linguística, pela qual o senhor se vem batendo?

— Penso como pensava antes, e com maior razão. Macaquear a sintaxe lusíada vem a ser coisa própria de *colonos póstumos*, como dizia João Ribeiro. Mas o meu interesse pelo problema da língua situa-se agora numa área mais ampla, que é a da linguagem eletrônica e dos signos era geral.

— *Agora a pergunta clássica: e sobre a entrada das mulheres na Academia?*

— Nada mais oportuno. Veja-se o exemplo da Academia Paulista elegendo (também com meu voto) a escritora Maria de Lourdes Teixeira para uma de suas poltronas, que por enquanto não são azuis. A Academia Brasileira está atrasada neste ponto. Os seus estatutos não proíbem; ora, se não proíbem é porque facultam. Nada mais lógico.

— *Se o senhor tivesse que recomeçar a vida, que faria dela?*

— Não teria nenhuma modificação a fazer. Continuaria a fazer o que tenho feito até agora.

— *Qual foi a época de sua vida que o senhor considera mais produtiva, literariamente falando?*

— Foi o ano [1950] em que publiquei três livros quase que ao mesmo tempo: A face perdida, Poemas murais e Um dia depois do outro.

— *A prosa nunca lhe interessou?*

— Sempre me interessou, tanto que escrevi um livro de sociologia histórica, hoje em vésperas de quarta edição, intitulado *Marcha para oeste* [1940], traduzido pelo Fundo de Cultura Econômica do México. Escrevi também três ensaios intitulados *22 e a poesia de hoje* [1962], *Algumas reflexões sobre poética de vanguarda* [1964] e *Poesia praxis e 22* [1966]. Além de outros.

— *O senhor continua a escrever suas memórias?*

— Sim, e espero concluí-las no ano próximo.[85]

— *Quais são as suas atividades atuais?*

— São as de membro do Conselho Federal de Cultura, da Academia Brasileira e da Academia Paulista de Letras.

— *A vida é boa?*

— É digna de ser vivida, embora o momento cheio de ameaças e incertezas. Mas a vida, para mim, considerada em meu mundo, me deu o encanto de ter ao meu lado Lurdes, minha mulher, a quem devo minha sobrevivência.

Manchete, n° 902, 2 de agosto de 1969

---

[85] *Viagem no tempo e no espaço: memórias* foi publicado por José Olympio em 1970.

CASSIANO RICARDO (1895-1974)

Formado em direito, foi membro da Academia Brasileira de Letras e, sobretudo, um dos líderes da Semana de Arte Moderna de 1922. Desenvolveu intensa atividade jornalística, tendo sido redator do *Correio Paulistano*, diretor de *A Manhã*, assim como criador de três revistas literárias: *Novíssima*; *Planalto*; *Invenção*.

Em 1937, fundou, em parceria com Menotti del Picchia e Cândido Mota Filho, o movimento "Bandeira", de oposição ao Integralismo. Cassiano Ricardo foi um dos maiores responsáveis pela renovação da Academia Brasileira de Letras, juntamente com Múcio Leão, Manuel Bandeira e Alceu Amoroso Lima. Poeta, era também um romancista de mão cheia, autor do clássico *Martim Cererê* (1928), bem como um historiador respeitável, autor de *Marcha para oeste* (1940), obra fundamental para a compreensão do movimento das Entradas e Bandeiras.

VIANNA MOOG

*"Meu propósito agora
é viajar em órbita de mim mesmo."*

– E a Lua, Vianna Moog?

– Para começo de conversa, não é mais "a atalaia ofélica dos viajores perdidos",[86] como a tratavam outrora os namorados parnasianos. Agora a Lua é Lua mesmo, ponto de intercepção para as comunicações interplanetárias.

Vianna Moog, membro da Academia Brasileira de Letras, representante do Brasil no Comitê de Ação Cultural da OEA, autor de *Bandeirantes e pioneiros*,[87] há muito traduzido para o inglês, o francês e o espanhol e já na 9ª edição no original português, acaba de ser convidado para diretor do programa de estudos latino-americanos da Universidade de Ohio.

– *Quando pensa assumir?*

– Não penso. Trata-se, não há dúvida, de um convite muito aliciante e muito lisonjeiro. Mas, por mais que me sentisse lisonjeado, não cheguei a persuadir-me fosse eu exatamente a pessoa de que estavam pensando. Apesar do meu título de membro da Academia Brasileira de Letras, de que muito me honro, você sabe que, a rigor, não tenho qualificações acadêmicas ou universitárias para a função. Em verdade, no terreno cultural nunca fui outra coisa senão um diletante, um espécime raro e prestes a desaparecer da face do nosso planeta. Com todos os belos qualificativos com que se vem afagando o meu Ego – doutor, professor, sociólogo, historiador, psicólogo, crítico literário e até economista –, nenhum deles corresponde de fato à minha verdadeira circunstância.

– *Não será pelo menos bacharel, como toda a gente?*

– Aí está, este é meu único e verdadeiro equipamento científico. Convenhamos que é pouco, muito pouco mesmo. Ah, quem me dera o título de economista! Eles é que são hoje o sal da terra. É certo que minhas limitações em matéria de títulos apropriados não me impediram anteriormente de aceitar funções que não estavam

---

[86] Denominação irônica da literatura passadista empregada por ele no livro *Bandeirantes e pioneiros*.
[87] O nono livro publicado por Vianna Moog, *Bandeirantes e pioneiros: paralelo entre duas culturas* (Rio de Janeiro: Globo, 1954), foi o primeiro estudo comparativo do caráter nacional no Brasil e nos Estados Unidos pelos europeus.

exatamente na linha do meu aprendizado. Uma delas, por exemplo, foi a de diretor de jornal. Como você sabe ou não sabe, fui diretor da *Folha da Tarde* de Porto Alegre. Fui ao mesmo tempo diretor e o único *foca* da redação. Foca e diretor, que bela combinação! Mas nesse tempo eu ainda era jovem e provavelmente um pouco irresponsável. E hoje, às vésperas da aposentadoria, o momento me parece pouco indicado para topar novas provocações ou tentar novas experiências.

– O que você não quer é sair mais do Brasil.

– Você, Clarice, sabe melhor do que ninguém o que isto seja. Sem Brasil, a gente não funciona.

– Você um dia, numa entrevista, disse que o fato de ser de descendência germânica lhe trouxe conflitos. Que espécie de conflitos? Eu sou descendente de russos e nunca tive conflito em relação a isso; sempre fui brasileira inteiramente, sem problemas.

– Meus conflitos eram de natureza emocional. Você já teve ocasião de assistir ao encontro das águas do Solimões e do rio Negro? O tempo que elas levam para se fundirem! E como se chocam antes que isso aconteça! O seu caso foi diferente; você descendia de russos pelos dois lados e floresceu num meio exclusivamente brasileiro. A sua alma não foi disputada por duas culturas, como aconteceu comigo, que tive que fazer a minha própria síntese entre germanismo e lusitanismo, ou melhor, o luso-brasileirismo, num meio predominantemente germânico. Meu problema não era propriamente o de me sentir brasileiro. Meu problema era fazer valer a minha brasilidade. Este, aliás, vem sendo o problema de toda a minha vida. E aí estão todos os meus livros para comprová-lo.

– Inclusive o *Em busca de Lincoln*?[88]

– Inclusive o *Em busca de Lincoln* e talvez mais este do que os demais. Quando há anos me defrontei com a lenda em que por muito tempo nos deixamos embalar de que a cultura pode ser algo totalmente subjetivo e individual capaz de produzir-se por combustão espontânea no seio da pobreza e do subdesenvolvimento, a despeito da miséria, da ignorância e do subdesenvolvimento, como teria acontecido com Abraham Lincoln, tratei brasileiramente de conferir por que é que tais coisas aconteciam lá fora e não aconteciam aqui. É possível que a muitos minhas conclusões pareçam dilacerantes ou mesmo desumanas ao revelar que em Lincoln a história do menino pobre que se fez por si mesmo estava mal contada e muito mal contada. Mas, a verdade é que o mito Lincoln já não convinha ao Brasil. E nós, brasileiros, não podíamos mais continuar a nos nutrir de lendas. Nem tínhamos por que preservar mitos que não inventamos e que só servem para entorpecer a nossa arrancada no rumo certo. Admiremos Lincoln – e ninguém o admira mais do que eu –, não porém o Lincoln da lenda, senão o Lincoln real, que é bem mais estimável e

---

[88] Estudo biográfico do histórico presidente dos Estados Unidos, publicado em 1968.

digno de admiração do que o outro cujo exemplo há um século vem sendo explorado pelos povos desenvolvidos para acomodar as inquietações e inconformidades dos povos em vias de desenvolvimento. Com o que só concorrem para aumentar, e não para extinguir, as nossas frustrações.

– *Quais foram as suas maiores frustrações?*

– São sem conta. Mas creio que o não haver conseguido matrícula na Escola Militar do Realengo, em 1924, foi das maiores.

– *E quais suas maiores vitórias?*

– Os campeonatos mundiais na Suécia e no Chile. Então, se vencermos o campeonato no México, dar-me-ei por plenamente realizado.

– *É verdade que, quando rapazinho, seu maior desejo era tornar-se uma espécie de Pelé?*

– Mais ou menos. Com esta diferença: o meu Pelé, no colégio em Canoas, chamava-se Osvaldo, Osvaldo Ritzel. Se não tivesse ocorrido o fenômeno Pelé e esse outro fenômeno que se chamou Garrincha, o Osvaldo continuaria a ser para mim o maior jogador de todos os tempos. Você já imaginou uma linha dianteira com Garrincha, Osvaldo, Cardeal,[89] Pelé e Alvariza?![90] Sai da frente.

– *Não se realizando como jogador de futebol, você sofreu muito ou "engajou-se" logo em novas ambições?*

– De exclusão em exclusão, acabei escritor. É o que dizem por aí... Agora, falando sério, não sou muito de regar minhas frustrações. Gosto de sair logo para outra.

– *Qual o seu primeiro emprego?*

– Alto lá. Não comecei como empregado. Comecei logo trabalhando por conta própria, ou por outra, de sociedade com meus primos Nelson Moog e Miro Kraemer. Vendíamos frutas na estação de Portão, município de São Sebastião do Caí. Eu tinha então 9 anos. Os colonos nos davam as frutas de graça e nós, de balaios enfiados no braço, vendíamos essas frutas com lucros extraordinários aos passageiros dos trens de Caxias e Santa Maria. Isto aconteceu, creio, no verão de 1916, durante umas férias famosas... Não foi por pobreza que trabalhamos; foi por ambição. Nada daquilo que a lenda atribui a meu amigo Lincoln. Nossa motivação era outra.

– *Você teve uma vida pública muito movimentada. Conte algo a respeito.*

– Vamos deixar isto para as minhas memórias?

– *O seu primeiro livro foi* Ciclo do ouro negro *[1936], interpretação telúrica do mundo amazônico. Você viveu no Amazonas? Quanto tempo?*

– Exatamente dois anos.

– *Disseram-me que você tinha como ambição a política e que, falhando nela, refugiou-se na literatura. Essa explicação é válida?*

---

[89] Jogador gaúcho Sezefredo Ernesto da Costa, chamado Cardeal porque sempre jogava de gorro vermelho.
[90] Ismael Alvariza foi o primeiro jogador gaúcho a fazer parte da seleção nacional brasileira, em 1920.

— É exata. Mas, por amor de Deus, Clarice, não use mais esta expressão *válida. Válido, superado, ultrapassado, conscientizado* etc. etc. São palavras que deviam ser eliminadas do nosso vocabulário.

— *Você viveu nos Estados Unidos. E ficou impressionado a ponto de tentar escrever um livro sobre esse país. Qual é a sua tese em relação aos Estados Unidos da América?*

— Boa geografia, isto é, excelente sistema orográfico, excelentíssimo sistema hidrográfico, paralelismo de clima com a Europa, carvão, petróleo, terras fertilíssimas e adaptáveis a todas as culturas, gente que veio com a família para ficar e viver em função da comunidade, respeito pela dignidade essencial do trabalho, espírito de investigação, de fraternidade, de iniciativa, soma total: Estados Unidos da América.

— *É verdade que, da tentativa de escrever sobre cultura diversa da nossa, entusiasmou-se mesmo foi pelo Brasil e saiu seu grande livro* Bandeirantes e pioneiros?

— O *grande*, no caso, corre por sua conta. Agora a sua observação de que *Bandeirantes e pioneiros*, inspirado de começo no propósito de estudar os Estados Unidos, só entrou nos eixos quando me convenci de que para compreender o fenômeno global norte-americano teria que estudá-lo em função do Brasil, é absolutamente válida. Válida? Que horror. Eu queria dizer exata. Para conhecer é preciso identificar e para identificar não há como confrontar. Como podemos saber como somos, se não nos comparamos?

— *Às vésperas da guerra contra Hitler, você escreveu o seu famoso e reeditadíssimo romance* Um rio imita o Reno.[91] *Algum fato importante ligado à sua publicação?*

— Um fato importantíssimo: o embaixador de Hitler junto ao nosso governo pediu a apreensão do livro por ofensivo aos brios alemães e contrário aos seus interesses. Francamente, não sei como não sucumbi de importância. Entre as minhas grandes vitórias, portanto, inclua mais esta: a de haver colocado o Terceiro Reich em perigo.

— *Apesar de não ser diplomata de carreira, sua vida é cheia de atividades diplomáticas. Como explica isso?*

— Um tanto por coincidência e outro tanto por impulso adquirido. Convocado às pressas para representar o Brasil na Comissão Social em 1950, talvez por estar então servindo na Delegacia do Tesouro Brasileiro em Nova York, entrei logo em órbita, e nunca mais me tiraram de lá. Ora era o Itamaraty que me convocava para representar o Brasil na Comissão Social, nas Nações Unidas ou no Comitê de Ação Cultural da OEA, com sede no México, ora era a própria Comissão Social que me elegia como seu representante no Instituto de Pesquisas das Nações Unidas para o desenvolvimento social, com sede em Genebra. Uma vez entrado em órbita, o difícil é sair dela.

---

[91] O romance, de 1938, ganhou o Prêmio Graça Aranha.

– E quando pretende sair?

– Já estou saindo. Depois de 25 anos de idas e vindas ao exterior, meu desejo é parar, recolher-me ao meu sítio em Petrópolis para criar galinhas e netos e, naturalmente, nas horas vagas, escrever minhas memórias. Quem dobra a casa dos sessenta creio que tem o direito de dizer como o nosso primeiro grande historiador, frei Vicente do Salvador: "Já é tempo de tratar da minha vida e não das alheias."

– E Ohio?

– Deixa isso pra lá.

– *Não pretende mesmo viajar?*

– Há tempo para viajar e outro para estacionar. Estou em tempo de estacionar. Em matéria de viagens, meu desejo agora não é embarcar para a Lua ou andar por aí a "ouvir estrelas"; meu propósito é viajar em torno de mim mesmo. Quer dizer: estou pensando em escrever minhas memórias. De momento, viagens propriamente ditas, as únicas que me tentam são as viagens por nossa terra para rever lugares que não vejo há vinte, trinta, quarenta ou cinquenta anos. Nessas viagens tenho certeza de que não verei apenas o Brasil, eterno país do futuro, senão um Brasil, grande realidade do presente, cuja imagem no exterior melhora a cada momento. Haja vista a comunicação recebida há pouco por nosso governo do governo dos Estados Unidos de que 15% dos cadetes de West Point indicaram o português como o idioma estrangeiro que desejam estudar.

– *E o convite que lhe foi feito pela Universidade de Ohio não terá idêntico sentido?*

– Tudo é possível. Nada está provado.

Manchete, nº 903, 9 de agosto de 1969

[Clodomir] VIANNA MOOG (1906-1988)

Gaúcho, formado em direito, tornou-se agente fiscal de consumo por concurso, trabalhando inicialmente em Santa Cruz do Sul e depois na cidade de Rio Grande. Opositor da ditadura varguista, Vianna Moog participou da Revolução Constitucionalista de 1932. Como punição, foi transferido para o Amazonas, em uma espécie de exílio no próprio país. Foi anistiado em 1934, podendo retornar então ao Rio Grande do Sul.

Começou a carreira literária em 1936 com um ensaio histórico, O *ciclo de ouro negro*, dividindo-se desde então entre romances e estudos políticos e históricos. Membro da Academia Brasileira de Letras, representou o Brasil na Comissão de Assuntos Sociais da ONU (Organização das Nações Unidas) e também, em 1950, na Comissão de Ação Cultural da OEA (Organização dos Estados Americanos), sediada na capital do México, onde residiu durante os dez anos seguintes.

DINAH SILVEIRA DE QUEIROZ

"Nasci preguiçosa, mas há trinta anos que não deixo de escrever."

Dinha é o que se chama uma pessoa de sucesso. Por mais agruras por que tenha passado – e quem não passou? –, hoje é uma mulher de cabeça levantada, com um ar de serenidade.

– Dinah, qual é o segredo de sua serenidade? Por que você parece até fisicamente sobrepairar as coisas e pessoas?

Pausa, meditação:

– Primeiro, vou pensar se sou serena mesmo. O que me ocorre é que meu estado psíquico normal é, realmente, o da serenidade. Mas posso passar a uma cólera bíblica sem nenhuma nuance. Aliás, nessas ocasiões, que são rápidas mas turbulentas, bem me sobe à cabeça uma gota de sangue espanhol que possuo dentro da mescla racial. Em seguida, eu clareio. Creio poder dizer imitando e pedindo desculpas a Nietzsche: "Ó minha alma, eu te darei o direito de dizer não como diz não a tempestade e dizer sim como diz sim o céu aberto."[92]

– Eu sinto você tão segura de si própria. Como chegou a essa segurança?

– Clarice, eu chorei, mas jamais pretendi fazer com os amigos um velório compartilhado. Todos nós temos mais a necessidade de queixa para com o amigo do que da alegria partilhada. Posso dizer que meu sofrimento eu o procurei levar o mais possível dentro de mim. Só os mais íntimos sabem disso.

– Nós todos lutamos pela coragem de existir, pela confiança em nós mesmos e nos outros. Você tem essa confiança?

– Está fazendo trinta anos que escrevi *Floradas na Serra*.[93] Desde aí nunca mais deixei de escrever. Só em relação às crônicas posso dizer que fiz *mais de nove mil*. (Agora sairá um volume feito de minhas experiências aqui, em Roma e em Moscou, com o título das crônicas da Rádio Nacional: *Café da manhã*.[94]) Essa comunicação, que não é propriamente a minha *literatura* (*Margarida La Rocque* [1949], *Verão dos infiéis* [1968]

---

[92] Está adaptando uma frase da terceira parte de *Assim falou Zaratustra*.
[93] Primeiro romance de Dinah, publicado em 1939, com muito sucesso. Foi adaptado ao cinema (1953) e à televisão (1981 e 1990).
[94] *Café da manhã* foi o título da crônica que Dinah publicava no jornal *A Manhã* a partir de 1945, e do livro publicado em 1969 por Olivé Editor.

etc.), dá vasto apoio, apoio de massa, que me torna mais segura. Quisera plagiar você: "Eu sou mais forte do que eu."[95]

— Você sem dúvida é uma das escritoras que mais produzem. Como é que você se organizou para isso? É uma questão de disciplina?

— Primeiro, tive que vencer uma terrível preguiça. Eu nasci preguiçosa, você sabe? Quando comecei a escrever, ia para a cama, recostava-me, e *trabalhava* na maior indolência (perdoe-me a contradição). Agora que passei a ditar (desde A *muralha*[96] que o faço), encontro tempo para fazer oito crônicas por semana e geralmente um livro em cada dois anos, além de cumprir meus compromissos sociais de mulher de diplomata.

— *O problema da criação artística sempre me fascinou e ainda não perdi a esperança de um dia* desmontar esse complicado mecanismo. Poderia você me dizer qual é a marcha do seu processo de criação?

— Todo escritor é um ser que procura lançar sua mensagem como a clássica do náufrago que encerra o bilhete na garrafa e o atira às ondas. Muita vez, essa mensagem se perde. Mas acho que deve haver sempre, pelo menos, respeito por esse ato de comunicação à distância. Nunca ri nem cacoei de nenhum escritor malogrado porque, simplesmente, não somos nós os donos do momento em que pisamos aquele *lugar* no qual os *outros* nos encontram. Será a sorte, será a mão de Deus Pai, será a humildade de fazer e refazer? A verdade é que se a mensagem chega – nós estamos salvos, somos *escritores*. Mas qualquer um de nós pode oferecer generosamente tudo o que tem dentro de seu espírito e vir a ser recusado simplesmente porque não achou aquele terreno de encontro com o próximo, isto é, a mensagem não atingiu o alvo. O processo de criação de que me sirvo para compor romances, contos etc. é um método que exige muita vivência com o *assunto*. Em geral, deito-me, fico estirada; todos pensam que estou descansando. Simplesmente estudo alguma personagem ou circunstância. Mas, quando toda a narrativa está *pronta* dentro de mim, passo então a escrever quase sem interrupção. *Livro parado, para mim, é livro impossível de vir a ser retomado.* Nós mudamos internamente de forma continuada como, ai de nós, mudam nossos retratos.

— *Qual de seus livros você prefere? E por quê?*

— Você bem sabe que é *Margarida La Rocque*.[97] Talvez o prefira porque eu o escrevi numa fase de grande sofrimento. Talvez deva a *Margarida La Rocque* uma expiação que pelo menos garante essa aparente serenidade de que você falou.

---

[95] Frase tirada de *Uma aprendizagem ou o livro dos prazeres* (1969).
[96] Romance histórico, *A muralha* (1954) comemora quatrocentos anos da fundação da cidade de São Paulo. Foi adaptado à televisão quatro vezes (1958, 1963, 1968 e 2000).
[97] *Margarida La Rocque: A ilha dos demônios* (1949) é um romance histórico com elementos fantásticos baseado num acontecimento real.

— *Casada com um diplomata,*[98] *como é que você encara o inevitável vaivém de um país para outro?*

— Tive experiências inimagináveis. Dormi na Guiné, almocei no Marrocos (com Rubem Braga), estive no Kremlin, conversei com [o presidente Nikita] Khrushchev e depois com [o papa] Paulo VI, que aparece uma vez por semana na Rádio Vaticano. Isso quando Dário era cônsul-geral em Roma. Agora vou para a bela Buenos Aires *gastar* meu espanhol que aprendi quando fui adida cultural em Madri. Mas o apelo da nossa casa, do nosso lar, é inquietante. Sofro de nostalgia e me sinto muita vez como a cigana que nem sequer tem a carroça. Todavia, meu marido tem compensado toda a saudade que sinto pela compreensão que demonstra.

— *A diplomacia se choca com sua carreira literária? Você pode escrever em qualquer lugar do mundo?*

— É claro que devemos muita vez ficar apenas nos assuntos humanos, fugindo da política. A mulher é inserida, ela também, no quadro em que o diplomata representa o seu país. Isto é tão óbvio que o casamento de um diplomata deve ser aprovado pelo governo. Assim, a nosso modo, também representamos o Brasil no círculo de relações diplomáticas. Dentro, porém, de um limite de bom senso, bem se pode dizer muita coisa. Jamais interrompi minhas crônicas que vieram de Madri, Moscou, Roma, Paris, Helsinque, Nova York. Há tanto de humano nas descobertas que não chegamos a ficar frustrados se não pudermos fazer integral a *crítica política.*

— *Dirijo-me agora à pioneira da ficção científica no Brasil. Fomos agora testemunhas da epopeia da Apolo 11. Você, em ficção científica, poderia alcançar tão longe?*

— Agradeço o "pioneira", preferindo interpretá-lo como sendo desta última fase da f. c. A ficção científica se preocupa mais com a reação do homem futuro do que com as descobertas no cosmo. Essas aventuras espaciais que nós traçamos são geralmente uma fábula. É como diz Fausto Cunha: os marcianos somos nós. Devemos investigar e investigaremos muita coisa. Como será no futuro o filho nascido em laboratório? O sexo, a desejada igualdade de classes? Como conseguiremos associar à nossa capacidade técnica, que a humanidade de hoje já apresenta, o vertiginoso progresso, para o qual o homem ainda não está preparado? Os mundos a descobrir nos tentam, mas o ser humano e sua nova filosofia, moralidade, senso de justiça, sua compreensão do sexo nas épocas que se sucederem à nossa, tudo isso é extremamente importante e nossa curiosidade não terminou só porque três homens pisaram na Lua.

— *Sei que você teve uma experiência direta da vida na União Soviética. Em função dessa experiência e de sua imaginação tão fértil, pergunto-lhe como pensa que será a vida na Rússia no ano 2000.*

---

[98] O segundo marido de Dinah foi o *ministro* Dário Castro Alves.

– Cada vez mais próxima do Ocidente.

– *Qual a sua opinião sobre a legitimidade, conveniência ou vantagem de um dispêndio tão grande de recursos na luta espacial, quando nossos problemas na Terra ainda não foram resolvidos, quando precisamos de dinheiro para os que têm fome?*

– O progresso é irreversível e impiedoso. Perguntaríamos a Colombo se no seu tempo se deveria dar o dinheiro da empreitada a seus então míseros patrícios? O progresso vem a dar juros muito tarde, ai de nós, que não os recebemos hoje. Mas esses juros *virão*, estejamos certos.

Depois Dinah disse:

– Clarice, considero-a a escritora que mais ama e serve a uma língua. O brasileiro tem uma incompatibilidade com o idioma que fala. Podemos ver isso na massa de traduções que são outra coisa, e não a nossa língua escrita ou falada. Como você conseguiu amar tanto e conhecer até nos mínimos detalhes e prazeres esta língua não tão portuguesa assim, mas, afinal, a *nossa* língua?

– *A palavra é o meu meio de comunicação. Eu só poderia amá-la.*

Manchete, nº 904, 16 de agosto de 1969
Jornal do Brasil, 5 de dezembro de 1970, "A indulgência mais produtiva"
De corpo inteiro, 1975

DINAH SILVEIRA DE QUEIROZ (1911-1982)

Considerada pioneira da literatura fantástica e de ficção científica no Brasil, teve uma estreia consagradora em 1939 com o romance *Floradas na serra*, que recebeu o Prêmio Antônio de Alcântara Machado da Academia Paulista de Letras. Obra levada ao cinema por Luciano Salce, com Cacilda Becker e Ilka Soares, e depois transformada em telenovela da TV Cultura em 1981, com direção de Atílio Riccó, e Bete Mendes e Cleide Yáconis no elenco. Seu romance *A muralha* teve nada menos do que cinco adaptações televisivas.

Dinah Silveira de Queiroz foi a segunda mulher a ingressar na Academia Brasileira de Letras, em 1982, depois de Rachel de Queiroz, eleita em 1977. Valendo lembrar que a ABL já havia lhe concedido o Prêmio Machado de Assis pelo conjunto da obra em 1954. Viúva do primeiro marido, casou-se com o diplomata Dário Moreira de Castro Alves em 1962, residindo então em Madri, onde exerceu a função de Adida Cultural. Acompanhando o marido, morou também em Moscou, Roma e Lisboa, desenvolvendo durante todo esse tempo intensa atividade como cronista, responsável por crônicas diárias na Rádio MEC e também na Rádio Nacional.

MÁRIO HENRIQUE SIMONSEN

"Não há exemplo de desenvolvimento sem sacrifícios."

Mário Henrique Simonsen já dava aulas em cursos de pós-graduação antes de ter, ele mesmo, o diploma de economista. É um homem jovem – 34 anos de idade –, formado em engenharia e em ciências econômicas, amante de música (ele se considera um barítono razoável), apreciador da boa cozinha e grande fumante, tanto que seus colegas o apelidaram de *Dragão*. Atualmente, é diretor dos cursos de pós--graduação em Economia da Fundação Getúlio Vargas, vice-presidente do Banco Bozano, Simonsen de Investimentos, e membro do conselho consultivo de várias empresas. No governo anterior, não teve nenhum cargo, mas colaborou informalmente na administração. Mário Henrique Simonsen está escrevendo uma peça de teatro, mas a nossa conversa foi mesmo sobre economia.

– *Acha possível conseguirmos uma taxa de desenvolvimento semelhante à ocorrida entre 1955 e 1960, mas sem inflação?*

– Creio que sim. Afinal, não somos piores que outros países que conseguiram taxas maiores de crescimento praticamente sem pressões sobre o nível de preços. A experiência internacional não mostra qualquer correlação positiva entre as duas grandezas. De fato, a inflação não parece resultar do esforço do crescimento, mas da indefinição entre o desejo do consumo e o do investimento. Uma política racional, que não tente dividir o bolo em partes de soma superior ao todo, facilmente concilia os dois objetivos.

– *Não teria havido certo exagero na luta contra a inflação real no governo anterior? Será que Roberto Campos*[99] *tomou medidas drásticas demais com a inflação freando o desenvolvimento?*

---

[99] Ministro do Planejamento durante o governo de Castelo Branco.

— Estou certo de que não houve nenhum exagero. É preciso compreender que desenvolvimento é problema de prazo médio e longo, e não de horizonte curto. É claro que, se pensarmos no futuro com fôlego curto, sempre imaginaremos que o combate à inflação prejudica o desenvolvimento. A falácia, no entanto, está na miopia de horizontes. Um pequeno sacrifício de crescimento, no presente, pode ser a condição básica para um crescimento acelerado no futuro dentro da filosofia do "recuar para saltar melhor". Os frutos, aliás, começaram a surgir em 1967 e 1968. Por volta de 1964, teria sido insensato estabelecer outra prioridade cronológica que não fosse o combate à inflação. Ninguém pensaria seriamente em erguer uma política desenvolvimentista com os preços subindo mais de 100% ao ano.

— *O assalariado não foi obrigado a dar uma quota de sacrifício superior à que teria sido necessária?*

— Houve, certamente, uma quota de sacrifício imposta às classes assalariadas, como, aliás, a praticamente todas as outras classes sociais. Não creio que ela tenha sido superior à necessária. Não há exemplos de desenvolvimento nem de estabilização sem sacrifícios semelhantes. Note-se que são sacrifícios de prazo curto, rapidamente recuperáveis.

— *O empobrecimento de muitas empresas importantes nos últimos quatro anos não se está refletindo sobre toda a economia?*

— Os índices recentes de crescimento, sobretudo os de 1968 e 1969, afirmam que não. É possível que existam injustiças e distorções em casos particulares, como sempre houve. O importante é notar que o regime capitalista é dinâmico e não cartorial. As empresas precisam amoldar-se ao regime de moeda estável, e não depender da inflação para a sua sobrevivência.

— *Quando é que as populações do Norte e Nordeste começarão a gozar dos benefícios dos investimentos promovidos na Sudene?*[100]

— Já começaram. Basta observar que o produto real da região, nos últimos anos, vem crescendo de 7 a 8% ao ano. É claro que a extensão dos benefícios a toda a população do Nordeste levará tempo.

— *Como é que os países exportadores de matérias-primas poderão manter um nível conveniente de captação de divisas se os países desenvolvidos insistirem em manter as barreiras alfandegárias atuais?*

— As barreiras alfandegárias se opõem mais fortemente às nossas exportações de manufaturas do que às de matérias-primas. Esse é, evidentemente, um obstáculo à expansão de nosso comércio e que seria desejável remover. Em todo o caso, não devemos ficar de braços cruza-

---

[100] A Superintendência de Desenvolvimento do Nordeste foi idealizada pelo economista Celso Furtado para incentivar o desenvolvimento no Nordeste do Brasil.

dos por causa desse empecilho. Mais importante é mantermos uma política cambial realista, incentivos fiscais às exportações, e melhorarmos a produtividade industrial. Os excelentes índices conseguidos em matéria de aumento de exportações nos últimos anos sugerem que não devemos encarar o problema com pessimismo.

– *Os índices do aumento do custo de vida preparados pela Fundação Getúlio Vargas espelham realmente a verdade? (As donas de casa acham que não.)*

– Os índices da Fundação Getúlio Vargas são preparados pelos melhores critérios técnicos de coleta e ponderação. É preciso compreender, no entanto, que qualquer índice possui uma representatividade relativamente limitada. No caso, o índice de custo de vida se refere a uma família média com dois a quatro salários mínimos e renda. Quanto às donas de casa, às vezes esquecem que o índice é uma média e não um retrato dos itens que mais subiram. Há também as que engasgam com a aritmética. Lembro-me de uma que dizia: "Este mês a carne subiu 3%, o arroz 4%. Só aí o custo de vida subiu 7%."

– *Por que os governos da revolução que conseguiram realizar tantas reformas fundamentais em todos os setores da vida nacional não obtiveram êxito no setor educacional?*

– Algum êxito houve. Os gastos federais em educação aumentaram em termos reais (já deduzida, portanto, a inflação) 85% entre 1961 e 1968. Os índices de matrículas aumentaram consideravelmente nos três níveis de ensino, óbvio que ainda há muito o que progredir. Em particular, é preciso corrigir os mínimos focos de desperdício do sistema educacional sobretudo no ensino superior.

– *Recentemente tenho observado muita gente (como você, por exemplo) em postos executivos importantes, tanto junto à iniciativa privada como junto aos governos. Não será este o ingrediente que faltava para a renovação total do destino nacional?*

– Espero que sim.

– *Se um jovem economista lhe perguntasse como é que você vê a etapa atual de desenvolvimento econômico brasileiro, o que é que você responderia?*

– Creio que o Brasil vem procurando encontrar as bases racionais para um desenvolvimento inflacionista, que nos custaram alguns anos de estagnação. Em termos absolutos, temos boas perspectivas de crescimento. O problema é o da corrida da renda *per capita*, que se generaliza por todo o mundo, e na qual levamos a desvantagem da explosão demográfica. Não é difícil chegarmos ao fim do século com 800 dólares de renda *per capita*, mas devemos considerar a possibilidade de, no ano 2000, esse ser um índice flagrante de subdesenvolvimento.

– *Como você situaria as atuais relações econômicas no setor agrário?*

– Julgo levianas quaisquer generalizações. Há, num extremo, problemas de latifúndio, noutro o de minifúndios. Reforma agrária emocional seria o tratamento estúpido do problema. As questões básicas são a da produtividade e tecnologia, para início de conversa.

– *Por que a disparidade entre o setor agrário e o industrial?*

– Por duas razões: pela importação de tecnologia moderna na indústria, e pelo tradicional desleixo da política econômica em relação à agricultura.

– *Não estará parecendo um esmagamento da indústria nacional numa concorrência desigual com as indústrias estrangeiras?*

– Creio que o problema existiu numa fase transitória de inadequação da política monetária, mas não creio que hoje assuma qualquer gravidade. Em todo caso, a solução nunca seria o nivelamento por baixo, via restrições ao capital estrangeiro, mas pelo alto, via fortalecimento da empresa nacional.

– *Qual a posição do industrial brasileiro na atual conjuntura econômica?*

– Bem melhor do que há alguns anos, quando a hiperinflação descapitalizava as empresas, quando as greves interrompiam sistematicamente a produção, quando a estagnação inibia os mercados. É claro que muitos problemas subsistem. Mas, como dizia o general De Gaulle, o importante não é resolver todos os problemas, mas aprender a viver com eles.

– *Considerando-se que o desenvolvimento econômico é um processo que envolve nações em diferentes estágios, você acredita que a experiência de uma nação pode ser aproveitada por outras?*

– Basicamente, sim. Há regras econômicas universais, que funcionam tanto no capitalismo quanto no comunismo. Há soluções imaginativas em inúmeros países e que geram bastante inspiração. É óbvio que aproveitar uma experiência não significa copiá-la, pois há dados particulares que sempre têm que ser adaptados. Essa necessidade de adaptação, no entanto, não nos deve levar àquele tolo antitecnicismo, que admite que as leis econômicas, válidas para o resto do mundo, não o são para o Brasil. Como se aqui a gravidade repelisse os corpos e o princípio de Arquimedes tragasse os navios para o fundo do mar em nossas águas territoriais.

– *Você acha imprescindível a união dos países subdesenvolvidos para recuperarem o estágio da pobreza em que se encontram?*

– Depende do que se pretenda com essa união. Uma união em prol da racionalidade seria muito útil. Mas até agora as conferências nesse sentido têm derivado para as mais variadas utopias.

– *É possível obter-se justiça social e desenvolvimento? Ou a opção a médio prazo seria justiça social ou desenvolvimento?*

– Depende do que se entenda por justiça social. Se a ideia é a de um distributivismo prematuro, que aumente a curto prazo o consumo pela mutilação da capacidade de poupança, é óbvio que as duas categorias são incompatíveis. Mas se a ideia é a de estender a todas as classes sociais a participação gradativa nos benefícios do desenvolvimento, os dois objetivos se tornam perfeitamente conciliáveis.

– *Como você se sente, com o seu livro Brasil 2001[101] transformado em best-seller?*

– Obviamente satisfeito diante do interesse do público pelos problemas econômicos brasileiros.

Manchete, nº 905, 23 de agosto de 1969

---

[101] *Brasil 2001* (Rio de Janeiro: APEC, 1969).

MÁRIO HENRIQUE SIMONSEN (1935-1997)

Foi ministro da Fazenda durante o governo Geisel e ministro do Planejamento do governo Figueiredo, além de ser professor, economista, banqueiro e melômano, grande especialista em música erudita.

Engenheiro, Simonsen destacou-se na atividade docente, tendo sido um dos fundadores da Escola de Pós-Graduação em Economia da Fundação Getúlio Vargas. Aclamado como um dos melhores economistas de todos os tempos, tornou-se banqueiro graças ao convite do amigo de infância Júlio Bozano quando este criou o Banco Bozano, Simonsen.

Casado com a antropóloga e enxadrista Iluska Simonsen, ele se tornou um mestre do xadrez a ponto de ser capaz de enfrentar vinte adversários. Outra faceta pouco conhecida de Henrique Simonsen foi o fato de ele ter sido presidente do Mobral (Movimento Brasileiro de Alfabetização) durante o governo Médici, pois considerava a erradicação do analfabetismo condição *sine qua non* para o fomento do desenvolvimento nacional.

ELIS REGINA

"Eu me encontrei tanto nessa coisa de cantar que jamais pensei em procurar outros caminhos."

Pequenina, de traços delicados, cabelo cortado rente à cabeça, movimentos livres, gesticulando um pouco, com uma inteligência alerta e rápida, facilidade de expressão verbal – eis Elis Regina, pelo menos uma delas.

– Por que você canta, Elis? Só porque tem voz magnífica? Conheço pessoas de ótima voz que não cantam nem no banheiro.

– Sei lá, Clarice, acho que comecei a cantar por uma absoluta e total necessidade de afirmação. Eu me achava um lixo completo, sabia que tinha uma voz boa, como sei, e então essa foi a maneira para a qual fugi do meu complexo de inferioridade. Foi o modo de me fazer notar.

– O que é que você sente antes de enfrentar o público: segurança ou inquietação?

– Inquietação. Sou segura em relação ao que eu vou fazer, mas profundamente inquieta quanto à reação das pessoas que me ouvirão.

– *Se você não cantasse, seria uma pessoa triste?*

– Seria uma pessoa profundamente frustrada e que estaria buscando uma outra forma de afirmação.

– *Qual seria essa outra forma de afirmação?*

– Não tenho realmente a menor ideia porque eu me encontrei tanto nessa coisa de cantar que nunca pensei nisso.

– *Você tem um tipo extrovertido. É o natural em você ou você se faz assim a si mesma para não se deprimir, ou seja, fala tudo para não ficar muda?*

– Sou um ser do tipo sanguíneo que oscila muito. Tenho momentos de extrema alegria e momentos de profunda depressão. Não obedeço a uma agenda: hoje vou sentir isso, amanhã vou sentir aquilo. Reajo aos acontecimentos à medida em que o ambiente reage sobre mim. Mas como sou hipersensível, as coisas têm às vezes um valor que a maioria das pessoas acha ridículo. Mas eu sou assim mesmo. Por exemplo, às vezes fico furiosa com uma pessoa cujo problema talvez você contornasse com um simples puxão de orelha. Ao mesmo tempo, tomei agora consciência de que essa não é uma atitude lógica e estou procurando me reestruturar.

— *Que é que você tem feito de positivo em matéria de autorreestruturação?*

— Estou fazendo um tratamento genial que é, dizem, moderníssimo – reflexologia.

— *Em que consiste?*

— Parte das descobertas dos reflexos condicionados de Pavlov. No meu caso, está sendo atacada de início a minha taquipsiquia, isto é, minha tendência de pensar mais rápido do que eu mesma posso agir. Portanto, quando as coisas chegam a acontecer, já tomaram proporções monstruosas, não na realidade, mas dentro de minha *cuca*.

— *E como é que o médico intervém nesse sistema?*

— Primeiro, mostrou que tenho essa tendência e provou que isso era verdade. E está agora me dando condições psíquicas para que eu saiba exatamente o momento em que a aranha da taquipsiquia começa a se movimentar, e como devo jogá-la para fora de casa.

— *Você foi considerada má colega. Pelo que tenho lido a seu respeito, me parecera pelo contrário: boa colega. O que é ser má colega?*

— Bom, toda a minha vida disseram que fui má colega. Mas, enquanto eu dei quarenta no Ibope, tive um programa de televisão na mão e as pessoas puderam se sobressair. Utilizaram-se de todas as vantagens que a artista Elis Regina poderia lhes dar no momento. Nenhum artista dos que hoje me acusam de má colega deixou de comparecer e usufruir de meu programa e meu sucesso. Então, eu não sei mais quem foi e quem é má colega. Má colega, em minha opinião, é aquela que esconde seus parceiros. Eu, muito pelo contrário, nunca agi assim e fui até criticadíssima porque no meu programa acontecia de tudo sem que tenha havido uma estrutura prévia. Se eu fosse a déspota que dizem, no meu programa só daria eu. Mas acontece o oposto: quanto mais pessoas estiverem agregadas ao processo, melhor para mim. Seria mais cômodo ter minha gangue, e não trabalhar como trabalhei tanto tempo com gente diferente e de sucesso. Que os meus colegas digam que sou uma pessoa geniosa, dou a mão à palmatória. Mas mau caráter é quem cospe no prato em que comeu.

— *Se você não pisasse no palco, o que faria de sua vida?*

— Não sei. Realmente não tenho a menor ideia.

— *Pense agora então.*

— É que o palco está tão ligado à minha maneira de ser, à minha evolução, aos meus traumas, que eu acho que me separar de um palco é a mesma coisa que castrar um garanhão: ele deixa de ter razão de existir.

— *A vida tem sido boa para você?*

— Muito boa. Acho até que eu tenho mais do que mereço ter. E não estou fazendo demagogia barata: acho mesmo isso.

— *Você já esteve apaixonada? Se esteve, suas interpretações mudaram nesse período?*

— A pessoa apaixonada se comporta completamente diferente em relação a tudo, principalmente sendo sensível como eu sou.

— *É bom estar apaixonada?*

— Bem melhor do que não sentir nada!

— *Você mudou de estilo de cantar. Por exemplo, não usa tanto os braços. Por que a mudança? Para sair da rotina ou porque você ficou mais moderna?*

— A gente vai vivendo – e eu sou uma pessoa que vive intensamente tirando o máximo de tudo –, a gente vai vivendo e modifica-se a cada dia. Juntando-se a isso a pouca idade e maturidade incompleta no meu início de carreira, é absolutamente normal, penso eu, que eu esteja me modificando sempre. Acho que nenhum ser tem o direito de se cristalizar nem os outros têm o direito de exigir isso dele.

— *Como é que você tem recebido os comentários negativos sobre Elis Regina?*

— Procuro antes saber por que a pessoa falou isso. Depois, analiso se existe algum envolvimento pessoal na crítica. Faço a soma, tiro a prova dos nove, e passo a limpo, se for o caso.

— *Quando você está em casa, com o tempo disponível, e põe um disco na vitrola, quem canta nesse disco?*

— Frank Sinatra – respondeu Elis prontamente, sem hesitação.

— *Dizem alguns que o seu show é o Miele.*[102] *Que é que você acha?*

— Este show é um conjunto de coisas. Talvez, mais que Miele, o *show* seja Bôscoli.[103] Isso no que diz respeito à parte dos bastidores. Agora, em palco, Miele é o maior artista que já vi trabalhar em cena, além de que tudo o que ele faz é absolutamente natural: ele é assim. Sinto-me profundamente feliz de ter sabido escolher bem, mais uma vez, o meu parceiro de trabalho. Não se deve esquecer também, nas críticas, que eu sou a íntima conhecida de todo o mundo e que o Miele é que é o novo no espetáculo. Sei que não sou nenhuma novidade. Mas estou feliz que a novidade seja exatamente Miele, que é meu amigo, meu produtor, meu confidente e uma das poucas pessoas que me restituíram no pouco que lhes dei.

Estava mais ou menos encerrada a entrevista, se bem que esta pudesse se completar muito mais. Foi o que aconteceu quando Elis me deu carona no seu carro e conversou comigo. Infelizmente não posso transmitir a conversa, que me mostrou uma Elis Regina responsável, misteriosa nos seus sentimentos, delicada quanto aos sentimentos dos outros. Uma Elis Regina, enfim, que tem mais problemas do que o de ser acusada de mau coleguismo. Mostrou-me uma Elis Regina que não quer ferir ninguém. Se há outras Elis, no momento não me foi dado ver. A que eu conheci tem uma espontaneidade e uma simpatia raras.

---

[102] Luís Carlos Miele foi produtor e diretor de televisão e shows musicais, e às vezes participava dos espetáculos ao vivo.
[103] Ronaldo Bôscoli foi compositor e produtor musical. Casou com Elis Regina em 1967, com quem teve um filho, nascido em 1970.

ELIS REGINA [Carvalho Costa] (1945-1982)

Tornou-se conhecida em 1965 ao sagrar-se vencedora do I Festival de Música Popular Brasileira da TV Excelsior defendendo a música "Arrastão", de Edu Lobo e Vinicius de Moraes. Ao lado de Jair Rodrigues, apresentou um dos programas musicais mais importantes da televisão brasileira: *O fino da Bossa*, que estreou em 1965, na TV Record, e lançou importantíssimos compositores como Milton Nascimento, Ivan Lins, Zé Rodrix, Belchior, Aldir Blanc e João Bosco.

Desbocada e de gênio forte, ganhou o apelido de "Pimentinha". Aclamada por muitos como "a melhor voz feminina da música brasileira" (revista *Rolling Stone*, 2013), teve profícua parceria criativa com o segundo marido, o pianista César Camargo Mariano, renovando os espetáculos musicais nacionais com as temporadas de *Falso brilhante* (1975-1976) e *Transversal do tempo* (1978).

MAYSA

"Sofro uma barbaridade antes de entrar em cena."

Maysa – eis o nome de uma mulher-gata muito bela, dona de uma voz rara e de dons artísticos também raros. É menos felina do que parece nos retratos e muito mais dada e simpática. Mas sobretudo Maysa – mulher sofrida e corajosa que encara os próprios erros – é um símbolo de ressurreição. Fortemente deprimida quando deixou de cantar, não se esperava mais que tivesse força suficiente para refazer sua vida. E eis que surge uma mulher mais do que bonita, e mais forte do que antes. Reconstruir-se torna-se a mais importante palavra entre todas. Quem já se ergueu várias vezes das cinzas, sabe como é, ao mesmo tempo, difícil e possível a própria reconstrução. Este é um diálogo antideclínio: e cheio de perspectivas.

– *Maysa, nesse seu novo apogeu artístico você mudou em quê?*

– Não acredito que tenha mudado, tanto é assim que meu repertório é mais ou menos o mesmo, apenas mais moderno. Isso de mudar a fase inicial talvez seja uma traição, uma ingratidão com aquilo que nos lançou, e mesmo quanto ao público daquela época. O que absolutamente não proíbe que eu mude, que eu vá adiante.

– *Seu apogeu também é de vida: o que fez você para sair da profunda depressão em que havia caído?*

– Olhe, eu acredito que isso tenha sido em parte por eu ter me afastado desse ambiente daqui, ter me encontrado um pouco comigo mesma, ter achado o diálogo, você entende? Eu acho que a solidão que procurei foi muito importante para esse encontro com a vida.

– *Você é uma criatura profunda e isso lhe deve trazer muitos dissabores. Como é que você se liberta deles?*

– Clarice, eu não me liberto. Cada vez procuro me aprofundar mais, e especialmente, no problema alheio, olhando para baixo para dar mais valor às coisas boas da vida.

– *Você tem muitos inimigos?*

– Que eu saiba não, embora tenha aprendido na minha fase de solidão a dizer "não" às coisas que não me interessam.

– *Você já foi analisada?*

– Comecei por três vezes, mas descobri que estava em mim mesma a resposta.

– *Como é que você define Maysa?*

– Uma pessoa essencialmente boa de coração, bastante insegura, mas já a caminho do encontro. Nunca fiz meu autorretrato.

– *De onde vem essa insegurança?*

– Virá talvez da brusca mudança no tempo desde que eu nasci até hoje. Houve tantos tabus que hoje não existem mais, e isso me criou essa insegurança. Quanto a tudo. Como, por exemplo, conviver com as demais pessoas fora do meu círculo de família. Mas não tenho nenhuma insegurança artística. Inclusive acredito que eu esteja numa fase muito boa de busca.

– *Você conseguirá, Maysa, o que busca. Qual é o ritmo de sua vida diária?*

– Meus horários são muito desencontrados. Trabalho até as três horas da manhã e não consigo dormir sem ler. Portanto, só durmo mesmo lá pelas seis horas. Preciso de nove horas de sono para ter a voz clara. Acordo às três ou quatro horas da tarde, que é a hora melhor para eu ouvir música, para memorizá-la. Meu almoço é às seis horas da tarde, portanto o ritmo está todo trocado. Sempre ligo a televisão – para ver se melhorou um pouco – até a hora em que me visto para começar o trabalho. Isto quando trabalho, o que acontece quase sempre. Nos intervalos, vou à praia, levo livros e papel para escrever. Tenho feito alguma poesia sem intenção de musicar.

– *Qual é o tipo de leitura que interessa a você?*

– Toda e qualquer leitura que me prenda, como é o caso do último livro que li, sobre a vida de Milena, a amiga de Kafka. Não me lembro do nome da autora. Eu adoraria poder ter sido Milena. Estou inteiramente fascinada pelo livro, de modo que não quero lembrar-me de outros. Gostei também enormemente de O *compromisso*, de [Elia] Kazan.

– *Fora a música, o que é importante para você?*

– Tudo é importante para mim. Viver ao máximo as coisas boas da vida e tentar esquecer o que passou. O que não é fácil aqui no Brasil; esquecer, quero dizer.

– *Se você não cantasse, seria uma pessoa triste?*

– Eu nunca pensei na possibilidade de não cantar. Mas acho que hoje em dia a gente não tem muito porque ser alegre. Felicidade a toda hora é privilégio dos burros.

– *Quando é que você começou a cantar, Maysa?*

— Aos 19 anos. Antes eu compunha. Numa reunião na casa de papai, estava presente o diretor de uma fábrica de discos. Eu estava esperando um filho, e ele então me convidou para, depois que nascesse a criança, fazer um disco que reunisse todas as minhas músicas. Tudo o que esse disco rendeu foi dado à campanha contra o câncer. Então veio a televisão e consequentemente começou tudo, com toda a família contra, o que veio ocasionar uma separação.

— *Na sua opinião, qual é o melhor intérprete da música popular brasileira?*

— Atualmente, como *intérprete*, Taiguara.[104] Como cantora, Elis Regina.

— *Você tem muitos amigos?*

— Tenho muitos conhecidos. Tenho um grande amigo. Ítalo Rossi.

— *Você tem dificuldade de se ligar às pessoas por amizade?*

— Tenho, sim. Além disso, depois de meu segundo casamento, tudo é tão harmonioso, sem ser monótono, que até tenho receio de quebrar essa harmonia com a vinda de outras pessoas.

— *Cada noite, na hora de seu show, você se sente inspirada para cantar, ou já fez disso um hábito sereno?*

— Toda noite para mim é uma primeira vez, mesmo que isso pareça lugar-comum. Sofro uma barbaridade antes de entrar em cena. Depois é como se tivesse nascido outra vez.

— *Que conselho você daria a uma jovem que caísse na depressão como você caiu? Qual é o melhor meio de sair dela?*

— Acho conselho uma coisa muito perigosa. Eu não pedi nem aceitei nenhum. De qualquer modo, acredito que a humildade seja muito importante. Um dos meios de sair da depressão é não achar que o próprio problema seja o pior de todos.

— *Quando você estava deprimida, houve algum amigo ou amiga que lhe desse a mão?*

— Eu estava só nessa época. Afastei-me de todos para não agredi-los com os meus problemas. Dependendo do temperamento de cada um, deve-se ou não procurar apoiar-se em alguém.

— *O que fez com que você passasse, nesta sua nova fase, a gostar do público e não temê-lo, como anteriormente, quando você evitava cantar de frente, defrontando-o?*

— Talvez eu sentisse que fisicamente estava agredindo o público. Com a minha aparência. Eu era muito gorda, suava muito, era antiestética. Isso digo agora, mas talvez naquela época eu tivesse realmente medo do público.

— *Agora como sua família está recebendo a segunda Maysa?*

— Não creio que haja uma segunda Maysa. Apenas o tempo foi passando, e minha família evoluindo e sobretudo vendo que minha ressurreição, como você diz, só está me fazendo bem.

---

[104] Taiguara Chalar da Silva foi um dos músicos mais censurados durante a ditadura militar, o que o levou a se autoexiliar em Londres em 1973.

— *Em todas as composições suas você deixava transparecer a busca do amor. Você o encontrou?*

— Encontrei, sim. Encontrei amor em tudo o que hoje me cerca, no diálogo, no dia a dia, até nas pequenas briguinhas com os seres amados. *Aprendi até a gostar um pouquinho de mim...*

— *O que fez você cair em depressão?*

— Uma série de fatores, de datas, de frustrações na minha infância e que se juntaram à minha juventude. Não tive tempo de ser nem criança nem jovem: casei-me cedo.

— *Você tem filhos?*

— Tenho um, com 13 anos, do meu primeiro casamento. E estou partindo agora para outro.

— *Mas isso, Maysa, é uma grande novidade: para quando é previsto o nascimento?*

— Se não perder a criança, como já aconteceu duas vezes, será para março do ano que vem.

— *Como será a mãe Maysa nessa nova fase?*

— Não saberia dizer, Clarice, mas acho que bem gagá.

— *Maysa, apesar de você responder a tudo o que lhe perguntei, acho você uma pessoa reservada.*

— Eu acho que não.

Nesse momento entrou na sala seu marido, Miguel Azanza, e concordou comigo: apesar de tudo. Maysa é reservada. Miguel é muito cordial, simples, e com ar de grande companheiro.

— *Como é que vocês se conheceram, Maysa?*

— Miguel estava num grupo que foi ao Casino Estoril, em Portugal, para me ouvir cantar. Miguel tinha vindo de Marrocos especialmente para me ver cantar porque já conhecia meus discos. Queria confrontar a voz conhecida com a pessoa ainda desconhecida. Ele me chamou atenção por ter sido o único do grupo a não se aproximar de mim para um autógrafo. Fui eu que, no final, me aproximei dele, e tudo começou. Um ano depois estávamos casados. O engraçado é que nos casamos duas vezes: uma pelo México e outra pela Bolívia. Estamos esperando a anulação canônica do primeiro casamento de Miguel para casar pela terceira vez porque eu sou viúva do meu primeiro casamento.

Tomamos um café e conversamos.

— Talvez, Clarice, você tenha me achado reservada ou intimidada porque era muita a vontade e a curiosidade que eu tinha em conhecer você. Também leio sempre os seus diálogos, e me senti muito honrada por ser uma de suas entrevistadas.

Continuamos a conversa, e fiquei sabendo, por exemplo, que Maysa é ótima dona de casa, gostando de lidar com tudo o que se refere ao lar, à cozinha, à arrumação. Como se vê, a Maysa real é diferente da Maysa mito. E ganha muito com a aproximação.

Manchete, nº 910, 27 de setembro de 1969

MAYSA (1936-1977)

Maysa Figueira Monjardim passou a ser Maysa Matarazzo pelo casamento, mas se tornou célebre apenas com o prenome ao se firmar como cantora após a separação, já que o marido, André, integrante do bilionário clã Matarazzo, se dedicasse à vida boêmia.

Além de cantora, precursora do samba-canção, Maysa também foi compositora, instrumentista e atriz. Neta do barão de Monjardim, cinco vezes presidente da província do Espírito Santo, entre outros ilustres antepassados, Maysa descobriu sua vocação musical ainda na infância, mas teve as aspirações tolhidas pelo marido. Depois da separação, teve agitada vida amorosa, marcada por escândalos provocados por seus vícios em álcool, calmantes e anfetaminas, aquietou-se somente junto ao ator Carlos Alberto, com quem passou a morar em um sítio em Maricá em uma espécie de semiaposentadoria.

Sua carreira musical foi brilhante, consagrada por diversos prêmios na década de 1950 e atingindo o auge na década seguinte com diversas excursões pela América Latina, pela Europa e pelos Estados Unidos, além de ter sido a primeira cantora brasileira a se apresentar no Japão.

TARCÍSIO MEIRA

"Minhas fãs não são alucinadas."

Este ano, Tarcísio Meira fez três filmes. Um deles – *Máscara da traição*[105] – estreava no mesmo dia de nossa entrevista. Os outros eram *Verão de fogo*[106] (com Elsa Martinelli) e *Quelé do Pajeú*[107] (dirigido por Anselmo Duarte), que deve ser lançado, proximamente, em 70 milímetros. É o primeiro filme nacional que se passa em tela gigante. E tudo isso sem falar em sua novela *Rosa rebelde*, em pleno andamento de sucesso. Mas Tarcísio não perde seu jeito de *gentleman*, não tem ar apressado ou afobado. Tanto ele como sua mulher, Glória Menezes, mantêm-se calmos e sorridentes. São dois exemplares bonitos de seres humanos, mas não parecem se contentar com esse dom de beleza: "queremos ser mais do que bonitos", parece dizer o casal.

– *Tarcísio, você é ator, por assim dizer, de nascença ou as circunstâncias o impeliram para essa profissão?*

– Foi totalmente circunstancial o fato de me tornar ator. Nunca pensara nessa possibilidade até que surgiu a chance de representar num grupo amador. Aí, um pouco do caminho já havia se oferecido para que eu me fixasse nessa atividade.

– *A que você se destinava antes?*

– Eu estudava e pretendia fazer o curso de preparação à carreira de diplomata no Instituto Rio Branco, do Itamaraty.

– *O que é que você acha de suas novelas? Responda o mais sinceramente possível: acha que elas são de bom nível?*

– De um modo geral, é muito difícil você conseguir interessar o público numa novela, dando a ele, simultanea-

---

[105] Filme policial dirigido por Roberto Pires.
[106] Filme de espionagem, dirigido por Jean-Pierre Kalfon.
[107] Filme sobre cangaceiros.

mente, alguma qualidade artística. A novela *Rosa rebelde* conseguiu essa proeza. É bem escrita por Janete Clair e bem dirigida por Daniel Filho. E todos nos empenhamos, os atores e técnicos, por poder fazer o melhor dentro das nossas possibilidades.

– Tem alguma outra novela em vista?

– De momento, não. Vamos descansar e dar descanso ao público fazendo uma excursão pelo Brasil com a peça *Linhas cruzadas* [de Alan Ayckbourn], levada à cena no Teatro Copacabana. Voltaremos à televisão somente em abril do ano que vem.

– Você é um bom ator. Com quem e onde aprendeu a expressar-se através de tantas modificações fisionômicas?

– Bem, isso de ser um bom ator é opinião sua. Não sei dizer se tenho aprendido com os outros ou se tenho buscado isso dentro de mim. Acho que ninguém é primitivo a ponto de ser apenas si mesmo. O que somos é uma consequência de nossa relação com os demais e, quando representamos, procuramos filtrar as experiências alheias através do nosso próprio temperamento.

– Você sente emoção quando beija sua própria esposa, Glória Menezes, na novela em que ela participa como atriz principal?

– Na novela e fora dela, *arre!*

– Na sua novela, você é terrivelmente ciumento. E na vida real, também?

– Acho que o ciúme não existe enquanto a gente não o percebe. E, quando a gente o sente, é porque já não está mais seguro em relação à pessoa que é objeto de nosso afeto. Isso ainda não aconteceu comigo.

– Você se sente frustrado por não ter seguido a carreira diplomática?

– Não. De modo algum.

– Desculpe a minha ignorância, mas você trabalhou no palco, em peças? Só me lembro de Linhas cruzadas.

– Foi a única peça que fiz no Rio. Em São Paulo, trabalhei em quase vinte peças, das quais as mais importantes foram *Toda donzela tem um pai que é uma fera* [de Gláucio Gill], *De repente no verão passado* [de Tennessee Williams], *Apartamento indiscreto*, *A grande chantagem* [Clifford Odets] e *Calígula* [Albert Camus].

– O que é que seu diretor nas novelas espera de você?

– Quando está para começar uma novela, o diretor reúne o elenco e diz o que devem ser os personagens. Daí, ele só espera que os atores tenham entendido a sua explicação, porque mais do que isso ele não terá tempo de fazer, quanto à formação dos personagens. As marcações, as intenções, só são ensaiadas momentos antes de cada gravação.

– Você pisa no palco com o hábito ou a sensação de coisa renovada?

– O hábito, propriamente, não se forma. Inclusive porque a cada nova representação acontecem fatos novos que determinam mudanças na sua maneira de representar: uma marcação que é trocada, um esquecimento do texto, uma pausa maior no diálogo, são situações que devem ser resolvidas pelo *personagem* naquele momento e não pelo ator que o interpreta.

– *Como é que você conheceu Glória Menezes? Foi logo propondo casamento?*

– Conheci Glória trabalhando com ela numa peça de televisão em São Paulo. Desse conhecimento, chegar ao casamento foi uma consequência natural do amor que nasceu entre nós.

– *Que papel você sonha interpretar no palco?*

– Não é um papel ou outro que vai me dar satisfação. É, isto sim, representar bem este ou aquele papel.

– *Você recebe muitas cartas e telefonemas de admiradoras alucinadas?*

– Mas não são alucinadas! Na maioria das vezes, bastante equilibradas até.

– *Você consegue chorar em cena?*

– Consigo. Se entender bem o sentimento do personagem. Se como ator choro naquele momento representando, é porque, como pessoa, eu provavelmente choraria também, se passasse pela mesma situação.

– *Diga-me, Tarcísio, como é que se desenvolve sua rotina diária?*

– Não há rotina no meu dia a dia. O que há de rotineiro são exatamente os inesperados diários...

– *Você e Glória levam uma vida boêmia ou são pacatos?*

– Nem boêmios nem pacatos. Procuramos dosar bem a nossa vida.

– *Você e Glória se assistem na própria novela? E o que é que sentem?*

– Assistimos quando temos oportunidade. Mas como é que você se sente quando lê, dias depois, o que escreve?

– *Certa desilusão, insatisfação.*

– Eu, às vezes, me sinto satisfeito. Outras vezes, a autocrítica me censura. Às vezes, me desiludo. Mas sempre assistir-nos na televisão é construtivo, viu?

– *Tarcísio, fazer dois papéis na mesma novela não lhe dá um certo sentimento de ambiguidade?*

– Se isso acontecesse, o que é que eu faria sabendo que, terminada a gravação, vou representar outro personagem no teatro e, no dia seguinte um terceiro num filme?

– *Sua popularidade nas novelas leva o público ao teatro e aos filmes em que você trabalha?*

– Certamente. O público tem curiosidade por saber até que ponto o ator é aquele personagem da novela.

– *Vocês têm filhos?*

– Tenho um, do meu casamento com Glória. Herdei mais dois, do primeiro casamento dela.

– *O que é que você está achando deste nosso diálogo?*

– Um diálogo agradável, que confirmou a impressão que eu tinha de sua pessoa. Tenho a certeza de que foram perfeitamente entendidas as coisas que tentei dizer e sou grato por essa oportunidade de conversar com o público por seu intermédio.

Despedi-me com a impressão de que acabara de assistir a alguns momentos da vida de duas pessoas intimamente ligadas pela compreensão mútua e muito amor.

Manchete, nº 912, 11 de outubro de 1969
De corpo inteiro, 1975

TARCÍSIO MEIRA (1935-2021)

Seu verdadeiro nome era Tarcísio Pereira de Magalhães Sobrinho. Foi ator com papel de destaque na história da telenovela brasileira, com uma longa carreira que se desdobrou entre 1957, quando estreou no teatro com A *hora marcada*, e 2018, quando se despediu das telas com a novela *Orgulho e paixão*, escrita por Marcos Bernstein a partir dos livros de Jane Austen, e dirigida por Fred Mayrink.

Protagonizou *225499 ocupado* (1963), *Irmãos coragem* (1970), *Escalada* (1975), *Os gigantes* (1980), *Roda de fogo* (1986), *O rei do gado* (1996), *Torre de Babel* (1999). Recebeu o prêmio de melhor ator da Associação Paulista de Críticos de Arte por sua atuação na minissérie A *muralha*, da TV Globo. Tarcísio Meira formou com Glória Menezes (nascida em 1934) o verdadeiro "Casal 20" da televisão brasileira, que obteve duradouro sucesso contracenando em parceria ou atuando de forma independente.

BRUNO HERMANNY

"Prefiro o mar. Se eu for à Lua, não vou ter nenhuma surpresa."

Pelo menos no campo dos esportes, não é preciso apresentar Bruno Hermanny, campeão mundial de caça submarina. Ele é admirado por todos, mesmo pelos leigos, e estimula os aficionados. O fato de que mantém sempre um padrão ao mergulhar, em quaisquer mares, também é um dos fatores que o levaram ao estrelato internacional. Bruno Hermanny é um mestre, no mundo submerso, desde o mergulho até o tiro, e, antes deste, na procura do peixe, no cálculo de seu tamanho e peso, no estudo de suas reações.

Antes de ser caçador de mergulho, foi campeão de natação com grande facilidade. Mas nadar era apenas um começo. Como atleta, escolheu a mais difícil especialidade: conhecer o fundo do mar. Tratando-se de um esportista completo, sem nunca ter montado a cavalo, fez *crosses* brilhantes em provas internacionais. Também passou pela esgrima, tiro e corrida, tornou-se um nome, chegando a vencer várias vezes em concorrência com os estilistas mais hábeis. No entanto, tudo isso era apenas um preâmbulo para a sua grande paixão: o silêncio do mundo submerso (que, como se verá, não é silencioso). É um esporte, como escreveu uma vez Yllen Kerr,[108] sem arquibancada, sem o estímulo de aplausos. Das águas do mar, Bruno reina em atividade silenciosa.

A pergunta é tão abrangente que, saindo em primeiro lugar, representa a entrevista inteira.

— Como é que nasceu em você a escolha pela caça submarina?

— Por acaso, ou talvez pelo fato de viver perto do mar. Morava em Ipanema, perto do Arpoador. E a curiosidade vai puxando a gente para o fundo. Daí

---

[108] Artista plástico e fotógrafo, Kerr colaborou como ilustrador na revista *Senhor*. Foi também jornalista do *Jornal do Brasil*, onde escrevia sobre caça marinha e outros esportes. Após a publicação desta entrevista em *Manchete*, Kerr escreveu uma paródia na página esportiva do *Jornal do Brasil*: 18 de outubro de 1969.

a mergulhar e a caçar, é uma pequena distância.

– *Dizem que o fundo do mar é de uma beleza inimaginável. O que é que você vê?*

– É basicamente diferente de tudo o que se vê aí fora. Daí é que surge essa impressão de que o fundo do mar é especialmente bonito, mas é o desconhecido o que mais atrai. Outra coisa, que hoje se sabe ser aquele fenômeno da imponderabilidade: quando a gente vai para dentro da água, fica num elemento cuja densidade é igual à do corpo humano. Quando se vê um astronauta dentro de uma cápsula, a maioria das pessoas estranha muito esse fenômeno. Porém o mergulhador não estranha. Ao se olhar um aquário, observa-se que os peixes, em qualquer posição em que estiverem, estão em equilíbrio. Isso é tanto verdade que os astronautas fizeram grande parte dos treinamentos dentro da água.

– *A solidão do fundo do mar não o perturba?*

– A solidão do mar é coisa superada, mais uma forma poética. Pois tem tanta vida no fundo do mar como na superfície.

– *Quando é que você ganhou o título de campeão mundial, e onde?*

– Ganhei dois campeonatos mundiais: um em 1960, na Itália, no Mediterrâneo. O segundo, também mundial, foi aqui no Rio, em 1963.

– *Antes de nadar em águas da Europa, você onde mergulhava?*

– Só tinha mergulhado no Atlântico. Andei por Fernando de Noronha, Cabo Frio, Angra dos Reis.

– *Por que todos os aficionados da caça submarina se tomam de paixão?*

– Porque o mar é paixão, o mergulho é paixão, a caça, seja ela submarina ou de terra, de pena ou de pelo, é paixão. A caça, eu tenho por mim, ainda tem um resíduo da selvageria do homem. É instintiva. Qualquer um pode ser pescador. Dê a um homem um caniço com um anzolzinho na ponta, e ele passa a se interessar, basta a oportunidade e acorda-se nele o instinto.

– *Você é carioca?*

– Sou paulista de nascimento, mas desde garoto morei no Rio. Tenho 36 anos de idade. Escute, eu tinha vontade de lhe fazer uma pergunta: sendo você de um campo claramente intelectual, como se lembrou de entrevistar um homem do esporte?

– *Todas as pessoas são interessantes em maior ou menor grau. Mas uma personalidade de atleta grego é um achado. Além do mais, embora em campos diferentes, ambos somos mergulhadores. Conte-me sobre o seu estado de espírito na hora que precede o mergulho.*

– O mergulho é paz para mim, é tranquilidade, talvez fuga. Acredito até que um determinado estado de espírito inexista nesse momento. E talvez seja este, no meu caso, o segredo e o encanto da caça submarina.

– *O fundo do mar é fosforescente?*

– Não. O fundo do mar já foi chamado por engano – e é um engano que ficou quase universal – de o mundo de silêncio. É bastante o contrário: é cheio de vida, de barulhos, a gente reconhece alguns peixes pelos sons que eles emitem; a lagosta, por exemplo, emite sons que nós escutamos, os ouriços-do-mar fazem verdadeiras sinfonias de ruído. Quando um peixe se espanta e sai em corrida, ele também faz barulho, e a gente até reconhece qual peixe correu. Quando passa um navio no horizonte, o mergulhador escuta a hélice dele trabalhando. Ninguém tem essa impressão do mar, não é? Quem vai tomar um banho de mar nunca se preocupa em escutar nada. Se der uma paradinha e prestar atenção, vai ouvir muita coisa. O ar é pior condutor de som do que a água.

– *O fundo do mar era para você tão desconhecido como a Lua para os astronautas? Da primeira vez você tinha ideia do que iria ver?*

– Não, eu acho que era muito mais desconhecido do que hoje a Lua é para mim. Se eu for hoje à Lua, não vou ter surpresa nenhuma: já a conheci através de fotografias e de televisão. Tenho a impressão de que os astronautas não sabiam completamente bem o que iriam ver, se bem que as observações sobre a Lua fossem muito acuradas. Eles não tiveram nenhuma surpresa. Mas cada mergulho que se dá é o desconhecido. Eu até hoje, quando mergulho, sinto um aperto no coração, não sei explicar por que, talvez pelo imprevisto das situações.

– *Você ainda pratica esgrima?*

– Não, a esgrima não é carioca. É para clima frio.

– *O mergulho da caça submarina exige uma relativa mocidade, como no futebol?*

– Não, ao contrário. O mergulho é criminoso com a juventude. Porque tem feito vítimas numerosíssimas entre os mais moços. Trata-se de um problema de metabolismo. Com a idade, o organismo necessita de muito menor quantidade de oxigênio, e a garotada não entende isso, acompanha os adultos e vai morrendo aí, de forma até assustadora. Acresce-se a esse fenômeno a imprudência, que é a coisa mais característica e bonita dos jovens, esse desprendimento.

– *Com quem você aprendeu os começos da caça submarina?*

– Com meus colegas de vagabundagem no Arpoador. Por exemplo, Rubens Torres, George Grande.

– *Cada vez que você mergulha sente o mesmo deslumbramento? Ou o fundo do mar já é rotina para você?*

– Não é rotina de forma alguma. Aliás, já está respondido isso antes. Eu posso dizer o que eu acho que é a caça submarina? Vou enumerar, hein? É sol, ar livre, passeio de barco, liberdade, mecânica (de motor, por exemplo), viagem de automóvel. O Yllen Kerr definiu o mergulhador com a maior propriedade possível num artigo que escreveu. Assim de cabeça eu não o poderia citar. Mas vale a pena pedir a ele para ler, é genial. Para concluir a descrição da caça submarina, tenho que dizer que é vício, estar livre de todos, são momentos que têm valor extraordinário para um homem.

– *Qual é a sua outra atividade, uma não esportiva?*

– Meu trabalho? Trabalho numa empresa de administração que opera em vendas, seguros, consórcios de automóveis e também numa cadeia de hotéis. Esse é o meu dia a dia, e não é mole. (Ri. Aliás sorri com facilidade e naturalidade.)

– *No fundo do mar também mergulham as mulheres?*

– Mergulham. Elas têm tudo para isso. O que atrapalha um pouco é a vaidade, molhar o cabelo, por exemplo. Isso atrasa muito as pescarias. A minha mulher, por exemplo, é um talento para mergulho, no entanto os três diabinhos que nós temos lá em casa não lhe permitem. Na hora da pescaria, eles são dela, eu tenho que tirar o corpo fora.

– *Qual é a sua maior e melhor recordação emocional quanto à caça submarina?*

– Para mim foi a vitória no segundo campeonato mundial, que eu venci aqui no Rio. Foi o maior desafio a que respondi esportivamente. Nesse campeonato eu tive praticamente tudo contra mim. E venci todas as dificuldades. A maior emoção de minha carreira foi essa.

– *Quais são os perigos que ameaçam um mergulhador na caça submarina?*

– É um pouco forte o que vou dizer. O único perigo real é a morte por anóxia, isto é, o nível muito baixo de oxigênio no sangue. Esse é o grande perigo. Tem matado gente que não acaba mais. Agora eu queria dizer: uma de minhas maiores aspirações é a de escrever um livro contando minhas aventuras. Não acredito que tenha talento ou experiência para isso. Eu tenho muita coisa a contar.

– *Se eu tivesse tempo, você contaria para mim e eu ia escrevendo o livro para você.*

Fizemos uma pausa enquanto minha empregada trazia o café.

– Agora uma pergunta – disse Bruno. Seu nome é assim o máximo para o seu temperamento artístico, é um nome que atrai, é um suspense. De onde surgiu esse nome? Há muito tempo eu queria saber disso.

Respondi:

– *Meus pais eram russos, da Ucrânia, e, segundo meu pai, todas as gerações anteriores à dele tinham nascido na Ucrânia. Esse nome, com ar latino, com ar de inventado, deve ter sido como seixo rolado: através dos séculos foi se formando ou deformando.*

Manchete, nº 914, 25 de outubro de 1969

BRUNO [de Otero] HERMANNY (1932-1992)

Permanece até hoje como o único brasileiro detentor de dois campeonatos mundiais de pesca subaquática, em 1960 e 1963, sendo lembrado pelo Torneio Bruno Hermanny de Caça Submarina promovido anualmente pelo Iate Clube do Rio de Janeiro.

Antes, em 1953, havia se destacado como recordista mundial do Pentatlo Moderno, a difícil categoria que engloba provas de esgrima, corrida, natação, hipismo e tiro esportivo, consagrando os vencedores com o título de "Atleta mais completo" dos jogos olímpicos. Sua irmã, Tereza, foi a primeira esposa de Tom Jobim.

NÉLIDA PIÑON (I)
"*Um laboratório de criatividade*"

Há oito anos, uma moça chamada Nélida Piñon, descendente muito brasileira de espanhóis, iniciava sua carreira literária com um livro dificílimo de se ler: *Guia-mapa de Gabriel Arcanjo* [1961]. Sem nenhuma concessão ao leitor, o livro, para a maioria, era ininteligível. Ainda na mesma linha publicou, em 1963, *Madeira feita cruz*. E três anos depois, o livro de contos *Tempo das frutas*, este já bem mais realizado, com ótimos contos. O seu romance
O *fundador* ganhou um prêmio especial no Concurso Nacional Walmap e aparecerá, pela Editora José Álvaro, na segunda quinzena de novembro. Continua escrevendo: tem prontos um livro de contos e uma peça de teatro. Tudo escrito num estilo muito especial, muito Nélida Piñon.

Enquanto isso, dirige o primeiro laboratório de criação literária no Brasil, na Faculdade de Letras do Rio de Janeiro, cargo que lhe assenta perfeitamente: só poderia ser ministrado realmente por alguém com a inteligência criadora de Nélida. Fiz-lhe, a propósito do laboratório, umas perguntas, que foram respondidas por Nélida por escrito.

– *Você está dando um curso sobre criatividade literária ou atividade criadora de um modo geral?*

– Literária em particular. Mas não separo o fenômeno literário da criatividade em geral. Uma vez que criar é estar em todas as coisas.

– *Você crê que o laboratório de criação literária, da Faculdade de Letras, possa orientar futuros escritores, ou seu curso tem apenas um sentido cultural?*

– Mais importante do que transmitir experiência, é discutir as razões que justifiquem o escritor numa sociedade de consumo, em que o homem, nutrindo-se do objeto, aprendeu a venerar geladeiras, carros, instrumentos enfim que lhe são impostos como presumíveis restauradores do espírito. Não acreditamos que o ofício de escrever, assimilado de qualquer modo, determine imperativamente uma elite. Ao contrário, como *poverellos* estaríamos mais aparelhados a destronar regras incompatíveis e uma comunidade adiposa. O laboratório pretende tão somente queimar etapas, lidar com técnicas dominantes na ficção contemporânea, sem mutilar porém o espírito criador do aluno. Sobretudo transmitir a verdade – e ouvindo também confirmamos nossa crença – de que compete afinal ao escritor desvendar o labirinto, o escondido, a parcela, derrubar falsas comemorações, intensificar dúvidas, protestos, ainda que seu grito seja o último a se registrar numa região atomizada.

– *Quais são os processos que liberam mais a criatividade?*

– Todo processo é válido, desde que se confirme a criação. Alguns escritores, por exemplo, exigem o estado orgástico para criar, aquele delírio impedindo-os de analisar o ato que estão conhecendo, os frutos abastados da sua poderosa paixão. Outros elegem o caos como modo de atingir a ordem, o que equivale a eleger a ordem para estabelecer o caos na Terra. Certos escritores imitam a sedimentação da rocha, cultivam estágios longínquos, são habitantes de eras remotas, e são tão pacientes que desprezam o tempo por acreditarem na eternidade. Mas quem fala pelo escritor é seu próprio depoimento, o impulso de não ser escravo e criar livre.

– *Qual é seu método de escrever? Você planeja a trama antes de começar?*

– Acredito no convívio diário com a palavra, ainda que não seja de ordem física. Sem tal abordagem regular, vejo reduzida minha capacidade de expressão, dificilmente alcançando a forma necessária. Crio o que preciso ao longo dos dias, as mais penosas horas, e da vivência pessoal, colisões permanentes com a Terra. Existindo a consciência de escrever, que este ato se repita constantemente. Não compreendo amadorismo. Compreendo, sim, a vocação flagelada, difícil, espinhos por toda carne, que é nossa coroa, o desafio de não transigir. *O fundador*, meu último romance, foi estruturado antes de o iniciar. Conhecia a técnica, a linguagem, o andamento que se devia adotar. Embora elementos imponderáveis, entre o tanto que mais tarde mutilamos corrigindo, como se não fosse nossa carne o que estamos sacrificando – surgissem ao longo do livro como transfusão.

– *Você acredita em inspiração, ou acredita que o trabalho árduo é que vale para escrever?*

– Inspiração era meu recurso de adolescente. Fase adulta exige outro confronto. E como a natureza não me tornou instrumento de Deus, habituei-me a avançar pesadamente no mundo escuro de um texto até descobrir a primeira luz.

Jornal do Brasil, 1 de novembro de 1969

NÉLIDA PIÑON (1934-2022)

Conviveu intensamente com Clarice durante duas décadas e acompanhou de perto a sua trajetória. Autora de A *doce canção de Caetana* e *Vozes do deserto*. Formada em Jornalismo pela Pontifícia Universidade do Rio de Janeiro, iniciou a carreira literária muito jovem, em 1961, com o romance *Guia-mapa de Gabriel Arcanjo*. Sua obra mais importante é *República dos sonhos* (1984), na qual retrata a epopeia das famílias galegas que imigraram para o Brasil na virada do século XIX para o XX, assim como ocorreu com a sua própria.

Em 1996-1997, por ocasião do centenário da ABL, Nélida Piñon se tornou a primeira mulher a exercer a presidência da Academia Brasileira de Letras. Muito reconhecida e premiada, ela recebeu sete títulos de doutora *honoris causa*, a Ordem do Mérito Cultural e a Ordem Cruzeiro do Sul, o título de Chevalier des Arts et des Lettres do governo francês, e o Prêmio Príncipe de Astúrias das Letras de 2005.

[CARLOS] SCLIAR
em Cabo Frio (II)

Passei um fim de semana inesquecível em Cabo Frio hospedada por Scliar, que pintou dois retratos meus. O sobrado de Scliar é uma beleza mesmo.

Cabo Frio inspira Scliar. Perguntei-lhe sobre tanta criatividade. Resposta:

— Acho que viver é um ato criativo. Tento fazer tudo aquilo que eu gosto e tento descobrir tudo aquilo que me inquieta. Creio que em Cabo Frio tenho essa possibilidade de concentração que me permite descobrir o fio da meada. Aí é só trabalhar. Não entendo viver sem trabalhar. A coisa que eu acho mais importante na vida de qualquer pessoa é descobrir naquilo que gostaria de trabalhar.

Scliar tem três cães e brinquei com amor com eles. Todo mundo em Cabo Frio conhece a casa de Scliar. Verifiquei isso quando de manhã bem cedo fui comprar o *Jornal do Brasil*, eu que não consigo começar o dia sem ler este jornal. Mas me perdi, pois sou muito desorientada. Eu pedia informações à medida que de novo me perdia — e todos sabiam onde Scliar morava. Visitei José de Dome,[109] que me deu um quadro lindo e me trouxe selvagens pitangas. Scliar fez antes de pintar vários desenhos de meu rosto. Contei-lhe de quando posei para [Giorgio] De Chirico.[110] Ele disse que aparentemente é fácil me pintar: basta pôr maçãs salientes, olhos um pouco oblíquos e lábios cheios: sou caricaturável. Mas a expressão é difícil de pegar. Scliar retrucou: todo quadro é difícil.

— *Quando começou a pintar?*

— Desde que me conheço, desenho e pinto. Cabo Frio no inverno é tranquilo e me permite horas de solidão voluntária. É nessas horas que trabalho, vai-se tecendo um processo aparentemente intuitivo ou aparentemente racional. As duas coisas são contraditórias, mas que elas existem, existem, e entrelaçadas. Aproveito essas horas para desencadear o tempo prático de trabalho, sempre acotovelado às horas de lazer em que escuto música e leio.

---

[109] Pintor afro-brasileiro baiano radicado em Cabo Frio.
[110] Quando o célebre Giorgio De Chirico (1888-1978), expoente maior da Pintura Metafísica, pintava o retrato de Clarice Lispector em Roma, em 1945, ocorreu um episódio interessante durante uma das sessões de pose: de repente o povo nas ruas começou a gritar: "A guerra acabou! A guerra acabou!" Uma ocorrência peculiar nas vidas destes dois personagens fora de série.

De repente tocou o telefone e Scliar foi atender. E por incrível que pareça, o telefonema vinha de Espanha, Barcelona, e era do Farnese,[111] com quem Scliar falou muito tempo.

– *Que é que você sente quando pinta? Fica alvoroçado como eu quando escrevo um livro?*

– Eu nem sei bem porque o processo é tão diferente para cada quadro. Muitas vezes o quadro, apesar de o desenho já estar estruturado, o quadro me parece estranho até desencadear-se. E isso começa pela descoberta de certos relacionamentos entre as cores, por um plano num tom definido que orienta a proposição num sentido diverso daquele inicialmente proposto. Outras vezes é um gesto que arma um valor, uma vibração não prevista. Ou uma observação através da vista de uma janela que me traz a cor de um barco que passa. Que sei eu. Tudo vale e o resultado final é que conta.

Quase esqueci de João Henrique,[112] que tem cor de verde e que me deu a dama da noite para perfumar minhas noites. Ele é maravilhoso e vende muito bem. Sempre gostei mais de homens e fiquei feliz em ter dois filhos homens. João Henrique é muito homem. Não fosse ele muito homem. José de Dome gosta muito de amarelo.

Há também Dalila e Mercedes, que cozinham muito bem. Mercedes está com Scliar há 12 anos e ele a chama de mãe. Dalila faz um macarrão com palmito que *eu vou te contar*. Mercedes tem os cabelos inteiramente brancos e beija Scliar.

– *Você gosta de natureza-morta, isso eu sei porque já vi as mais fantásticas.*

– Como de tudo o mais que eu pinto. Talvez elas me permitam maior liberdade para sua organização e posterior destruição dessas procissões que vi e modificando até sua armadura de maneira que me surpreenda. É quando o trabalho realmente começa.

– *Fale do silêncio de sua casa e do que ela lhe dá.*

– Acho que o meu silêncio é estar cercado de todos os ruídos de som que eu gosto e que permitem o clima que eu busco para meu trabalho. Acho que a vida é tão rica e inesperada que todo instante preciso estar aberto ao que me rodeia para, se possível, não perder nada. Estás escutando esse ruído que vem da cozinha ou do rapaz que lá em cima mudou o vidro quebrado? São sinais vivos que provam que também o estamos. Acho isso importante para o meu trabalho, que tento refletir numa permanente reflexão e integração com tudo o que acontece e me chega. Acho a vida uma coisa simples. Mas a dificuldade é transmiti-la. Quando gostamos das pessoas e para elas trabalhamos, estabelecemos uma relação da qual nem sempre temos imediata consciência do que é essencial.

---

[111] Farnese de Andrade Neto foi pintor, escultor e ilustrador brasileiro.
[112] João Henrique Cúrcio Allemand foi pintor, desenhista, serígrafo e gravador brasileiro.

Quanto aos mutantes,[113] conversando a respeito deles, Scliar disse:

– É o meu trabalho continuando. Finalmente o que procuramos em cada trabalho senão essa possibilidade de ele se renovar permanentemente. Claro que isso acontece em cada pessoa nova que o observa e descobre. Feliz o trabalho que se renova constantemente para a mesma pessoa. Todo trabalho deve conter essa possibilidade de um permanente desdobrar-se. Meus instantes são jogos de três ou mais quadros, cada um com seu próprio equilíbrio, capaz de reestruturar em comunhão com os outros. Como cada quadro contém suas próprias proposições, eu multiplico essas descobertas em cada mutação proposta. Você vê, é o mesmo problema inicial ampliado.

– *Você trabalha todos os dias?*

– Sim, mesmo quando não trabalho.

Jornal do Brasil, 28 de outubro de 1972

---

[113] Scliar trabalhava numa série de "Formas Mutantes".

CARLOS SCLIAR EM CABO FRIO

A casa-ateliê de Scliar em Cabo Frio, em que Clarice Lispector realizou esta entrevista, foi transformada no Instituto Cultural Casa Museu Carlos Scliar no ano de sua morte e aberta ao público em 2014. Scliar comprou o imóvel em ruínas e o reformou inteiramente, passando a morar lá nas quatro décadas seguintes. Muito querido pela população local, ele foi homenageado pela prefeitura de Cabo Frio, em 2006, com a atribuição do nome Orla Scliar ao trecho da rua Marechal Floriano diante de sua residência, nas proximidades do canal Itajuru, no qual suas cinzas foram dispersas.

FAYGA OSTROWER (I)

"Arte, artesanato, insatisfação."

Sinto amizade por Fayga Ostrower, mas raramente nos vemos. Daquela vez acho que a procurei porque andava em fase de seca para escrever e sabia que algum ânimo me viria dela, mesmo que fosse para eu aceitar com tranquilidade nunca mais escrever. Realmente saí de sua casa mais plena e mais calma.

Gostei de tantas coisas que ela me disse. Falei pouco, ouvi muito. Achei belo, por exemplo, ela me dizer que é uma intelectual e que tem talento didático, mas na hora do trabalho esquece as teorias e começa da estaca zero. Eu que vivo na estaca zero, e não tenho talento didático. Mas Fayga me disse que, quanto mais se sabe, mais se volta a raízes que nem se sabia que se tinha. Contou-me que se transformara: fora francamente para a cor, e isso implicava uma reestruturação do próprio trabalho.

Eu quis saber se ela, ao começar um trabalho, já sabia o que ia fazer, pois eu não sei. Mas respondeu melhor do que um simples "não sei". Disse: "sei e não sei; obviamente tenho que ter uma ideia mesmo inconsciente, como bússola, se não como é que eu saberia se estava acertando e em relação a quê?"

Mas de novo nos encontramos em outro aspecto do trabalho: Fayga disse que no decorrer da tarefa podem acontecer coisas que mudem inteiramente o rumo desse trabalho, e são as chamadas descobertas. Ela me disse com um sorriso que lhe adoçou o rosto todo – ela não sorri muito – que "cada vez o trabalho me parece mais milagroso".

Nesses últimos anos, Fayga começou a experimentar certos problemas técnicos que abriram milhares de outros problemas, como o de ligar a cor com a própria luminosidade da cor. Durante meses preparara para o Itamaraty, em Brasília, uma série de sete gravuras verticais que eram interligadas horizontalmente – e para escolher essas sete, na época em que estive com ela, já fizera oitenta experiências. Admirei-a, primeiro, não consigo escrever sob encomenda, a menos que seja trabalho estritamente jornalístico; segundo, logo que inicio o trabalho, a base desconhecida está ali, e não sei reformular, sei é copiar tantas vezes que o sentido se esclareça a mim mesma.

Tive o gosto de ver uma de suas possíveis escolhas dos sete, e formam uma diáfana música de luminosidade. As cores são claras, mas muito intensas. Quando começou a trabalhar, sabia apenas que iria do laranja ao vermelho, sobretudo por causa do tipo de luz de Brasília.

Lembrei-me de que há anos ela me dera um quadro que representa uma mãe segurando o filho no colo. E me dá a impressão de uma simbiose perfeita: "tem a forma geral de um ovo", expliquei para Fayga. E acrescentei: "você toca neste quadro numa verdade porque, quando grávida, a mulher é um ovo completo." Fayga riu com um riso límpido. Eu disse: "mas quando você reviu o quadro na minha casa, pareceu renegá-lo." Ela disse que no momento não estava fazendo figurativo, era uma fase que passara. Mas que aquela fase de figurativo tinha sido muito boa e autêntica, e que não a renegara. Ela até hoje tem paixão por Cézanne.

Conversando, tive um desânimo em relação à utilidade da arte, do modo como vivemos. A arte não preenche a carência em que estamos. Mas Fayga disse: "creio que não é útil como o pão, mas tem utilidade específica. Quando se pensa que as pessoas vão ver quadros, ler livros, ouvir música, vê-se que não é por curiosidade: é que a obra de arte está ligada ao homem e este a sente como o homem de amanhã."

Fayga teve uma experiência rara: foi contratada para ensinar arte aos operários de uma fábrica, operários que nem tinham bem o que comer. E viu que a arte toca mesmo numa corda de sensibilidade que é espiritualmente e vitalmente necessária. Um dos operários lhe disse: a senhora sabe, homens como Leonardo da Vinci nunca deveriam morrer. Outro operário disse que tinha em casa um tio velho que quase não enxergava mais, mas quando era moço "gostava de coisas bonitas". O sobrinho transmitia ao tio todas as aulas que Fayga dava. E seu tio lhe disse: "Luís, o que essa moça fala não é só para você, é para transmitir para seus filhos." Então Fayga me disse: "você vê, a arte não é problema de erudição nem de intelecto, mas uma procura de se viver o mais plenamente possível."

Jornal do Brasil, 10 de fevereiro de 1973, "Arte, artesanato, insatisfação"

FAYGA OSTROWER (1920-2001)

Gravadora, pintora, desenhista, ilustradora, teórica da arte e professora polonesa que se radicou no Rio de Janeiro em 1934, onde estudou com Tomás Santa Rosa, Axl Leskoschek e Carlos Oswald. Consagrada com o Grande Prêmio Nacional de Gravura da Bienal de São Paulo, em 1957, e o Grande Prêmio Internacional da Bienal de Veneza, em 1958, foi laureada igualmente nas bienais de Florença, Buenos Aires, México e Venezuela.

Entre 1954 e 1970, Fayga ensinou Composição e Análise Crítica no Museu de Arte Moderna do Rio de Janeiro, lecionando também em universidades inglesas e norte-americanas. Presidente da Associação Brasileira de Artes Plásticas entre 1963 e 1966, preocupou-se em fomentar atividades artísticas em centros comunitários e operários. Foi também uma teórica da maior importância, graças a obras paradigmáticas como: *Universos da arte*; *Criatividade e processos de criação*; *Acasos e criação artística*; *A sensibilidade do intelecto* (Prêmio Jabuti de 1999).

FERNANDO SABINO

"Gostaria de morrer em nome de alguma coisa, mas não creio que mereça tanto."

Esta entrevista foi feita antes de Fernando Sabino declarar que a literatura morreu.

– *Fernando, por que é que você escreve? Eu não sei por que eu escrevo, de modo que o que você disser talvez sirva para mim.*

– Há muito tempo que não escrevo. A última vez foi ali por volta de 1956, 1957. Escrevia por necessidade de me exprimir. Desde então tenho me utilizado da palavra escrita como atividade profissional, por necessidade de ganhar a vida. Mas não chamo a isso de escrever como ato de criação artística.

– *Como é que começa em você a criação, por uma palavra, uma ideia? É sempre deliberado o seu ato criador? Ou você de repente se vê escrevendo? Comigo é uma mistura. É claro que tenho o ato deliberador, mas precedido por uma coisa qualquer que não é de modo algum deliberada.*

– A criação nunca começava por uma palavra ou por uma ideia. Era uma espécie de sentimento em mim que partia em busca dessa palavra ou dessa ideia. Qualquer palavra, qualquer ideia. Hoje o sentimento ainda existe, mas tem-se dispensado de se exprimir através de palavras ou ideias – de certa maneira me contento com o próprio sentimento, que procura fora de mim alguma forma de expressão já existente com que se identificar. A música, por exemplo, especialmente a de Thelonious Monk.

– *Há quanto tempo você escreve crônicas? Falta-lhe assunto às vezes? A mim, no* Jornal do Brasil, *por enquanto ainda não.*

– Escrevo crônica desde 1947. Sempre falta assunto – é penoso ter de inventar. Procuro suprir o jornal ou a revista que me pagaria com a matéria escrita que corresponda ao que esperam de mim, ou seja, agradar o leitor. Aceito alegremente a tarefa, como um móvel.

– *Que é que você acha do protesto dos jovens no mundo inteiro? Que estão eles querendo, na sua opinião?*

– Em minha opinião, estão querendo o mesmo que eu queria quando era jovem – e continuo querendo: repudiar um mundo errado que os mais velhos lhes querem deixar como herança. Estão querendo acertá-lo e não sabem como – mas nós muito menos.

– Que é que você acha de Marcuse?[114]

– Só li de Marcuse algumas páginas da tradução de um livro seu, o suficiente para ver que ele parece ignorar, na proposição de suas ideias com relação ao mundo de hoje, um dado elementar: o de que o mundo de hoje tem muito mais gente que o mundo do princípio do século. E quanto a isso, ele não apresenta nenhuma outra solução. Nem mesmo a pílula.

– Por que você, Fernando, com o grande talento que tem, só escreveu um romance?[115] Teve tanto sucesso que isso deveria incentivar você a produzir mais. Ou o sucesso atrapalhou você? A mim quase que faz mal: encarei o sucesso como uma invasão.

– O sucesso sempre atrapalha: neutraliza a nossa necessidade de nos afirmarmos. No meu caso, entretanto, não foi o sucesso do meu romance que me atrapalhou, mas a necessidade, a que não soube resistir, de fazer da palavra escrita um ofício do qual tiro o meu sustento. Deixando de escrever, e indo buscar de dentro do mais obscuro anonimato um meio de expressão, é possível até que eu começasse realmente a escrever. Não desisti: lhe asseguro que ainda pretendo começar.

– Fernando, qual o seu processo de trabalho, você se inspira como? Ou se trata de uma disciplina?

– Há muito tempo que não me dou a esse luxo: o de inspirar-me. Contar com algum tema, alguma solicitação, algum estímulo que signifique uma verdadeira inspiração. E a verdadeira inspiração é aquela que nos impele a escrever sobre o que não sabemos justamente para ficar sabendo.

– Conte-me um pouco sobre a Editora Sabiá.

– A Editora Sabiá tem grandes planos para este ano. Vamos prosseguir na nossa série de antologias poéticas bilíngues, iniciada com Pablo Neruda, publicando uma de Garcia Lorca. E entre as nacionais, será lançada em breve a de Jorge de Lima. Vamos iniciar também uma série de traduções de grandes romances modernos, o primeiro dos quais será *Cem anos de solidão*, de Gabriel García Márquez – um verdadeiro monumento da literatura moderna, best-seller internacional, considerado o livro mais importante da língua espanhola desde *Dom Quixote*. Além disso, Rubem Braga e eu não perderemos de vista o objetivo pessoal que nos levou a fundar a Editora Sabiá: o de publicar nossos próprios livros em melhores condições e, por extensão, os dos nossos amigos.

– Em que jovem de hoje você tem esperança como futuro grande escritor?

– Não tenho acompanhado como devia a atividade de nossos jovens escritores – passei algum tempo fora do Brasil

---

[114] Filósofo, teórico marxista e crítico social austro-alemão associado com a Escola Frankfurt. Em 1969 publicou *Um ensaio para a liberação* que influenciou muitos jovens intelectuais radicais pelo mundo.
[115] *O encontro marcado* (1956). Sabino narrava o processo de publicação em cartas a Clarice no livro *Cartas perto do coração* (2001).

e ainda não retomei o contato como gostaria. Mas sei que há diversos jovens escrevendo o que há de melhor por esse Brasil. Os de Minas, por exemplo, ocasionalmente me têm dado prova disso através do excelente suplemento literário do *Minas Gerais*, dirigido por Murilo Rubião. Já realizados como escritores da nova geração, eu poderia citar, entre outros, Oswaldo França Júnior e José J. Veiga, que me parecem admiráveis. Mas no Brasil, mal um escritor entrou na casa dos trinta, já é considerado velho...

– *Qual foi, Fernando, a sua maior decepção na vida?*

– Eu poderia responder repetindo Léon Bloy: a de não ter sido um santo. Mas modestamente, entretanto, prefiro dizer que foi a de não me ter ainda realizado como romancista.

– *Quando é que você se alegra?*

– Sou sempre alegre – daquela alegria interior dos fronteiriços da debilidade mental e que, portanto, têm ainda uma oportunidade de salvação.

– *O que é que você desejaria para o Brasil?*

– Desejaria que o Brasil conseguisse realizar nada menos que o grande sonho da humanidade: o de atender à necessidade de justiça social para todos sem prejuízo dos direitos fundamentais de cada um. Uma utopia, que no entanto deve ser o mínimo de ideal a ser sustentado por um homem digno desse nome.

– *Como é que você resumiria o conteúdo da palavra amor?*

– Amor é dádiva, renúncia de si mesmo na aceitação do outro. Amar o próximo como a si mesmo e a Deus sobre todas as coisas.

– *Quais são os seus projetos como romancista?*

– Não sei. Só vou ficar sabendo depois que escrever um novo romance. É preciso que eu me convença de que um romance não é mais do que um romance. Tenho de esquecer o pouco que aprendi e sair tateando às cegas até encontrar o botão de luz.

– *Você acha que a nossa geração falhou? Eu acho que sim. Acho que nos faltou dar o corajoso passo no escuro. Nós não tínhamos desculpa porque tínhamos talento e vocação.*

– Não sei se nossa geração falhou. Nunca me senti, como escritor, como parte de uma geração. (Nem eu, pensei.) Sempre me senti sozinho e este talvez tenha sido o meu erro. Quis aprender sozinho e perdi a inocência. O artista é um inocente. Era preciso reaprender a olhar tudo como se fosse pela primeira vez. Eu olhei como se fosse a última. Em tempo: o romance que não consegui escrever se chamaria *O salto no escuro*. Estou dispensado até deste título, pois já saiu outro com o mesmo nome.

– *Fernando, você tem medo antes e durante o ato criador? Eu tenho: acho-o grande demais para mim. E cada novo livro meu é tão hesitante e assustado como um primeiro livro. Talvez isso aconteça com você, e seja o que está atrapalhando a formação de seu novo romance. Estou ficando impaciente à espera de um romance seu.*

— O que atrapalha a criação de um novo romance é a presunção de que somos capazes de criar. Diante da grandiosidade da tarefa, descubro que não sou coisa nenhuma. Era preciso partir da consciência de minha própria insignificância, e reconhecer com humildade que a tarefa nem grandiosa é, mas apenas um ato de louvor a Deus na medida das minhas forças.

— *Você é profundamente católico ou apenas superficialmente?*

— O catolicismo é uma herança de minha formação familiar que, graças a Deus, não abandonei. Deus não abandona aos que não o abandonam. Mas isso é assunto para conversa só entre nós dois.

— *Qual o seu santo preferido?*

— Não tenho preferência. Acho os santos uns chatos, pela inveja que me despertam, me fazendo ainda mais pecador.

— *Você, que morou na Inglaterra como adido cultural nosso, notou lá algum movimento novo na literatura? Eu acho a literatura do mundo muito parada. Não há quem me satisfaça numa leitura. E você?*

— Atualmente eu me interesso mais pelo depoimento pessoal, pelo documentário jornalístico – que talvez sejam novas formas de literatura.

— *Como é que você encara o problema da morte?*

— Deixar este mundo não me faz mais alegre porque a vida é boa. Mas a morte é o eterno repouso. E eu tenho muita vontade de repousar eternamente. E muita curiosidade. Espero que não doa muito. Gostaria de morrer em nome de alguma coisa. Morrer deliberadamente, e não como alguém que depois do jantar espera que o garçom lhe traga a conta e fica pensando na gorjeta. Fazer da minha morte a justificação da minha vida. Mas não creio que mereça tanto.

De corpo inteiro, 1975

FERNANDO SABINO (1923-2004)

Começou a escrever na adolescência, ganhando alguns concursos de contos com textos que seriam incluídos depois no primeiro livro, *Os grilos não cantam mais*, publicado quando tinha apenas 18 anos, em 1941. Três anos mais tarde, transferiu-se de Belo Horizonte para o Rio, passando a colaborar com o *Correio da Manhã*, adquirindo em pouco tempo fama de cronista, colaborando regularmente com o *Jornal do Brasil* e as revistas *Manchete* e *Claudia*.

Sabino foi uma presença marcante na vida literária de Clarice Lispector atuando como uma espécie de consultor na publicação de seus livros, notadamente *A maçã no escuro*. Foi seu editor nas editoras do Autor e Sabiá. Manteve uma extensa correspondência com Clarice quando esta residiu no exterior, publicada em *Cartas perto do coração*. Prêmio Jabuti de 1980 com *O grande mentecapto*, foi agraciado com o Prêmio Machado de Assis da Academia Brasileira de Letras pelo conjunto da obra em 1999. Seu legado é preservado pelo Instituto Fernando Sabino, criado em Belo Horizonte em 2005.

JARDEL FILHO

"Ganho mais no teatro do que nas novelas."

Jardel Filho é sobretudo um ator muito bom. E sua versatilidade é grande. Quem o vê numa peça representando um determinado papel fica convencido de que ele dá mesmo é para encenar esse tipo. Mas, vendo-o em outra peça, a surpresa, a transformação se faz de acordo com o personagem, e de novo se tem a impressão de que ele somente pode encarnar aquela personalidade.

Pessoalmente, trata-se de um bonito homem, com olhos azuis muito intensos, tanto na cor quanto na translucidez. Há algo de primitivo nele que, no entanto, é uma pessoa intelectualizada. Sua voz é belíssima, de puro homem.

Tive vontade, com Jardel Filho, de fazer um diálogo do gênero ginasial – vocês sabem, aqueles cadernos grossos com perguntas sobre o que acha do amor, qual é o ideal de sua vida, qual é o seu tipo preferido. Eu mesma nunca fiz desses cadernos, mas sempre respondia sucintamente nos cadernos floridos das colegas. Quem sabe Jardel Filho se espalharia mais do que eu? Era tentar. Fiquei previamente com pena de lhe fazer perguntas que eu mesma não saberia responder. Mas, como se verá, Jardel não se perturbou.

– O que é amor, Jardel?

– Eu acho que é difícil poder definir. O amor é sentido, é uma existência. Uma pessoa que está em estado de amor está purificada, filtrada. Existe além do amor, na minha concepção, a amizade profunda que sobrepõe toda a condição do próprio amor.

– O que é que você, que se casou várias vezes, pensa do casamento?

– Acho extraordinário. Mas quando as coisas não dão certo, quando não se consegue o equilíbrio que ambas as partes procuram, dentro do mundo atual, a separação é a forma lógica e objetiva, a mais madura. Por ocasião de meu primeiro casamento, eu tinha 18 anos. Estou com 40 e sinto-me plenamente realizado nesse sentido.

– Como é que lhe veio a ideia de ser ator?

– Eu sempre senti inclinação, é uma força interior, é algo com que se nasce ou não. Desde a minha infância eu sentia necessidade do diálogo com a espécie humana. A arte me deu a possibilidade de manifestar aquela força interior e o desejo desesperado de comunicação que eu tenho.

– *As telenovelas compensam mais, financeiramente falando, que o teatro?*

– Não. Depois de um certo número de anos de trabalho – e lá se vão muitos –, alguns atores conseguem uma certa *estabilidade* financeira. Vou completar 25 anos de profissão e nunca fui muito ligado à televisão. Agora estou fazendo uma novela, e ganho mais em teatro.

– *Que papel você sonharia um dia interpretar?*

– Vários. Posso citar, só de teatro shakespeariano, uma infinidade de personagens, o que já é uma ambição desmesurada. Por que não dizer pretensão? Agora, o mais importante para mim é sempre o personagem que eu vou interpretar. Agora, o príncipe Von Berg, de Arthur Miller, em *Beco sem saída* (Incident at Vichy [1964], é o título do original). Foi criado em Londres por Alec Guinness e, em Nova York, por David Wayne, dois admiráveis atores.

– *Qual é a lembrança mais feliz que você guarda no domínio profissional?*

– Sou relativamente amargurado no domínio profissional. No meu país, acho que existe uma medida de proporção errada, e disso resulta às vezes em mim um desequilíbrio profundo, uma tristeza incalculável. No entanto, já tive, sim, uma grande alegria. Foi quando representei ao lado da minha querida de sempre, a grande Cacilda Becker, inigualável sob todos os aspectos.

– *E no domínio de vida propriamente dita?*

– A minha vida atual. Vivo intensamente para a minha família, minhas filhas, pois é com elas que passarei o resto da vida.

– *Até que ponto você é religioso, se é que o é?*

– Sou, dentro de um plano metafísico. Respeito todas as religiões. Considero a fé o pensamento positivo, toda a energia e sustentáculo dessa coisa maravilhosa que nós temos: a vida.

– *Se você não fosse ator, que profissão provavelmente adotaria?*

– Nenhuma. (Riu.) Pescador...

– *Você tem o que se chama de uma "filosofia de vida"?*

– Tenho, se é que se pode considerar filosofia, não desejar aos outros o que não quero para mim mesmo.

– *Quais os autores teatrais modernos que mais lhe interessam?*

– Todos os *angry* [*young*] *men* ingleses, [John] Osborne e companhia. Entre os americanos, Arthur Miller, Tennessee Williams, [Eugene] O'Neill. Entre os franceses, [Jean] Genet, [Albert] Camus, [Jean] Anouilh, [Eugène] Ionesco. Quanto aos nossos... são inúmeros.

– *Eu digo que não sou supersticiosa, mas bem que sou. E você? Qual é a sua superstição preferida, a mais acarinhada?*

— A mais acarinhada é minha mulher (ele sorriu). Ela me dá muita sorte. É o meu *porte-bonheur* (a esposa ri).

— *Você tem assistido a peças teatrais fora do Brasil? E pode dizer se há um desnivelamento?*

— No sentido de quantidade, muito. Na qualidade de alguns espetáculos, nenhum.

— *De que maneira seria embaraçosa para você uma pergunta minha?*

— Clarice, a admiração que tenho por você é imensa. Respeito você como criatura humana e o nosso relacionamento me traz uma enorme felicidade e ao mesmo tempo me embaraça.

— *Por que sou embaraçosa?*

— Quando se contempla uma obra de arte, quando se assiste a um espetáculo, quando se ouve música, quando nos transportamos a um sentimento mais amplo de emoção, você se sente embaraçado. Você me causa essa sensação.

— *Você tem alguma nostalgia, um sentimento do que deveria ter feito e não fez?*

Jardel medita um pouco.

— Tenho muitos, mas o melhor ainda está por fazer.

— *Como é que você define a mulher brasileira?*

— A mais sensacional do mundo.

— *Fale-me de seus filmes, Jardel.*

— Bem, eu tenho 25 filmes feitos, fora os da televisão, que são 36. Minha experiência em *Terra em transe* [1967], com Glauber [Rocha], *Macunaíma* [1969], com Joaquim Pedro [de Andrade], *Setenta vezes sete* [1962], com Leopoldo Torre Nilsson, é das mais proveitosas e importantes. Realmente gostaria que o ator brasileiro tivesse maiores possibilidades de trabalho no exterior, e acima de tudo aqui mesmo. Infelizmente, por motivos de mercado e limitações de idioma, estamos colocados bem à margem do mundo cinematográfico. Sobretudo nós, atores, além de milhares de problemas, das leis que impossibilitam a penetração, ainda há a considerar visto de permanência, nacionalidade etc. Até agora só tenho visto ator brasileiro fazer lá fora papel de bandido sul-americano. Pode ser que a coisa mude. Esperemos. Quanto a atrizes, existem grandes talentos autênticos e de beleza consagrada. É só.

— *Jardel, me conte em traços rápidos a sua vida.*

— Criança triste, criança alegre, criança feliz, criança profundamente infeliz. Homem em busca, homem triste, homem incompreendido, homem injusto, homem feliz, homem sério. O que virá?

De corpo inteiro, 1975

JARDEL FILHO (1928-1983)

Ator de teatro, cinema e TV. No teatro fez 61 peças, trabalhou no cinema com diretores como Glauber Rocha, Joaquim Pedro de Andrade e Hector Babenco. Atuou em *Floradas na serra*, *Terra em transe*, *Macunaíma*, *Pixote*. Representou o Brasil no Festival de Veneza. Prêmio de melhor ator no Festival de Brasília. Trabalhou em novelas como *O bem-amado* (Dias Gomes), *O homem que deve morrer* (Janete Clair), *Brilhante* (Gilberto Braga) e *Sol de verão* (Manoel Carlos).

NÉLIDA PIÑON (II)

"Tenho horror à palavra inspiração."

Nélida Piñon é o que se chama de boa profissional, no melhor sentido da expressão. Tem escritório para nele escrever e não se deixa ser interrompida por ninguém enquanto trabalha. Tem horário sempre respeitado. Ela é o contrário de mim: nem escritório tenho, além de ser completamente desorganizada. Nélida parece ter o destino traçado por ela mesma. Disse-me que é competitiva (mas saudavelmente competitiva, acrescento eu) e achou que eu não era competitiva. Como é que dois temperamentos tão diferentes resultam numa amizade tão leal? Tudo o que Nélida conquistou foi por força de um caráter impoluto.

As perguntas foram minhas. Nélida escreveu as respostas. Comecemos, pois:

Esta entrevista foi feita antes de Fernando Sabino declarar que a literatura morreu.

— *Como é que você se tornou escritora?*

— Eu não dispunha de argumentos quando me fui fazendo escritora. Invadi o ofício devagar, com medo, sem reconhecer a categoria do material com que lidava, ou dimensionar-lhe os limites. A consciência do ofício, e os encargos morais que o acompanham, você conquista com os anos, com o auxílio sobretudo da paixão, capaz de traduzir o que a lucidez não pode às vezes explicar porque se desfaz à proximidade da matéria ígnea. Desde o começo, porém, o ser humano ocupou o centro do meu interesse. A possibilidade de narrar para fixar o fugaz, a certeza que a vida humana não se limitava apenas à biografia oficial, ao retrato 3 por 4, e que a palavra é valorosamente conotativa, me despertaram a insolência para questionar, a cobiça para desejar o fruto, o rosto, o espelho e, finalmente, o tríptico orgulho, coragem, humildade, para ingressar nesta terra de narradores e junto a eles assumir o compromisso com a vida, a imaginação e a realidade.

– *O que você tem a me dizer do seu último livro?*

– Filiado à própria rebeldia, o romance *Tebas do meu coração* [1974] retrata os circuitos mentais, os rios interiores do pensamento brasileiro. Desde a sua percepção carnavalesca do mundo, a ruptura com quadros prefixados, até o questionamento de um comportamento que se pensou tão perfeito que atingiu a leviandade e tornou-se banal. Prevalecem ali a intemporalidade do tempo, que o leitor coleta e une com graxa, e os personagens que, como Fidalga, Próstatis, Imperatriz, Censata, Ofélia, Iabeshab, têm como meta a extravagância, a distração, a morte divertida, perfeição, a ambiguidade, a eterna contradição entre massa física e a palavra redundantemente verbalizada.

– *Como você vê o fenômeno da chamada vanguarda literária?*

– Apesar de a vanguarda rivalizar-se com o futuro, abolir o que ficou jungido a um tempo datado, e, por fatalidade, dissolver sua matriz e postulados em próximos movimentos, não a considero um fenômeno. Sempre foi manifestação familiar, uma cunha fincada em todos os tempos, para deflagrar modificações e conceitos. Nos atuais quadros brasileiros, vanguarda para mim é a permanente crítica ao sistema social e linguístico, que aprisiona o homem a um código bem pensante, e o levou à inconsciência e automatização. É, sobretudo, uma intransigente atitude ética no exercício dos seus meios de expressão.

– *Qual o seu modo de escrever? Você tem disciplina e horário?*

– Até o momento, estive cingida à disciplina. Procurei escalonar uma distribuição horária de modo a obter resultados concretos em relação ao trabalho. Acredito no convívio diário com o mundo verbal, ainda que não se traduza este esforço em mobilizar fisicamente a palavra a cada instante. Quando inicio um livro, trabalho uma média de oito horas diárias sem me importar com meu estado de espírito. Descobri que sou cheia de truques, capaz de inventar pretextos que adiem indefinidamente o trabalho já iniciado. Assim, produzo mesmo resfriada, cansada, indiferente, lenta, deslocada do eixo mais ardente da criação. Sob esta decisão, perco respeito pelas minhas idiossincrasias e medo. E cada texto que resulta desta peregrinação em torno de mim mesma, solitária diante da máquina, sujeita-se invariavelmente a seis e sete versões num trabalho de pinça. *Tebas do meu coração*, por exemplo, exigiu-me 3.600 páginas datilografadas, sete versões. Todo método, porém, é questionável e flexível, serve às conveniências pessoais. Quando eu venha a sentir que a fricção diária com o texto é uma ação impotente e estéril, cederei a novos impulsos e buscarei outras colaborações que beneficiem a valiosa liberdade de criar.

– *Eu me considero amadora porque só escrevo quando tenho vontade. Já passei quase dez anos sem escrever. Você não, é uma profissional no melhor sentido da palavra. Você se sente uma profissional?*

– Peço-lhe licença para contestar sua autodefinição. Considero-a uma extraordinária profissional, que ainda não adquiriu consciência do próprio estado. Sua obra é produto sério e regular, diariamente enriquecido por uma sonda introduzida em sua consciência, e pela qual se realiza permanentemente a comunicação entre o mundo e sua matriz de criação. O que talvez a iniba é o trabalho encomendado. Porém, sujeitar-se ao trabalho encomendado não nos habilita à condição profissional. Considero profissional quem está advertido das tentações que cercam o artista, delicadas malhas que o estimulam a liberar textos mal saídos do forno, quentes ainda de imperfeições, voracidade e vaidade. Além de respeitar-se, respeitar o público, o profissional é constantemente exacerbado pela aguda consciência da função social do seu trabalho, que se destina basicamente a acentuar contradições, fixar a mitologia humana. Em princípio, todo escritor brasileiro é tratado como amador porque seu esforço operacional não se traduz em lucro. Invadem-lhe a consciência para que perca o orgulho, e jamais abandone o estágio adolescente que é próprio do amadorismo. Sou profissional, sim, Clarice. Luto por esta condição, e não abdico de tudo que isto implica.

– *Você acredita na inspiração ou na disciplina?*

– Tenho horror à palavra inspiração, que me recorda indolência, adiamento, olhar fechado, um corpo emprestado de onde a consciência foi expulsa. Acredito profundamente na disciplina como uma prática que permite desaguar no trabalho mesmo o que existe de imponderável e dificilmente explicável na criação. Por mais que se presida um texto, existem nele elementos que nos superam, abrigados em nossas fendas pessoais, no inconsciente e na mitologia coletivos, no ar que se traga. Não me descuido do irracional, que também é uma dádiva, um conhecimento sempre atualizado. Não me desfaço do que me chega à porta para fecundar-me, ainda que eu lhe ceda a casa e a organização dos móveis. Talvez pudéssemos estabelecer o princípio de que o esforço e o produto da colheita são resultantes da disciplina. Porém, a força que libera a semente a germinar (e que maravilhosa contrafação) resulta de um favorecimento poético que alguns criadores guardam em si como constante reserva.

– *Você tem, antes de escrever, tudo já planejado?*

– Aparentemente, o livro é produto do caos, você pesca em suas águas o que lhe apraz. Organizar o caos resulta de opção moral do criador. A definição do tempo narrativo, a ocupação espacial que a escritura exige, as moléculas metafóricas vertidas em imagens ou em personagens, são liberdades que cabem ao escritor executar. O texto se faz narrar oriundo de formas inventadas. Preencher o vazio entre texto concebido e texto se fazendo é uma das versões que o artista tem do próprio livro. Meus textos mais consistentes surgiram de planos estabelecidos antes de ser deflagrado o trabalho da criação. Mas que não ganham existência medular, apesar do repertório de definições estruturais e técnicas, enquanto eu não alcance a temperatura com que extrair a linguagem do limbo, para dar-lhe tensão narrativa. Meu texto é basicamente provisório, uma vez que, ao remetê-lo a nova versão, ganha ele dimensões mais profundas. Cada versão é uma máscara abatida em direção ao rosto verdadeiro. E não evito as intrusões armadas diante de mim, e de que lanço mão para enriquecer o texto. É então o novo ponto de vista do próprio texto consubstanciando os outros pontos de vista já registrados no texto. O texto gera fatalmente um outro texto interiorizado nele mesmo. Podíamos dizer que dentro do livro há um outro livro em expectativa, cabendo ao autor uni-los afinal em um só volume, e merecendo tantas leituras quanto aquelas destinadas a vários livros de diferentes autores.

– *Quais foram suas dificuldades como escritora? Você é compreendida?*

– Não, não sou compreendida. Mas também não estou segura se podemos ser compreendidos em tempo útil. O tempo é hábil em devorar seu próprio voo para que não se desenhe o modo como ele se esgota. Sei, porém, que é praxe do tempo escoar detritos, ortodoxias, ídolos, teorias, a tudo submetendo a revisões. E, além do mais, o código de hoje torna-se redação escolar em cinco anos. Sofre deslocamentos de terra, e abandona sua posição de terreno pirambeiro.

– *Alguém influenciou você no começo de sua carreira?*

– Todos nós resultamos de vertentes complexas, desaguando num oceano onde é difícil catalogar fauna e flora. É impossível detectar influências, mas antes repetir como São Paulo: "A gregos e romanos, a antigos e modernos, a todos sou devedor."

– *Você divide poeta de poetisa, literatura feminina de literatura masculina?*

– A linguagem é produto do exercício do poder, que entre nós é masculino. Estas divisões clássicas estão a serviço da sociedade masculina, responsável pelo ato de nominar "feminina" a produção da mulher de sensibilidade exacerbada, diariamente contrariada e diminuída pela lista de haveres domésticos. Deste modo, mesmo a mulher de escritura "masculina" (máximo de elogio) nada mais fez que adotar o ponto de vista cultural da sociedade masculina, de que se origina. Pensamos segundo cânones masculinos, o que ironicamente determina que mesmo as escritoras pejorativamente chamadas de "femininas" expressem também sentimentos masculinos, ainda que reprimidos, e sejam, pois, a contrafação daquela literatura. Ignoro como virá a ser uma sociedade cultural realmente contaminada pelo ponto de vista da mulher após conquistar ela plena e absoluta igualdade. Até o momento, somos uma das regras do decálogo masculino, razão de se tornar ingrata a tarefa de defender a escritora que escreve como homem, e lamentar a que escreve como mulher. Seria uma injustiça e terrível luta de classe.

– *Você é feminista? O que é que reivindica para a mulher brasileira?*

– O feminismo é uma consequência da minha condição de mulher. Quanto mais habilito-me a interpretar o mundo, melhor compreendo a necessidade de se conquistar uma identidade, que unicamente uma consciência ativa e alerta nos pode conferir. Sou naturalmente feminista, e aspiro para a mulher, independentemente desenvolvida, capaz de integrar-se ao centro das decisões, de que esteve sempre excluída, e ajudar a tornar possível e melhor a vida comunitária dos nossos tempos.

– *Você se considera uma escritora difícil?*

– Não sou uma escritora que injeta anestesia nos círculos mentais do leitor. Exijo que ele participe do meu esforço em criar formas novas, todos nós integrados na aventura de ampliar e enriquecer o repertório humano. Acredito, porém, que a possível distância entre escritor e leitor é provisória. Uma breve defasagem que se elimina à medida que o texto é descosido e se insere à linguagem e necessidade do leitor sempre em desenvolvimento. Não se pode esquecer que o artista é um veloz andarilho no tempo, com propriedade de antecipar-se à sua época, razão de dever aguardar que o leitor dirija-se ao seu texto e o interprete.

De corpo inteiro, 1975

NEY BRAGA

"A dificuldade de um autor novo encontrar editor não é de hoje, mas de todas as épocas."

Esta entrevista é diferente das outras. O que aconteceu foi o seguinte: quando o meu editor, o poeta Álvaro Pacheco, soube que eu tinha sido convidada para um congresso de literatura em Brasília,[116] sugeriu-me que seria oportuno entrevistar o ministro Ney Braga, já que eu estava preparando um livro exclusivamente jornalístico,[117] e o ministro representava oficialmente a Cultura e a Educação. Marcado o encontro, fui. E fui, para a minha surpresa, muito bem recebida, até abraço ele me deu. Mas não tinha tempo, naquela hora, de responder às perguntas e pediu que eu as deixasse: responderia depois, o que fez por escrito.

Recebi as respostas. O ministro, que pessoalmente é informal, nelas se revelou formal. E não respondeu a algumas de minhas perguntas que me interessavam bastante. Ou por falta de tempo ou por não as julgar importantes. Trata-se de uma entrevista que me parece apenas reveladora das posições oficiais no campo educacional e cultural.

— *Ministro, o senhor não acha que os professores, desde o curso primário até os das universidades, ganham pouco em troca da transmissão de um valioso saber? Afinal, os professores também contribuem para o futuro de um país.*

— A remuneração do professorado deve ser encarada num contexto mais amplo e complexo. Não se pode pretender uma análise simplista para um problema que exige soluções a médio e a longo prazos. Os níveis de qualificação dos professores, no Brasil, variam de modo altamente significativo: de um lado, temos aqueles profissionais altamente especializados que, tendo cursado faculdades e universidades, conseguiram até mesmo frequentar programas de pós-graduação. De outra parte, e aí se concentra a grande maioria do professorado, temos aqueles que

---

[116] Depois desta visita a Brasília, Clarice escreveu a crônica "Brasília", segunda sobre o tópico.
[117] Possivelmente se trata de *De corpo inteiro*.

não possuem nem o antigo curso primário completo. E aqueles que conseguiram transpor o antigo curso ginasial não tiveram a necessária preparação técnico-profissional para o exercício do magistério. Consciente dessa realidade, e para enfrentá-la, o governo federal se preocupou em que fosse incluído na Lei nº 5.692, da Reforma de Ensino, no seu art. 36, o seguinte: "Em cada sistema de ensino, haverá um estatuto que estruture a carreira de magistério de 1º e 2º graus, com acessos graduais e sucessivos, regulamentando as disposições específicas da presente Lei, e complementando-as no quadro da organização própria do sistema."

— Na verdade, um problema agudo, mais ou menos generalizado em todo o mudo, e que cobre o resto, é o descompasso crescente entre necessidades e recursos para o sistema educacional. Já se falou numa "explosão educacional", e os números demonstram que o crescimento da demanda dos serviços de educação verificou-se, de fato, de maneira explosiva. Estudos já feitos sobre problemas de financiamento e custo de educação indicam, no entanto, que, mais do que providenciar novas fontes de recursos (feita a ressalva de situações especiais), cabe promover o aperfeiçoamento do seu uso.

— *Nós, os escritores, temos sido vítimas: quem quiser publica textos nossos em livros didáticos ou em antologias, sem nem ao menos nos consultar, recusando-se a pagar direitos autorais. O que é que o senhor acha disso?*

— Quanto à reprodução de textos alheios em livros didáticos ou no contexto de coletâneas, trata-se de um problema de direito autoral, já tratado na Lei nº 5.988, de 14 de dezembro de 1973, a ser regulamentada. Assim, o autor que eventualmente for prejudicado em seus direitos encontrará na lei todo o amparo necessário.

— *O brasileiro de classe média é em geral instruído, mas raramente cultivado. Segundo vários universitários que me visitaram, uma boa parte dos estudantes mal sabe se exprimir escrevendo uma carta. O que é que o senhor pensa disso?*

— Acreditamos haver um certo exagero na afirmativa. No entanto, existe, por certo, uma deficiência nesse aspecto, que, aliás, pode ser observada em termos quase que universais. A educação, o cultivo do hábito da leitura, o aprimoramento do espírito, devem começar o mais cedo possível e essa tarefa cabe aos ensinos de 1º e 2º graus. Trata-se, portanto, de um problema que encontra suas causas nas raízes da formação do nosso estudante e que não pode ser superado em curto prazo. Para tal, a reforma do ensino recém-implantada tem sempre em vista propiciar uma educação efetivamente integrada, voltada para os nossos problemas e ciente da necessidade de dar ao jovem brasileiro uma formação superior eficiente, capaz de prepará-lo para a vida profissional e de satisfazer suas justas aspirações culturais.

— *Eu li que o MEC só dará bolsas aos melhores alunos do curso superior, aos que tiverem as melhores notas. Isso é muito estimulante, mas não seria mais humano dividir um número de bolsas com alunos que atestassem pobreza?*

– Não é verdade. O aluno carente de recursos financeiros pode pleitear a concessão de bolsa de estudo, não sujeita a reembolso, na área do ensino superior, conforme regula a Portaria nº 130, de 22 de fevereiro de 1975. Desta forma, todos têm hoje iguais condições de obter bolsas, independente de sua condição social.

– *O escritor novo é um marginalizado, não tem vez nas editoras, que preferem a tradução de livros estrangeiros, muitas vezes de classe inferior, ao invés de publicarem os brasileiros muito melhores. O que é que se poderia fazer contra isso?*

– A dificuldade de um autor novo em encontrar um editor não é de hoje, mas de todas as épocas. Proust e Joyce são exemplos clássicos. No Brasil, basta citar o caso de José Lins do Rego, que teve de custear a edição de seu primeiro romance, Menino de engenho [1932], pequena obra-prima de nossa ficção. Os vários concursos literários realizados ao longo do tempo no país sempre foram uma porta aberta aos novos. Atualmente, além dos concursos, a edição de autores novos vem sendo estimulada pelo Instituto Nacional do Livro, através do sistema de coedição, que reduz os possíveis riscos que um editor venha a ter lançando um autor desconhecido. Agora mesmo, o INL está estudando um convênio com o Sindicato de Escritores do Estado do Rio de Janeiro, primeira entidade sindical da classe no país, para lançamento anual de cinco estreantes dos mais diversos pontos do Brasil. Os editores têm suas linhas populareschas, de suporte comercial, o que explica a presença, ainda que excessiva, de best-sellers estrangeiros no mercado. Não esqueçamos, porém, que no Pró-Livro, projeto de financiamento oficial ao editor, há um percentual obrigatório para o autor brasileiro da ordem de 20%. Isto para não falar nas coedições do Instituto Nacional do Livro, em que esse percentual se eleva a 80%.

– *Por que os músicos e os compositores têm acesso às universidades onde cantam e tocam em orquestras, enquanto os escritores não têm acesso como conferencistas ou para debates livres?*

– O escritor, a exemplo dos músicos e compositores, tem assegurada ampla movimentação em sua área de atividade como participante da vida cultural do país. Existe, na verdade, uma falta de tradição e de incentivo a esse tipo de iniciativas, que devem partir das próprias universidades.

– *O que é que se poderia fazer para que os estados do Brasil se conhecessem melhor e intertrocassem cultura e folclore?*

– Muita coisa já está sendo feita nesse sentido. A acolhida que tem o Programa de Ação Cultural no interior do país demonstra que há muito interesse do povo em participar de programas culturais. O MEC tem dado grande atenção à divulgação de nossa cultura, tanto dentro como fora do país, como é o caso da criação recente do Balé Popular, que está sendo estruturado. No momento, estão sendo recrutados artistas de todo o Brasil para formar esse balé, que levará ao exterior toda a beleza de nossa arte popular. Pela primeira vez reuniremos, num só espetáculo, a arte de todas as regiões brasileiras no que elas têm de mais significativo. A TV Educativa, por exemplo, tem sempre se preocupado em mostrar o que há de mais rico em nossas artes. A construção de novos teatros, o incremento da atividade de cineclubes particulares, a implementação do Programa de Ação Cultural e as atividades do Serviço Nacional de Teatro e do Instituto Nacional do Cinema são sintomas muitos evidentes dessa preocupação.

– *Como pode o governo coibir abusos dos cursos vestibulares que imprimem milhares de apostilas com textos de autores brasileiros sem qualquer pagamento de direito autoral?*

– A apostila, enquanto sumário *elaborado pelo professor* com vista à fixação da aprendizagem, ou, ainda, como introdução geral de novos conteúdos, é um instrumento aceitável e didaticamente válido. Convém, inclusive, lembrar que, em algumas situações da realidade escolar brasileira, esse é um dos únicos recursos de que dispõe o professor.

O problema reside, todavia, no desvirtuamento deste recurso didático, quando são transcritos, na íntegra, capítulos de livros, e muitas vezes quase a obra completa, sem que seja citado o autor da mesma ou até cogitada a existência de uma instituição chamada "direitos autorais".

De corpo inteiro, 1975

NEY [Aminthas de Barros] BRAGA (1917-2000)

Foi o quadro mais preparado do governo militar instaurado em 1964. Major, foi homenageado com o grau de Cavaleiro da Ordem do Mérito Militar e teve longa e exitosa carreira política depois de se sagrar prefeito de Curitiba em 1954. Foi também deputado federal, senador, governador do Paraná em duas ocasiões, ministro da Agricultura do governo Castelo Branco, e ministro da Educação do governo Geisel, além de presidente da hidrelétrica Itaipu Binacional.

Alcançando a patente de general em 1952, Ney Braga consagrou-se como o grande modernizador do Paraná e iniciou e encerrou a carreira política morando na mesma casa em Curitiba sem fazer fortuna nem ter o nome envolvido em nenhum escândalo.

REIS VELLOSO

"Já fui moleque de rua."

Gosto de pedir entrevista – sou curiosa. E detesto dar entrevistas, elas me deformam. Há pouco tempo, sei lá por que, saí de minha linha e dei uma entrevista. Saiu boa. Mas não é que disseram que eu, enquanto escrevia, caía em transe? Nunca fiquei em transe ao escrever: habituei-me a trabalhar com meus filhos brincando ao meu lado e me fazendo perguntas, eu respondendo, atendendo telefone, atendendo empregada. Lamento muito, mas sou um pouco mais saudável do que inventam. Meu mistério é não ter mistério.

Tudo isso apenas para dizer que espero nestas entrevistas não deformar as palavras de meus entrevistados, palavras estas que são a *persona* de cada um.

Apresentamos, pois, o ministro João Paulo dos Reis Velloso. Nunca tinha tido antes o menor contato com o ministro do Planejamento, o primeiro contato está sendo exatamente este da entrevista. Disseram-me que ele se interessa por artistas e escritores, que promove caravanas para entretrocar cultura com o Piauí. Disseram-me também que ele não se restringe a ajudar o seu estado: parece planejar para os outros estados uma vida talvez um pouco melhor. Também me disseram que foi pobre, que assinou durante um tempo uma coluna de crítica de cinema, que gosta de música e lê muito. Pareceu-me que suas intenções são boas. É verdade? Acho que sim porque senti em tudo o que me disseram um toque de veracidade. Esse toque de crença é uma coisa íntima que me guia. E às vezes acerto. Meu sétimo sentido me diz: é verdade. (Entre parênteses: não sei de todo quantos sentidos nós temos.) Ou estou sendo ingênua, como Carlos Drummond de Andrade uma vez me disse que sou? Nada posso fazer. Eu que pague o preço que sempre é alto, estou habituada.

— Senhor ministro: aviso-lhe que sou muito perguntadeira e que não é à sua política que me dirijo. É ao homem que nasceu no Piauí e lançou-se no mundo com o ímpeto de um berro. Interesso-me pela sua anterior pobreza, se ela existiu.

E agora vou começar a ser indiscreta, embora respeitando tanto quanto possível a sua privacidade. É duro entrevistar pessoa que tem o Poder: esta entrevista valeu-me uma boa dor de cabeça prévia. Como é que o senhor se sente entrevistado por mim?

– Um pouco fora do meu terreno. Claro, eu dou entrevistas sobre assuntos de Planejamento quase todos os dias. Mas não gosto de falar a meu respeito.

– *Mas acontece que o senhor é uma pessoa que desperta curiosidade e é obrigado, por sua situação, a se dar ao público. Eu não quero feri-lo com nenhuma contundência nas perguntas e espero que o senhor responda.*

– Responderei. Talvez pudéssemos começar tentando explicar essas coisas que lhe interessam: como é que um sujeito, como eu, tem interesse em artes. Não tenho dificuldade alguma em responder a entrevistas técnicas, nas quais o que importa é a lógica dos assuntos. Mas em coisas que dizem respeito à minha pessoa, tenho um pouco de pudor.

Lembro-me agora de informar que, nesta entrevista, Álvaro Pacheco,[118] poeta e editor, esteve presente: serviu de elemento catalisador.

João Paulo dos Reis Velloso tem a aparência de um homem tranquilo. Disse-me, porém, que sua turbulência é interior, mas que nos momentos de crise é tomado de grande calma. Pareceu-me um homem simples, cordato, um pouco tímido. É pena que não goste de [Georges] Simenon.[119] Álvaro e eu somos viciados em Simenon. Reis Velloso de vez em quando fica ruborizado. Acho que fui ligeiramente agressiva, que ele me desculpe, também eu estava um pouco tensa. Mas logo que começou a entrevista, fiquei senhora de mim, embora em geral tema e evite autoridades. Sei lá o que podem fazer comigo. É "fogo" entrevistar pessoas que têm o Poder. Continuemos:

– *O senhor já foi pobre?*

– Razoavelmente. Nós tínhamos sempre um pouco menos do que seria razoável para as nossas expectativas e talvez as nossas necessidades, mas também não é assunto para fazer demagogia ou eu me fazer de vítima...

– *Eu quero saber como o senhor se sentia quando era pobre?*

– Eu me sentia feliz. Meu pai era telegrafista e minha mãe costurava para fora. Vivíamos modestamente, mas havia uma coisa singular com meus pais: apesar de sermos, como disse, relativamente pobres, meu pai era um dos homens mais influentes na Parnaíba e minha mãe era uma das mulheres mais admiradas. Minha mãe era uma mulher bem dotada, fisicamente e em vários

---

[118] Álvaro Pacheco (nascido em 1933) é advogado, poeta, jornalista, político e empresário. Como diretor da Editora Artenova, publicou *Água viva*, *Onde estivestes de noite*, *A via crucis do corpo*, assim como uma romances traduzidos para português por Clarice.

[119] O escritor belga Georges Simenon (1903-1989) foi extremamente prolífico, tendo escrito centenas de livros não só sob seu próprio nome como utilizando 27 pseudônimos. É mundialmente conhecido por seus romances policiais protagonizados pelo comissário Maigret.

outros aspectos. Herdamos dela – todos os seis filhos – a curiosidade de saber e a sensibilidade artística.

– *Que idade o senhor tem?*

– Quarenta e três anos. Mas, voltando à sua pergunta, vou ver se agora torno a coisa mais clara. Eu tive muita alegria em viver numa cidade como Parnaíba, num estado como o Piauí, como nós vivíamos. Tínhamos muita liberdade como crianças. Posso até dizer mesmo que...

– *Adivinho: foi moleque de rua.*

– ... fui criado sempre como moleque de rua jogando futebol, tomando banho de rio, lendo histórias em quadrinhos, indo ao cinema...

– *A meu modo feminino, também já fui moleque de rua.*

– ... talvez tenha aprendido cedo demais muita coisa que não deveria aprender. Mas acho que aquilo foi muito importante para a gente porque nos acostumamos a não ter nenhum tipo de preconceito. No nosso grupo havia pretos, havia filho de português rico e havia muita gente que estava mais ou menos no nosso nível. E aí a gente começa a ver – embora só depois é que tenha pensado sobre isso – a diferença que faz, por exemplo, em ter dinheiro e a diferença que faz em saber. Havia um garoto, extremamente inteligente e com muita criatividade, que bolou uma máquina de cinema com recursos extremamente simples: uma lente e uma série de outras coisas que ele conseguiu arranjar...

– *Esse garoto era rico?*

– Não.

Álvaro Pacheco:

– *Você não explicou sobre ter dinheiro e ter cultura ou sabedoria ou conhecimento...*

– Realmente não terminei o pensamento. Só depois de economista é que comecei a pensar que "ter", no sentido de possuir bens, e "saber" são duas formas de ter mais liberdade porque a gente tem mais opção.

– *O senhor também planeja a sua vida ou a deixa ao "deus-dará"? O senhor me parece colaborar muito com Deus no seu destino.*

– Nunca programei nada. Talvez até não possa dizer que eu tenha programado a minha profissão porque eu vim para o Rio de Janeiro muito mais preocupado com problemas de ordem social e de ordem intelectual do que com ter uma determinada profissão. A necessidade de ter emprego me levou, primeiro, a trabalhar no IAPI,[120] hoje INPS,[121] e, depois, no Banco do Brasil. Aí foi mais ou menos natural que eu me interessasse por economia. Terminei economista e planejador. Talvez eu possa dizer que, em matéria de minha vida pessoal, eu vejo sempre apenas o próximo passo, mas não sei se vejo muitos passos adiante. O que significa que eu seria um planejador de curto prazo apenas...

(Risos)

---

[120] Instituto de Aposentadoria e Pensões dos Industriários.
[121] Instituto Nacional de Previdência Social.

— Disseram-me que o senhor era entendido em literatura gótica e romântica. Por que essa literatura de castelos, fantasmas e muito amor lírico lhe interessa? Eu gosto de romance policial. O senhor já leu Simenon?

— Li e não gostei. Não sou entendido em nenhum tipo de literatura. Hoje, infelizmente, eu sou amador em diferentes formas de arte. Talvez até seja melhor assim porque aí eu sou um simples consumidor. Aliás, é muito bom a gente ser consumidor, em matéria de arte, e não produtor. Eu sou produtor como economista. Talvez não tenha ficado muito claro que, no plano da pura diversão, eu gosto da literatura que tem ação. Quando eu estou inteiramente despreocupado, ou seja, quando eu quero ser apenas consumidor, então, da mesma forma que gosto de cinema, eu gosto da literatura policial, da literatura de aventuras e até da história em quadrinhos. Ainda hoje eu leio histórias em quadrinhos. Só que, aí, eu sou realmente da "nostalgia". Coisa séria, para mim, ainda é o Príncipe Valente (do Hal Foster), o Flash Gordon (do Alex Raymond), o Tarzan (do Burne Hogarth), ou o Ferdinando (do Al Capp), aliás, formas de arte, como assinalava o [John] Steinbeck. Novamente, o mito do herói. No fundo, no fundo, talvez eu tenha saudade do homem renascentista, que era, ao mesmo tempo, guerreiro (quer dizer, homem de ação), cientista e artista. De qualquer modo, a vida tem que ter um certo sentido de aventura. Mas, voltando ao tema, em matéria de literatura chamada séria é que eu sou exigente e me reservo o direito de ser muito pessoal nos julgamentos. Já houve época em que eu tinha alguma pretensão a fazer análise nessa faixa de arte.

— Análise ou crítica?

— Não, não. Seria pretensioso. Diria apenas análise. Talvez, à época, eu fosse muito mais induzido do que hoje pelas ideias estabelecidas, pelas opiniões do meu tempo, do grupo, pela autoridade – digamos assim – dos especialistas. Vamos ver se a ideia fica clara: em matéria de literatura brasileira e estrangeira, eu sou muito seletivo. Salvo escapadas eventuais, talvez não leia mais do que uns vinte autores brasileiros e outros tantos estrangeiros, aos quais volto sempre. Aqui estamos tratando, em ficção nacional, de Machado de Assis, de Coelho Neto, Octávio de Faria, Graciliano Ramos, Jorge Amado, Rachel de Queiroz... nesta faixa (não quero citar os mais modernos para não ferir suscetibilidades). Nos estrangeiros, eu ainda sou muito de um pequeno número que realmente tinha gênio. Quer dizer, um Dickens, um Dostoiévski, um Tolstói, um Gogol, um Melville ou Balzac, Kafka... Às vezes, algum mais moderno, muitas vezes até pouco conhecido, como Maurice Baring[122] (já li A princesa branca várias vezes) ou Jakob Wassermann[123] (O processo Maurizius [1928]). Mas eu prefiro ficar voltando a

---

[122] Escritor aristocrata inglês, especialista em literatura e cultura russa.
[123] Escritor judeu e alemão.

esses autores, ou leio, de maneira mais ou menos inconsequente, muita coisa que me passa pela mão sem qualquer pretensão.

— *Eu lhe aconselho a ler mais Simenon e quando o senhor pegar o gosto por Simenon o senhor devora os livros dele...*

— O meu problema com os da linha do Simenon é que, frequentemente, tendem para a pretensão e a chatice: nem boa literatura, nem bom romance policial. Prefiro, por exemplo, um homem que escreve bem, mas que não tem pretensão de ser grande escritor, como Eric Ambler.[124] Talvez eu esteja falando apenas de preto e branco, mas de fato eu gosto de distinguir essas duas coisas: o que leio simplesmente na procura de ação, e o que leio na ideia de conhecer uma visão do mundo, uma grande sensibilidade.

— *Suponhamos que o senhor não fosse ministro do Planejamento. O que, então, gostaria de ser?*

— Honestamente, nunca pensei nisso.

— *Mas aí você poderia dizer qual é a profissão que o seduz, disse Álvaro Pacheco.*

— É. *É isso que eu quero saber.*

— Eu não creio que hoje me realizasse senão como economista, embora ser economista seja apenas parte do que sou. Mas...

— *Está bem. Quer dizer que, se o senhor não fosse ministro do Planejamento...*

— Eu seria um executivo de empresa.

— *Me desculpe eu lhe perguntar: o senhor sabe rezar? Ou tem vergonha?*

— Eu sou um homem religioso. Sempre fui. Desde garoto... Felizmente, minha mãe, meu pai, eram extremamente lúcidos em matéria de religião e souberam conseguir que todos os filhos mantivessem a fé até hoje. E fé, para mim, é um negócio muito importante.

— *Quando o senhor faz um plano – e este não é bem-sucedido – como é que o senhor se sente?*

— Depende de se o plano era ruim, ou se não souberam executá-lo.

(Risos)

— Uma coisa que aprendi (eu já faço planejamento há muito tempo) é que não pode haver uma distinção nítida entre o planejamento e a execução. Inclusive, eu acho que quem planeja deve saber também executar. A rigor, comecei a minha carreira como homem de execução, como funcionário do Banco do Brasil. E toda vez que penso num projeto, numa ideia que se transforma num programa, minha primeira preocupação é saber se aquilo pode ser executado e qual é a melhor maneira de fazer executar tal ideia.

— *O senhor já escreveu poesia?*

— Nunca. Talvez seja uma insuficiência minha.

— *Eu também nunca escrevi.*

— Eu me sinto inibido e nunca tentei fazer poesia. Talvez eu possa dizer que

---

[124] Autor inglês de romances de espionagem.

a minha sensibilidade para a poesia é parcial: eu só consigo realmente curtir uma certa família de poetas.

– *O que o senhor me diz da fome endêmica no Brasil? Qual seria o modo de remediá-la?*

– Se pudesse responder a essa pergunta em poucas palavras, eu acho que teria o segredo do desenvolvimento. Não há dúvida de que, na situação atual do Brasil, a gente ainda nota grandes contrastes entre classes. Pensando num prazo mais longo, talvez se deva dizer que os esforços de desenvolvimento, no Brasil, sempre foram meio descontínuos. Só a partir de uns quarenta anos para cá é que houve um bem-sucedido trabalho de tornar mais estável, mais seguro, o esforço de desenvolvimento, o que significa que, de repente, nós tivemos um período muito curto para tentar fazer, principalmente na área social, o que outros países da mesma idade haviam tido muito mais tempo para fazer antes. Os economistas falam hoje em pobreza absoluta em certas classes, isto é, a ausência de condições mínimas de nutrição, saúde, vestuário, habitação. Essa pobreza absoluta tem de desaparecer. O resto – as outras formas de pobreza – está muito ligado ao próprio desenvolvimento. É a história de "redistribuir o bolo enquanto ele cresce".

– *O senhor se considera um homem de sucesso?*

– Há algum tempo, uma revista me perguntou como eu definiria *status*. Eu respondi, honestamente, que talvez fosse a maneira de a gente pensar que é importante. Talvez eu possa responder do jeito que me agrada: eu consegui fazer algumas coisas que me realizam.

– *Ótimo. Ministro, qual é a melhor coisa da vida?*

(Risos)

– Talvez o amor, talvez a gente se realizar. Possivelmente, a sabedoria da vida estaria em tentar conciliar essas duas coisas.

– *Que coisas?*

– As duas que eu disse: amor e realização.

– *Eu gosto dos humildes. O senhor já conheceu a humildade?*

– Em mim ou nos outros?

– *Em si mesmo.*

– Às vezes eu fico pensando que me superestimam.

– *O que é Pró-Livro?*

– Uma tentativa de tornar importante o movimento editorial no Brasil com a ideia de evitar uma descaracterização cultural. Há muitos problemas. Primeiro, o próprio desenvolvimento contribui para que a gente vá, quase que imperceptivelmente, mudando de valores. Depois, essa coisa da comunicação. Hoje, quase instantaneamente nós somos inundados, não apenas pelo que os outros estão fazendo, isto é, "outros" no sentido de fora do país, mas também pelo que eles pensam, pelo modo de viver que eles têm e que, imperceptivelmente ou inconscientemente, procuram transmitir à gente... A ideia básica do Pró-Livro é dar viabilidade a um certo número de editoras que tenham condições de manter a autenticidade cultural do Brasil. A mesma coisa nós estamos procurando fazer no tocante a cinema. Eu tenho alguns amigos, bons diretores e produtores, que se dispõem a usar o cinema como forma autêntica de manifestação cultural do Brasil. Da mesma forma que nós temos a nossa música popular (entre os novos): João Gilberto, Baden Powell, Tom Jobim, Chico Buarque, Paulinho da Viola, Raul Seixas, Carlos Lyra, Paulo César Pinheiro, Dori Caymmi.

– *Como se faz um ministro? Qual é a trajetória do Piauí a Brasília?*

(Risos)

– Está cada vez mais difícil responder às suas perguntas. Comigo, as coisas aconteceram por etapas. Há dez anos eu não imaginaria que seria ministro. Depois, a coisa foi ocorrendo naturalmente. É claro que, sem sorte, o sujeito não consegue nem chupar picolé.

– *A economia prescinde de ideologia? Até que ponto a história do pensamento econômico não seria a história da justificativa de atos políticos? O que tem a dizer sobre essa controvérsia?*

– O Snow (C. P. Snow,[125] aliás, excelente escritor) já mostrou muito bem que não existe essa história de ciência neutra pelo simples fato de que a ciência é feita por homens e ninguém é neutro. Quer dizer, em termos de jargão do economista, não é suficiente que o economista apresente alternativas. Ele tem responsabilidade social, e pode, até deve, recomendar uma alternativa, embora a decisão não seja sua. Isso não significa que ele se deva engajar, ideologicamente, e condicionar o resultado de sua análise a ideias preconcebidas, de um extremo ao outro, deformando a realidade. Que o pensamento econômico justifique atos políticos (ou, mais ainda, atos econômicos) não é novidade. Adam Smith[126] e David Ricardo[127] foram, em grande medida, fruto do clima econômico e político em que viveram. Mas o mundo não é assim tão simples. O contrário pode acontecer, e está acontecendo em nossa época, da mesma forma que existe interação entre o pensamento e o ato, político ou econômico.

– *Pergunto: o livro* O mito do desenvolvimento econômico *[1974], de Celso Furtado, foi best-seller durante várias semanas. Qual a sua opinião a respeito?*

– A conclusão do livro é que *desenvolvimento econômico* – a ideia de que os *povos pobres* podem algum dia desfrutar das formas de vida dos atuais povos ricos – é simplesmente irrealizável. Mas, na verdade, isso não é conclusão porque não é o resultado de nenhuma argumentação convincente – pelo menos no livro. No fundo, a ideia é uma afirmativa, uma noção dogmática, que o autor vem repetindo, dentro da sua linha, de uma inexorável tendência, nos "países periféricos", a intensa concentra-

---

[125] Romancista e físico britânico (1905-1980).
[126] Economista e filósofo escocês (1723-1790).
[127] Economista e político britânico (1772-1823), influenciado por Adam Smith.

ção de renda em benefício de reduzida minoria, da mesma forma que, mundialmente, os países subdesenvolvidos estariam condenados a ser subdesenvolvidos. Se o Brasil fosse atrás dessa história, seria hoje comunista, ou estaria ainda plantando batatas. É hora de desmitificar essa conversa de que o crescimento econômico, no Brasil, se está fazendo em benefício de uma minoria. Se é verdade que a distribuição de renda não é satisfatória – e ela não o é –, também é verdade que tem havido progresso social e abertura de oportunidades. É só lembrar que, entre 1960 e 1973, o total de pessoas empregadas, no país, passou de 23 milhões para 38 milhões. Quer dizer, 15 milhões de empregos novos foram criados em 13 anos. A taxa de alfabetização, no período, aumentou de 60% para mais de 75%. Na Universidade de São Paulo, 45% dos estudantes provêm de pais analfabetos ou sem curso primário completo. No seu "Orçamento Social" (quer dizer, em Educação, Saúde, Saneamento, Previdência Social), o Brasil gasta este ano de 13 a 15% do seu PIB. Algo da ordem de uns 90 bilhões de cruzeiros.

– *Agora eu pergunto: qual seria o correspondente a Keynes[128] no tocante às economias subdesenvolvidas ou em vias de desenvolvimento?*

– Não creio que, efetivamente, se possa apresentar, para o contexto de economias subdesenvolvidas, um nome com a expressividade do Keynes. Isto, aliás, não parece de maior significação, talvez pelo fato de haver uma especificidade muito grande na situação dos diferentes países subdesenvolvidos. Em geral, tem havido sucesso da parte de economistas de países subdesenvolvidos em entender a realidade do seu país, principalmente porque o subdesenvolvimento é um fenômeno eminentemente político e cultural (usada esta expressão no sentido sociológico, ou seja, o tipo de cultura da sociedade considerada). Mas tentar uma generalização para economias subdesenvolvidas é muito difícil e talvez não seja nem conveniente. Uma tipologia, talvez.

– *Uma pergunta difícil: o que é o Poder?*

– É um mandato para fazer certas coisas que o momento social exige.

– *Está bem. Está bem respondido. O que é que o senhor gostaria de fazer depois de deixar o Ministério?*

– Ir para uma praia no Piauí.

– *Até a vista, o que não parece ser provável.*

(Risos do ministro)

– Vou levá-la até a porta.

E assim o fez.

Enquanto eu o entrevistara, tivera um perfeito domínio de mim mesma. Depois que saí, voltou a dor de cabeça.

De corpo inteiro, 1975

---

[128] John Maynard Keynes (1883-1946) foi um economista e filósofo britânico de grande renome e influência, celebrizado como o "pai de da macroeconomia".

[João Paulo dos] REIS VELLOSO (1931-2019)

Economista com mestrado pela prestigiosa universidade norte-americana de Yale, Reis Velloso foi ministro do Planejamento dos governos Médici e Geisel. Antes, foi responsável pela criação do EPEA (Escritório de Pesquisa Econômica e Social Aplicada), atual IPEA (Instituto de Pesquisa Econômica Aplicada), do qual foi diretor.

Ao se afastar da vida pública em 1979, passou a atuar no mercado imobiliário ao mesmo tempo em que lecionava na Escola Brasileira de Economia da Fundação Getúlio Vargas. Foi membro do Conselho de Administração do BNDES (Banco Nacional de Desenvolvimento Econômico e Social) entre os anos de 1991 e 1997, além de coordenar o Fórum Nacional promovido anualmente pelo Instituto Nacional de Altos Estudos durante 25 anos.

ELKE MARAVILHA

"Ela nasceu em Leningrado[129] e saiu pelo mundo afora com escala em Itabira do Mato Dentro. Capricha muito na arte de viver, mas o que sabe mesmo é interpretar o seu melhor personagem."

Quando telefonei, marcando um encontro em minha casa, às nove e meia da manhã, perguntei:

– *Você é pontual?*

Respondeu-me logo com voz macia:

- Sou mineira, nunca perco um trem.

Apareceu-me ela com um vestido longo de cetim branco, com pala de brocados, sobrancelhas raspadas e pintadas de quase vermelho até as têmporas. Ela é linda e se finge de tola, quando na verdade é muito inteligente e criativa. Cria suas próprias roupas que, se parecerem malucas, não importa: tem uma grande beleza exótica.

Tudo a enfeita.

– *Vi você na leitura prévia da peça de Heloisa Maranhão, A rainha morta.*[130] *Quando você falava, a plateia e eu caíamos na gargalhada só ao ouvir o som de sua belíssima voz cantante. Você tem consciência de que tem um grande talento histriônico? Você roubou o papel de todos!*

– Olha, amor, eu acho que eu como Elke me garanto. Aprendi a jogar minha pessoa para fora. Mas lendo um papel nas mãos, como Inês de Castro ou Clarice, aí já é outro papo. É uma coisa muito mais difícil para mim. Sobretudo porque não tenho prática de atriz.

– *Você não precisa de prática, Elke.*

– Você acha mesmo? Eu tenho minhas dúvidas.

Aí veio minha Geny-cozinheira com um cafezinho e perguntou: "Quer mais açúcar?" Elke respondeu: "Não, amor, eu já sou doce." E continuou:

– Porque eu não sei a medida exata das pessoas, sou mais artista do que atriz e tenho medo de desrespeitar os outros, de não compreendê-los.

---

[129] Atual São Petersburgo, pois com o fim da União Soviética, em 1991, um plebiscito popular votou pela restituição do antigo nome da cidade.

[130] A peça da escritora e dramaturga carioca sobre a história trágica de Inês de Castro estreou em 1º de janeiro de 1976 com direção de Luiz Carlos Ripper.

— Qual é seu nome verdadeiro?

— Elke Georgievna Grünupp.

— Onde é que você nasceu?

— Em Leningrado, 22 de fevereiro de 1945.

— Onde se criou?

— Em Minas Gerais, em Itabira, Acesita, Governador Valadares, Jaguaraçu, Belo Horizonte. Depois, Bragança Paulista, depois Atibaia, depois Porto Alegre e, agora, Rio. Morei dois anos e meio na Europa, trabalhei na Alemanha e na Grécia. Viajei pela Europa inteira.

(Fiquei pensativa por um instante diante desse monstro-sagrado, que tem algo de genial.)

— *Eu quase não vejo televisão, de modo que não sei se você está trabalhando em algum programa.*

— Faço parte do júri do Silvio Santos.[131] Só. Gosto de televisão, mas mantendo certa distância para não ser muito envolvida e para haver respeito mútuo. Assim, eu só tenho um patrão no fim de semana. Nos outros dias sou a minha própria patroa.

— *Há quanto tempo você mora na República do Leme? E por quê?*

— Moro aqui há quatro anos e meio. Gosto muito porque o Leme é uma cidade dentro de uma cidade. É bairro de pessoas conservadoras e que me respeitam. Prefiro as pessoas conservadoras às falsas loucas, às falsas *adiantadas*.

— *Quantas vezes você se casou?*

— Uma vez me casei em igreja, assinando papéis e tudo o mais. Depois disso casei duas vezes.

— *Diga-me como é que se conquista um homem?*

— Essa é ótima! Cada pessoa tem a sua metade. Para mim a única coisa a fazer, depois do primeiro impacto, é dizer a verdade. A verdade, acima de qualquer coisa. Pois a verdade traz o resto.

— *Você sabe cozinhar?*

— Não, sou péssima cozinheira. Só sei bordar e costurar.

— *Você já pensou na morte?*

— Na morte? A morte é uma coisa muito presente. Quando eu era pequena tinha medo dela. Agora aceito-a como uma coisa absolutamente natural.

— *Você é religiosa?*

— Muito. Tenho todas as religiões do mundo dentro de mim porque a minha religião é o ser humano. E, apesar de ter nascido cristã, não tenho barreiras dentro de mim. Sou mística. E mistifico algumas pessoas. Conheço-as em vários lugares: freiras, atrizes, prostitutas, pobres e ricos, loucos de hospício. Muitas dessas pessoas me tocaram profundamente e para mim estão acima do Bem e do Mal.

(Elke está casada com um arquiteto de 20 e poucos anos, de cor negra e 1,90 de altura. É o Júlio César.)

---

[131] Em *O show dos calouros,* inaugurado em julho de 1977 como parte do muito popular *Programa Silvio Santos,* candidatos a artistas competiam frente a um júri.

— Este seu novo marido é para durar ou não?

— Todos os casamentos são para mim para durar a vida inteira. Eu não começo nenhum casamento se não for para sempre. Às vezes não dá certo, mas vou tentando.

— *Você vai à praia?*

— Não gosto porque prefiro nadar. Detesto ficar lagarteando.

— *Foi você que se inventou a si mesma?*

— Fui eu mesma, mas com a ajuda das pessoas. Quanto ao meu temperamento, já nasci com ele, meus pais me deram a estrutura interior para enfrentar qualquer situação. De modo que para mim não é difícil ser eu mesma.

— *Você tem pais vivos?*

— Vivíssimos, e avós também vivos. Só um avozinho meu é que morreu. Você me perguntou se minha família me aceita. Aceita, sim; mas às vezes não compreendem a minha forma, pois os conceitos de estética da família são mais clássicos, mais helênicos.

— *Qual é o seu perfume preferido?*

— Tabu, Dana.[132] É um perfume que as pessoas acham vagabundo, mas que eu adoro.

— *Você tem tempo para ler?*

— Parei por uns tempos, mas agora estou recomeçando. Anos atrás eu lia bastante e estudava muito. Parei porque quis descobrir minhas próprias coisas, minhas próprias ideias. Agora vou recomeçar meus estudos e leituras para saber em que pé estão as ideias dos outros.

— *Que atitude toma quando é reconhecida na rua? Quanto a mim, nego que sou eu. Digo: sou prima dela.*

— Adoro quando sou reconhecida porque sou muito vaidosa; e sou reconhecida sempre porque não dá para disfarçar. É um dos modos de conhecer outras pessoas, de me dar a elas e delas receber alguma coisa em troca.

— *Você já tentou escrever?*

— Na minha cabeça há compêndios, mas não tenho talento para expressar-me no papel.

— *Você gosta de viver?*

— Adoro! Viver é minha única obra de arte e nela trabalho todos os dias com ardor para me construir toda, inteira, na vida.

— *Já a magoaram muito?*

— Todas as pessoas já foram magoadas. Mas eu compreendo as que me magoam.

— *Você tem medo de envelhecer?*

— Adoro a velhice. Acho-a muito bela, cada idade tem a sua graça e rugas nunca tiraram a beleza de ninguém.

— *Se você não fosse Elke Maravilha, o que gostaria de ser?*

— Clementina de Jesus.[133] Clementina é uma deusa.

---

[132] Lançado em 1932, o perfume Tabu, de Dana, ainda existe.
[133] Cantora de samba afro-brasileira (1901-1987).

– Você costuma rezar?

– Sim, embora não sejam preces comuns.

– Você é supersticiosa?

– Não sou. Mas vejo que você bate na madeira.

– O que é mais importante para você: o amor ou o trabalho?

– O amor está ligado a tudo. Sempre trabalhei com amor e é por isso que sempre me dei bem em todas as profissões que tive. Já fui bancária, secretária, professora, bibliotecária, tradutora.

– *Você gosta de bichos? Para mim são essenciais.*

– Gosto sim, mas mais de gente. Tenho uma gata que se chama Frineia.

– *Diga a coisa mais linda do mundo.*

– Você.

Fatos & Fotos: Gente, n° 801, 26 de dezembro de 1976

ELKE MARAVILHA (1945-2016)

Elke Georgievna Grünupp era alemã naturalizada brasileira em 1962, mas teve a cidadania cassada em 1972, depois de ter sido presa e enquadrada na Lei de Segurança pela ditadura militar. Curiosamente, Elke foi tida como russa durante muito tempo, em virtude de um boato difundido por ela própria. Mas o fato é que ela nasceu na cidade de Leutkirch im Allgäu, no distrito de Ravensburg, no sul da Alemanha. Fluente em oito idiomas, começou a trabalhar como professora de inglês e francês antes de se tornar modelo e manequim aos 24 anos.

Tornou-se famosa no programa do Chacrinha, no qual estrou em 1972, adquirindo então o apelido de Elke Maravilha, logo transformado em nome artístico. Fez sucesso também no programa Silvio Santos e, depois de muito brilhar nas décadas de 1970 e 1980, ganhou programa próprio em 1993: "Programa da Elke". Também foi cantora e ótima atriz, tendo obtido o Prêmio Coruja de Ouro de Melhor Atriz Coadjuvante, do Instituto Nacional do Cinema, por sua atuação em *Xica da Silva*, dirigido por Cacá Diegues em 1976.

MÁRIO SOARES

Mário Soares para Clarice Lispector: "Só a liberdade permite a criatividade. Portugal é hoje um país inteiramente livre. Há jornais de todas as tendências políticas, até mesmo, infelizmente, fascista."

Como se fossem os meus olhos uma câmara cinematográfica que vai registrando tudo o que vejo e acontece – atravesso de carro macio os largos portões do Palácio de São Clemente. Cai um temporal e, como dizem os de língua inglesa, chovem gatos e cachorros (*cats and dogs*). A embaixada está em festa e isso vejo penetrando nos jardins que gotejam. Chuva e calor: o Brasil é país tropical.

São oito horas da noite do dia 20 de dezembro de 1976.[134] Eu havia sido convidada para a recepção dada pelo primeiro-ministro Mário Soares e esposa, convite formal e estritamente nominal.

(Provavelmente o embaixador Vasco Pereira, meu amigo e com quem já jantei, era o responsável pelo amável convite.) Mas aproveito a chance e marco entrevista com o primeiro-ministro. Entrevista esta dada meia hora antes do começo da recepção. Esta era oferecida ao governador do estado do Rio de Janeiro e à Sra. Floriano Peixoto de Faria Lima. Em breve os suntuosos salões da embaixada de Portugal estarão plenos dos filhos de Portugal, isto é, dos brasileiros e dos portugueses aqui radicados.

O ministro Mário Soares é extremamente simpático e, ao lado de uma segurança de quem sabe o que faz, há nele grande tranquilidade e firmeza. Num salão isolado aparece o grande homem que, para minha surpresa, diz ter lido livros meus e que os achava profundos. Chamei-o de *Vossa Excelência*, título que por direito lhe cabia. Cortou-me a fala dizendo que não o chamasse assim. "Como o chamo?", perguntei. Resposta: "Mário." Deu-me esse privilégio e eu o aceitei.

– Nunca vivemos propriamente um caos. Tivemos alguns problemas, próprios aliás de uma revolução, mas temos que reconhecer que, apesar de todas as transformações econômicas e sociais realizadas, tudo se processou sem derramamento de sangue e com um mínimo de violência. Nunca, portanto, vivemos uma situação de caos,

---

[134] No *Jornal do Brasil* do próximo dia (21 de dezembro de 1976), dando notícias sobre a grande recepção (para mais de 2 mil pessoas), oferecida pelo governo português no consulado-geral, relata-se que Mário Soares não pode acolher os primeiros convidados por causa da entrevista com Clarice.

felizmente. Hoje, temos uma democracia institucionalizada. E com separação de poderes, com os órgãos de soberania todos eleitos livremente.

Quanto às colônias, Mário respondeu:

– Houve um movimento de descolonização e Portugal reconheceu o direito à independência de todas as suas antigas colônias. Estas são hoje estados soberanos e livres. Portugal deseja estabelecer com eles relações as mais estreitas e cordiais na base do respeito mútuo e do princípio de não interferência nos mútuos negócios internos.

– <u>Há presos políticos ou uma anistia geral</u>?[135]

– <u>Neste momento não há presos políticos em Portugal. O governo português respeita integralmente a declaração universal dos direitos do homem e, tendo aderido ao Conselho de Europa recentemente, prepara-se para ratificar a convenção europeia dos direitos do homem.</u>

– *O que Portugal e Brasil pretendem em termos de futuro próximo?*

– Pretendem estreitar ao máximo as nossas relações, tanto nos domínios públicos e econômicos como no campo cultural. Temos a mesma língua e uma cultura com muitos valores idênticos que lhes cumpre defender, nomeadamente tendo em conta a importância do aparecimento, na cena internacional, de novos países africanos de expressão portuguesa.

– *E como se situa Portugal em relação à Europa?*

– Portugal, depois da independência de suas colônias, sente-se um país cada vez mais útil e cada vez mais europeu. Tem a intenção de requerer no ano próximo sua adesão como membro, de pleno direito, do Mercado Comum.

– *E o Brasil de hoje?*

– É um país portentoso, que tem à sua frente um futuro excepcional. Mas é um país marcado por fundas contradições que por certo vão ser assumidas e resolvidas.

Fomos interrompidos pela bonita esposa de Mário Soares:

– Desculpe, Clarice, mas os nossos homenageados acabam de chegar e nós somos os donos da casa.

Aproveitei o intervalo para dar um abraço em David Mourão Ferreira, grande poeta e ensaísta, ministro da Cultura em Portugal. O professor Eduardo Portela, crítico e ensaísta brasileiro, grande também, viera à recepção sobretudo para poder dar um abraço em David Mourão Ferreira: eles se carteavam, mas nunca se tinham visto pessoalmente. Tive a honra de apresentá-los um ao outro. David, criatura doce, disse que devíamos ser convidados a ir a Portugal, Portela e eu, e mais alguns, umas cinco pessoas ao todo.

Voltemos a Mário Soares:

---

[135] As frases sublinhadas não aparecem na entrevista publicada em *Fatos & Fotos*. Estão na versão manuscrita desta entrevista, guardada no arquivo da FCRB (CL/pi 53) na forma de uma lista de perguntas e as respectivas respostas. Depois da quinta resposta, a letra muda; Mário Soares escreveu as suas próprias respostas.

– Nada fiz para estar na posição em que me encontro e que, aliás, nunca cobicei. Mas assumo integralmente as minhas responsabilidades enquanto for essa a vontade do povo português.

Pergunto-lhe se acha que com o novo Portugal haverá maior criatividade no setor artístico, como literatura, música, artes plásticas, cinema etc.

– Sem dúvida. Só a liberdade permite a criatividade artística. Portugal é hoje um país inteiramente livre.

– *A mulher brasileira é tão valorosa como a mulher portuguesa?*

– *A meu ver o gênero humano é igual em toda a parte.*

Quanto ao futuro do mundo, Mário vaticina:

– No futuro haverá socialismo e liberdade.

E acrescenta:

– No meu dia a dia, trabalho infelizmente sem parar, sem quase tempo para ler e para conviver com os amigos e a família.

– *Há censura de imprensa em vosso país?*

– Não. Liberdade total. Há jornais de todas as tendências políticas, até mesmo, infelizmente, fascista.

– *Vossa Excelência tem alguma mensagem de Portugal para os seus filhos brasileiros?*

– O amor é sempre compreensão. Brasileiros e portugueses, que têm entre si um sentimento fraternal, devem aprender a compreender-se, até mesmo nas próprias contradições.

Quero afiançar que nenhuma palavra de Mário Soares ou de David Mourão Ferreira foi distorcida. Desejo-lhes boa viagem de retorno à pátria e espero, um dia, revê-los. Até a vista.

Fatos & Fotos: Gente, nº 802, 2 de janeiro de 1977

MÁRIO [Alberto Nobre Lopes] SOARES (1924-2017)

Foi primeiro-ministro de Portugal em duas ocasiões (1976-1978 e 1983-1985), e depois presidente da República por dois mandatos, entre os anos de 1986 e 1996. Na juventude integrou grupos de oposição ao Estado Novo Salazarista, o que lhe valeu doze prisões pela temível PIDE (Polícia Internacional e de Defesa do Estado, atuante entre 1945 e 1969), que culminaram com três anos de cadeia e o subsequente exílio na ilha africana de São Tomé e Príncipe (então possessão portuguesa) e depois na França.

Foi um dos fundadores do Partido Socialista Português em abril de 1973 e sua sorte começou a mudar depois da Revolução dos Cravos de 25 de abril de 1974, quando ele se tornou um dos mais influentes e respeitados políticos do país. Foi também professor, sobretudo durante o exílio na França (1970-1974), e advogado, notabilizando-se na defesa de presos políticos.

ALZIRA VARGAS DO AMARAL PEIXOTO

Como sua mãe, D. Darcy, cuida de mil garotos. E, como seu pai, Getúlio, acha que o futuro de cada um pertence a si mesmo. Ela também relembra um amigo de sua adolescência. Janguinho, de São Borja.

Oi, Alzira! (Alzira Vargas do Amaral Peixoto). Conheci a famosa Alzirinha quando ela foi embaixatriz do Brasil nos Estados Unidos.[136] Gostamos uma da outra imediatamente. Logo a chamei de Alzira e logo ela me deu um apelido: Clara.

Por quê? Mistério.

Foram grandes embaixadas. Aliás Alzira é grande em tudo, menos na altura... Você se incomoda de eu dizer isto? Sei que não. É como falam: os melhores perfumes estão em vidros pequenos, ai de mim que sou alta. Comecemos, pois.

— Oi, Clara! Posso continuar a te chamar assim, como antigamente, não? É um prazer enorme para mim receber-te em minha casa. Nossos raros encontros em outros lugares não foram importantes. Para mim o que vale é nossa amizade. Porque, como sabes, sempre gostei de ti. És inteligente demais para não ter percebido isso há muito tempo. Sei que estás aqui em missão de *inquisidor*. Eu serei a inquirida. Portanto, mudemos de tratamento e vamos às perguntas. Não, não tenho medo delas por duas razões, para mim muito sérias. Uma: aprendi com meu pai que não há perguntas indiscretas. Pode haver respostas indiscretas. A outra: confio em você. Sei que não tentará deturpar meu pensamento. Portanto, pode chutar.

— *Você é e sempre foi uma mulher forte de fibra. Quais são seus pontos fracos?*

— Em primeiro lugar, devo dizer a você que há uma certa deturpação de minha imagem. Eu sou basicamente uma mulher fraca. Tornei-me forte por necessidade, pelas contingências da vida. No fundo, eu sou o que em minha terra se chama *uma maria-mole*. Tímida, introvertida e insegura. Criei uma imagem de fortaleza e segurança que me custa muito caro. No entanto,

---

[136] O marido de Alzira, Ernâni do Amaral Peixoto, foi nomeado embaixador do Brasil nos Estados Unidos em 1955 e o casal viveu em Washington, D. C., entre 1956 e 1959. Clarice vivia na mesma cidade, onde o marido, Maury Gurgel Valente, era conselheiro da embaixada entre 1952 e 1959. Numa crônica, Clarice se lembra de uma viagem feita em companhia de Alzira: "Estive na Groenlândia...", *Jornal do Brasil*, 12 de junho de 1971.

meu maior defeito, em minha própria opinião, evidentemente, é uma acentuada tendência à acomodação, que chega quase aos limites da preguiça. Não sei se você conhece uma crônica do Álvaro Moreyra,[137] nosso querido Alvinho, em um de seus intermitentes períodos de amor e desamor por meu pai: "O Getúlio é um homem que deixa sempre para amanhã o que pode fazer hoje. Mas amanhã faz." Pois eu deixo sempre para depois de amanhã.

– *Como vê a morte de João Goulart?*

– Devo aqui fazer uma pequena diferenciação entre o Janguinho de São Borja, meu amigo de juventude, e João Goulart, o homem público, o político. Senti a morte de meu amigo como se sente a irreparável perda de alguém muito querido. Conheci o Jango praticamente desde que ele nasceu. Nossos pais eram amigos, nossas mães eram amigas, fui colega de colégio em Porto Alegre de algumas de suas irmãs. No entanto, minha amizade com Jango, que era mais novo que eu, só veio a fortalecer-se depois de 1945. Seu carinho e dedicação a meu pai, nessa época em que ele mais necessitou desse carinho e dessa assistência, ganharam-me por completo, e qualquer que fosse a diabrura ou travessura daquele Jango, desaparecia para mim. Eu era sempre parcial com ele. Quanto ao homem público, ainda acho cedo para julgar seus acertos e desacertos. Muitos erros que lhe são atribuídos não foram cometidos por ele e é possível que alguns acertos também não sejam exclusivamente mérito seu. De uma coisa tenho plena certeza: J. G. era um homem intrinsecamente bom e generoso. Não faz muito tempo, em setembro, estivemos, meu marido e eu, com ele em Paris. Jango era um homem tranquilo, que não cultivava ódios – nem mesmo daqueles que o arrastaram à ruina –, todo voltado para seus problemas familiares, como o nascimento de seu primeiro neto, o filho de João Vicente, ocorrido pouco depois de nosso encontro. Só uma mágoa senti nele: "Meus filhos são brasileiros e estudaram em espanhol." Como disse, é cedo para julgar o presidente João Goulart, mas não me parece que o Brasil tenha lucrado com seu exílio.

– *Dizem que é melhor ser avó do que mãe. Que é que você acha?*

– Afirmar isso pura e simplesmente é um tanto arriscado e denota uma grande dose de egoísmo e falta de senso de responsabilidade porque aos netos a gente mima, faz-lhes todas as vontades e, quando estão (desculpe o termo) *enchendo*, culpam-se os pais, que não souberam educá-los, ou então, nós, os avós, os devolvemos a quem de direito, e pronto. Um filho é um pedaço de nós mesmos, não importa o que nossa razão ensine, que um novo ser é um novo ser, diferente, independente, e às vezes estranho até. Não importa, saiu de dentro de nós. Muitas vezes ouvi minha mãe dizer: "Eu cuido dos meus

---

[137] Nome artístico de Álvaro Maria da Soledade Pinto da Fonseca Velhinho Rodrigues Moreira da Silva (1888-1964), membro da Academia Brasileira de Letras, foi jornalista, poeta e cronista. Ele criou a revista literária *Dom Casmurro* (1937-1944), onde a jovem Clarice colaborou.

filhos. Meus netos não são meus filhos!" Só vim a entender o significado destas palavras quando me tornei avó. É claro que sem as responsabilidades imediatas do bem-estar, da educação e da formação de um novo ser, acrescidas do estado de amadurecimento e paciência que só a vida vivida e a idade nos dão, sentimo-nos mais próximos muitas vezes de nossos netos do que dos filhos. Sem dúvida, é doce ser avó, mas não se pode sê-lo sem antes ter sido e continuar a ser mãe. Você verá, seu dia chegará também.

– *Que mais deseja no mundo?*

– Você acha que eu ainda tenho o direito de desejar mais alguma coisa para mim? Já fui tudo – ou quase tudo – nessa vida: filha de advogado, deputado, ministro, presidente, chefe do governo nacional, presidente constitucional, ditador e, novamente, presidente constitucional. Casei com um capitão-tenente que era interventor federal e foi deputado, embaixador, ministro de Estado, ministro de Tribunal de Contas, governador do Estado do Rio, senador e almirante. Tenho uma filha e um neto; gostaria de ter tido mais filhos, mas agora que disponho de tempo, é tarde demais. Para mim, só aspiro paz, sossego e *botina larga*. Para aqueles que eu prezo, desejo o que almejarem. Há os que gostam de ter dinheiro farto. Nunca fui milionária nem o desejo; o que tenho me basta para viver com certa tranquilidade estes poucos anos que ainda me restam.

– *Você gosta como eu de viver perigosamente?*

– Clara, o perigo sempre foi o meu clima praticamente desde que nasci. Ainda o enfrento, quando ele se apresenta, com a mesma seriedade de antes. Não o temo e convivo com o perigo em perfeita harmonia. Os tempos e a idade aconselham-me, no entanto, a ser mais prudente e menos afoita.

– *Você quer falar de política?*

– Querer, eu não quero, meu tempo já passou. Suponho que você esteja me perguntando sobre Política com P maiúsculo, a única que sempre pratiquei em toda a minha vida, sem miudezas nem mesquinharias. Já tentei abandoná-la em várias ocasiões, recolher-me ao mais profundo de meu ser, esconder-me até. É inútil. Ninguém abandona a Política impunemente. Ela pode abandonar você, depois de ter extraído tudo aquilo que você lhe pode dar e deixá-la como um bagaço inútil. Ela, porém, não admite ser abandonada, ela vai buscar sua presa onde quer que esteja, quer a vítima a queira, quer não. Sou das poucas pessoas que não admitem a Política como uma cachaça ou um vício que se apodere de alguém, passível de cura e recuperação. A Política é sobretudo um Senhor implacável, que não admite erros, nem hesitações, nem fugas. Só ela tem o direito de fugir, nunca aqueles que ela marcou para a servirem.

– *Quais são as atividades que exerce atualmente?*

– Por incrível que pareça, estou agora à frente da Fundação Darcy Vargas, que abrange a Casa do Pequeno Jornaleiro, com duzentos menores em regime de internato; a Casa do Pequeno Lavrador, em Jacarepaguá, com mais de quatrocentos menores em regime de semi-internato na Escola Álvaro Sodré; a Escola Darcy Vargas, recentemente inaugurada, que absorve não somente os duzentos jornaleiros em caráter prioritário, mas todos os demais moradores do bairro enviados pelo município. Ambas as escolas funcionam através de um acordo feito com o então Estado da Guanabara. A Casa do Pequeno Lavrador teve de ser fechada, temporariamente, ainda em vida de minha mãe. Estamos pensando agora em ampliar nossas atividades em Jacarepaguá, onde a população é muito carente, mas ainda não está nada acertado em definitivo. Quando eu disse por incrível que pareça... devo uma explicação. Tudo poderia ter passado por minha cabeça: exercer atividade de advogada, para a qual estudei; continuar a carreira de escritora, o que me agradaria bastante; ou ainda trabalhar em qualquer outra coisa mais compatível com o meu temperamento, menos continuar a obra de minha mãe. Senti, logo depois da sua morte, que eu lhe devia isso: não deixar que sua obra acabasse tristemente, por inanição. Minha mãe foi uma grande criadora. Eu não sou. Sou muito mais executiva do que criadora. Jamais seria romancista do seu porte. Talvez chegasse a ser uma razoável cronista. Hoje, tenho orgulho do que faço. Nada me é mais gratificante do que saber que meus garotos (desculpe a imodéstia) estão sendo cidadãos úteis e eficientes depois de passar alguns anos em nossas mãos.

– *Você se lembra de seu tempo como embaixatriz em Washington, quando éramos amigas?*

– Éramos, não, Clara: *somos*. Pelo menos eu continuo sendo sua amiga, embora você não seja das mais fáceis. Lembro muito, e muito bem. Foi lá que comecei meu livro,[138] do qual você foi uma das melhores incentivadoras que tive. Lembro também as excelentes amizades que lá fiz e, sobretudo, da única bronca *embaixatorial*, para grande espanto de todas as minhas meninas. Não recordo a ocasião, talvez você recorde. Havia uma solenidade qualquer na Embaixada e eu reuni vocês todas um dia antes e disse: "Amanhã quero vocês todas aqui sem chapéu para ajudar a mostrar a Embaixada. Sem chapéu porque vocês são tão donas da casa quanto eu. E além disso, parem de me chamar de embaixatriz." Uma, parece que foi Silvinha, perguntou: "Mas por que não embaixatriz?" Respondi: "Eu vou acabar esquecendo do meu nome. Para os americanos, eu sou *Mrs. Ambassador* ou *Mme. Pioto* e até *Mme. Pixote*. Se para vocês eu ficar com o apelido de embaixatriz, vou esquecer que me chamo Alzira. De hoje em diante, eu sou para vocês Alzira, D. Alzira, ou seja lá o que for. Por embaixatriz não respondo mais." São tantas as coisas boas que eu lembro daquele período em Washington que as más eu tento esquecer.

---

[138] *Getúlio Vargas, meu pai* (Editora Globo, 1960. Objetiva, 2022).

– E qual a sua melhor recordação?

– Uma? É muito difícil escolher uma. Quase todas as coisas boas que me aconteceram vieram envoltas em tantas lutas, tantos esforços que quando chegavam eu já nem as reconhecia. Prefiro, por isso, dizer a você que as melhores recordações da minha vida são as da infância, do tempo em que eu era feliz sem saber. Em meus primeiros pruridos como escritora, ainda estudante, escrevi uma vez sobre Deus. Eu resumo: não foi Ele que nos criou à sua imagem e semelhança. Fomos nós que o criamos à nossa imagem e semelhança. Demos-lhe forma humana, demos-lhe sexo. Ele é um homem, não é mulher. Para alguns, Ele é severo, protetor dos fortes, para outros, profundamente bom e há os que O invocam como vingador. O meu Deus é meio gozador. Dá-me tudo o que eu quero quando eu já não quero mais. Ganhei patins quando já estava na idade de querer bicicleta; ganhei bicicleta quando já queria automóvel. E o automóvel, eu o comprei trabalhando.

– Você tem tempo para ler?

– Essa é mais uma das minhas múltiplas frustrações. Quase nunca tenho tempo para ler o que quero ler. Só em pensar nas coisas que armazenei para ler quando tivesse tempo já fico cansada. É torturante ler por obrigação e não por prazer.

– Você tem algo a declarar?

– Sim. Aprendi com meu pai que não se deve esperar dos homens nem mais nem menos do que eles podem dar. Nem mesmo fisicamente. Não se pode almejar que um loiro seja moreno, nem que um moreno seja loiro, que um gigante leve o mesmo tempo que um anão para se abaixar, que um alto seja baixo e um baixo seja alto. Depois, aprendi sozinha que é muito mais difícil perdoar do que compreender. O perdão é uma alforria, a compreensão é fruto de uma cicatriz.

– Que é que você acha do futuro?

– Não sou futuróloga, arrisco meus palpites. De uma certa forma, passado, presente e futuro são convenções humanas mutáveis e falíveis, como todas as coisas convencionais. O futuro de cada um pertence a ele próprio e o futuro do mundo é o que há de mais aleatório. Quantas e quantas vezes já o homem apavorou-se com o possível e provável fim do mundo. Quanta tinta já correu, quantas teclas já gemeram, quantas vozes elevaram-se para prognósticos os mais problemáticos e incertos. Você já se deteve, por acaso, a pensar em que estado estaria a cuca de nossos antepassados quando descobriram que a Terra não era chata, que girava, e que havia outros seres, outras raças, outras civilizações? Talvez estivessem muito mais preocupados do que nós agora com o possível e provável fim da era do petróleo e a inquietadora hipótese de que haja outro tipo de vida em outros planetas ou em outros sistemas.

Fatos & Fotos: Gente, nº 804, 16 de janeiro de 1977

ALZIRA VARGAS DO AMARAL PEIXOTO
(1914-1992)

Filha de Getúlio Vargas, começou a trabalhar no Gabinete Civil da Presidência da República em 1937 enquanto ainda estudante de direito. Seu marido, Ernâni do Amaral Peixoto, foi governador do Rio de Janeiro em dois períodos (1939-1945 e 1951-1955) e depois embaixador do Brasil nos Estados Unidos entre 1956 e 1959. Foi neste período que Alzira Vargas se tornou amiga de Clarice Lispector, cujo marido, Maury Gurgel Valente, servia na Embaixada de Washington.

Alzira teve grande influência sobre o governo paterno e depois recebeu a alcunha de "guardiã da memória" de Vargas, do marido e dela própria, franqueando o acesso de sua residência aos pesquisadores nacionais e estrangeiros antes de doar todo seu acervo pessoal ao CPDOC (Centro de Pesquisa e Documentação) da Fundação Getúlio Vargas. Esboçou um vívido retrato de Getúlio no livro *Getúlio Vargas, meu pai*, lançado em 1960 e continuamente reeditado até hoje.

ANTONIO CALLADO

Antonio Callado considera a autocensura uma obra--prima de desfaçatez. Por isso, em seu último romance, ele deixa os fatos falarem por si mesmos. Que fatos? A época dos sequestros de embaixadores.

Antonio Callado é o que se chama de homem de bem. Tanto na literatura como no caráter. Não sei se ele se dá conta de seu brilho. Tem a humildade dos grandes. Conhecemo-nos há anos e anos e sempre com estima mútua. Há tempos que tenho vontade de entrevistar esse tipo britânico. Antes de tudo, pergunto-lhe se tem alguma coisa a declarar.

A pergunta é tão abrangente que, saindo em primeiro lugar, representa a entrevista inteira.

— Eu tenho, Clarice, muito a declarar, mas acho melhor não ficarmos num plano tão arriscado. Vamos começar por um livro meu, que você está lendo, e que acaba de sair: *Reflexos do baile* [1976]. Ele se segue a dois romances meus — *Quarup* [1967] e *Bar Don Juan* [1971] –, que procuram retratar a vida contemporânea do Brasil. *Reflexos do baile* é estilisticamente diferente dos outros dois. Como o livro procura retratar o Rio do tempo dos sequestros de embaixadores, e como esse tempo foi dos mais surrealistas, procurei me ausentar do livro o mais possível, de maneira a deixar que a época dos sequestros seja a protagonista. As pessoas envolvidas se comunicam por meio de cartas, bilhetes, trechos de diário, como se esses papéis escritos tivessem sido encontrados e arrumados pelo autor. O autor, portanto, esconde-se. Não narra, não conta nada. Cada personagem fala por si. Dois dos embaixadores, o americano e o inglês, se comunicam em sua própria língua, entrando aí o autor apenas como tradutor do que dizem os dois. Como você vê, o livro procura deixar a cidade do Rio viver e respirar sozinha, refletindo uma época de sua vida que foi, no meu modo de ver, a coisa mais original que já presenciei. E não esqueça que eu estive em Londres durante os bombardeios, em Paris quando se fez a paz em 1945 e no Vietnã durante a guerra em 1968.

— *Quantos livros você já escreveu?*

— Muitos, jornalismo, teatro, romance. Do jornalismo eu destacaria uma reportagem que fiz na selva do Xingu, em 1951, em busca dos pretensos ossos do explorador inglês Fawcett, lá desaparecido em 1925. Esta primeira viagem que fiz ao Xingu e as várias outras que empreendi depois à mesma região me serviram muito quando escrevi *Quarup*, que, por sinal, em 1977, faz dez anos de publicado. Destacaria ainda duas que fiz em Pernambuco, uma série com [Francisco] Julião [1960] e outra com Miguel Arraes [1965], e a série que fiz no Vietnã [1969]. Em matéria de teatro, vamos ficar no *Pedro Mico* [1957], uma comédia de favela que meu inesquecível amigo Paulo Pontes pretendia transformar em musical com sambas de Chico Buarque. Romances, fiz *Assunção de Salviano* [1954], *A madona de cedro* [1957] e os três que já mencionei.

– *Quarup é sucesso até hoje. Sabe por quê?*

– Tenho a impressão de que o livro, em forma de painel abrangendo de certa forma o Brasil que, como no livro de [Thomas] Skidmore,[139] vai de Getúlio a Castelo, preenche uma devoradora curiosidade dos brasileiros. Sentir tal época, das cidades do litoral ao interior, concentrada em personagens de ficção e personagens históricos, é uma espécie de história de família. Interessa de forma muito generalizada. Que há dez anos esteja sendo lido e lido agora pelos jovens, é fato que muito me anima.

– *É bom viver, apesar de tudo?*

– Sim, acho que sim. E aí está o testemunho dos que muito sofreram e sempre amaram a vida. Você decerto se lembra – acho que é no *Crime e castigo* – quando Dostoiévski diz que o homem, mesmo sozinho, num rochedo perdido num mar sem vida, ainda quer esta vida. Por muito que, de vez em quando, a gente duvide do esforço que faz e imagine quase inúteis os sonhos que sonha, mesmo então a compulsão de viver vence tudo. Estou certo de que você concorda comigo. O cético ou é cético de brincadeira ou é infeliz demais para me causar alguma inveja.

– *Você prefere o livro ou o jornal?*

– Prefiro o livro, por ser uma criação mais completa, mas acho que o jornal é um veículo da maior importância – desde que os tempos não sejam de repressão e censura. O jornal fica perigosamente falso quando existe censura e, mais ainda, quando vinga e cresce a filhinha torta da censura, que é a autocensura. A autocensura é uma obra-prima de desfaçatez. Até por vaidade, os que escrevem sob o ditado da autocensura fingem que ela não existe. Passam, então, a colaboracionistas da censura. Jornal sem liberdade é uma tristeza sem remédio.

– *Existe uma corrente que afirma que a literatura não importa mais por causa dos outros meios de comunicação. Fernando Sabino acha que a literatura morreu e eu acho que não. E você?*

– Bastariam os seus livros para me convencer de que a literatura está viva, ainda que por vezes apenas pressentida, feito uma *Maçã no escuro* [1961]. E *Deixa o Alfredo falar*,[140] Clarice, que eu

---

[139] Especialista na história e política do Brasil, Thomas E. Skidmore (1932-2016), *Politics in Brazil, 1930-1964: An Experiment in Democracy*, em 1967.
[140] Coletânea de crônicas de Fernando Sabino publicada em 1976.

garanto que ele próprio continua acreditando na literatura.

– Por que não reedita o seu livro sobre Portinari?

– Vai sair uma segunda edição desse livro dos anos 1950. Aí se encontrarão o autor do *Retrato de Portinari* e o jornalista. Vou acrescentar ao livro outras coisas que escrevi sobre Candinho em jornais, inclusive uma longa reportagem que fiz sobre os funerais do meu grande amigo.

– Quais são suas relações com Deus?

– Com Deus, só foram íntimas na minha infância. Mas confesso a você que nunca o exorcizei completamente. Quando menino, de vez em quando, eu tinha uma dúvida de que ele pudesse não existir. Hoje, de vez em quando, tenho uma vaga suspeita de que talvez exista, afinal de contas. Acho que só apuro isto quando morrer. Desisti de especular.

– E semente dá inspiração?

– Ela ocorre sim, mas apenas no estágio inicial de uma obra. Esta semente creio que é real. Agora, desenvolvê-la, ver que cresça, este é o problema. Estou me lembrando de uma definição de como fazer uma obra de arte: é preciso 10% de inspiração e 90% de transpiração.

– Existe um Antonio Callado ou mais de um?

– Acho que a gente sente de vez em quando forças insuspeitadas, como se fossem outros Antonios pedindo passagem. Com o passar do tempo, alguns acabam conquistando lugar permanente, inclusive em detrimento de outros, como se o espaço interior também sofresse de pressão demográfica. Desconfio que há mais de um, sim.

– *O jornalismo ajudou ou prejudicou a profissão de escritor?*

– Acho que ajudou. Sobretudo a partir do momento em que um jornalista consegue escolher as matérias que deseja fazer. A partir daí, pode até ajudar muito. De qualquer forma, não acho que o jornalismo em si atrapalhe nenhum escritor. O que atrapalha é o tempo dedicado a qualquer outro trabalho que não seja o de escritor.

– *Diga alguma coisa de esperança.*

– Existe uma esperança que é arraigada na gente que independe de fatores externos. Quanto aos fatores externos do momento ao redor da gente, deixemos a conversa para outro dia.

Fatos & Fotos: Gente, nº 806, 30 de janeiro de 1977

ANTONIO [Carlos] CALLADO (1917-1997)

Começou sua marcante carreira jornalística nos jornais O *Globo* e *Correio da Manhã*, vindo a ser redator-chefe do último entre os anos de 1954 e 1960. Antes disso, viveu em Londres colaborando com o departamento internacional da BBC no período compreendido entre os anos de 1941 e 1947.

Membro da Academia Brasileira de Letras, Callado foi um ferrenho opositor da ditadura militar, cujos paradoxos expôs em duas obras paradigmáticas, *Quarup* (1967) e *Reflexos do baile* (1976). Este engajamento lhe valeu dois períodos distintos de prisão. Polivalente, foi também dramaturgo de sucesso, coordenador da *Enciclopédia Barsa* (1963); correspondente de guerra no Vietnã (1968); e, na década de 1970, professor visitante nas universidades de Colúmbia (EUA) e Cambridge (Inglaterra).

EDUARDO PORTELLA

O crítico Eduardo Portella fala sobre tudo, mas nada declara. Só o imposto de renda. E diante da dúvida se o mundo vai acabar com um suspiro ou com um estrondo, ele responde que será num estrondo sem tempo para o suspiro. Apocalipticamente.

O professor Eduardo Portella é homem novo para tantos títulos. Ele acaba de completar 25 anos de crítica. E diz um jornal sério que ele conseguiu ser aprovado com grau 10 no concurso para a cátedra de Teoria Literária na Universidade Federal do Rio de Janeiro. Na banca examinadora, um verdadeiro time de cobras: Adonias Filho, Roberto Alvim Corrêa, Guilherme Figueiredo, Mário Camarinha e Afrânio Coutinho. Estive presente no último debate. E espantei-me: não é que esse homem sabe responder a tudo que lhe perguntam? A banca examinadora era severíssima e o grau de cultura dos examinadores daria para endoidar uma pessoa apenas normal. E Eduardo, firme. Quase todo crítico é um pouco amargo. Eduardo não. E sabe rir. É gentil, cavalheiresco e generoso. Nasceu em Salvador (Bahia), estudou em Feira de Santana, no Recife, em Madri, Paris e Roma. É professor e coordenador dos programas de pós-graduação em Letras na Universidade Federal de Rio de Janeiro. E dirige a revista *Tempo Brasileiro*.

Eu não disse que suas atividades eram múltiplas? É um homem superocupado. Seu interesse pela literatura brasileira começou cedo, lá pelos 12 anos de idade.

– *Eduardo, o que você acha de Guimarães Rosa? Por que algumas pessoas, a meu ver erradas, o comparam com Joyce?*

– Ele é o maior fabricante de linguagem que a nossa literatura conheceu, mas numa linha, concordo com você, bem diversa de Joyce. Joyce foi sobretudo um escritor urbano.

(E então eu fiz uma pergunta meio doida.)

– *Como é que vai acabar o mundo, com um suspiro ou com um estrondo?*[141]

– Com um estrondo e sem tempo para o suspiro –, respondeu-me sem achar nada de mais na pergunta.

– *Seus planos para este ano?*

Publicar o primeiro volume de sua História da Literatura Brasileira e re-

---

[141] Clarice está citando um verso de "Os homens ocos", do poeta modernista anglo-americano T. S. Eliot (1925).

editar alguns livros anteriores. Cervantes é o escritor estrangeiro que lhe toca mais ao coração. Porque ele trouxe para junto de nós, fazendo-nos ver, sem nenhuma mistificação, a grandeza e a miséria do homem.

Como eu sou desorganizada e achava-o organizado, sem no entanto se tornar um chato, pedi-lhe algumas *dicas* para quem quer se organizar.

– Pareço organizado, mas não sou. Em todo caso, faço um esforço muito grande para organizar a minha desorganização. E, às vezes, consigo.

Escrever lhe dá prazer, é claro, senão tomaria outro rumo. (E agora uma pergunta meio esquisita, mas de fundo verdadeiro.)

– *Por que nós dois sempre rimos quando falamos a sério?*

– Porque o riso é a mais séria forma de liberdade.

– *Ainda não tentou escrever ficção ou poesia, mas quem sabe se no futuro acontecerá?*

– Eu, Clarice, acredito na inspiração. Vivo dela.

O Drummond me disse que Manuel Bandeira assegurava que até para atravessar a rua a pessoa precisa de inspiração. Eduardo acredita, mas não é fanático. E acha que o ensaísta, que precisa conciliar espontaneidade e pesquisa, não pode viver apenas da inspiração. E ele é um ótimo ensaísta. Então eu quis saber sobre sua infância na Bahia, se fora um menino feliz.

– Nasci em Salvador, nega, e fui criado em Feira de Santana, que era na ocasião uma pequena cidade do sertão da Bahia. Eu vivia numa casa comum na rua principal. A janela da casa era o meu aparelho de televisão. Por ela via o mundo. Por isso sou muito mais introvertido, embora tente disfarçar sem êxito. Mas foi uma infância sem grandes registros, com altos e baixos.

Disse que, sem dúvida, gostava mais de escrever do que ensinar. O professor nele é uma extensão profissional do escritor.

Ensino como quem escreve, disse.

– *O que gostaria de ter escrito e não escreveu?*

– A sua *Maçã no escuro.*

– *Você, pelo amor de Deus, vai entrar numa de estruturalismo? Não consigo saber o que é, e tenho a impressão de que se soubesse não escreveria nunca. O que é estruturalismo?*

– Pode ficar tranquila porque não corre esse risco. Desde o início me opus a essa forma mecanicista que confunde a crítica literária com halterofilia, levanta os mínimos movimentos do texto, mas não consegue falar sobre a humanidade da palavra. O estruturalismo é mais uma etiqueta lançada pela moda francesa, que poderia estar perfeitamente assinada por [Pierre] Cardin ou [Yves] Saint-Laurent.

(O conselho que dá a um principiante em ficção ou poesia: que assuma verticalmente o seu projeto.)

– E que conselho daria a um professor de literatura?

– Que transformasse a lição técnica num saber humanizado, resistindo corajosamente ao pedantismo da moda. Com isto certamente conseguiria promover o reencontro do aluno com a literatura, desenvolvendo a criatividade que parece ter desertado das nossas faculdades de letras.

(O ensaísta estrangeiro que Eduardo Portella respeita é Jean-Paul Sartre: ele penetra na alma das coisas porque escreve como quem respira, vitalmente.)

– Você estuda muito?

– Razoavelmente. Menos do que gostaria.

(Eduardo escapou, felizmente, do falso didatismo e do falso academicismo. Conseguiu esse tento procurando ser autêntico.)

– Só se evita a falsidade por meio da autenticidade. O didatismo facilita deformando. O academicismo confunde a retórica do conhecimento com o próprio conhecimento.

– Nós dois, honorificamente, somos, por incrível que pareça, chamados de conselheiros do Museu da Imagem e do Som. Eu já fiz o meu depoimento. Você fez o seu?

– Fiz há pouco, nos últimos dias de 1976, e o motivo foi os meus 25 anos de crítica literária.

Perguntei-lhe se tinha alguma coisa a declarar e ele respondeu: "Não, porque não sou louco. Apenas declaro o Imposto de Renda. E seu eu recomeçasse a minha vida, ia querer ser o que sou porque não me vejo senão como um escritor comprometido com a causa do homem e a construção nacional."

(Falou pouco, mas disse muito.)

Finalizando, pedi-lhe que dissesse alguma coisa bonita e de esperança.

– A esperança concreta terá de ressurgir da ação cotidiana de todos e de cada um de nós. Só então será possível dizer coisas cada vez mais bonitas.

Fatos & Fotos: Gente, nº 807, 14 de janeiro de 1977

EDUARDO [Mattos] PORTELLA (1932-2017)

Foi ministro da Educação, Cultura e Desportos do governo Figueiredo e, ao renunciar ao cargo, em novembro de 1990, em apoio à greve dos professores da Universidade Rural do Rio de Janeiro, justificou seu ato com uma frase lapidar: "Não sou ministro, estou ministro."

Intelectual de sólida formação e múltiplos talentos, Portella foi professor, crítico literário, escritor membro da Academia Brasileira de Letras, político e editor criador da *Tempo Brasileiro*, responsável pela introdução de Heidegger no Brasil, assim como pela divulgação de obras de intelectuais de primeira grandeza, tais como Yuri Tynianov e Jürgen Habermas. Entre outros cargos importantes, Eduardo Portella foi diretor geral adjunto da Unesco, integrando diversos comitês e conselhos da entidade ao longo de três décadas. Foi ainda presidente da Biblioteca Nacional entre 1996 e 2003.

DARCY RIBEIRO

O cientista Darcy Ribeiro é autor de uma dúzia de livros sobre as desventuras dos índios desde que os brancos chegaram a este país. Mas agora está estudando uma tribo muito especial: a dos brasileiros. (Atenção, ele já foi ministro da Educação.)

Darcy Ribeiro nasceu sob o signo do Escorpião numa cidadezinha do centro do Brasil que hoje – diz ele – só existe em seu peito: Montes Claros, Minas Gerais. Quis ser médico, porém acabou antropólogo. Como tal, conseguiu uma vez um emprego que lhe proporcionou, segundo sua própria expressão, os melhores anos de sua vida. Dormia em rede nas aldeias indígenas do Amazonas. Mais tarde se tornou professor num esforço para formar melhores antropólogos. Um dia o nomearam educador e, nessa qualidade, projetou um novo modelo de universidade para Brasília.

Mas afinal, o que faz um antropólogo? Há muito tempo, fiz um curso pequeno de antropologia, mas não prestei atenção nas aulas porque tinha outros interesses, os interesses de um adolescente. Darcy Ribeiro agora me explica.

– Um antropólogo, Clarice, estuda gente. Zoólogo estuda bicho. Entomólogo estuda percevejo, suponho. Eu estudo as pessoas, gente comum, e também índio, negro, africano. Tudo que é gente me interessa: os brasileiros, os franceses, os xavantes, os guaranis.

– É possível misturar francês com xavante? Dá pé?

– Claro que dá. O difícil é concluir alguma coisa porque não se pode tirar média. Mas tudo dá pé, inclusive inglês com sergipano. Eu estudei índio durante anos. Depois, peguei os povos americanos. Atualmente com base naquelas experiências, estou estudando nós mesmos, os brasileiros.

– Por que você quis estudar índios?

– Não há quem estude borboletas? É para saber, ora. Formei-me em São Paulo. Podia ser historiador, mas não gosto de velharias. Podia também ser sociólogo, mas naquele tempo ninguém sabia o que era isso. Não havia emprego de sociólogo. Então, apareceu um lugar de etnólogo no Serviço de Proteção aos Índios. Aceitei. Muita gente pensou que eu ia era amansar índio. Não ia, não. Fui dos primeiros brasileiros que se meteram no mato para estudar. Antigamente chamavam a gente de *naturalista*. Quase todos eram geólogos, botânicos e, em sua maioria, eram estrangeiros. Etnólogo mesmo, profissional e brasileiro, fui o primeiro. Contrataram-me para estudar etnologia indígena, que é apenas um ramo da antropologia. Há outros. Paleontólogos estudam fósseis dos antepassados comuns dos homens e dos macacos. Raciólogos medem gente de todas as raças para descobrir-lhes as semelhanças e diferenças. Arqueólogos estudam tribos ou civilizações desaparecidas. Linguistas descrevem e comparam as línguas faladas no mundo. E os etnólogos estudam os costumes dos povos atuais. Os mais rígidos ficam só na especialidade: são fanaticamente paleontólogos, arqueólogos, etnólogos. Os mais flexíveis fazem antropologia visando melhorar a qualidade do conhecimento que existe sobre os homens em geral.

– *Você é fanático ou...*

– Eu sou *ou*... Pode ser até que eu seja um antropólogo ruim. Mas não. Modéstia à parte, não sou dos piores. Escrevi uma boa dúzia de livros. Destes, uns oito estão à venda em cerca de trinta edições feitas no Brasil, Portugal, México, Argentina, Venezuela, Espanha, França, Itália e Alemanha.

– *De que tratam esses livros? O que contam ou explicam?*

– Os primeiros retratam minha experiência de campo nas aldeias indígenas tanto no Brasil Central como na Amazônia. Uns são de etnologia, propriamente. Por exemplo, meu estudo *Religião e mitologia kadiuéu* [1950], uma tribo lá do Pantanal, ou *Arte plumária dos índios kaapo* [1957], uma tribo do Pará. Outros, também etnológicos, são de análise e denúncia das desventuras dos índios que toparam com os brancos. Por exemplo, *Os índios e a civilização* [1970]. Esse livro anda sendo muito traduzido por aí...

– *Você chegou a conviver com índios selvagens nas aldeias deles?*

– Passei um tempão nisso. Vivi deitado em rede ou acocorado em esteira de índio, conversando, observando, anotando, pelo menos a metade dos dez melhores anos de minha vida.

– *Foi tão bom assim?*

– Sempre que se fala de ir para os índios, para o mato, para a selva, o pessoal fica pensando em cobra, onça, malária, flechas e outros riscos. Que nada. Sei que não é um passeio, mas é uma beleza. E foi com os índios que aprendi a ser antropólogo. Assim como médico aprende com os clientes depois de formado. Só que nunca matei ninguém...

– *Por que, então, você saiu para outra? Gostando tanto daquela vida, gostando tanto de índio, podia ter ficado na etnologia.*

– É. Podia. Mas o que me atazana mesmo é estudar esta tribo mais exótica e mais selvagem que somos nós, os brasileiros. Essa é a tribo que me interessa. Um dia, Anísio Teixeira[142] me chamou para estudar a sociedade nacional com vistas ao planejamento

---

[142] Escritor e educador que promovia a ideia de uma educação livre para todos, foi secretário de Educação do Rio de Janeiro, em 1931, e um dos fundadores da Universidade de Brasília.

educacional. E eu aceitei. Não me arrependi. Promovi uma quantidade de estudos sobre a vida urbana e a rural, sobre a cultura popular, a industrialização e a urbanização. Nesse caminho, tornei-me educador. Acabei incumbido de criar a Universidade de Brasília. E criei mesmo. Mas fui adiante. Cheguei a ser ministro da Educação.

– *Darcy, fale mais sobre os seus livros. Os que estão vivos por aí correndo mundo.*

– Bem, os meus principais livros foram uma série chamada "Estudos de Antropologia da Civilização". São cinco volumes e somam mais de mil páginas. Quase todos foram publicados no Brasil. O primeiro deles, O *processo civilizatório* [1968], é uma tentativa de reconstituir os caminhos da evolução das civilizações de uma perspectiva nossa de povos marginalizados, dependentes. Seu tema é a análise das causas de nosso desempenho medíocre dentro da civilização industrial moderna e do risco, em que estamos, de continuar sendo o povo de segunda classe na civilização que vem aí.

– *São livros muito lidos?*

– Muita gente leu esse livro, Clarice. É o meu único livro de êxito popular. Venderam mais de 170 mil exemplares em inglês, espanhol, italiano, alemão e português. Também, pudera: faço um resumo de 10 mil anos de história em duzentas páginas. O segundo volume daquela série é As *Américas e a civilização* [1970]. Um painel do processo de formação dos povos americanos. Escrevi tentando entender – e ajudar os outros a compreender – as causas do desenvolvimento desigual dos povos americanos. Por que a América do Norte, colonizada um século depois de nós, está um século adiante em tanta coisa? E como é que povos pobres, que nem nós, podem custear a riqueza de povos ricos?

– *Você está se arriscando a falar em política?*

– Não, é apenas antropologia. O terceiro livro da série ainda não está publicado no Brasil, embora tenha várias edições no estrangeiro. É O *dilema da América Latina* [1978], um estudo da composição das classes sociais dos nossos países que serve de base a uma tipologia dos nossos regimes políticos. Tudo isso é antropologia, e da boa: ciência positiva do que o homem é e especulação humanística do que poderia ser, se tivesse juízo. O quarto livro é mais ortodoxo, chama-se Os *índios e a civilização* [1970]. É um balanço científico e apaixonado do que sucedeu aos índios brasileiros no curso do século XX. É uma história muito feia. Eu mostro que em 1960 haviam desaparecido 87 das 230 tribos que existiam em 1900. Não por assimilação ou incorporação, como se diz por aí, mas simplesmente extintas pelas enfermidades, pela opressão e pela pobreza a que foram e são submetidas em nome da civilização.

– *Seria melhor estudar borboletas ou colecioná-las. Ou então você poderia não ter tanto trabalho e tanta paixão e cultivar orquídeas... E o último volume?*

— Ainda estou batucando: Os brasileiros.[143] Até agora só publiquei a primeira parte, chamada "A Teoria do Brasil". Faltam duas outras: "O Brasil Rústico" e "O Brasil Emergente". Espero ter tempo (e gana) para escrever os dois. Na verdade, os outros quatro livros da série são apenas uma longuíssima introdução a Os brasileiros.

— *Você não acha péssimo para nós essa história de dizer que são vivos os livros só porque estão à venda?*

— Acho. Mas eu vivo disso, e você também. O que nos interessa a glória que nos tributem lá pelo ano 2000? Seremos menos que pó de caveira.

— *Também não me interessa nada do que a posteridade diga de mim, se é que vão dizer alguma coisa. E fora dessa série, que é que você tem publicado?*

— Bem, tenho alguns livros que prezo. Um é A universidade necessária [1969]. Uma utopia da universidade que tento há anos cristalizar nas diversas universidades concretas que já projetei ou reformei aí pelo mundo. Outro livro é Uirá,[144] uma coletânea de artigos de etnologia indígena. Inclui a história real e fantástica de um índio que saiu à procura de Deus. E acabou mal. Morto. Comido por piranhas. A história foi filmada por Gustavo Dahl.[145]

— *E seu romance Maíra [1976]? Como é que lhe veio a vontade de escrever ficção, você antropólogo conhecido, cientista lido?*

— Pois é, Clarice. A tentação me roía há anos. Não resisti. E gostei muito. Foi um *barato* meter num enredo o meu sentimento de gozo de viver e da tristeza que é ser índio neste mundo. Creio também que escrevi um romance para ser intelectual...

— *Eu sou romancista e não sou uma intelectual...*

— Só os romancistas são intelectuais... Agora, como romancista, já posso dar palpite sobre qualquer coisa, saiba ou não do assunto. Romancista é assim: voz e boca do povo. Eu, você e o Antonio Callado, não é?

— *Pelo menos inspiração nós temos. Ainda bem.*

Fatos & Fotos: Gente, nº 812, 14 de março de 1977

---

[143] Seria lançado em 1995 com o título *O povo brasileiro: a formação e o sentido do Brasil* (Companhia das Letras).
[144] *Uirá sai à procura de Deus: ensaios de etnologia e indigenismo* (Paz e Terra, 1974).
[145] *Uirá, um índio em busca de Deus*, dir. Gustavo Dahl (1973).

DARCY RIBEIRO (1922-1997)

Multitalentoso, foi escritor membro da Academia Brasileira de Letras; antropólogo responsável pela criação do Museu do Índio e corresponsável pela implantação do Parque Indígena do Xingu; ministro da Educação do governo Jango, quando criou a UnB (Universidade de Brasília); vice-governador do Rio de Janeiro na administração Brizola, quando idealizou os Cieps (Centros Integrados de Ensino Público), e criou o Sambódromo. Foi também criador da Uenf (Universidade Estadual do Norte Fluminense), em Campos dos Goytacazes, e do Memorial da América Latina, em São Paulo.

Durante o período em que esteve no exílio, teve a oportunidade de implantar suas teses inovadoras sobre educação nos seguintes países: Chile, Peru, Venezuela, México e Uruguai. Foi também senador, sendo responsável pelo projeto que deu origem à Lei de Diretrizes e Bases da Educação Brasileira. Seu legado é preservado pela Fundação Darcy Ribeiro, no Rio, e pelo Memorial Darcy Ribeiro, em Brasília.

CARLOS SCLIAR (III)

Nenhum pintor é obrigado a ser inteligente. Mas Carlos Scliar é. Ele diz, por exemplo, que se considera um homem rico de tudo o que os outros construíram para ele. E só espera poder retribuir (com arte).

Conheço Scliar há muito tempo. Alguém nos apresentou e ficamos amigos. Amigos sinceros, simples e honestos. Entrevistá-lo é fácil porque ele tem as palavras claras e um raciocínio rápido. Nenhum pintor é obrigado a ser inteligente. Mas Scliar é, e muito.

Eu lhe disse: "acho que você está sempre buscando novas formas e novas tintas. Estou certa ou estou errada?"

– Sei que estou tentando cada dia compreender melhor o que me cerca. Por isso, na medida em que me aproximo dessa compreensão, talvez tenha que formular diferentemente as coisas. Eu não sei se estou procurando formas novas. Penso que um artista fala sempre na primeira pessoa.

(É como primeira pessoa que ele vê o mundo.)

– *Qual é a sua fase atual?*

– Nunca sei em que fase estou. Sei somente, mais ou menos, aquelas por que passei.

(Com isso ele quer dizer que é um intuitivo e não racionaliza as coisas.)

– *Quais são os seus pintores preferidos?*

– Di Cavalcanti, Portinari, Segall, Tarsila, [Aldo] Bonadei e tantos outros de várias gerações que, com seu talento e teimosia, contribuíram para a criação de uma arte brasileira.

– *O que me diz da falsificação de quadros que anda por aí?*

– Vem do processo natural das coisas que nos cercam. Quando uma atividade se inicia, se dá lucro honestamente, é claro, vem, sem tardar, uma atividade paralela em que vale tudo.

– *Como é que você inventou um ocre tão extraordinário?*

– Não, eu não inventei nenhuma cor. Os ocres que emprego são todos *encontrados* nas regiões que cercam Ouro Preto e Itabirito, em Minas. Mas, como uso as cores, Clarice, depende de cada momento.

(Suponho que ele se refere à inspiração.)

– *Você está planejando alguma exposição?*

— Tenho, para este ano, uma vasta programação, na qual já estou mergulhado pintando. Em junho, devo ter uma pequena retrospectiva, cerca de cinquenta peças, de 1940 a 1977, do meu acervo particular, mostradas no Museu de Arte Moderna da Bahia, organizada pela Fundação Cultural, em Salvador. Junto será mostrado também, no mesmo local, meu painel *Ouro Preto 360 graus*, que pertence a um amigo meu de Brasília. Tenho exposições previstas para Porto Alegre (agosto), Rio (setembro) e Recife (outubro).

— *Eu soube que você fez doação de quadros seus. É verdade? Para quem?*

— Venho fazendo doações de quadros não meus, necessariamente, mas de pintores amigos que respeito, para museus brasileiros. A última doação foi para o Museu de Arte de Resende.

— *Eu não ligo para a má crítica a meus livros. Pouco importa. E você, Scliar?*

— Penso que alguém como eu e você teima em realizar seu trabalho nas circunstâncias em que intelectuais e artistas são marginalizados. A gente acaba sobrevivendo, pois a crítica a que você se refere é parte desse processo que tempera quem tem algo a dizer.

Fatos & Fotos: Gente, nº 813, 21 de março de 1977[146]

---

[146] Esta última versão combina a entrevista de *Manchete* com a crônica "Scliar em Cabo Frio", publicada no *Jornal do Brasil* em 28 de outubro de 1972.

ABRAHAM AKERMAN

É um médico que adora enfrentar problemas graves. Principalmente os que relacionam com a sua própria condição profissional. Sobre o exercício da medicina, vale a pena ouvi-lo. Ele é genial.

A figura singular do Dr. Abraham Akerman sempre atraiu a minha curiosidade.[147] Segundo o que sei dele, é um médico que adora enfrentar os casos difíceis. E provavelmente sabe que é genial. Onde há graves problemas neurológicos, o seu nome aparece. Ele é um dos neurologistas mais conceituados, não apenas na América do Sul, mas também nos Estados Unidos e na Europa. Com os amigos, é inesperado, imprevisto, esfuziante. Tem tantas ideias que mal consegue exprimi-las: as palavras lhe saem apressadas, às vezes incompreensíveis. É mais do que um grande médico: conhece profundamente literatura nacional e estrangeira. Entende de pintura. Ouve o seu Mozart de madrugada. Enfim, gosta de tudo do que é arte. Principalmente, de medicina. Porque medicina, para ele, é arte. E isso explica a atividade desse homem diferente dos outros.

"Aluno que não ultrapassa o mestre" – disse-me ele – "não é bom aluno."

Tem bom humor, diz na hora certa a palavra certa, é brasileiro apaixonado, e até malandro ele é.

"Quem não gosta do Brasil é burro", disse ele, e seus olhos se multiplicam em 10 mil olhos argutos.

Recebeu-me em sua casa e verifiquei que, como eu, ele anda descalço.

"Quando eu tinha 10 anos de idade, meu pai levou-me a um coronel para me matricular no Colégio Militar. Chorei tanto que molhei as calças. O coronel e meu pai ficaram impressionados e desistiram da matrícula."

Hoje, se tivesse seguido a carreira militar, Akerman seria provavelmente um marechal porque ele é grande em tudo.

"Trabalho ativamente de graça na Santa Casa de Misericórdia do Rio de Janeiro. Lá eu explico a meu chefe de clínica como tratar os doentes."

---

[147] No mês em que passou a escrever crônicas para o *Jornal do Brasil* (30 de setembro de 1967), Clarice publica "Para os ricos que também são bons" relatando um encontro com Dr. Akerman. Ele quer solicitar doações particulares para comprar aparelhos médicos. Clarice comenta que imaginava que o neurologista pedira para encontrá-la para dar uma entrevista "sobre o homem e a mulher", ou até neurologia. Não foi, mas ela calcula que "o que conversamos daria uma entrevista interessantíssima".

(Também sei disso: e o faz com bom-humor contando piadas ótimas, segundo fui informada. Sem deixar de ser altamente sério.)

"Vivo viajando. Chamam-me quando há um caso complicado. Os meus títulos? Os mais altos: Master of the American Neurological Association, professor efetivo da Universidade de Medicina de Nova York, membro correspondente das sociedades neurológicas alemã, tcheca, húngara, polonesa, australiana etc., num total de mais de setenta títulos."

Mas é um homem simples, que dorme pouco, adora comer bem, conversa de igual para igual com o garçom. Trata-se de um delicado.

"Sei que sou combatido pela Associação Médica e suas sucursais, pelos sindicatos médicos, pela Sociedade de Medicina e Cirurgia do Rio de Janeiro e pelos magnatas das casas de saúde, que são verdadeiros hotéis de terceira classe pela má alimentação e ineficiente serviço médico. Esses médicos são miseravelmente pagos e atendidos por ajudantes ainda mais miseráveis."

No seu discurso de posse da Santa Casa, disse: "Pouco me importa que me chamem de 'Grande Médico'. Pois, como dizia Oscar Wilde, quando sou muito aplaudido, estou certamente fazendo alguma coisa errada..."

Diz ainda: "A assistência médica no Brasil está dezenas de anos atrasada em relação a outros países. De um lado, os programas do Ministério da Saúde não são adequados à realidade nacional. Do outro lado, os grandes grupos de *magnatas da medicina* – as empresas hospitalares e os poderosos laboratórios estrangeiros – defendem a manutenção do estado atual, que assegura-lhes lucros mais fáceis e constantes." Logo no início de nossa conversa, o professor foi exclamando: "Eu não respondo, eu corrijo." E declarou:

"Jesus Cristo é velho? Hipócrates é velho? Eles permanecem muito mais atualizados e modernos do que homens que vivem hoje e não produzem nada de grandioso. Quanto a médicos, não existe a chamada *classe médica*: isto é uma ficção. Há médico pobre, médico rico, médico patrão, médico que às vezes pertence à diretoria médica. Direi como nos Estados Unidos: *politicians* (ou como se diz no Brasil: puxa-sacos) são os que vivem cortejando as autoridades e obtendo cargos nas sociedades médicas ou no governo. Basta lembrar que um desses presidentes, que escreve todas as semanas um artigo e todo mês um editorial, não exerce a função médica."

Há três pontos básicos na personalidade de Akerman: a) seu amor pelo Brasil ("Só podemos almejar o reconhecimento internacional a partir do momento em que formos profundamente brasileiros"); b) o seu amor ao trabalho e disposição para enfrentar obstáculos ("O Brasil precisa perder a mania de que é filho de fazendeiro"); e c) a sua visão prática das coisas: "Gastamos milhões em pesquisas que terão pouca ou nenhuma aplicação no Brasil. Deixemos isso para as grandes potências e nos dediquemos a estudar a fome, a falta de proteínas, problemas que nos afligem no dia a dia. Vou contar uma coisa: há tempos um paciente de Brasília me procurou em busca de orientação, pois vinha sendo tratado, sem nenhum êxito, por um médico de lá. Ao tomar conhecimento do remédio que lhe haviam dado, compreendi tudo. O medicamento ainda estava em experimentação nos Estados Unidos, tendo sido aplicados no máximo três frascos. O doente brasileiro tinha tomado doze, o que lhe valeu uma grande anemia. Ora, para que um médico possa dizer que um remédio age é preciso que ele tenha um grande laboratório experimental. Na realidade, nós não temos de nenhum modo laboratórios aptos a fazerem exames de certos hormônios, de determinadas substâncias, como já verifiquei nas grandes capitais do país: São Paulo, Rio de Janeiro, Salvador, Porto Alegre e Recife. Só em mínimos casos os laboratórios de São Paulo estão aptos."

– O que fazer então?

– Esses laboratórios só poderão ser instalados com a vinda ao Brasil de professores estrangeiros especializados que prepararão a nossa gente.

E citou casos de renomados cientistas internacionais que aqui estiveram, muitas vezes mendigando empregos e nada conseguindo.

"Em países mais desenvolvidos acontece o contrário. Quando visitei, certa vez, o Laboratório de Anatomia da Universidade de Colúmbia, encontrei dois americanos e seis estrangeiros. Se os Estados Unidos fazem isso, por que nós, que não temos grandes anatomistas ou nem mesmo anatomistas, podemos desprezar a vinda de estrangeiros?"

– Qual a emoção mais forte de sua vida?

– O nascimento de minha filha Zeldi, que hoje é uma síntese perfeita da arte. Ela faz também tapeçaria, deixando por um tempo o desenho, a gravura e a pintura. Diz: eu pinto com lã o que sinto ao Brasil bem brasileiro.

Falamos também, por acaso, em dinheiro.

– O que pensa você da grande riqueza?

– Todos os mais independentes grandes artistas tiveram mecenas em todas as épocas. Eu pouco teria feito de extraordinário se após 12 anos de ausência na Europa, onde fiz meu aprendizado universitário, não os tivesse. Devo também muito à minha mulher, sempre firme. Bertrand Russell[148] já disse que aqueles que consideram a riqueza como "gol de chegada" serão infelizes. O dinheiro é apenas para evitar a miséria, proteger os filhos, a mulher amada, ajudar um amigo e garantir uma velhice ameaçada pelo abandono e pela pobreza.

Já que ele é tão brasileiro, perguntei-lhe o que pensa do Brasil.

"Meu mestre João Ribeiro ensinou-me, quando eu era adolescente, a importância do destino geográfico no desenvolvimento das grandes nações.

---

[148] Filósofo e intelectual britânico.

Dizia o professor sergipano que cinco nações têm grande futuro no destino geográfico, os Estados Unidos da América do Norte, o Canadá, a Rússia, a China e o Brasil. O Brasil está apenas tardando em relação aos outros líderes do mundo."

Sobre amor e morte, e medo de morrer:

"Meu querido pai era desde jovem spinozista. Como você deve saber, Spinoza era um jovem filósofo que vivia em Amsterdã e foi excomungado publicamente pela sinagoga. Minha filosofia é a dele. Quero, além disso, declarar que existem na realidade três minorias oprimidas: o negro, o judeu e a mulher."

Fatos & Fotos: Gente, nº 814, 28 de março de 1977

ABRAHAM AKERMAN (1908-1985)

Estudou neurologia na Faculdade de Ciências da Universidade de Paris com o influente Théophile Alajouanine, discípulo direto de Charcot, "o pai da neurologia". Obteve seu doutorado com uma tese sobre brucelose em 1933, ano em que retornou ao Rio de Janeiro.

Em 1956, o Dr. Akerman fundou a Escola de Neurologia da Santa Casa de Misericórdia do Rio de Janeiro, principal centro difusor dos estudos sobre neurologia no Brasil. Foi também presidente da Liga Brasileira de Epilepsia (1964-1972), e desenvolveu o conceito de Mão Instável Atáxica de Alajouanine-
-Akerman, fundamental para o diagnóstico da esclerose sistêmica progressiva.

IBERÊ CAMARGO (II)

O papo que você sempre quis ler entre um escritor (difícil) e um pintor (caladão) está nesta entrevista.

– Criar um quadro é criar um mundo novo – disse-me o pintor Iberê Camargo. É um homem alto, um pouco curvo, olhar de grande mansidão, pele morena, ar ascético de monge: Iberê Camargo, um dos nossos grandes pintores. Fala pouco, apenas o necessário.

– Nós, os artistas e escritores, sempre falamos da problemática da própria arte. Deixamos de lado a vida do homem comum. E daí somos considerados, pelos práticos, alienados, *poetas*, vivendo na Lua. Da nossa arte é que não devemos falar, pois ela se define por si mesma. O pintor nada tem a acrescentar ao quadro que pintou, e o escritor ao livro que escreveu.

– *Você também pinta retratos?*

– Não, porque não estou preocupado com essa definição. (Vi um retrato lindíssimo dele pendurado na parede.)

– *Nunca passou por fase figurativa?*

– Passei, sim. Comecei pintando paisagens, figuras e naturezas-mortas, até chegar à abstração. (Vi um quadro abstrato dele, cujas cores são extremamente vibrantes.)

– *Como é que você reage diante de uma tela branca?*

Refletiu um instante. Afinal disse:

– A tela em branco é um desafio. Sinto a necessidade de fecundá-la.

– *Custa dar o primeiro traço?*

– Eu me aproximo da tela com o ímpeto do amante e com a certeza de um pistoleiro. Quando o impulso é criador, quando é autêntico, a mão do pintor não tem dificuldade em ferir a tela.

– *Quando você acaba de pintar um quadro sente euforia ou depressão? Porque quando eu termino um livro, sinto-me vazia.*

– É natural, a mãe sempre se esvazia quando dá à luz uma criança. Isto também acontece comigo. Quanto ao estado de depressão ou de euforia, penso ser uma condição do homem: é a luz e a sombra da vida.

– *E como é que você sai da depressão?*

– Dizem que a gente não pode sair do poço puxando-se pelos próprios cabelos. Acontece, porém, que o poço, quando cheio demais, transborda, e aí o indivíduo é automaticamente projetado para fora. (Ele está com o poço transbordando.)

– *Você vive exclusivamente de pintar?*

— Vivo, sim. Vivo da pintura e para a pintura.

— *Vive em paz consigo mesmo?*

— Vivo em paz, sim. Mas sustento uma ímpia e injusta guerra com o ministro Simonsen, que teima em considerar supérflua a minha arte taxando pesadamente o material importado para os artistas plásticos. Por este caminho talvez o Brasil se torne rico, mas ignorante.

— *Você antes tinha uma pintura triste e agora é vibrante, eu chamaria de alegre. Por quê?*

— Nem triste nem alegre. A minha pintura é tensa e dramática.

— *Você é religioso?*

— Acho que sou um pouco místico e sensual.

— *Como você mistura estas duas sensações?*

— Elas nasceram juntas. A sensualidade e o misticismo estão sempre entrelaçados na vida e na arte.

— *Se você não fosse pintor, quereria ser o quê?*

— Ah, eu gostaria de ser escritor.

— *Sobre o que você escreveria?*

— Eu, que sou uma ilha de sofrimento, certamente falaria da dor e da injustiça que se pretende institucionalizar no mundo.

— *Que conselho você dá a pintores principiantes?*

— Que não corram atrás do sucesso. É preciso aprender a viver na sombra. O sucesso é que deve vir até o pintor, cedo ou tarde. Para o verdadeiro artista, o sucesso pouco importa.

— *Iberê, por que é que você pinta?*

— Sabe que essa pergunta já me foi feita no questionário da Editora Vozes? Dei a seguinte resposta: só poderia responder por que é que pinto quando tiver descoberto o que eu sou como ser.

— *Qual o processo criador de um pintor versus o processo criador de um escritor em prosa ou poesia?*

— Suponho, Clarice, que a diferença que existe esteja apenas na diferença de elementos. O pintor usa a cor, a tinta, a linha. O escritor usa a frase. Mas o impulso criador deve ser o mesmo.

— *Você acredita na inspiração?*

— Acredito, Clarice. A inspiração não é uma voz que nos fala ao ouvido, mas o resultado de uma gestação interior. Verifico, na minha experiência de pintor, que há um momento de graça no ato criador. Neste instante, tudo flui sem tropeços.

Fatos & Fotos: Gente, n° 817, 18 de abril de 1977[149]

---

[149] A entrevista começa e acaba com material extraído da primeira versão, publicada na *Manchete*.

JECE VALADÃO

Jece Valadão é mais bonito ao vivo do que nos filmes. Segundo Clarice Lispector.

"A meu ver", disse-me Jece Valadão, "Ângela Diniz era uma suicida em potencial que viveu toda a sua vida buscando alguém que fizesse o que ela não tinha coragem de fazer. Doca é um aventureiro, o último dos românticos."[150]

Essa é a opinião de quem está fazendo um filme sobre o fato policial ocorrido entre Ângela e Doca, personagens, sem dúvida, que eram e continuam fascinantes.[151] A meu ver, porém, a versão do crime é outra. Ângela sustentava Doca, que vivia de champanhe e caviar e, quando quis mudar de vida, recebeu três tiros na cara. Mas minha opinião não está aqui em jogo. E é claro que um filme vende mais se Doca for transformado num romântico.

Como se vê, eu estava entrevistando Jece Valadão. Confesso que tive vago receio de entrevistá-lo. Receio infantil, de ser ele capaz de ser mesmo bandido, como nos filmes em que trabalha. Em vez disso, encontrei um homem tranquilo num apartamento em Ipanema, provavelmente um estúdio, pois estava cheio de gente, cadeiras, câmaras, tecidos e nem sei mais o quê. Era uma balbúrdia de quem está se preparando para filmar. Mas as vozes não se elevavam – acho que por influência da calma de Jece. É um homem tranquilo, perfeitamente controlado. É muito mais bonito e atraente do que aparece nas fotografias e filmes. Tratou-me com uma delicadeza simples e sabe ter um leve sorriso, quando é preciso.

– Jece, *o que levou você ao cinema?*

– Acho que já nasci cineasta, uma vez que, desde pequeno, ainda no interior onde nasci, já brincava de cinema e sonhava ser um dia um ator, diretor ou qualquer coisa que me ligasse ao mundo encantado do cinema.

– E hoje? *O que significa o cinema para você?*

– Hoje, para mim, cinema é oxigênio, sem o qual não consigo respirar.

(Qual é o meu oxigênio? – pergunto-me eu e a resposta é um silêncio desolador.)

---

[150] Ângela Diniz foi uma socialite, também conhecida como "A Pantera de Minas", assassinada por seu amante, o empresário e playboy Doca Street, em 30 de dezembro de 1976 após uma relação curta, mas turbulenta. O caso e o processo de Street provocaram grande interesse na mídia, que debatia a culpabilidade da vítima e a possibilidade de Street ter matado "por amor". Houve grandes protestos feministas contra o julgamento, a violência doméstica e o feminicídio. O caso também inspirou uma minissérie da Globo (1982), um podcast (2020) e o filme *Ângela* (2023).

[151] O filme dirigido por Valadão é *Os amores da pantera* (1977).

— Você é uma pessoa interessada em problemas sociais, enfocando sempre o lado marginal de nossa vida?

— Concordo e me defendo. Acho que o cinema tem como uma de suas principais funções informar e denunciar aquilo que está errado entre nós. O lado bom da vida não necessita de denúncia.

Contando com este *Os amores da pantera*, soma 46 o total de filmes que ele produziu. Perguntei-lhe então o que achava de Joaquim Pedro [de Andrade], que eu considero grande. Respondeu-me:

— Acho um dos melhores diretores do Brasil e está entre os bons do mundo.

Fiz uma pergunta à qual todos se negam a responder ou respondem com evasivas:

— *Cinema dá dinheiro?*

— Para mim sempre deu. E espero que continue dando.

— *Fale-me de sua experiência como ator.*

— Detesto ser ator. O que gosto mesmo é estar atrás das câmeras. Como ator já satisfiz todas as minhas vaidades e vicissitudes.

— *A chanchada é um meio de vida ou estado de espírito?*

(Por mim, é um meio de ganhar dinheiro explorando os sentimentos chamados baixos do povo.)

Respondeu evasivamente:

— A chanchada representou uma fase do cinema brasileiro, por sinal muito importante.

Fiz-lhe uma pergunta delicada, perigosa:

— *Eu acho você um perfeito cavalheiro. Mas há quem ache você um cafajeste, outros um artista sério. Qual é a verdade?*

— Quem sabe a verdade? Por acaso ela existe ou é apenas o resultado de uma interpretação de cada um?

— *Você é dado a fossas? E como sai delas?*

— Nunca entro em fossas, sempre dou a volta por cima. Por isso não conheço nenhuma fórmula de sair delas.

(Pensei: mas "dar a volta por cima" não é exatamente um bom meio de sair delas?)

— *Dizem por aí que você é sócio de Silvio Santos. É verdade?*

— Quem me dera!, sorriu ele.

— *Antes de fazer cinema, o que você fazia?*

— Absolutamente nada. Pois qualquer coisa que eu tenha feito é nada!

É o que ele pensa – refleti eu –, mas na verdade deve ter acumulado grande experiência de vida, que lhe serviu de base para a sua profissão.

Fatos & Fotos: Gente, nº 818, 25 de abril de 1977

JECE VALADÃO (1930-2006)

Seu nome real era Gecy Valadão, e ele estreou no teatro, na década de 1940, destacando-se nas montagens de peças de Nelson Rodrigues, como *Perdoa-me por me traíres* e *Os sete gatinhos*. Atuou também na TV, em telenovelas entre 1959 e 2006, mas seu território criativo foi mesmo o cinema, onde se destacou não apenas como ator, mas também como diretor e produtor, estando envolvido de uma forma ou de outra na realização de mais de uma centena de filmes.

Estrelou *Rio, 40 graus*, de Nelson Pereira dos Santos (considerado o marco inaugural do Cinema Novo), e *Os cafajestes*, de Ruy Guerra, entre outras obras de diretores de renome. Porém não hesitou em transitar pela pornochanchada e produções de gosto discutível, nas quais interpretava de modo geral personagens machões e cafajestes. Em 2001 surpreendeu a todos com o documentário autobiográfico *O evangelho segundo Jece Valadão*, no qual revelava como havia sido salvo por Jesus Cristo e se tornado pastor evangélico.

PADRE QUEVEDO

Provocado por Clarice Lispector, o parapsicólogo padre Quevedo afirma que não há milagre fora de Deus. Mas, afinal, o que é milagre?

Para mim, a ideia de entrevistar um padre pareceu-me coisa difícil. Mas logo concluí que, atualmente, os padres, em sua maioria, se encontram a par dos problemas do nosso tempo. E como! Portanto, lá me fui rumo ao Retiro dos Padres, nos arredores de uma das favelas mais populosas e famosas do Rio, a dramática Rocinha, no topo da Gávea. No Retiro dos Padres até eu gostaria de me retirar: o silêncio é tão grande, tão cheio de natureza muda que pelo menos me curaria da poluição sonora.

Esperei cerca de uma hora e meia porque o padre Quevedo estava numa reunião. Afinal apareceu pedindo desculpas pelo atraso involuntário. O padre parece forte, ar franco e simpático. Pergunto-lhe como chegara a se interessar pela parapsicologia.

- Eu tinha 12 anos quando fui levado a me interessar pelo espiritismo e pela magia. Quanto ao espiritismo, meu interesse maior se relacionava com a sua fenomenologia. Quanto à doutrina, não me parecia lógica a interpretação espírita dos fenômenos quando se tratava de pura mágica. Posteriormente meu interesse cresceu e completou-se com o estudo dessa ciência na universidade.

– *Até que ponto a parapsicologia pode ser considerada uma ciência?*

– Foi reconhecida como ciência universitária em 1953, no Congresso Internacional da Universidade Real de Utrecht, Holanda. Desde 1934 fazem-se pesquisas em laboratórios universitários. Em 1882 já se fundavam centros de pesquisa sob a responsabilidade dos professores universitários. Em 1970, a Unesco e a Sociedade Internacional de Parapsicologia a reconheceram como a ciência mais humana dentre as outras.

– *Por favor, descreva um fenômeno parapsicológico.*

– O fenômeno parapsicológico mais frequentemente observado é o popularmente chamado de telepatia. Existem, realmente, fenômenos de adivinhação sensorial ou hiperestesia indireta do pensamento pela qual o inconsciente capta os pensamentos das pessoas que estão perto. Acontece, por exemplo, que dois amigos dizem ao mesmo tempo a mesma frase. A adivinhação extrassensorial conhece inconscientemente tudo o que acontece no nosso globo, no passado, presente ou futuro, numa margem de dois séculos. E assim uma mulher pode perceber, de repente, o acidente automobilístico que só vai acontecer a seu amigo daqui a dez anos.

– *Qual é a posição da Igreja Católica diante dos fenômenos parapsicológicos?*

– A Igreja trata propriamente de doutrina religiosa. O estudo dos fenômenos observáveis no nosso mundo pertence à ciência, embora a parapsicologia tenha muito relacionamento indireto com a religião, já que os fenômenos parapsicológicos têm sido atribuídos a diversas entidades do além, como mortos, Deus, larvas astrais etc. Na realidade só há milagres divinos. Tudo o mais que é perceptível, observável, atribuído ao *além* é, na verdade, do *aquém*, do vivo inconsciente humano.

– *Pode-se aceitar a parapsicologia em qualquer religião?*

– Não. A parapsicologia universitária acaba com o espiritismo, o satanismo, a bruxaria, a feitiçaria, o esoterismo, o ocultismo, o teosofismo e todos os outros ismos que interpretaram erradamente os fenômenos parapsicológicos e sobre cada erro pretenderam construir uma religião ou filosofia religiosa.

– *Como teriam sido encarados os parapsicólogos há cem anos?*

– Ha cem anos, as interpretações cientificas de hoje teriam causado escândalos e, quanto aos parapsicólogos, teriam terminado na fogueira...

– *Há muitos mistificadores nessa nova ciência?*

– Lamentavelmente, muitíssimos mais do que cientistas. Qualquer supersticioso, charlatão, curandeiro, médium, adivinho, Uri Geller[152] ou Arigó[153] se apresenta como parapsicólogo dominando as faculdades parapsicológicas. O parapsicólogo é um cientista universitário, da mesma forma que o médico não é curandeiro. Além do mais, as faculdades parapsicológicas são espontâneas e incontroláveis. Se os adivinhos adivinhassem mesmo, como afiançam, ganhariam na loteria esportiva, não haveria segredos militares nem precisaríamos de detetives.

– *Agora vou lhe fazer uma pergunta delicada (ou atrevida): alguns dos fenômenos ocorridos entre os santos da Igreja Católica podem ser pura parapsicologia?*

– Claro. Por exemplo, as vozes que Joana D'Arc ouvia. Mas uma coisa é, por exemplo, a cura de uma paralisia funcional e a ressurreição de um morto. É natural a levitação a dois ou cinco metros, mas seria milagre uma ascensão por cima das nuvens etc.

---

[152] Uri Geller nasceu em Israel em 1946, mas obteve a nacionalidade britânica. Foi mundialmente famoso nos anos 1970 por seus supostos poderes paranormais, como dobrar colheres. Foi um dos convidados ao Primeiro Congresso Mundial de Bruxaria, na Colômbia, em 1975, como Clarice, que apresentou o seu conto "O ovo e a galinha".
[153] José Pedro de Freitas (1921-1971), mais conhecido como Zé Arigó, foi um médium brasileiro que fazia cirurgia psíquica incorporando, segundo ele, um médico alemão chamado Dr. Fritz. Obteve fama nacional e internacional, mas foi muito perseguido pelas autoridades sob alegação de exercício ilegal da medicina.

Interrompo por um instante a entrevista para dizer que, do interior do branco e vasto edifício do Retiro dos Padres, ouvi de repente belíssimas vozes humanas em canto gregoriano. Arrepiei-me toda: não sou católica, sou apenas sensível.

– *A parapsicologia pode curar?*

– De muitos modos, mas atualmente só teóricos. Para o médico compreender o poder do psiquismo sobre o organismo, o filósofo saber quem é o homem, e até para o teólogo diferenciar o verdadeiro do falso milagre e para não atribuir ao demônio o que é simplesmente uma faculdade humana maravilhosa, embora espontânea e incomum, é preciso controlar estas faculdades. O controle não é fácil e não depende do que se quer. Por exemplo, adivinhar onde estão os sequestradores de Carlinhos.[154]

– *As faculdades parapsicológicas são incontroláveis?*

– Sim. As faculdades parapsicológicas são incontroláveis. O parapsicólogo oferece dados que podem orientar as técnicas psicológicas e médicas, mas não se cura por parapsicologia. O curandeiro alguma vez poderá servir de catalisador para alguma cura espontânea parapsicológica, mas há grande perigo de que só seja sugestão o que "cura" o sintoma, deixando intacta a doença, que seguirá avançando sem dor até a morte.

– *Até que ponto a parapsicologia prova a existência de Deus?*

– Indiretamente, ao comprovar que certos fenômenos de nosso mundo histórico, bem analisados, superam nitidamente as faculdades parapsicológicas de todos os tempos e povos. Comprova que tais milagres só acontecem em ambiente religioso divino, não espírita, demonológico etc. Portanto, deduz-se, o autor será Deus. Verificar e analisar estes fatos pertencem primordialmente à ciência e concretamente à parapsicologia.

– *O fenômeno parapsicológico está ao alcance de todos ou só de alguns privilegiados?*

– Os fenômenos parapsicológicos não devem ser fomentados, senão curados. Porque surgem do inconsciente, mas o consciente pensa que vêm dele, daí a necessidade de atribuí-los a entidades do além etc. Além do mais, há o perigo de se perder a autodeterminação consciente e ficarmos autômatos inconscientes: divide-se a personalidade, estragam-se os nervos etc. O fomento destas faculdades é o responsável por ser o Brasil (inclusive mais do que a Índia) o país com mais doenças mentais no mundo.

– *Pode-se controlar o fenômeno parapsicológico?*

– Não podem ser controlados *quando* se quer, nem o tipo de fenômeno *que* se

---

[154] O sequestro misterioso do menino de 10 anos Carlos Ramires da Costa, em agosto de 1973, nunca foi solucionado. Na imprensa debateu-se fervorosamente os possíveis acontecimentos. Em 26 de março de 1977, o inquérito policial foi aberto oficialmente.

quer, e *nem* na direção que se quer senão, como eu disse, já teriam adivinhado onde estão os sequestradores de Carlinhos. Mas pode-se entrar em transe, tomar ácido lisérgico, auto-hipnotizar-se, letargizar-se, ficar extremamente nervoso etc. – e essas circunstâncias são mais aptas a provocar verdadeiros ou falsos fenômenos.

– *Eu, uma simples mulher, poderia provocar estados parapsicológicos?*

– Como qualquer pessoa, eventualmente.

Fatos & Fotos: *Gente*, nº 819, 2 de maio de 1977

PADRE QUEVEDO (1930-2019)

Oscar González-Quevedo Bruzón foi um jesuíta espanhol naturalizado brasileiro que foi professor de parapsicologia do Centro Universitário Salesiano e do Centro Latino-Americano de Parapsicologia (ambos situados na capital paulista).

Autor de 17 livros, padre Quevedo possuía rara inteligência, tinha cinco diplomas universitários e era fluente em oito idiomas, entre os quais latim, grego e aramaico. Não tinha, no entanto, o temperamento discreto dos acadêmicos, arvorou-se em desmascarador de famosos paranormais, como Thomas Green Morton e Uri Geller. Suas numerosas aparições televisivas culminaram com a criação de um quadro no programa *Fantástico*, da TV Globo: "Padre Quevedo: O Caçador de Enigmas".

FERREIRA GULLAR

De volta para o Brasil,[155] o poeta Ferreira Gullar encontra os cariocas mais agitados, mais apressados, como se não soubessem o que vai acontecer no minuto seguinte.

Sou fervente admiradora de Ferreira Gullar desde os tempos de A *luta corporal* [1954] até esse escandalosamente belíssimo *Poema sujo* [1976]. Nossos mútuos contatos se fizeram no tempo da primeira revista *Senhor*, para a qual nós dois escrevíamos. Mas eu tinha um pouco de medo dele, parecia-me que, com seu extraordinário poder verbal, eu seria aniquilada. Éramos um pouco distantes um do outro, e eu desconfiava que ele rejeitava a minha "literatura". Mas o que fazer? Nada, senão continuar a gostar do que ele escrevia e escreve. Nesta entrevista, ele me assegurou que a desconfiança antiga era errada. Aleluia! Ele esteve em minha casa. Verifiquei que, praticamente, não mudou, tem o rosto como que talhado em madeira. Madeira sensível, madeira de lei. É pessoa extremamente simpática e com ar de bondade.

– *Há quanto tempo você não vinha ao Brasil?*

– Há cinco anos e oito meses. Voltei no dia 10 de março deste ano.

– *Que diferenças você notou entre o Rio de antes e o de agora?*

– O de hoje me parece mais frenético do que o de antes. É uma impressão um tanto subjetiva, de uma pessoa que apenas acaba de chegar. Sinto isso no comportamento das pessoas e no próprio aspecto da cidade, que parece mais um canteiro de obras. As pessoas estão mais agitadas, mais apressadas – como se não soubessem o que vai acontecer no minuto seguinte. Não há um ponto da cidade aonde eu chegue e não veja buracos, terra e pedras, tudo amontoado e, às vezes, como se ali estivesse para sempre. Outra coisa que noto também é o distanciamento maior entre as classes sociais. Eu, que não tenho carro e que ando de ônibus, percebo que os usuários desses veículos são quase exclusivamente pessoas muito modestas. As outras devem estar no seu próprio carro. É uma sensação um pouco parecida com a que eu sentia em Lima, no Peru, onde o contraste social é enorme.

– *O mesmo eu senti na Colômbia, Gullar, onde havia multimilionários e*

---

[155] Membro da Academia Brasileira de Letras, Ferreira Gullar tinha como nome de batismo José Ribamar Ferreira (1930-2016), foi exilado pela ditadura militar, por ser comunista militante, tendo vivido na Rússia, na Argentina e no Chile.

o resto era completamente abandonado por todos, inclusive pelo governo. Lá a miséria é maior do que no Brasil porque, com o frio, tudo piora.

– É claro, o clima do Brasil é uma das sortes nossas, Clarice.

– *Você tem reencontrado aqui os seus grandes amigos?*

– Claro, e esta é uma das grandes alegrias da volta. Mas alguns desapareceram para sempre, como Léo Vitor,[156] o Vianinha[157] e Paulo Pontes.

– *Você já foi ao Maranhão depois que voltou?*

– Não, no momento não tenho condições para ver minha terra natal. Aqui me aguardavam problemas muito graves de família que exigem solução urgente e minha total dedicação. Mas, assim que eu puder, irei a São Luís para rever minha mãe, meus irmãos e minha cidade.

– *Olhe, Gullar, no* Poema sujo *você me fez sentir uma criança diante de uma selva ou de um altíssimo monumento. E quando você falou em "noites envenenadas de jasmim" – pois bem, senti-me de volta a Recife, que é a minha terra.*

– É, suponho que o jasmim é algo muito forte. Assim o senti em Valparaíso, quando tomei um susto em relação ao intenso perfume dessa flor. Também então eu fui transportado de novo à minha cidade e infância. Em Lima, perto da casa onde morava, havia um muro, de onde se debruçava um jasmineiro.

– *Em que cidades você morou durante seu tempo de exílio?*

– A maior parte do tempo na América Latina, mas estive também em Paris e Roma. Depois morei em Santiago do Chile, Lima e Buenos Aires.

– *Como é que você se sustentava nesses lugares?*

– Como a maior parte do tempo eu vivi sem a família, não necessitava de muito dinheiro para me manter. Escrevi para revistas brasileiras e dei aulas de português. Eventualmente, fazia palestras sobre arte e literatura brasileiras.

– *Você encontrou aqui, na sua volta, facilidade de arranjar um bom emprego?*

– Durante todo o tempo de minha ausência, me mantive profissionalmente vinculado ao jornal O *Estado de S. Paulo*, onde eu fora redator desde 1962. Ao voltar, o diretor da sucursal do *Estado*, [Luiz Antonio] Villas Boas [Corrêa], que me recebeu no aeroporto, foi logo dizendo: "Como é? Amanhã você já estará na redação." Bem, no dia seguinte não, mas na semana seguinte recomecei a trabalhar.

– *Qual a sua função no Estadão?*

– Sou copidesque, isto é, reescrevo o que os outros escrevem.

– *Marques Rebelo me disse uma vez que reescrever era mais simples que escrever. Quanto a mim, Gullar, eu discordo, pois minhas frases já vêm prontas.*

---

[156] Repórter teatral, contista e dramaturgo, nascido em Florianópolis em 1926 e falecido no Rio de Janeiro em 1974.
[157] Oduvaldo Vianna Filho (1936-1974) foi um dramaturgo, ator, roteirista e diretor de teatro, e comunista militante.

Em você, como se processa o ato criador? Você reescreve?

— Não, só me sento para escrever quando sinto que a coisa está praticamente pronta dentro de mim. Depois que escrevo, faço, como você, eventualmente algumas emendas, mas é só.

— *Gullar, vou lhe fazer uma pergunta muito difícil que eu mesma não saberia como responder. É o seguinte: como nasce, em você, o poema, a palavra escrita?*

— Em mim o poema quase sempre é provocado por um choque emocional qualquer. Por exemplo, quando escrevi o poema sobre o Vietnã,[158] a coisa se deu do seguinte modo: eu acordei, comecei a ler o jornal com suas tremendas notícias sobre a guerra. À porta de minha casa havia uma feira. Quando vi aquelas pessoas se dirigindo para as suas casas com as cestas carregadas de verduras e frutas, deu-se o choque. Eu pensei: se fosse no Vietnã aquela senhora poderia encontrar a sua casa em chamas. Eu próprio havia marcado para sair de férias um mês depois. Pensei: num país em guerra deve ser impossível planejar a vida, marcar férias, ir ao cinema, tudo pode ser desfeito de um momento para o outro. É a insegurança total. O choque emocional já por si provoca as palavras, eu em geral não me preocupo em escolhê-las, elas jorram.

— *Glauber Rocha disse que o Poema sujo é o ponto culminante do concretismo. Qual é a sua opinião?*

— O *Poema sujo* não tem nada a ver com o concretismo. Eu mesmo nunca fiz concretismo, já que meus poemas, naquela época, destoavam da concepção ortodoxa dos paulistas que lançaram o movimento. As coisas que escrevia, então, davam continuidade à minha própria experiência, em que já havia a utilização dos elementos visuais. O *Poema sujo* incorpora toda a minha experiência formal e, no aspecto gráfico, se liga ao neoconcretismo. Conversando posteriormente com Glauber, soube que ele nessa frase, usando a expressão *concretismo*, incluía a poesia *neoconcreta*.

— *Sua poesia passou por sucessivas etapas, verdadeiras rupturas com as fases anteriores, e há quem diga que seu último poema rompe com tudo o que você fez antes. Como explica isso?*

— As rupturas são aparentes, ou melhor, de superfície. Sempre fiz literatura como um modo de entender a vida e a mim mesmo. A vida muda, eu mudo, as formas de expressão refletem essas mudanças. O *Poema sujo* rompe com certa rigidez a que a própria prática de escrever vai submetendo o escritor; este poema é mais livre, é sobretudo um reencontro comigo mesmo.

— *O Poema sujo é um poema de exílio?*

— Não somente. Acredito que a condição de exilado penetra todo o poema e deve ter sido uma de suas motivações. Mas creio que o poema vai além disso – ele é uma tentativa de dizer tudo como se depois dele eu fosse morrer. O que ele significa exatamente, eu não sei.

---

[158] *Por você, por mim: No Vietnã* (1968).

– Você está escrevendo atualmente algum poema?

– Não. Em 1975 escrevi um curto poema sobre a arquitetura de Oscar Niemeyer. Mas é praticamente inédito, pois só foi publicado uma vez numa revista especializada de arquitetura.

– Ah, se você soubesse de cor esse poema desconhecido, nós, que gostamos tanto de você e de Oscar, ficaríamos muito contentes...

– Sei de cor, chama-se "Lições de arquitetura":

No ombro do planeta (em Caracas)

Oscar depositou para sempre uma ave uma flor

ele não faz de pedra nossas casas

faz de asas.

No coração de Argel sofrida

fez aterrissar uma tarde uma nave estelar

e linda

como ainda há de ser a vida

(Com seu traço futuro Oscar nos ensina que o sonho é popular)

Nos ensina a sonhar

mesmo se lidamos com matéria dura

o ferro o cimento a fome

da humana arquitetura

Nos ensina a viver

no que ele transfigura

no açúcar da pedra

no sonho do ovo

na argila da aurora

na pluma da neve

na alvura do novo

Oscar nos ensina

que a beleza é leve.

– É uma beleza, Gullar, digna de Oscar. E o que é que você gostaria de ter escrito e não escreveu?

– Um poema capaz de abarcar toda a história sofrida e obscura da gente brasileira.

Fatos & Fotos: Gente, nº 821, 16 de maio de 1977

FERREIRA GULLAR (1930-2016)

Seu nome de batismo é José Ribamar Ferreira e ele passou a infância e a adolescência em São Luís, sua cidade natal, antes de se transferir para o Rio de Janeiro onde, em 1959, publicou o *Manifesto neoconcreto*, movimento que capitaneou juntamente com Lygia Clark e Hélio Oiticica. Além de poeta e escritor, Gullar foi crítico de arte, memorialista, biógrafo da psiquiatra Nise da Silveira, e administrador cultural, tendo sido responsável pelo restabelecimento da Funarte (Fundação Nacional de Artes) - que havia sido extinta no governo Collor - em 1992, dirigindo a instituição até 1995.

Militante do Partido Comunista Brasileiro, Ferreira Gullar foi membro do Centro Popular de Cultura da União Nacional dos Estudantes (CPC) e um dos fundadores do Grupo Opinião. Preso e exilado, viveu na União Soviética, Argentina e no Chile, retornando ao Brasil em 1977, ocasião em que publicou *Poema sujo*, considerado por Vinicius de Moraes um dos livros de poesia mais importantes já escritos no Brasil. Membro da Academia Brasileira de Letras, foi consagrado com o Prêmio Camões em 2010.

MARIA BONOMI

Maria Bonomi, uma das nossas maiores gravadoras, revela a Clarice Lispector os segredos de sua arte, e da sua alma.

– Estou derrubando limites. É uma fuga para dentro, se você quiser. Dá medo, Clarice. É quase brincar com a morte – diz Maria Bonomi.

Ela é jovem, forte, vital, franca como um cavalo de fina raça de corrida. Na gravura, porém, ela é implícita. Isto é, não extravasa o intimismo de sua arte. Gosto de Maria, o que não é novidade, já que sou madrinha de seu filho Cássio. Maria, apesar de ser bem adulta e consciente de si própria e dos outros, tem um sorriso inocente de criança. Ela sabe se divertir... com as coisas e com o mundo.

– *Maria, o que a levou à gravura?*

– O que te levou à literatura, ou melhor, ou que te levou a escrever? Minha resposta é igual à que você daria. É aquela mania de ficar procurando como dizer melhor o que se precisa dizer.

– *Você alguma vez já pintou retrato?*

– Eu pintava muito retrato, muita paisagem, muito nu artístico, enfim, estava seguindo os conselhos de Lasar Segall (garota, ainda) e acompanhando o curso de Yolanda Mohalyi em São Paulo. Em 1952, participei de uma mostra coletiva no Museu de Arte de São Paulo com uma porção de guaches e aquarelas de naturezas mortas. Havia até o retrato de um galo de louça portuguesa. Desenhava, a carvão, corpos nus, bem acadêmicos com até sombras de claro-escuro. Fora isso, adorava paisagens de tudo que era jeito e lugar. O fundo do meu quintal foi quadro mil vezes e bem caprichado a óleo sobre tela e aquarela. Não fosse assim como tinha ousado com 11 anos de idade ilustrar, apenas para o meu consumo, o autor nem sabe disso, O *Cobra Norato* de Raul Bopp?

– *A quem você deve a aprendizagem da gravura?*

– Era aquela loucurada de ver tudo o que fosse exposição. Da Yolanda Mohalyi, fui trabalhar com Karl Plattner em pinturas de encáustica. Um belo dia entro numa exposição do Lívio Abramo. Foi aquela coisa. Vi algo que procurava há muito tempo. Sabe, eu pintava e desenhava, mas não era bem o que queria. Tanto assim que tenho uma porção de desenhos daquele tempo em que riscava ou *cavava* com uma ponta por cima de espaços pintados. Como consequência, rasgava o papel ou sulcava o cartão. Enfim, estava procurando, mesmo sem saber, um outro resultado, algo de luz vindo por trás da imagem, um efeito que estruturasse o espaço e não apenas o preenchesse. É difícil explicar, mas ao ver as gravuras de Lívio Abramo fiquei completamente alucinada. Era algo no plano da revelação. Abandonei todos os trabalhos e técnicas e fiquei no pé do Lívio um tempão para que me ensinasse a gravar. Foi duro. Ele achava que eu não tinha jeito e, após uma recusa inicial, diante da minha insistência, me deixou lixando madeira e afiando instrumentos por mais de dois meses. Pouco depois me colocou no linóleo. Ainda não merecia as árvores. E eu, doendo só de olhar ele trabalhando perto de mim. Fui olhando e a aprendizagem começou. O resto, você sabe. Com aquela bolsa, fui aos Estados Unidos (em Washington conheci você, lembra-se?) e trabalhei com um gravador alemão expressionista (Hans Muller) no curso de artes gráficas da Universidade de Colúmbia, além do chinês Seong Moy no Instituto Pratt. Este também me marcou muito, ele e o Lívio foram os que mais me formaram. Adja Yunkers, cujo ateliê eu frequentei em Nova York, também me marcou. Enfim, a gente é soma mesmo. Mais soma do que gostaria de ser.

– O que acha de Fayga Ostrower?

– Da Fayga tirei muito leite também. Aliás, ela é essencialmente uma mestra mesmo quando o contato não é de aluno-professor. Ela ensina gravura para a gente até subindo sentada a teu lado no bondinho de Santa Teresa. É assim que eu ia vê-la antigamente quando ela morava no fim da linha. Lá em cima, Fayga é gente e está acima do bem e do mal. Me assustam um pouco as certezas que ela tem. Aliás todas as pessoas que sabem das coisas e têm certezas me apavoram um pouco.

(Maria Bonomi, se você soubesse como eu sou incerta e assustada...)

Quando eu era mais moça – prossegue ela – queria crescer e, um dia, ser como Fayga. Ela fez a gravura certa no pior momento.

– *Você gosta de fazer cenários de teatro?*

– Clarice, gosto de tudo. E também de cenário de teatro, porque se sai para um espaço mais certo e envolvente. Porque é trabalho de equipe em cima de um conceito. Porque se pode chegar a uma enorme eloquência com o visual antes do dramático e do textual. O olho pode ver num segundo e abranger em poucos lances o que vai levar horas para ser dito ou representado. Quando digo que gosto de tudo, é porque no visual se comunica além da consciência. Você fala aos sentidos antes de falar à razão. Por isso, meu próximo passo em gravura serão uns enormes painéis de concreto que estou fazendo em fachadas ou saguões de prédios. São experiências com cinema, projeções e até alguns inventos. No momento, estou teoricamente empenhada em desviar um rio. É novo tipo de desenho que gostaria de operar na natureza, dedicando-o a uma certa pessoa que aguenta o meu cotidiano. É um sulco para um rio deixar de correr no seu leito e passar a correr dentro. Não deixa de ser uma forma de gravura. Saí da área dos inventos e passei aos territórios das pulsações. Isto está muito ligado à gravura, onde o impulso da mão no instrumento *informa* a imagem.

– *Por que você começou a imprimir com cores?*

– Devo confessar que a cor, para a minha gravura, demorou muito a surgir. Talvez porque abrandasse muito a linguagem gráfica mais pura. A cor me parecia algo a mais para a imagem final ganhar toda a força. Mais uma possibilidade incorporada à expressão. No entanto, até hoje, concebo as imagens sempre em branco e preto, ou em cheios e vazios, ou massa e luz, como você preferir. Só na fase final da imagem entro com a cor.

Fatos & Fotos: Gente, nº 826, 20 de junho de 1977[159]

---

[159] Numa crônica do *Jornal do Brasil*, "Carta sobre Maria Bonomi" (2 de outubro de 1971), Clarice elogia o trabalho de sua amiga, sobretudo a gravura *Águia*, de que pediu a matriz. Numa carta de Bonomi para Clarice (no arquivo da Casa de Rui Barbosa a artista responde às perguntas, dando o material para esta entrevista em *Fatos & Fotos*.

MARIA [Anna Olga Luísa] BONOMI
(Nascida em 1935)

Gravadora, pintora, escultora, figurinista, cenógrafa, muralista, curadora e professora. Realizou sua primeira exposição individual em São Paulo em 1956 e, após receber uma bolsa de estudos da Ingram Merrill Foundation, foi estudar no Instituto Pratt e na Universidade de Colúmbia, em Nova York. Foi durante esse período que ela fez amizade com Clarice, então residente em Washington, que acabaria por se tornar, anos mais tarde, madrinha de Cássio, filho de seu casamento com Antunes Filho.

Aluna e depois assistente de Lívio Abramo, Maria Bonomi fundou em parceria com ele o Estúdio Gravura, em São Paulo, em 1960. Em 1999 ela obteve seu doutorado pela Escola de Comunicações e Artes da Universidade de São Paulo com uma tese sobre Arte Pública. Bonomi era neta de Giuseppe Martinelli, construtor, em 1929, do primeiro arranha-céu da América Latina, o emblemático Edifício Martinelli.

RUBEM BRAGA

Segundo Clarice Lispector, há qualquer coisa de rural em Rubem Braga. Aliás, ele se sente, no Brasil de hoje, como uma velha vaca atolada num brejo.

Até parece que conheço Rubem desde sempre. Gostei dele à primeira vista. Sei coisas a seu respeito. Por exemplo, bondades que faz discretamente sem pedir nada em troca. Por exemplo, ele é pessoa que perdoa muito e entende tudo e não se faz juiz de ninguém. Ele é corajoso. Simples. Delicado. Ele tem qualquer coisa de rural em si. E foge a tudo o que seja "sentimentalismo" falso. Mas há mil "rubens" dentro de Rubem Braga, é claro, assim como há mil "clarices" em mim. E tanta coisa eu desconheço em Rubem, que era melhor entrevistá-lo de vez. Pelo menos tentarei atenuar o seu mistério (porque ele é um pouco misterioso). Mas desconfio que o seu mistério está na sua simplicidade – e simplicidade é das coisas mais raras no ser humano, a ponto de constituir uma qualidade insólita.

– *Rubem, eu te conheço há tantos anos que, se você não fosse misterioso e calado, eu não teria pergunta nenhuma a fazer. Concorda?*

– Mas acontece que sou uma esfinge sem segredo. Calado, nem tanto. Ou nem sempre. Até que já tenho falado demais. E estou aqui falando.

– *Você para mim é um poeta que teve pudor de escrever versos, e então inventou a crônica (pois foi você quem inventou esse gênero de literatura), crônica que é poesia em prosa em você. É ou não é?*

– Não é bem isso. Há um fato importante em minha carreira, eu sempre escrevi para jornal. A partir do *Correio do Sul*, de Cachoeiro de Itapemirim, que era de meu irmão Armando e chegou a sair três vezes por semana. Lá publiquei alguns versos, mas escrevia principalmente artigos terrivelmente sérios sobre política, lavoura, economia etc., e uma ou outra crônica ligeira. Em suma: eu escrevia o que me dava na telha e, na verdade, nunca tive pudor de fazer versos. É que fazer bons poemas (em versos) exige um tipo de habilidade e de economia, síntese e ao mesmo tempo, desculpem a palavra, inspiração. É muito mais fácil ir na cadência da prosa, e, quando acontece ela dizer alguma coisa poética, tanto melhor.

– *Quantos livros você já escreveu, e quais?*

– Comecei com O *conde e o passarinho*, em 1936, depois, outro pequeno livro de crônicas: *O morro do isolamento*, em 1944. A seguir, um livro que é mais de reportagem: *Com a FEB na Itália* [1945], depois reeditado sob o título *Crônicas de guerra* [1964]: é uma parte de minha experiência como correspondente de guerra. Depois vieram outros livros de crônica: *Um pé de milho* [1948], *O homem rouco* [1949], *A borboleta amarela* [1955], *A cidade e a roça* [1957], *Ai de ti, Copacabana* [1960], e *A traição das elegantes* [1967].

— *Tem algum livro para publicar?*

— Quase todos esses livros estão esgotados e não pretendo reeditar nenhum. Penso, por isso, em fazer, este ano, uma seleção de todos os meus livros num só volume. Fernando Sabino fez a escolha para mim, mas estou revendo penosamente seu trabalho. Como é chato a gente se reler!

— *Também eu evito ao máximo ter que me reler, e fico espantada quando encontro pessoas que leram um livro meu várias vezes. Como vai se chamar o livro?*

— *As melhores crônicas de Rubem Braga*, ou algo assim. Terá apenas algumas crônicas ainda não publicadas em livro. Deve sair lá pelo meio do ano.

— *É verdade que você amou muito? E que é que você mais queria na vida? Qual sua atitude diante da morte?*

— Começarei pelo fim, isto é, pela morte. Não anseio por ela, mas também não morro de medo. Tenho experiência bastante para poder dizer que não tenho medo da morte em si mesma. Meu medo é da doença, da dor, da impotência, da humilhação. Além disso, acho na ideia da morte um grande consolo. Quanto a amor, é verdade que amei muito e amei errado, com demasiada paixão. Mas alguém ama certo?

— *Conheci você mais combativo, não é verdade?*

— É verdade. Você me conheceu na volta dos meus 30 anos, eu ainda era muito rapaz. Ainda pensava em dar um jeito nesse mundo ou pelo menos no Brasil. Hoje estamos em um brejo com mormaço, e acho que tão cedo não sairemos disso. Eu sou uma velha vaca atolada. No brejo, naturalmente.

— *Você ainda acredita em alguma coisa em política?*

— Acho que a liberdade é essencial. Sou contra toda e qualquer forma de ditadura, de classe, de indivíduo ou de casta. Mas para que dizer isso? Escrevi milhares de crônicas, e não creio que tivessem qualquer influência na vida política de meu país.

— *Será pessimismo seu?*

— Não é. Vou lhe dar um exemplo. Em 1950 fiz uma excursão a Paraty e na volta escrevi uma crônica falando das belezas da terra, mas reclamando contra os alto-falantes existentes em uma praça. Eles berravam altíssimo durante toda a tarde de domingo, não deixando ninguém descansar. Soube que essa crônica tinha causado grande impressão em Paraty. Voltei lá 25 anos depois e na tarde de domingo, na mesma praça, os alto-falantes ainda estavam a berrar. Ainda devem estar berrando alto em 1977. A gente escrever não adianta nada, Clarice.

Eu também acho. Como já foi dito, no Brasil o escritor escreve para os colegas.

Fatos & Fotos: Gente, nº 827, 27 de junho de 1977

RUBEM BRAGA (1913-1990)

Unanimemente aclamado como um dos melhores cronistas brasileiros de todos os tempos, chegou a ser qualificado por Clarice Lispector como "o inventor da crônica". O autor de diversas coletâneas de crônicas de ampla aceitação, tais como O *conde e o passarinho*; A *borboleta amarela*; *Ai de ti, Copacabana*; A *cidade e a roça*, colaborou em jornais como O *Globo* e *Correio da Manhã*. Quando foi designado pelo *Diário Carioca*, em 1944, para fazer a cobertura jornalística das atividades da Força Expedicionária Brasileira, conheceu Clarice, que morava então em Nápoles em companhia do marido diplomata Maury Gurgel Valente. Sintetizou sua experiência no conflito no livro *Com a FEB na Itália*.

Também foi tradutor e desempenhou importantíssimo papel como editor, tendo criado, juntamente com Fernando Sabino, as editoras do Autor (1960) e Sabiá (1966), em que publicaram Clarice Lispector, Carlos Drummond de Andrade, Paulo Mendes Campos e Vinicius de Moraes. A Sabiá editou, também, pela primeira vez no Brasil escritores latino-americanos como Gabriel García Márquez, Pablo Neruda e Jorge Luis Borges.

ANTÔNIO E MAURÍCIO HOUAISS

Quando um irmão é matemático e o outro é filólogo, o resultado se chama Houaiss. O primeiro é Maurício, professor de 40 mil alunos. O segundo é Antônio, imortal da Academia. (Mas ao todo são sete.)

Em Porto Alegre, por ocasião de um congresso de escritores[160] – congresso esse esplêndido –, vi no saguão do hotel o professor Antônio Houaiss lendo um livro concentrado e inteiramente indiferente ao tumulto que havia ao seu redor, gente que entrava, gente que saía, falava alto, telefone tocando. Perguntei-lhe:

– *Antônio, qual é o segredo de você, sendo gênio, ter ao mesmo tempo equilíbrio e calma?*

A resposta foi tranquila e imediata.

– Meu segredo é minha mulher, Rute, que você conhece.

Voltamos de Porto Alegre antes de terminar o congresso por motivos diferentes, e tomamos o mesmo avião, que chegou ao Rio noite alta. Então cheguei à conclusão de que Antônio Houaiss é um dos últimos *gentlemen* que ainda existem. Cuidou de tudo por mim, embora na certa tão cansado quanto eu. Mas agora também quero falar sobre o seu irmão Maurício Houaiss, professor de matemática. São Antônio e Maurício o quinto e o caçula dentre sete (quatro mulheres), só houve uma morte faz poucos anos: Cecília. Gente que nasceu no Rio de Janeiro, filhos de pais libaneses cuja única lição para todos foi trabalhar. Tanto Antônio como Maurício destinaram-se muito cedo ao magistério. Antônio resvalou, fazendo-se diplomata (quando eu o conheci na Suíça), enquanto Maurício se manteve fiel ao ensino. Mas o fato é que os dois sempre foram tidos como professores. Um de português, latim, literatura, o outro, Maurício, de matemáticas – como dizia no plural Augusto Comte.

– *Que é que levou vocês a amarem as palavras e os números?*

Maurício – Não sei se se trata de amor, no meu caso, pelos números, ou de incompetência para com as palavras. Sempre preferi, desde criança, lidar com

---

[160] Uma nota no *Jornal do Brasil* de 24 de outubro de 1976, "Rumo ao sul", conta que Clarice e outros escritores foram convidados pelo governo de Rio Grande do Sul para participar de "Uma semana de literatura brasileira", parte da 27ª Feira do livro de Porto Alegre. Viajaram num voo especial, um "charter da cultura".

os números, auguravam-me prosperidades industriais, comerciais, financeiras. Mas quando Antônio, mais velho que eu cinco anos, começou, aos 16 anos de idade, a ensinar, fiquei de olho nele. Com 16 anos, ele já era concursado e com cargo oficial. Fiz a opção dele, do ponto de vista profissional, mas evitei buscar concorrência em casa. Ora, já que ele ficara com as palavras, restavam-me os números.

Antônio – As palavras, de fato, eu as amo, mas com inveja dos que as trabalham, plasmam, combinam, para luzirem emoções, sentimentos, ideias, belezas. Maurício disse bem: eu lido com elas em estado de dicionário. Isso, entretanto, não impede que meu amor por elas seja uma constante, mesmo quando fora do magistério, que foi o caso quando estive como diplomata. Quando em 1964 fui cassado, mais do que nunca me voltei para as letras com Ulisses[161] [1966], os Elementos de bibliologia [1967], o dicionário inglês-português-inglês da Appleton Century Crofts – que é o melhor por enquanto. Depois houve minha eleição para a Academia Brasileira de Letras [1971]. Há nisso tudo, como você vê, uma certa descontinuidade externa. O que não é o caso de Maurício: quase quarenta anos ininterruptos de magistério médio e superior.

Antes de continuar, quero dizer que estou lendo a tradução que Antônio fez de Ulisses, uma recriação tão boa que não parece tradução. Joyce haveria de gostar de lê-la.

– *E você, Maurício, seria capaz de calcular quantos alunos teve nesse período?*

– Estou tendo, pois não me creio aposentado ainda. Sem exagerar, terão sido 40 mil alunos: mais de mil por ano, em média. Devo ter sido, e continuo a ser, chato, pois contar-se-ão pelos dedos de minhas mãos as faltas, os não comparecimentos que tive.

– *Você seria capaz de lembrar-se dos nomes dos estabelecimentos em que lecionou, Maurício?*

– Colégio Juruena, Mallet Soares, Resende, Andrews, Melo e Souza, Curso Bittencourt, Universitário, São Salvador, Bahiense, Vetor, Faculdade Nacional de Arquitetura, Faculdade Silvio Souza de Arquitetura, Escola Nacional de Ciências Estatísticas, Colégio Souza Aguiar.

– *Com critérios metodológicos especiais, Maurício?*

– Embora, depois de ter me formado em Arquitetura, eu tenha seguido o curso do magistério, deixei-me guiar só e apenas pelo entusiasmo de ensinar. Nos primeiros anos, procurava motivar os meus alunos dando o atendimento individualizado possível, criando o interesse coletivo máximo, enxertando minutos de distensão com uma anedota, um caso ou um causo. Isso já é do passado. Sinto hoje que o fato de encher de fórmulas parte do quadro-negro foi se

---

[161] Romance do anglo-irlandês James Joyce publicado em 1922, considerado uma das obras mais importantes do modernismo europeu. A linguagem experimental é um desafio para qualquer tradutor.

modificando. E os alunos que querem aproveitar em geral se compensam.

– Deve ser professor respeitado – interveio Antônio. Vejo isso pelo número não pequeno de fiéis a ele, todos gratos. Bem, mas é verdade que não posso imaginar que termos os alunos usavam fazendo mau juízo de minha e nossa mãe por causa de nosso rigorismo. Mas o fato é que ele deve sempre ter contado com o carinho e a admiração dos seus alunos.

Quanto a Antônio, sei, sem perguntar-lhe, que, como chefe de equipe em enciclopédias, é muito amado pelos que trabalharam com ele. E apesar do convívio diário com o nosso entrevistado, não deixaram de admirá-lo sempre. Quem quer *saber*, procure o sábio Antônio Houaiss. Quem traduz *Ulisses* como ele traduziu é, sem dúvida, um escritor experimentado. Um detalhe: Antônio tem fala mansa e baixa, parece não querer ferir os outros com a sua inteligência.

– *Maurício, perguntei curiosa, a pesquisa...*

– Não, fui e sou um mero professor, razão por que não sou nem me chamo matemático. O ensino me absorve. Não havia como estudar, ensinar e pesquisar. Fiquei com as primeiras partes, para ser honesto comigo e meus alunos. Não lamento. Foi uma opção lúcida e resignada.

– *Antônio, você saberia explicar-me uma coisa que se passa comigo em relação a você? O que quero dizer é que, quando você se manifesta oralmente, de improviso, é de uma clareza tal que todo mundo é capaz de entendê-lo, por mais complicado que seja o assunto. Mas quando escreve, fica tão hermético quanto eu, por exemplo. Custo até a entender você.*

– Acho, Clarice, que você está muito perto da verdade. A sua reação não é isolada. Minha própria mulher, Rute, está de acordo com você. O meu problema é que, quando escrevo, parto de dois pressupostos: primeiro, o de que só vão ler-me os que, conhecendo-me mais ou menos, têm interesse pelas questões que enfrento; segundo, o de que eles, como eu, têm pouco tempo e um código comum. Fico assim seduzido a podar, contrair, compactar, reduzir e acabo parecendo hermético. Infelizmente, já não há tempo para corrigir-me.

– *Maurício, você não acha que Deus é matemático?*

– Parece que Ele deva ser um pouco ou muito mais que isso. Mas como, para Ele, ser o matemático deve ser do seu natural, de sua essência também, não é sem razão que desde a Antiguidade a gente se espante, como Platão, ao ver os números governarem o mundo. A verdade é que, se tudo fosse quantificável sem margem de erro, talvez um pouco de graça (ou desgraça) da vida desaparecesse. Valeria a pena?

– *Bem, antes de terminar, indago: vocês têm alguma pergunta a fazer à sua entrevistadora?*

– Por que – disse Maurício – você é tão simpática?

– Por que é que você – indagou Antônio – é tão cativante?

Resposta: Não sou simpática nem cativante: simplesmente com vocês me sinto à vontade e espontânea, senão ficaria intimidada e com cara de poucos amigos. Ah, lembrei-me, para realmente terminar, agora, de uma coisa engraçada que tinha esquecido: uma conversa entre mim e Antônio no tal congresso de escritores em Porto Alegre. Acontece que há bastante tempo um jornal carioca entrevistou Antônio e o jornalista, elogiando os belos dotes da baiana, perguntou-lhe, de repente, "você já dormiu com uma baiana?". Antônio, calmamente, respondeu: "já." E eu, que conheço o casal extremamente harmonioso e cheio de amor que Antônio e Rute formam, pensei então: Antônio está mentindo para bancar o machão, embora isso não combine com ele de forma alguma. Em Porto Alegre resolvi pôr a coisa a tempo e lhe disse:

– *Eu sempre tive você como pessoa que só mente se absolutamente necessário, mas tenho certeza de que você mentiu quando disse que já dormiu com uma baiana.*

Antônio respondeu sorrindo suavemente:

– Mas não é mentira, não, Clarice. É que a minha mulher, Rute, é filha de baianos.

Fatos & Fotos: Gente, nº 831, 25 de julho de 1977

ANTÔNIO HOUAISS (1915-1999)

Ministro da Cultura no governo Itamar Franco, foi responsável pela organização das enciclopédias Delta-Larousse e Mirador Internacional, além do *Grande Dicionário Houaiss da Língua Portuguesa*.

Foi também professor, crítico literário e tradutor, organizador do Congresso Nacional de Tradutores (Campos, RJ, 1988) e autor de uma elogiadíssima tradução do *Ulisses* de James Joyce.

MAURÍCIO HOUAISS

Autor de livros didáticos sobre álgebra e história da matemática, foi professor (conforme citado por ele mesmo na entrevista) do Colégio Juruena, Mallet Soares, Resende, Andrews, Melo e Souza, Curso Bittencourt, Universitário, São Salvador, Bahiense, Vetor, Faculdade Nacional de Arquitetura, Faculdade Silvio Souza de Arquitetura, Escola Nacional de Ciências Estatísticas, Colégio Souza Aguiar. Tinha o bom costume de recomendar aos alunos: "Descanse de uma matéria estudando outra."

Foi um dos redatores da revista *Lilavâti*, dirigida pelo famoso Malba Tahan, e dedicada à difusão da matemática, da aritmética, da astronomia e do desenho.

LYGIA FAGUNDES TELLES

Você sabe o que uma famosa escritora disse para a outra? Se não sabe, leia o que Clarice Lispector perguntou e Lygia Fagundes Telles respondeu. Mas o final dessa conversa poderá ser na Academia.

Eu pretendia ir a São Paulo para entrevistar Lygia Fagundes Telles, pois valia a pena a viagem. Mas acontece que ela veio ao Rio para lançar seu novo livro, *Seminário dos ratos* [1977]. Entre parênteses, já comecei a ler e me parece de ótima qualidade. O fato de ela vir ao Rio, o que me facilitaria as coisas, combina com Lygia: ela nunca dificulta nada. Conheço a Lygia desde o começo do sempre. Pois não me lembro de ter sido apresentada a ela. Nós nos adoramos. As nossas conversas são francas e as mais variadas. Ora se fala em livros, ora se fala sobre maquilagem e moda, não temos preconceitos. Às vezes se fala em homens.

Lygia é um best-seller no melhor sentido da palavra. Seus livros simplesmente são comprados por todo o mundo. O jeito de ela escrever é genuíno, pois se parece com o seu modo de agir na vida. O estilo e Lygia são muito sensíveis, muito captadores do que está no ar, muito femininos e cheios de delicadeza. Antes de começar a entrevista, quero lembrar que na língua portuguesa, ao contrário de muitas outras línguas, usam-se poetas e poetisas, autor e autora. Poetisa, por exemplo, ridiculariza a mulher-poeta. Com Lygia, há o hábito de se escrever que ela é uma das melhores contistas do Brasil. Mas, do jeitinho como escrevem, parece que é só entre as mulheres escritoras que ela é boa. Erro. Lygia é também entre os homens escritores um dos escritores maiores. Sabe-se também que recebeu na França (com um conto seu, num concurso a que concorreram muitos escritores da Europa) um prêmio.[162] De modo que falemos dela como ótimo autor. Lygia ainda por cima é bonita.

Comecemos, pois:

– *Como nasce um conto? Um romance? Qual é a raiz de um texto seu?*

– São perguntas que ouço com frequência. Procuro então simplificar essa matéria, que nada tem de simples. Lembro que algumas ideias podem nascer de uma simples imagem. Ou de uma frase que se ouve por acaso. A ideia do

---

[162] Foi o conto "'Antes do Baile Verde", do coletâneo do mesmo nome, que venceu o Grande Prêmio Internacional Feminino para Estrangeiros, em Cannes, em 1969.

enredo pode ainda se originar de um sonho. Tentativa vã de explicar o inexplicável, de esclarecer o que não pode ser esclarecido no ato da criação. A gente exagera, inventa uma transparência que não existe porque – no fundo sabemos disso perfeitamente – tudo é sombra. Mistério. O artista é um visionário. Um vidente. Tem passe livre no tempo que ele percorre de alto a baixo em seu trapézio voador que avança e recua no espaço: tanta luta, tanto empenho que não exclui a disciplina. A paciência. A vontade do escritor de se comunicar com o seu próximo, de seduzir esse público que olha e julga. Vontade de ser amado. De permanecer. Nesse jogo ele acaba por arriscar tudo. Vale o risco? Vale se a vocação for cumprida com amor, é preciso se apaixonar pelo ofício, ser feliz nesse ofício. Se em outros aspectos as coisas falham (tantas falham), que ao menos fique a alegria de criar.

– Para mim a arte é uma busca, você concorda?

– Sim, a arte é uma busca e a marca constante dessa busca é a insatisfação. Na hora em que o artista botar a coroa de louros na cabeça e disser "estou satisfeito", nessa hora mesmo ele morreu como artista. Ou já estava morto antes. É preciso pesquisar, se aventurar por novos caminhos, desconfiar da *facilidade* com que as palavras se oferecem. Aos jovens que desprezam o estilo, que não trabalham em cima do texto porque acham que logo no primeiro rascunho já está ótimo, tudo bem – a esses recomendo a lição maior que está inteira resumida nestes versos de Carlos Drummond de Andrade:

> Chega mais perto e contempla as palavras
>
> Cada uma
>
> tem mil faces secretas sob a face neutra
>
> e te pergunta, sem interesse pela resposta
>
> pobre ou terrível que lhe deres
>
> Trouxeste a chave?[163]

– Você, Clarice, que é dona de um dos mais belos estilos da nossa língua, você sabe perfeitamente que apoderar-se dessa chave não é assim simples. Nem fácil, há tantas chaves falsas. E essa é uma fechadura toda cheia de segredos. De ambiguidades.

– Fale-nos do Seminário dos ratos.

– Procurei uma renovação de linguagem em cada conto desse meu livro, quis dar um tratamento adequado a cada ideia: um conto pode dar assim a impressão de ser um mero retrato que se vê e em seguida esquece. Mas ninguém vai esquecer esse conto-retrato se nesse retrato houver algo mais além da imagem estática. O retrato de uma árvore é o retrato de uma árvore. Contudo, se a gente sentir que há alguém atrás dessa árvore, que detrás dela alguma coisa está acontecendo ou vai

---

[163] Versos do poema "Procura da poesia", publicado a primeira vez em *A rosa do povo* (1945).

acontecer, se a gente sentir, intuir que na aparente imobilidade está a vida palpitando no chão, de insetos, ervas – então esse será um retrato inesquecível. O escritor – ai de nós – quer ser lembrado através do seu texto. E a memória do leitor é tão fraca. Leitor brasileiro, então, tem uma memória fragilíssima, tão inconstante. O padre Luís (um padre santo que fez a minha primeira comunhão, foi ele quem me apresentou a Deus) me contou que um dia conduziu uma procissão no Rio. A procissão saía de uma igreja do Posto Um, dava uma volta por Copacabana e retornava em seguida. Muita gente, todo mundo cantando, velas acesas. Mas à medida que a procissão ia avançando, os fiéis iam ficando pelas esquinas, tantos botequins, tantos cafés. E o mar?

Quando finalmente voltou à igreja, ele olhou para trás e viu que restara uma meia dúzia de velhos. E os que carregavam os andores. "As pessoas são muito volúveis", concluiu padre Luís. Em outros termos, o mesmo diria Garrincha quando um mês depois de ser carregado nos ombros por uma multidão delirante com o mesmo fervor e no mesmo estádio foi fragorosamente vaiado. Tão volúveis...

– *Isso não é pessimismo?*

– Não sou pessimista, o pessimista é um mal-humorado. E graças a Deus conservo o meu humor, sei rir de mim mesma. E (mais discretamente) do meu próximo que se envaidece com essas coisas, do próximo que enche o peito de ar, abre o leque da cauda e vai por aí duro de vaidade. De certeza, tantas medalhas, tantas pompas e glórias, *eu ficarei!* Não fica nada. Ou melhor, pode ser que fique, mas o número dos que não deixaram nem a poeira é tão impressionante que seria inocência demais não desconfiar. Sou paulista, e como o mineiro, o paulista é meio desconfiado. Então, o certo é dizer com Millôr Fernandes: "quero ser amado em Ipanema, agora, agora". Em Ipanema vou lançar esse *Seminário dos ratos*. O que já é alguma coisa...

– *Como nasceu esse título?*

– Houve em São Paulo um seminário contra roedores. Lá acontecem diariamente dezenas de seminários sobre tantos temas, esse era contra os ratos. "Daqui por diante eles estarão sob controle", anunciou um dos organizadores, e o público caiu na gargalhada porque nessa hora exata um rato atravessou o palco. Tantos projetos fabulosos, tantas promessas. Discursos e discursos com pequenos intervalos para os coquetéis. Palavras, palavras. E de repente pensei numa inversão de papéis, ou seja, nos ratos expulsando todos e se instalando soberanos no seminário. "Que século, meu Deus", exclamariam repetindo o poeta. E continuariam a roer o edifício. Assim nasceu esse conto.

– *Quais são os temas do livro?*

– São 14 textos que giram em torno de temas que me envolvem desde que comecei a escrever: a solidão, o amor e o desamor. O medo. A loucura. A morte – tudo isso que aí está em redor. E em nós. Quando fico deprimida, vejo claramente essas três espécies em extinção: o índio, a árvore e o escritor. Mas reajo, não sei trabalhar sem a esperança no coração. Sou de áries, recebo a energia do sol. E de Deus, o que vem a dar no mesmo, tenho paixão por Deus.

– Há muita gente louca no Seminário dos ratos?

– Sim, há um razoável número de loucos nesse meu livro e também nos outros. Mas a loucura não anda mesmo por aí galopante? "Os homens são tão necessariamente loucos que não ser louco representaria uma outra forma de loucura", disse Pascal.

– *O que mais lhe perguntam?*

– Eis o que me perguntam sempre: compensa escrever? Economicamente, não. Mas compensa – e tanto – por outro lado, através do meu trabalho, fiz verdadeiros amigos. E o estímulo do leitor? E daí? "As glórias que vêm tarde já vêm frias", escreveu o Marília de Dirceu.[164] Me leia enquanto estou quente.

Fatos & Fotos, nº 836, 29 de agosto de 1977

---

[164] Tomás Antônio Gonzaga, "Lira XIV", *Marília de Dirceu*, Parte I (1792).

LYGIA FAGUNDES TELLES (1918-2022)

Formada em direito, iniciou a carreira literária com o romance *Ciranda de pedra*, em 1954, que, assim como *As meninas* (1973), *Verão no aquário* (1964), *Capitu* (1967), e diversos contos como "A caçada", "O noivo" e "As formigas" tiveram adaptação cinematográfica ou televisiva. Ao longo de sua brilhante carreira, aquela que foi qualificada de "a grande dama da literatura" arrebatou os principais prêmios literários brasileiros, entre os quais: o Coelho Neto da Academia Brasileira de Letras, o Jabuti da Câmara Brasileira do Livro, o de ficção da Associação Paulista de Críticos de Arte, e o Prêmio Cultura, da Fundação Conrado Wessel. Membro da Academia Brasileira de Letras. Recebeu o Prêmio Camões em 2005, considerado o Nobel da língua portuguesa.

Lygia Fagundes Telles morreu 16 dias antes de completar 104 anos (conforme depois revelado pelo genealogista Daniel Taddone), porém, como escondia a idade, alegando ter apenas 98, seu centenário não foi devidamente comemorado, passando completamente em branco. Em 2017, ela foi objeto de um documentário de Hélio Goldsztejn, *Lygia, uma escritora brasileira*.

VINICIUS DE MORAES (II)

Seriamente preocupada com os amores de Vinicius de Moraes, a escritora Clarice Lispector lhe faz uma série de perguntas bem indiscretas, mas o poeta responde com bom humor. E até com música.

Entrevistei Vinicius em primeiro lugar porque ele é simplesmente: Vinicius, ele nasceu com uma estrela na testa. Nós todos faremos com que sua estrela nunca perca o brilho. Há grandes e grandes poetas no Brasil, mas Vinicius tem a qualidade de ser poeta nosso, nosso, nosso – e todos o chamam pelo primeiro nome exatamente porque ele existe sempre em esplendor. Outros países também o amam, mas ninguém como nós porque ele é nosso.

Eu quis também vê-lo porque ele vai cantar e falar no imenso Canecão, que ficará tão cheio de gente que até transbordará.[165] Eu e muitas pessoas achamos Vinicius ainda bonito. Mas quando o conheci mais moço, ele tinha tanta beleza que lembrava um dos deuses gregos. Ainda vejo nesse rosto esculpido pelos amores os seus olhos escandalosamente coloridos.

Vinicius é o oposto do *trágico*. Mas há nele alguma coisa de extrema vulnerabilidade. Além disso, eu ouvi dele mesmo durante a entrevista umas frases. Não direi o que é porque os jovens que o adoram querem também sentir. Tenho certeza de que naquele coração que canta a vida há também levíssima sombra passageira, que mostra que ele já soube sofrer.

Vinicius ficará zangado e negará o que eu disse, não se lembrará de nossas conversas, mas que houve – houve. Só digo que essas frases eram sem amargura e sem tristeza. É um homem absurdo de tão especial. Ele é elegantemente ele próprio no seu espírito. Mas, com a mesma elegância, faz com que os outros também se aprumem: ele não é castrador.

– *Vinicius, quantas vezes você se apaixonou? Você sabe o número de cor? (Não há nessa pergunta nenhuma censura, aos artistas e escritores tudo é mais permitido.)*

– Oito vezes, Clarice, com teto em cima e Enciclopédia Britânica na estante. Mas houve algumas paixões fora do esquema conjugal. Todas foram muito importantes.

"Com teto em cima" entendi que é morar na mesma casa. Mas a Enciclo-

---

[165] O show legendário ficou em cena durante mais de sete meses.

pédia Britânica me fez boiar. Perguntei-lhe que história de Enciclopédia Britânica era essa e o que a Enciclopédia Britânica tinha a ver com seus amores.

— É o seguinte: em cada vez que me caso, compro uma Enciclopédia Britânica e, é claro, deixo-a na casa de quem foi minha. Aliás, a minha Enciclopédia Britânica já está encomendada.

— *Sua religião é a beleza da mulher?*

— Sim, seria uma delas. Mas realmente minha única religião é o ser humano.

— *Você uma vez me disse textualmente [detestar] tudo o que oprime o homem, inclusive a gravata. Ainda pensa assim?*

— Penso, e cada vez mais. Odeio qualquer forma de opressão.

— *Em que idade a mulher é para você a idade ideal?*

— Dos 13 aos 80 para mim vale tudo.

— *Você já contou quantos filhos teus estão no mundo? Esta pergunta não tem caráter agressivo porque eu aceito você como você é e nada julgo.*

— Filhos? Cinco reconhecidos em cartório. Um que não conheço e que nunca vi e que parece morar na Europa.

— *O que é para você o amor-paixão? É diferente do amor-amor?*

— Para mim é bastante diferente. O amor-paixão, embora seja o mais difícil de manter aceso, é o mais rico e generoso. É aquele amor capaz de "mover o sol e as outras estrelas", segundo o verso de Dante.

— *Você está consciente de que é um ídolo da mocidade?*

— Sim, de uma certa maneira, porque ficou evidente. Eu o tenho verificado sobretudo nos circuitos universitários.

— *Você aguenta ser ídolo? Pergunto porque eu não aguentaria.*

— Cada vez menos. É uma responsabilidade terrivelmente incômoda, mas que não deixa de ter a sua beleza.

— *Vinicius, qual é a mulher que você quis amar e não conseguiu?*

— Marlene Dietrich e Marilyn Monroe.

— *Você se sente feliz, Vinicius? (sei que a pergunta parece idiota)*

— Momentaneamente, às vezes instantes de felicidade. Na verdade, não sei como alguém pode ser feliz vivendo num mundo tão injusto.

— *Bem sei que não é só com bons sentimentos que se faz boa literatura. Parece-me que essa frase foi escrita por [André] Gide. Mas há uma coisa que você escreveu e que eu não teria coragem: "Que me perdoem as muito feias, mas a beleza é fundamental." Eu e muitas mulheres feias ficamos profundamente abatidas e tristes porque já lhes pesava a própria feiura. Peço-lhe que agora dê uma frase de consolo para nós, as feias.*

— Eu, pessoalmente, acho que você é linda. (Ah, Vinicius, você é delicado demais, caridoso, um *gentleman*.) E acho lindas também as feias interessantes.

Agora, essa Betty Friedan,[166] essa só caçando a tiro.

– O Canecão está ansioso por ver e ouvir você. Pode me dizer qual é a natureza do show?

– O nosso show, que se compõe de Tom [Jobim], Miúcha, Toquinho e eu, é o que se poderia chamar de um retrospecto sentimental, o show de gente que se ama muito, que tem um relacionamento afetivo muito grande e antigo, e fará tudo para demonstrá-lo em cena através de suas canções, de sua poesia e com a maior dose possível de qualidade e bom gosto.

– É segredo perguntar que números vão acontecer nesse espetáculo? Ou será surpresa para quem for ao Canecão?

– Haverá, é claro, alguma coisa inédita, mas o importante nesse show será a qualidade do relacionamento entre seus participantes: Tom e eu, Tom e Miúcha, Toquinho e eu, Toquinho e Miúcha, Miúcha e eu, e todos com todo mundo.

Eu gostaria de, um dia, rever Vinicius, não pelo fato de ele ser pessoa única, insubstituível. Também não é porque, como se diz, ele seja um cara legal. É porque tanta mulher junta daria a outro homem uma bruta dor de cabeça.

Fatos & Fotos: Gente, nº 838, 12 de setembro de 1977

---

[166] Escritora feminista norte-americana, nascida em 1921 e falecida em 2006, autora de *The Feminine Mystique* (1963) e uma das mais destacadas ativistas pelos direitos da mulher.

FAYGA OSTROWER (II)

Fayga Ostrower sabe do que está falando quando escreve sobre a arte de fazer arte. Ela estuda há vinte anos todas as expressões da criatividade humana. E também cria.

Falar em Fayga Ostrower é falar na essência da arte. E quando um artista deste nível escreve sobre *Criatividade e processos de criação*[167] (pois é este o título de seu precioso livro) – então é o caso de se levar tudo muito a sério mesmo. Achei Fayga extremamente bondosa em repartir conosco o que pensa da criação: ela nos dá a si mesma de presente sem reservas, embora sempre com a marca da concisão e da discrição. Antes de começarmos a entrevista, ela me disse que precisava esclarecer-nos logo sobre dois pontos: o livro que escreveu não contém comentários sobre a sua própria arte, ou seja, sobre o seu processo individual de elaborar as experiências de sua vida e de comunicá-las, pois isto ela reservava para o seu trabalho artístico.

– No livro procurei abordar o problema da criatividade em geral. O segundo ponto a esclarecer é que, embora eu use ilustrações de obras de arte para poder exemplificar certos aspectos na criatividade – por ser a linguagem artística a mais familiar a mim –, o livro não é de modo algum unicamente sobre arte nem mesmo principalmente sobre arte. É sobretudo sobre o trabalho humano. Vinculo a criatividade a propostas de trabalho, sendo que considero a arte como uma das formas de trabalho. E acrescentou uma bela verdade: "Não é somente na arte que se cria."

– *Fayga, por que você sentiu necessidade de escrever esse livro?*

– Nos vinte anos em que leciono teoria de arte, problemas de composição, espaço, estilos, pude constatar que a criatividade é o problema mais íntimo e mais profundo das pessoas, jovens ou adultas, problema ligado ao senso de produtividade de cada um e, portanto, ao próprio sentido da vida. Por isto é tão importante para as pessoas. Escrevi o livro pela mesma razão por que leciono: sei que tenho potencialidades didáticas e quero comunicar algo que para mim é da maior relevância, algo sobre as riquezas da cultura humana.

– *Está havendo uma verdadeira avalancha de artistas plásticos bons e ruins. Como é que você explica este surto, esta espécie de inflação do mercado?*

---
[167] *Criatividade e processos de criação* (Editora Vozes, 1977).

– Penso que o fenômeno se prende menos a considerações de mercado, se bem que elas influam quanto aos valores de nossa sociedade na chamada qualidade de vida. Procura-se na arte uma saída diante das opções francamente anti-humanistas de nossa sociedade. A arte representa um caminho onde o homem eventualmente ainda poderia realizar-se enquanto ser humano.

– *Nesta avalancha, Fayga, há realmente arte ou apenas grandes habilidades, como é a minha opinião?*

– Deve ter de tudo. Não é possível responder de modo geral. Só é possível avaliar casos concretos.

– *Você vive de sua arte?*

– Hoje, após quase trinta anos de trabalho profissional, eu talvez pudesse viver de minha arte. Este problema da dignidade de viver do seu trabalho é um dos problemas seriíssimos em nossos dias não só para o artista como para o intelectual em geral.

– *Quanto tempo você leva para terminar um quadro de um modo geral?*

– Novamente acho impossível responder à pergunta de um modo geral. Às vezes chego ao fim depressa e às vezes não. O tempo de elaboração de uma obra é inteiramente imprevisível – eu imaginava poder escrever o livro em três ou quatro meses e acabei levando 18 meses. O momento final de uma obra, quando a consideramos *terminada*, é um momento decisivo, percebido intuitivamente. Não apenas é pessoal como nunca pode ser programado.

– *É como na arte literária, exatamente. E que conselho você daria a um artista principiante?*

– Acho muito difícil dar conselhos. Só poderia perguntar ao jovem por que ele quer ser artista. Se é por questões de carreira ou de dinheiro ou de status, não vale a pena. Existem outros caminhos mais rápidos e também mais satisfatórios para esses casos, mesmo no sentido de uma afirmação interior por um trabalho realizado. Se, porém, for por uma necessidade interior, de sensibilidade e de potencialidades específicas, então acho que ele deverá prosseguir. Aliás, neste caso ele o fará de qualquer modo, independentemente de conselhos. E também ele encontrará a coragem de enfrentar os problemas materiais e espirituais, os problemas consideráveis de marginalização em nossa sociedade e que existem no caminho artístico.

(É também o que de um modo geral digo quando me pedem conselhos sobre como ser escritor.)

– *Você sofre enquanto cria?*

– Sim.

– *Você planeja sua arte antecipadamente ou a realiza enquanto cria?*

– Penso que se trata de um só processo. Enquanto se realiza um determinado trabalho, ele continua sendo planejado. Ou seja, quando se executam certas possibilidades que foram imaginadas. É um processo dinâmico, pois no momento da criação criam-se novos fatos físicos que trazem novas possibilidades a serem realizadas.

Foi por isso que fiz uma pergunta idiota a Fayga, pergunta essa que tanto fazem a mim. A pergunta:

– *Você se julga realizada?*

– Não sei responder à sua pergunta.

(Nem eu.)

– *Fayga, eu às vezes tenho náusea da palavra escrita. Isto só sucede com a palavra escrita ou acontece também o mesmo ao artista plástico?*

– O que sinto é uma mistura de muita coisa a qual me é difícil dar nome. Mas certamente não a chamaria de *náusea*. Talvez medo, talvez responsabilidade, talvez fracasso, talvez busca ativa. Encontrei uma frase de Paul Valéry que me comoveu e acho-a muito verdadeira: "Há em toda beleza uma proibição de tocá-la. Dela emana não sei o que de sagrado que suspende o gesto, e faz com que o homem, sob o ponto de agir, tenha receio de si mesmo."

Fatos & Fotos: Gente, nº 840, 26 de setembro de 1977

MARLY DE OLIVEIRA
"Uma poeta mulher."

Eu mesma não sei como consegui quebrar o pudor que Marly de Oliveira tem de aparecer em público. E nem todos talvez saibam quem ela é. Eu vou vos apresentá-la com grande alegria: trata-se de um dos maiores expoentes de nossa atual geração de poetas, que é uma geração rica em poesia. É muito jovem, mas, quando ainda mais jovem, já era professora de língua e literatura italianas e de literatura hispano-americana na PUC, na Faculdade Católica de Petrópolis, e na Faculdade Católica de Friburgo, o que a obrigava a viagens cansativas semanais. Com o seu terceiro livro, *A suave pantera* [1962],[168] ganhou o prêmio de poesia da Academia Brasileira de Letras. Com o primeiro livro, *Cerco da primavera* [1957], ganhou o prêmio do Instituto Nacional do Livro. Alceu Amoroso Lima, Walmir Ayala, José Guilherme Merquior, Antônio Houaiss e outros escreveram sobre Marly. E em Roma um dos maiores poetas italianos escreveu sobre ela: [Giuseppe] Ungaretti. Por que o grande público brasileiro não a conhece bastante? Porque compram-se menos livros de poesia, porque Marly é modesta a ponto de me espantar que chegue a permitir a publicação de seus livros. Acontece, porém, que há um ciclo fatal no escritor: depois da gestação, como um filho que tem que nascer, a obra é publicada. São fases diversas, mas assim acontece mesmo com as pessoas que menos fazem "autopromoção". Basta, porém, ler Marly de Oliveira para admirá-la, respeitá-la e, o que é tão importante, amá-la. Pessoalmente é muito bonita, com bastos cabelos negros e olhos castanhos, e voz feita para amar adultos e ninar crianças. Marly é casada com um diplomata, Lauro Moreira, e tem uma filhinha chamada Mônica.

Como se não soubesse, perguntei-lhe: quantos livros mesmo você publicou?

– Até agora cinco. O primeiro se intitula *Cerco da primavera* e foi escrito quando eu era ainda aluna da Faculdade de Letras. O segundo, *Explicação de Narciso* [1960], acabei em Roma, onde estava com bolsa de estudos. O terceiro, *A suave pantera*, foi inspirado em você, Clarice, porque você tem a suavidade e a possibilidade de violência de uma pantera. O quarto e o quinto foram reunidos num só volume: *O sangue na veia* e *A vida natural* [1967].

– O que quer atingir a sua geração ao escrever?

---

[168] Clarice incluiu o poema "Uma pantera suave" na crônica do *Jornal do Brasil* de 8 de fevereiro de 1970.

– De um modo geral, acho que o que se pretende cada vez mais é tomar consciência de alguma coisa, talvez da realidade mesma que nos circunda. Isso é o que tenho podido observar ao meu redor: pessoas empenhadas em trabalhar, em descobrir, em inventar, em despertar. Vejo, sobretudo, uma vontade de sacudir o leitor, de convidá-lo a participar.

– *Eu, escrevendo, acho que poesia no fundo é a mesma coisa que prosa, embora usem formas diversas. Que acha você, Marly?*

– Também acho, porque ambas significam uma forma de criação "pela" palavra, "com" a palavra, e "apesar" da palavra.

– *Você sente afinidade com a sua geração de escritores, ou é uma questão apenas cronológica?*

– Bem, se tomamos um conceito amplo de geração, que abarque todas as pessoas que escrevem no momento, deixando de lado apenas as que já têm uma obra realmente pronta, sinto que não afino muito com os que são intencionalmente vanguardistas, os preconizadores de uma espécie de coletivização e industrialização da poesia. Sinto que me identifico muito mais com aqueles que atingem a renovação apenas porque conseguem ver de um modo novo o que é antigo.

– *Marly, para você, qual é a coisa mais importante do mundo?*

– Seria viver – e morrer – sem ter medo.

– *E qual a coisa mais importante para uma pessoa como indivíduo?*

– Para mim, essa pergunta tem uma resposta que me parece definitiva e foi dada por você mesma em A *paixão segundo G. H.* [1964] quando começam as reflexões sobre a despersonalização.

– *E o que é o amor?*

– Sabe que eu escrevi 47 poemas tentando defini-lo e não consegui. Foi em O *sangue na veia*. Posso, entretanto, citar um deles:

Uma gema que fosse toda fria,

mas na aparência, e toda quente por dentro

e que tivesse a lisa superfície

do que se usa com grande atrevimento,

mas no íntimo; uma gema toda calma,

quase uma água esse fogo nos doendo,

um silêncio que fosse uma cascata,

mas do que o próprio fogo fosse o centro

e de que o próprio fogo fosse a água.

Assim o amor, assim o que se espalha

e não se entorna, e vive do que vive,

e é móvel e capaz de ter limite;

assim o que se adestra e se dilata

como o sangue na veia, e é todo livre.

– *Você está casada, e casada com diplomata, e tem uma menina. Como você pretende ser esposa, mulher de diplomata, mãe e poeta ao mesmo tempo?*

– Eu, sim, é que gostaria de saber como você, que era tudo isto, conseguia escrever, pois, tendo-se casado tão jovem, quase toda a sua obra foi escrita depois.

– *Você acha que um dia escreveria ficção, além de crítica e poemas?*

– Acho que não. Tenho quase que a certeza de que não, pois se tivesse talento para ficção já a teria tentado antes de algum modo. Não acredito muito na simples deliberação de um dia fazer determinada coisa. O que se vai fazer quase que existia antes, você não acha? Sob a forma talvez de um impulso, uma inclinação, um quê indefinível, mas que de alguma forma se registra.

Entrevista datilografada, inédita, sem data, do arquivo FCRB (CL/pi 63)

MARLY DE OLIVEIRA (1935-2007)

Professora e poeta. Autora de ensaios sobre A *maçã no escuro*, A *paixão segundo G. H.* e A *cidade sitiada*. Divulgou a obra de Clarice Lispector na América Latina e Europa no período em que residiu nestes continentes. Afilhada de casamento de Clarice, seu convívio mais intenso com a escritora deu-se na década de 1960. Seu livro O *mar de permeio* (1997) foi contemplado com o Prêmio Jabuti de Poesia.

Foi casada com o diplomata e poeta João Cabral de Melo Neto.

EMERSON FITTIPALDI

"Voando com Fittipaldi (entrevista concedida a Clarice Lispector num avião da Varig)."

É. As coisas acontecem inesperadamente. O nosso encontro deu-se felizmente voando e não eu sentada num Fórmula 1, pois avião da Varig é mais seguro que um carro de corrida, benza-nos Deus.

Encontrei Emerson Fittipaldi na fila de embarque de uma ponte aérea da Varig para São Paulo. Aliás, voo ótimo. Reconhecemo-nos e eu, de pura farra, perguntei-lhe se a bordo do avião ele me daria uma entrevista. Respondeu que sim. Tem um ar tranquilo, modesto e um pouco sofrido.

Mas acontece que de repente, antes do embarque, uma moça me aborda – e quem era senão Bea Feitler? Há uns 10 ou 12 ou 15 anos não nos víamos. Logo nos reconhecemos. Bea Feitler, para quem não sabe, é uma brasileira que já foi até diretora de arte da revista nova-iorquina *Harper's Bazaar* e agora cobra 500 dólares para fazer uma capa de livro. Mas está atualmente em transas ainda maiores. Sentamo-nos lado a lado e só depois é que vimos que o nosso banco era número da sorte: 13.

Esqueci a entrevista com Fittipaldi e fiquei conversando com Bea sobre tudo; eu contei-lhe um pouco da minha vida, ela me contou um pouco da sua. Bea tem tipo exótico, parece uma princesa egípcia e tem magnetismo.

É. Mas Emerson não me esqueceu. E um aeromoço veio me chamar a mando de Fittipaldi. O jeito era ir até o Rei. E eis-me de caneta e papel na mão sentada ao lado dele. Ele tem o rosto tão magoado. Perguntei-lhe:

– *Sobre que você quer falar?*

– Quero falar do ano que passou. Foi um ano muito difícil e a família foi importante para mim. Nas horas difíceis é que preciso de Maria Helena, minha mulher e companheira.

– *Que é que você pretende para 1977?*

– Pretendo ser mais competitivo, com um carro novo e uma reestruturação de equipe. Este é o meu objetivo para 1977.

– *Você tem medo de correr?*

– Não.

– *Que é que você sente durante uma corrida?*

– Sinto muitas coisas. Primeiro, a sensação de estar sentado num carro de Fórmula 1, que é o meu mundo.

A partir do momento em que entro no carro, vem a sensação de competição, isto é, tento ganhar.

Logo estranhei sua voz, muito melhor e não voz de taquara rachada. Perguntei-lhe se tinha empostado a voz. Ele disse que não.

– Não fiz nada. No rádio e na televisão minha voz fica parecida com a voz de Rivelino.[169]

– *Que é que você mais deseja na sua vida?*

– Fazer a Fórmula 1 brasileira tornar-se competitiva.

– *Qual é o tipo de relação sua com os outros competidores?*

– Fora da pista, excelente. E dentro somos todos inimigos.

– *Que recado você dá para o seu público?*

– Que tenha bastante paciência, pois devagarzinho, se Deus quiser, chego lá. Dependo da vontade de Deus.

Quando o piloto deixou de correr no Brasil a convite de uma escuderia inglesa ninguém ficou sabendo deste fato glorioso. Mas quando ele começou a obter sucesso nos grandes prêmios no exterior, veio satisfazer a necessidade de ídolos que o Brasil então precisava. Veio atender uma mentalidade nacionalista com a qual se identificassem 100 milhões de brasileiros, visto que quem ganhava nas pistas não era Emerson nem muito menos o Brasil, mas sim a Lotus. Concretizou o ideal nacionalista do piloto campeão e brasileiro numa escuderia, a Copersucar.[170] Veio, porém, o momento crítico e revelou-se a realidade: não bastava ser um bom campeão, era necessária toda uma infraestrutura de equipe que não temos e que tão cedo não poderemos ter. A decepção popular foi unânime: a estrela que foi elevada a uma grandeza maior, caía. Apagou-se assumindo uma culpa que não tinha, pois compromissos com o sucesso são impossíveis. Ainda mais em se tratando de um público imediatista e exigente como o nosso. Fittipaldi foi vítima de um processo social que talvez ele mesmo não saiba. Como eu disse, trata-se de um público brasileiro muito exigente com seus ídolos e que não tem paciência de esperar. Haja vista o que acontece com o nosso futebol: ganhar de 1 x 0 é jogar mal. Só joga bem quando ganha de goleada. Emerson é um homem que de repente foi abandonado pelo seu público. Daí seu ar sofrido e sua vontade de prometer melhorar em 1977.

Eu sou a favor de Emerson Fittipaldi e torço por ele. Se ele for uma vítima, também eu sou. Uma vítima que ganha bem. Mas eu não. Que pena.

Entrevista datilografada, inédita, sem data, do arquivo FCRB (CL/pi 79)

---

[169] Ex-futebolista brasileiro e comentarista de televisão.
[170] Grande companhia de produção e exportação de açúcar.

EMERSON FITTIPALDI (Nascido em 1946)

Um dos únicos quatro pilotos na história a ter sido tanto campeão na Fórmula 1 quanto na Fórmula Indy, Emerson foi também o mais jovem piloto a se sagrar campeão da Fórmula 1, em 1972, proeza só suplantada trinta anos depois por Fernando Alonso, em 2005. Tornou-se bicampeão em 1974 e depois se transferiu para os Estados Unidos, onde sagrou-se campeão da Fórmula Indy, em 1989, além de vencer duas vezes a mítica 500 Milhas de Indianápolis, uma das provas automobilísticas mais competitivas.

Em 1976, Emerson criou, juntamente com o irmão Wilsinho, a equipe Fittipaldi, a primeira equipe de Fórmula 1 inteiramente brasileira, com apoio da empresa estatal Copersucar, nome pelo qual a equipe se tornou mais conhecida. A aventura foi malograda e ele passou a acumular desde então dívidas milionárias que o atormentam até hoje.

O outro lado de CARLOS LACERDA[171]

1. Eu antes de tudo queria esclarecer um fato. A única vez em que nos vimos foi na embaixada do Brasil em Washington num jantar de gala. O senhor foi escolhido para me dar o braço ao longo da descida da grande escadaria e a sentar-se ao meu lado à mesa. O senhor não me disse uma só palavra nem na escadaria nem durante o jantar. O senhor antipatizou comigo? Se não quiser, não responda.

2. O senhor gosta de viver perigosamente ou prefere a prudência de uma editora?

3. O que mais desejaria na vida, o senhor que praticamente já teve tudo?

4. Eu soube que sua editora ganhou tanto com *O exorcista* que comprou a Aguilar, é verdade?

5. A Nova Fronteira edita livros brasileiros?

6. Se o senhor tivesse que recomeçar a vida, que rumo teria tomado?

7. De seus livros quais o senhor prefere e por quê?

8. O senhor ainda conserva amigos dos velhos tempos?

9. Como funciona a sua empresa de turismo?

10. Como se situa o senhor no setor familiar?

11. O senhor tem alguma coisa a declarar?

12. Quais são as suas relações com Deus?

13. O senhor tem gosto em traduzir?

14. O senhor tem atividades outras que não a editora e a empresa de turismo?

15. Por que um livro de memórias?[172] O senhor é tão moço.

16. Como surgiu a ideia de escrever *A casa do meu avô*?

17. Eu ainda não li, mas ouvi dizer que seu livro não se enquadra no que se chama livro de memórias, é verdade?

---

[171] Esta lista datilografada contém as perguntas que Clarice faria em uma entrevista com o ex-governador do Estado da Guanabara que acabou não sendo realizada, muito provavelmente em virtude da morte súbita de Lacerda, por infarto do miocárdio, no dia 21 de maio de 1977.

[172] *A casa do meu avô: pensamentos, palavras e obras* (Nova Fronteira, 1977).

18. O que é a Confraria dos Amigos do Livro? E a que se destina?

19. Quantos livros a Confraria já publicou?

20. Quantos membros comporta a Confraria?

21. O que o senhor acha da situação da mulher no mundo atual?

22. Todo mundo tem em si um ato de loucura que não pratica. Qual seria o seu ato de loucura que é proibido?

CARLOS [Frederico Werneck de] LACERDA (1914-1977)

Foi um dos mais influentes políticos de seu tempo, sendo o maior inimigo de Getúlio Vargas. Egresso de uma ilustre família de políticos com representantes em diversos cargos públicos desde o Império, Lacerda foi, sucessivamente, vereador, deputado federal e governador do antigo Estado da Guanabara. Escritor talentoso, fundou a conceituada Editora Nova Fronteira, responsável pela edição do paradigmático *Dicionário Aurélio*.

Destacou-se como orador ainda como estudante de direito, adquirindo a reputação de ser um dos mais brilhantes tribunos brasileiros de todos os tempos. Criou o jornal *Tribuna da Imprensa*, em 1949, utilizando-o como instrumento de sua campanha antigetulista. O antagonismo entre os dois acabou redundando no chamado Atentado da Rua Tonelero, promovido por Gregório Fortunato (chefe da guarda pessoal de Vargas), no qual morreu o major Rubens Vaz, e Lacerda foi ferido no pé. Apoiou o golpe de estado de 1964, mas depois liderou a Frente Ampla de oposição ao novo regime ditatorial, sendo, em consequência, preso e tendo seus direitos políticos cassados.

Impressão e Acabamento:
GEOGRÁFICA EDITORA LTDA.

Abraham Akerman   Alceu Amoroso Lima
Antonio Callado   Djanira   Antônio Houai[ss]
Augusto Rodrigues   Bruno Giorgi   Brun[o]
Cassiano Ricardo   Chico Buarque   Darcy
Dinah Silveira de Queiroz   Eduardo Porte[lla]
Érico Verissimo   Fayga Ostrower   Fernan[do]
Hélio Pellegrino   Iberê Camargo   Isaac Ka[rabtchevsky]
Jacques Klein   Luiz Viana Filho   Jor[ge]
José Carlos de Oliveira   Lygia Fagundes T[elles]
Maria Alice Barroso   Maria Bonomi   Maria
Mário Henrique Simonsen   Mário Schen[berg]
Marques Rebelo   Maurício Houaiss   Millô[r]
Nelson Rodrigues   Oscar Niemeyer   Pa[blo]
Paulo Autran   Pedro Bloch   Reis Velloso
Tom Jobim   Rubem Braga   Sarah Kubitsc[hek]
Tônia Carrero   Vianna Moog   Vinicius [de]